航空法评论

（第12辑）

主　　　　编：郝秀辉
本辑执行编辑：徐　美

法律出版社
LAW PRESS · CHINA
北京

图书在版编目（CIP）数据

航空法评论. 第 12 辑 / 郝秀辉主编. -- 北京 : 法律出版社, 2025. -- ISBN 978 - 7 - 5244 - 0347 - 0

Ⅰ. D922.296.4

中国国家版本馆 CIP 数据核字第 2025B1N224 号

航空法评论(第 12 辑)
HANGKONGFA PINGLUN (DI-12 JI)

郝秀辉 主编

策划编辑 李沂蔚
责任编辑 李沂蔚
装帧设计 李　瞻

出版发行 法律出版社
编辑统筹 法律应用出版分社
责任校对 李慧艳
责任印制 刘晓伟
经　　销 新华书店

开本 710 毫米 × 1000 毫米　1/16
印张 21.25　**字数** 376 千
版本 2025 年 6 月第 1 版
印次 2025 年 6 月第 1 次印刷
印刷 北京虎彩文化传播有限公司

地址:北京市丰台区莲花池西里 7 号(100073)
网址:www.lawpress.com.cn
投稿邮箱:info@lawpress.com.cn
举报盗版邮箱:jbwq@lawpress.com.cn

销售电话:010 - 83938349
客服电话:010 - 83938350
咨询电话:010 - 63939796

书号:ISBN 978 - 7 - 5244 - 0347 - 0　**定价**:86.00 元

凡购买本社图书,如有印装错误,我社负责退换。电话:010 - 83938349

目 录

卷首语

航空法作为中国社会主义法治体系的有机组成部分，调整对象主要是航空活动及其相关活动。航空法的内容丰富，不仅具有天然的国际性、综合性，更有“领域法”属性，航空法突出解决航空活动中产生的具体法律问题，并有其自身的核心知识、关联性和边界。在航空法和合同法、保险法、犯罪学、侵权法、数据安全法、安全生产法等领域，虽然都会涉及运输合同、保险、犯罪、侵权责任、数据安全、事故调查等方面的知识。但是，航空运输合同、航空保险、航空犯罪、航空侵权责任、航空数据、航空事故调查的知识，却是航空法领域的核心知识，这些知识不仅是航空法领域的稳定性知识和关注核心，而且这些核心知识的运用都离不开“航空安全”的理念和主题。航空法不要求在法律领域有泾渭分明的界线，而是更多地关注这些核心知识以及其与相关知识的关联度，航空法学研究更加突出问题导向的思维核心和研究路径，不必过于强调规范界限的划分，更加符合“领域法”的方法论和思维模式。

自2011年《航空法评论》正式出版以来，始终以推动航空法学理论研究和探讨航空法律实务问题的解决方式为己任，致力于为国内外航空法学研究者提供表达和争鸣的平台。在航空法学研究者同人的支持下，《航空法评论》的影响力不断扩大。

《航空法评论》（第12辑）特设“民航立法相关问题研究、航空运输法律问题研究、航空公司及其对外投资法律问题研究、无人驾驶航空器侵权法律问题研究、民航旅客信息保护与数据治理问题研究、航空立法与部门法衔接法律问题研究、涉外航空法律问题研究、域外航空立法经验梳理”等专栏。本辑开设“涉外航空法律问题研究”“域外航空立法经验梳理”两个专栏，涵盖“一带一路”背景下航空公司对外投资、民航旅客信息跨境传输以及国际航空碳排放、航空争议解决的国际经验等专文研究成果。

《航空法评论》(第12辑)承蒙各位作者赐稿得以成刊,在此还要感谢法律出版社和编辑的大力支持,期待航空法学研究者继续支持,共同推动中国航空法学研究事业的进步与发展。

《航空法评论》编辑部

2024年7月17日

1995年《中华人民共和国民用航空法》立法史考*

郝秀辉　李佳睿　李艳茹**

《中华人民共和国民用航空法》(以下简称《民用航空法》)于1995年10月30日经第八届人大常委会第十六次会议审议通过,1996年3月1日实施。近30年来,《民用航空法》分别在2009年、2015年、2016年、2017年、2018年、2021年进行了局部修正,总计20个条文,但基本都是"零敲碎打"式修正。为加快发展新质生产力,构建新发展格局,全国人大常委会2024年度立法工作计划①将《民用航空法》修改列为初次审议的法律案(23件)之一。

自2009年初始,国家空管委等开始组织航空法起草研究,其目的是将低空空域管理纳入法律体系,为开发利用低空空域资源和实施有效管理提供法律保障。党的十八届四中全会提出,贯彻落实总体国家安全观,构建国家安全法律制度体系。2015年国务院立法工作计划明确由交通运输部、中国民用航空局(以下简称民航局)负责起草修订《民用航空法》,由总参

* 天津市研究生科研创新项目"民航数据共享平台管理者的安全保障义务研究"(项目编号:2023YJSKC11002)阶段性成果之一。

** 郝秀辉,中国民航大学法学院院长、三级教授、硕士生导师,研究方向为民商法、航空法;李佳睿,中国民航大学航空法硕士研究生;李艳茹,天津东方律师事务所律师、航空法硕士。

① 2023年12月18日第十四届全国人民代表大会常务委员会第十六次委员长会议原则通过,2024年4月16日第十四届全国人民代表大会常务委员会第二十三次委员长会议修改。

谋部、交通运输部和民航局负责起草航空法,加强国家航空安全立法理论研究,并委托有关部门有针对性地开展国家航空法立法专题研究。

一、《民用航空法》立法进程考察

1979年4月4日,受原中央政法小组委托,外交部提出编写和修订二十多种外事法规,并指定由民航局起草航空法。① 随后民航局专门成立航空法领导小组和编写小组,明确指出起草航空法应站在国家立法高度,以宪法为依据,在考虑我国实际情况的基础上参考其他国家成功经验,调整各种航空关系,以促进我国民航事业发展。

1979年至1995年的16年时间里,国务院共颁布11部关于民用航空的行政法规以及91部民用航空规章。② 1995年《民用航空法》的诞生标志我国民航法治迈入新篇章,尽管该法与起草时的设想存在偏差。由名称来看,我国早期航空法治建设可分为航空法起草阶段和向民用航空法转变阶段。

(一)航空法起草阶段

航空法起草之初,因涉及问题较广、参与部门较多,为更好协调各部门开展编写工作,民航局成立航空法领导小组和编写小组。航空法领导小组由沈图局长(组长)、张瑞霭副局长(副组长)、陈瑞光顾问、林征、李树藩(指挥部国际业务局)、徐希尧(航行局)、徐克继(国际局)七人组成;具体工作由林征、李树藩、徐希尧、徐克继负责,林征牵头。航空法编写小组共14人,包括徐克继(牵头)、顾其行、吴正与、马联岱、张志忠、袁俊林、蒲照洲、杨起璠(航行局)、沈承翔(国内局)等9人,并从专业组、参建局、机务处、通信处、气象处各抽调一人参加。③

鉴于民用航空的国际性特点,我国航空立法初期就考虑与国际接轨,航空法编写小组翻译印发了美国1958年《联邦航空法》、苏联1962年《航空法典》、日本1952年《航空法》、英国1971年《民用航空法》、法国1955年《航空法》,对美国、苏联、英国、法国、日本等的航空法资料进行比较研究,在此基础上编写了《关于若干外国航

---

① 参见原中国民用航空总局:《关于编写我国航空法的报告》,〔79〕指际字第325号,第1~2页。

② 参见车彤等编著:《中国民航法治建设研究》,西南交通大学出版社2021年版,第13页。

③ 参见原中国民用航空总局:《关于编写我国航空法的报告》,〔79〕指标字第325号,1979年5月4日。1983年之后航空法编写小组改名为航空法起草小组,人员亦作调整,航空法起草领导小组组长为林征顾问,成员为李树藩、徐克继同志。航空法起草小组组长徐克继,副组长徐振翼,顾问聂长林,成员国际司顾其行、刘伟民、吴正与、席忠泽,航行司杨起璠、冯谦、洪从道、段和明、肖恩喜,运输司沈承翔,基建司徐存辛,工程司谈景淳,专业航空司张玉清,对外联系由徐振翼、刘伟民负责。参见航空法编写小组:《航空法编写工作简报》,1983年1月4日;《航空法(草案)起草经过》,1987年3月26日。

空法结构、主要观点、主要内容范围的简介》。[①] 在航空法起草过程中航空法编写小组亦参阅了其他许多国家的航空法以及有关的国际公约和文件，并深入国外调研，于1982年派人考察美国、加拿大、英国和联邦德国的航空立法情况。

在深入了解其他国家航空法立法经验的基础上，航空法编写小组于1979年10月31日制定《中华人民共和国航空法纲目设想》(以下简称《航空法纲目设想》)。在《航空法纲目设想》中，航空法编写小组搭建起我国航空法宏观框架，而未过多制定涉及具体内容的条款。航空法编写小组提出编写航空法的指导思想，即维护领空主权、保护国家航空资源和权益；促进我国民用航空事业的发展和现代化建设；维护空中交通秩序、保证飞行安全；保护人民群众的利益。

1982年11月11日国务院办公厅转发国务院经济法规研究中心拟定的《1982—1986年经济立法规划(草案)》，航空法被列入该五年规划。[②] 1983年7月航空法起草小组草拟《中华人民共和国航空法草案》(初稿)(以下简称1983年《航空法草案(初稿)》)。

1983年《航空法草案(初稿)》经过数次讨论，又遵照《中共中央关于经济体制改革的决定》的精神进行了全面修改，于1985年形成《中华人民共和国航空法草案》(送审稿)(以下简称1985年《航空法草案(一审稿)》)。1985年2月26日，民航局以〔85〕民航局字第107号文向国务院报送1985年《航空法草案(一审稿)》。

民航局报送1985年《航空法草案(一审稿)》之后，国务院经济法规研究中心于1985年5月11日、5月30日两次召开会议，组织各部门负责人对草案内容进行讨论。航空法起草小组根据修改意见进行针对性研究，于1987年12月草拟《中华人民共和国航空法(草案)》(第二次送审稿)(以下简称1987年《航空法草案(二审稿)》)。

在此之后，针对1987年《航空法草案(二审稿)》陆续出台多部修改稿件，包括1989年5月《中华人民共和国航空法(草案)》(第二次送审稿的修订稿)、1990年3月《中华人民共和国航空法(草案)》、《中华人民共和国航空法(草案)》(1990年10月修改本)、《中华人民共和国航空法(草案)》(1991年6月修改本)。[③]

(二)立法名称的变动：《航空法》变更为《民用航空法》

1995年6月2日，国务院第三十二次常务会通过《中华人民共和国民用航空法(草案)》(以下简称1995年《民用航空法(草案)》)。1995年6月10日，国务院向全国人大常委会提交《关于提请审议〈中华人民共和国民用航空法(草案)〉的议

① 参见航空法编写小组:《航空法编写情况简要报告》,1979年9月8日。

② 参见航空法编写小组:《航空法编写工作简报》,1983年1月4日。

③ 《航空法(草案)起草经过》,1987年3月26日。

案》(国函〔1995〕56号)。1995年6月23日,第八届全国人大常委会第十四次会议初审后,人大常委会法工委根据人大常委委员及有关部门的意见进一步修改,1995年10月30日,第八届全国人大常委会第十六次会议审议通过《中华人民共和国民用航空法》。① 至此,中华人民共和国成立后第一部民航业基本法《中华人民共和国民用航空法》颁布,并于1996年3月1日起施行。

二、航空法起草阶段:聚焦航空重点问题

航空法起草阶段,在诸多问题上探讨激烈,集中表现在航空法的性质及其适用范围、民航主管部门的职权、空中航行具体规定等。

(一)明晰我国航空法性质及适用范围

我国《民用航空法》起草之初,一直是以《航空法》定名并编写具体内容,这涉及航空法的性质及适用范围问题。赵理海先生指出,航空法不是包罗万象的,例如"航空工业"不属于航空法范畴,应另外制定单行法规。概括来说,航空法应包括三大部分:第一,有关国际航行权的领空主权、航空管理问题;第二,有关国际航空法的民事权利问题;第三,有关国际航空法的刑事处罚问题。此外,还有航空保险、外国航空器对地面上第三者造成损失等问题。② 航空法编写之初,编写小组希望其能成为我国民用航空和空中交通的根本法规,不仅适用于民用航空,亦适用于军用航空。③ 但是这一点在后续的航空法草案制定及讨论中被予以修正,达成共识的是航空法应侧重于关注民用航空活动。④

1983年《航空法草案(初稿)》明确航空法是规定我国领空主权,管理空中航行和民用航空活动的国家根本法规。⑤ 航空法除适用于我国领域内的民用航空活动外,对于军民航协调、空域划分、空中交通管制等方面的规定,军航也应遵守,而且规定军事、公安和海关的航空活动应当受该法第五章关于空中航行的约束。⑥

1985年《航空法草案(一审稿)》认为,航空法是管理国家空域使用,保障空中

---

① 参见马正:《〈民用航空法〉简介》,载《中国对外贸易》1996年第4期。

② 参见赵理海:《对中华人民共和国航空法》(草案)的几点看法,第1~3页。

③ 参见航空法编写小组:《关于我国航空法的性质、编写指导思想和纲目(草案)的请示》(讨论稿),1979年7月26日,第1页。

④ 参见赵理海:《对中华人民共和国航空法》(草案)的几点看法,第2页;另参见《关于〈中华人民共和国航空法(草案)〉第二次送审稿的说明》,〔88〕民航局字第16号,第2~3页。

⑤ 参见航空法起草小组:《关于〈航空法草案〉(初稿)的说明稿》,1983年7月,第1页。

⑥ 1983年《航空法草案(初稿)》第3条第3款。

航行安全和秩序，调整航空活动中各种关系的国家基本法律。① 1985 年《航空法草案（一审稿）》对航空法适用范围作出特别说明，指出航空法作为平时法，适用于我国领域内的民用航空以及民用航空所涉及的人员和设施，在和平时期，非民用航空也必须遵守航空法的基本原则和有关规定。② 但并未明确哪些具体条款非民用航空活动也应遵守。

1987 年《航空法草案（二审稿）》再度明确航空法的性质和适用范围，强调航空法是我国针对领空主权和民用航空以及与民用航空有关的各项活动所制定的基本法律规范。当今世界各国航空法，除个别国家称为民用航空法典外，其余国家多统称为航空法或航空法典，但无论称为航空法或民用航空法典，其主要内容基本相同。③ 作为国家的平时法，航空法对军事航空活动（包括海关、公安航空活动）中与民用航空活动具有共性和有关的内容，也有相应的法定要求。相较于一审稿对非民用航空的规定，二审稿更加细致，对于非民用航空活动的适用进行了更加细化的调整，即仅该法第 47 条至第 53 条、第 58 条至第 61 条、第 63 条、第 65 条至第 69 条可适用于非民用航空活动。④

（二）确定民航主管部门

初期的航空业更多的是应用于军事领域，这一点深刻影响民航业的管理。比如，在民国初期有关航空训练及飞行调度等相关事务均由军方的参谋本部负责，中华人民共和国成立前后，中央成立军委航空局，下设民航处，成为领导全国空军和民航的管理机构。航空法如何赋予民航主管部门职权，是亟须解决的重要问题。

1. 民航局的职权变更

1983 年《航空法草案（初稿）》规定“中国民用航空局是国家统一管理全国民用航空活动的行政机关”。由于 1985 年 1 月 7 日《国务院批转中国民用航空局关于民航系统管理体制改革的报告的通知》（国发〔1985〕3 号，以下简称《民航系统管理体制改革报告的通知》）中明确民航局作为国务院主管民航事务的部门，行使行政管理职能，1985 年《航空法草案（一审稿）》中把统一管理全国民用航空事业的政府机构以“民用航空主管部门”代称。在具体条文上，“民用航空主管部门”实质上应是指最高国家行政机关的民用航空主管部门——中国民用航空局，但这一规定引

① 《关于〈中华人民共和国航空法草案〉（送审稿）的说明》，1985 年 2 月，第 3 页。

② 1985 年《航空法草案（一审稿）》第 3 条。

③ 《关于报送〈中华人民共和国航空法（草案）〉（第二次送审稿）及其说明的报告》，〔88〕民航局字第 16 号。

④ 1987 年《航空法草案（二审稿）》第 3 条。

起争议。空军、航空工业部等单位认为该名称不明确，“民用航空主管部门”易被误解为民航局和航空工业部①，因此 1987 年《航空法草案（二审稿）》将“民用航空主管部门”改为“中国民用航空局”②。但后续该名称又再度改为“民用航空主管部门”③，由此可见名称并不存疑，条文的变化是在民用航空领域中国民用航空局主管地位达成共识的表象。与此同时，三部草案中有关民航局职权的表述也存在差异（详见表 1）。

表 1　航空法草案中中国民用航空局的职权变更

<table>
<tr><th colspan="2">1983 年《航空法草案（初稿）》</th><th colspan="2">1985 年《航空法草案（一审稿）》</th><th colspan="2">1987 年《航空法草案（二审稿）》</th></tr>
<tr><td>一</td><td>根据本法管理民用航空活动，制定规章，发布决定和命令</td><td>一</td><td>根据本法和国务院的行政法规发布命令、指示和规章</td><td>一</td><td>根据本法和国务院的行政法规发布命令、指示和规章</td></tr>
<tr><td>二</td><td>在国家的国民经济和社会发展计划的指导下，编制和监督执行民用航空发展规划</td><td>二</td><td>制定民用航空的经济和技术政策，进行宏观经济管理，编制和监督执行民用航空发展规划</td><td>二</td><td>制定民用航空的经济和技术政策，编制和监督执行民用航空发展规划</td></tr>
<tr><td>三</td><td>制定民用航空的经济和技术政策，采用国际先进技术，颁布民用航空技术标准</td><td>五</td><td>规定民用航空的技术标准，颁发相应的证书和执照</td><td>五</td><td>规定民用航空的技术标准，颁发相应的证书和执照</td></tr>
<tr><td>四</td><td>管理民用航空机、民用机场和地面设施，发放、注销或吊销民用航空机登记证、型号证、适航证和民用机场登记证、使用许可证</td><td>四</td><td>规划全国民用机场的布局，管理民用机场的建设和使用</td><td>四</td><td>制定全国民用机场的布局和分配规划，管理民用机场的建设和使用</td></tr>
<tr><td>五</td><td>划设民用航空活动空域，规划和发展民用航空空中交通管制系统，负责提供划定空域空中交通服务和实施空中交通管制</td><td>三</td><td>制定空域使用规划，建设和管理民用航路和地面设施，提供空中交通服务，实施统一的空中交通管制</td><td>三</td><td>制定民用空域使用规划，建设和管理民用航路和地面设施，向民用航空器提供空中交通服务</td></tr>
<tr><td rowspan="2">六</td><td rowspan="2">检查和监督民用航空飞行安全，调查民用航空飞行事故，规定保障飞行安全措施</td><td rowspan="2">七</td><td rowspan="2">制定保障飞行安全措施，检查监督民用航空飞行安全，组织调查民用航空机事故</td><td>七</td><td>制定保障民用航空飞行安全和保安措施，检查监督民用航空飞行安全和保安工作</td></tr>
<tr><td>八</td><td>组织调查和处理民用航空器事故</td></tr>
</table>

① 《关于〈中华人民共和国航空法（草案）〉（修改稿）的说明》，1987 年 8 月，第 2 ~ 3 页。

② 1987 年《航空法草案（二审稿）》第 5 条。

③ 《中华人民共和国航空法（草案）》第 6 条，1990 年 3 月。

续表

1983 年《航空法草案(初稿)》		1985 年《航空法草案(一审稿)》		1987 年《航空法草案(二审稿)》	
七	管理民用航空企业,审查批准民用航空企业的经营申请,发放、暂停或吊销经营许可证,监督民用航空企业的经营活动	六	审查、批准开办或者撤销民用航空企业,发给或者吊销相应的证书;指导、协调和监督民用航空企业的经营活动	六	审查、批准民用航空企业的开办或者撤销,颁发或者吊销民用航空企业的证书,指导、协调和监督民用航空企业经营活动
八	制定民用航空专业人员标准,发放、暂停或吊销民用航空专业人员合格证和执照,编制和执行民用航空专业人员培训计划,领导和管理直属民用航空院校和科研机构	九	管理民用航空教育、训练和科学研究工作	十	管理民用航空教育、训练和科学研究工作
九	管理民用航空对外事务;负责与外国进行通航谈判和参加民用航空政府间国际组织的活动,办理与外国缔结民用航空条约事项;管理国际航空口岸	八	代表国家管理民用航空对外事务,办理有关缔结和实施双边和多边国际条约事宜,参加政府间国际民用航空组织的活动	九	管理涉外民用航空事务,处理有关缔结和实施双边和多边国际条约事宜,参加政府间国际民用航空组织活动
十	国务院授予的其他职权	十	国务院授予的其他职权	十一	国务院授予的其他职权

航空领域各部门职权存有交错空间,民航局的职权扩张意味着其他部门职权相应地缩减。航空法起草过程中其他部门对于民航局职权提出了补充意见。原国家物价局建议收费标准应由其批准后施行①,原国家经济委员会亦提出与价格有关的条款,建议增添与国家物价部门协商一致的条款②。外交部建议,其应与中国民用航空局一同行使涉外事务职权。③

空域和机场是航空活动中的两个重要条件,从表 1 民航局职权变更中可以看出,民航局管理全国民用机场的权限没有很大变化,但在空域划分方面民航局职权有所不同。1983 年《航空法草案(初稿)》中规定民航局会同有关部门负责民用空

① 1988 年 3 月 9 日,国家物价局对 1987 年《航空法草案(二审稿)》提出修改意见。

② 1988 年中华人民共和国经济委员会提出的《对〈中华人民共和国航空法(草案)〉的修改意见》中第 3 点。

③ 《对〈中华人民共和国航空法(草案)〉提出意见的复函》,外办函〔1988〕57 号,第 2 条。

域划设,并提请国家航空委员会批准。① 1985 年《航空法草案(一审稿)》、1987 年《航空法草案(二审稿)》以及 1989 年 5 月《航空法(草案)》(第二次送审稿的修订稿)中民航局对空域使用规划的职权没有民用限制,由民航局会同国防部共同确定,报国务院批准。② 1987 年《航空法草案(二审稿)》较之 1985 年《航空法草案(一审稿)》,突出“民用”特点。由于空域管理问题争议分歧较大,航空法草案之后的修订稿中有关民航局的职权的规定聚焦于民用空域管理之上。

《航空法(草案)》(1991 年 6 月修改本)第 6 条对于民用航空主管部门的职权规定更加精简,不再分列多项,具体为:“国务院民用航空主管部门领导全国民用航空工作,对民用航空活动实行集中统一的管理和监督;根据本法和其他有关法律、国务院的决定和制定的行政法规,在本部门的权限内,发布命令、指示和规章;办理缔结民用航空方面的国际条约,参加政府间国际民用航空活动;行使国务院授予的其他职权。”

2. 国家航空委员会的立废

民用航空活动不可避免会涉及与其他航空活动的协调问题,想要促进民航事业发展,保证民用航空活动正常开展,首先要协调好与之相连的各种关系,如民航与军航、公安、边防等部门之间的关系。因此,1983 年《航空法草案(初稿)》中设立了一个专门机构——国家航空委员会,负责协调、裁决几个部门之间有关航空的问题,并组织制定涉及几个部门的有关航空的法规、方针、政策。③

国家航空委员会由国务院和中央军事委员会主管航空工作的负责人以及与航空有关的政府部门负责人组成;主任和副主任分别由国务院和中央军事委员会负责人担任,成员由国务院和中央军事委员会委任;设置精简办事机构,但不负责民用航空的行政管理。④

考虑到从行政权设置角度,之后的航空法草案中删除了关于国家航空委员会的相关规定。

(三)划定空域、改革空中交通管理体制

合理有效地使用可行空域是一个国家促进本国航空事业发展,保证飞行安全,

---

① 1983 年《航空法草案(初稿)》,第 48 条。

② 1985 年《航空法草案(一审稿)》第 46 条;1987 年《航空法草案(二审稿)》第 42 条;1989 年 5 月《航空法(草案)》(第二次送审稿的修订稿)第 41 条。

③ 航空法起草小组:《关于〈航空法草案〉(初稿)的说明稿》,1983 年 7 月,第 7 页。

④ 1983 年《航空法草案(初稿)》第 7 条。

提高航空经济效益地重要前提之一。① 航空法草案的历次修改均遵守和平时期空域使用除充分考虑国防的需要外,宜最大限度用于物质生产,以民航活动为主的原则。空中交通管制的主要目的是防止航空器之间相撞及防止航空器在机场区域内与障碍物相撞,保证空中交通秩序井然,畅通无阻。

国际上许多国家以法律形式授权政府中的航空主管部门划定民用空域,制定使用规则,实施空中交通管制。美国的航空主管部门是联邦航空局、苏联的是民航部、日本的是运输省(设民航局)、法国的是运输部(设民航总局)、英国的是民航主管委员会(即民航局,属贸易大臣领导)。② 为维护飞行秩序,加强飞行管理,航空法起草小组在 1983 年 5 月 20 日《关于改革空中交通管制体制的设想和建议》中提出两种备选方案。第一方案:我国空中交通管制实行统一管制、统一指挥、统一建设,平时由民航局在国务院领导下统一负责,战时由国防部负责。第二方案:维持统一管制、分散指挥,空中交通管制由空军统一管制和安排,民航航路和航线上的飞行以及民用飞行由民航局负责管制和指挥。

1983 年《航空法草案(初稿)》将空域划分为民用空域和军用空域。民用空域内的空中交通,包括为民用运输以及公安、海关部门的需要进行的一切航空活动,由民航局统一管制;军用空域内的空中交通,包括为军事运输以及公安、海关部门的需要进行的一切航空活动,由军事部门统一实施空中交通管制。③

1985 年《航空法草案(一审稿)》将空域由原来的军用空域和民用空域变更为管制空域和非管制空域。④ 在管制空域内的飞行,实行统一的空中交通管制,且在划定的管制空域内,应当由单一的空中交通管制单位负责该空域内一切航空机的飞行管制。⑤

1987 年《航空法草案(二审稿)》重申须妥善划分军、民用空域范围,在一个空域内,应建立统一的空中交通管制系统,实行“统一领导、单一指挥”的原则。⑥ 同时,明确规定对于空域划分,国家在平时基于国防、文物保护和公共安全的需要划设必要的禁区和限制区外,应当尽可能供民用航空使用,进行物质生产、增加社会

---

① 《关于编写我国航空法涉及的若干原则问题的请示》,〔1980〕民航际字第 297 号,1980 年 10 月,第 6 页。

② 《关于编写我国航空法涉及的若干原则问题的请示》,〔1980〕民航际字第 297 号,1980 年 10 月,第 7 页。

③ 1983 年《航空法草案(初稿)》第 55 条。

④ 1985 年《航空法草案(一审稿)》第 47 条。

⑤ 1985 年《航空法草案(一审稿)》第 55 条。

⑥ 1987 年《航空法草案(二审稿)》第 51 条第 1 款。

财富。①

(四)民用航空的经济管理体制

航空法编写工作开展时恰逢我国经济体制和民航体制改革,在航空法起草初期,民航管理机构和企业的关系即作为航空法编写重点问题被提出。② 1949年以后,一定时期内新中国实行计划经济,社会经济关系主要依靠行政手段调整,20世纪70年代后期,随着商品经济的发展,相关法规亟须完善。③ 通过体制改革,国家对企业的管理逐步由以直接控制为主转向宏观管理,以间接控制为主。④

1983年《航空法草案(初稿)》时期,有观点认为,我国经济体制改革正在摸索中前进,在我国实行社会主义计划经济的情况下,目前宜先成立一两家企业以取得经验,至于将来如何发展,可由主管机关根据党的政策和情况需要,采用行政手段予以调整。因此航空运输只有集中统一,严格管理,才能提高效率。⑤ 1983年《航空法草案(初稿)》明确规定只有经过批准并获得经营许可证的民用航空企业,方可从事收取报酬的航空运输。⑥

根据1985年1月7日《民航系统管理体制改革报告的通知》精神,民航系统实行政企分开制度,民航局不再直接经营航空业务,只进行宏观经济管理。在政企分开后,民用航空主管部门充分发挥政府机构管理职能,加强对航空运输业的统一管理。1985年《航空法草案(一审稿)》规定,开办民用航空运输企业的单位,应向民航局申请取得经营许可证;除此之外,应按照国家工商行政管理规定,办理登记手续,领取营业执照,取得法人资格后才能经营收取报酬的公共航空运输业务。⑦ 民用航空主管部门有权对各航空运输企业的经营航线、运力、运价和航班时刻表进行协调并检查、监督企业的经营活动。

1987年《航空法草案(二审稿)》相关条文规定体现出政府民航主管部门主要运用经济手段、法律手段和必要的行政手段对民用航空企业进行间接管理。按照所有权和经营权分离原则,政府和企业分开,使企业真正做到自主经营、自

---

① 1987年《航空法草案(二审稿)》第42条。

② 航空法编写小组:《关于我国航空法编写问题的请示》中"我国航空法涉及若干原则问题的方案"第二点,1979年10月。

③ 参见尹田编著:《民法总论》,人民法院出版社2002年版,第4页。

④ 《关于报送〈中华人民共和国航空法(草案)〉(第二次送审稿)及其说明的报告》,〔88〕民航局字第16号。

⑤ 航空法起草小组:《关于〈航空法草案〉(初稿)的说明稿》,1983年7月,第4~5页。

⑥ 1983年《航空法草案(初稿)》第87条。

⑦ 1985年《航空法草案(一审稿)》第83条。

负盈亏。[①] 并且我国当时《中外合资经营企业法实施条例》规定，允许设立合营企业不包括运输业，同时根据民用航空的特点，二审稿规定我国民用航空企业不实行中外合资经营、中外合作经营和外国独资经营，至于雇用或引进外国先进的管理或技术人员和设备，则未加限制。[②]

（五）航空法草案立法过程中达成的共识

1. 立法条款应体现平时法特点

从这一阶段多个航空法草案规定的条款中可以看出，航空法是平时法，不是战时法，航空法起草之初即确定在内容上主要针对民用航空作出规定。[③] 我国航空法贯穿平战结合的原则，为促进民航事业的发展，在和平时期，更多考虑合理和有效地使用空域，扩大民航使用空域范围，一旦进入战争状态，整个民用航空工作即“服从于战时法令，为国防服务”。一国航路和民用空域的使用管理，在平时由政府航空主管部门负责，空中交通管制也由该部门实施，在战时则实行军事管理。民用航空是国防后备力量之一，其他国家航空法中也有在战时或紧急情况下将民用航空用于军事需要的相关规定，如美国明确规定在紧急情况下总统有权把联邦航空局的职能移交给国防部。[④] 因此，航空法从性质上说是调整民用航空领域中的各种关系的法律，但同时要协调民用航空与非民用航空的关系，凡与民用航空有关的各种关系，航空法均应该调整，否则民用航空活动无法正常进行。

2. 航空法既是国内法，又具有国际性，包含许多涉外因素

当今世界各国航空法，除个别国家称为民用航空法典外，其余国家多统称为航空法或航空法典，且无论称为航空法或是民用航空法典，其基本原则和主要内容大致相同。基本原则主要有五项：维护国家领土主权；加强对民用航空器的管理；保护和促进本国民用航空的发展；维护空中交通秩序、重视飞行安全；在战时或紧急情况下将民用航空用于军事需要。航空法主要内容一般都包括对本国领土上空具有完全的排他的主权；航空法的适用范围；民用航空器；航空人员；机场；空域管理；航空器飞行；航空运输；通用航空；搜寻救援和事故调查。航空法编写小组在立足我国国情的基础上，充分考察其他国家航空法立法经验，不断构建和完善我国航空

① 《关于报送〈中华人民共和国航空法（草案）〉（第二次送审稿）及其说明的报告》，〔88〕民航局字第 16 号。

② 1987 年《航空法草案（二审稿）》第 78 条。

③ 航空法编写小组：《我国航空法的性质、编写指导思想和纲目（草案）》（讨论稿），1979 年 7 月 26 日，第 1 页。

④ 航空法编写小组：《关于我国航空法编写问题的请示》，1979 年 10 月 31 日，第 27 页。

法草案的基本内容。

为促进我国民用航空现代化发展,在航空法草案的整个结构和各项具体规定中都体现出国际化特点。航空法草案编写之前我国飞行基本规则参照苏联20世纪50年代末期的飞行基本规则制定,与国际通用的空中规则在内容上有不少差异,不能满足我国对外通航日益增多的要求。因此航空法草案在编写时明确规定"采用国际先进技术",在技术性规定方面尽可能采用通用的国际规范,以便于我国飞行安全和民航事业发展。在草案修改过程中亦重视与国际条约的衔接。航空法起草期间,编写小组会收集各类外国判例,参考其如何运用国际公约。[①] 航空法编写小组还时刻关注国际公约的新动向,国际民航组织召开特别会议制定的《芝加哥公约》第三分条规定对飞行中的航空机不得使用武力,在进行拦截时,不能危及航空机安全和机上人员的生命。故1987年《航空法草案(二审稿)》中规定,对违法航空机,"有权根据具体情况及时采取制止违法活动的必要措施"[②],对1985年《航空法草案(一审稿)》中"一切必要措施"进行修正。[③]

3. 保证航空飞行安全始终是立法关注核心

改革开放后,随着我国航空事业的建设和发展,我国空中交通活动量增加,特别是机型的更新换代,大型喷气运输飞机投入国际国内航线,增加了空中交通的复杂性,"统一管制、分散指挥"的管制体制越来越难以达到"正确、及时和不间断"的指挥要求,严重威胁空中交通的安全和正常运行。[④] 这一阶段航空立法始终将保证飞行安全作为一项重要目的,在技术标准和实施制度方面作严格规定,有关空域划分、航路建设、空中交通管制等都贯彻飞行安全第一思想。

三、立法名称由《航空法》向《民用航空法》的转变缘由

尽管航空法草案在部分法理原则和内容上达成共识,但在该法适用范围以及于国防安全考量下的诸多问题仍未能达成一致,故航空法起草小组最终放弃了以《中华人民共和国航空法》命名的原有方案,将名称改为现行的《中华人民共和国民用航空法》。

---

① 原民航总局国际局:《从外国判例看如何运用〈华沙条约〉的规定——巴黎上诉法院一九七九年十月十六日判决"地球物理学总公司"诉"比利时航空公司"的索赔案》,1980年6月13日,第1~7页。

② 1987年《航空法草案(二审稿)》第69条。

③ 1985年《航空法草案(一审稿)》第73条。

④ 仅1981年到1982年就发生11起军民航飞机在空中危险接近,险些造成两机相撞的事故。参见《关于改革空中交通管制体制的设想和建议》,1983年5月20日,第4~5页。

（一）直接原因：部门间意见不统一

航空法草案的两次送审稿收到各行政部门积极的回应。出现这一现象的原因在于航空法属领域法。较之传统部门法单纯地以法律规范所调整的社会关系和调整方法为划分标准，领域法思维面对现实，从横向角度对复杂的社会活动重新加以划分和整合，其源于不同的法律领域，联系着特定的现实领域。① 改革开放以来，围绕新事物、新问题的新兴交叉法律领域难以通过部门法标准划归到既有的法律部门，往往呈现出复杂性、多元性。② 航空领域发生的诸多新变化需要在航空立法上有所回应，航空法的国际性以及其涉及的复杂社会经济关系需在学理研究和实践立法之中予以重视。③ 概言之，航空活动领域既有历史上军方管理的因素，又有各种行政部门的职权交叉，同时还有民事规范、刑事规范和行政规范等的共存，因而制定高位阶的航空领域法律规范需整合诸多法律规范，关注航空领域的核心知识和关联知识，充分考虑航空活动的特殊性。

在各行政部门对航空法草案的回应中，航空法的适用范围争议最大。根据航空法的性质，该法定名为“中华人民共和国航空法”是否合适在历次草案中均存有争议。最高人民法院曾建议依据草案内容将该法改名为《中华人民共和国航空管理法》④，军方和原国家经济委员会也认为依据法律条文内容以民用航空法为名更为合适⑤，该法并不应适用于包括军用航空器在内的国家航空器。基于规制民用航空活动的目的，军方希望空域管理、中国民用航空局的职责、航空运输、军民合用机场以及修建靶场的批准权限等问题应交由航空法规定予以调整。总的来说，立法应以规制民用航空方面为主。⑥ 中国人民解放军总参谋部建议如一定要起草全国性的航空法，由负责全国空中交通管制的主管部门（空军）牵头，拥有航空器的各大

① 参见刘剑文、胡翔：《“领域法”范式适用：方法提炼与思维模式》，载《法学论坛》2018年第4期。

② 参见刘剑文：《论领域法学：一种立足新兴交叉领域的法学研究范式》，载《政法论丛》2016年第5期。

③ 参见郝秀辉：《中国视域下航空法独立性之辩》，载《北京理工大学学报（社会科学版）》2013年第3期。

④ 1988年3月14日，最高人民法院对《中华人民共和国航空法（草案）》提出修改意见第1条。

⑤ 航空法草案（送审稿）讨论会：1985年5月11日，国务院南侧会议室；《中国人民解放军空军司令部（公函）》，〔1988〕司航字第16号，“关于对民航局起草的《航空法草案》（第二次送审稿）的意见”中重申；1988年中华人民共和国经济委员会提出的《对〈中华人民共和国航空法（草案）〉的修改意见》中第1点。

⑥ 《中国人民解放军总参谋部（公函）》，〔1988〕参作字第125号，“关于对《中华人民共和国航空法（草案）》（第二次送审稿）的意见”。

单位派人参加,共同起草,在广泛听取有关单位意见后再上报国务院、中央军委审批。①

基于国防安全,空域管理权限应归属于军方还是民用航空主管部门亦有争议。从军方角度出发,空域属于特殊的政治问题,大量空域操作属于国家军事秘密,不适宜立法中予以公布,对于国家航空器航空法不应过度干预。空军认为历次航空法草案中许多条款缺少法律依据,部分重要条款并不符合我国的实际情况,主张我国空域管理应保持现状由空军管制,且不应由民航局划分空域,认为军用航空占比比民用航空大得多,即使民航要发展,在相当长时期内还应以军航为主,体现国防利益。尤其是航空运输的部分条款缺乏统筹考虑,不利于我国航空部门的发展。军方希望航空法能够针对管制区和非管制区、空域划分的批准权限、训练空域边界距航路的距离、修建炮射靶场的批准、当时的《飞行基本规则》和草案提到的《飞行规则》以及对外开放机场和航路的报批等问题作出相应调整以适应我国的国情。②

航空法作为调整民用航空活动的基本法,民用航空主管部门取得职权意味着原行使职权的行政部门需让渡权利,在航空经济活动中的部分问题上各部门未能达成一致。比如,航空法对航空运输领域的市场主体影响重大,在具体责任划分上的法律规定存有商榷之处。中国人民保险公司建议在1987年《航空法草案(二审稿)》第四章第41条后增加规定,"因机场管理机构的过错造成民用航空器,航空器上行李、货物、旅客自带物品的损失或航空器上人员的伤亡,机场管理机构应当承担赔偿责任"。建议第104条和第118条有关诉讼时效及管辖的规定应当与《民法通则》和《民事诉讼法》中有关规定相一致,或者以准用性规范加以规定。③ 诸如此类,当纠纷产生时,航空法未妥善解决责任界定等民商事法律关注的问题。同时,在专业领域航空立法亦存在问题。原城乡建设环境保护部建议在1987年《航空法草案(二审稿)》第31条、第45条中加入"环境保护"的内容。④ 原国家体育运动委员会指出体育航空的特殊性,认为对于动力航空模型以及体育交往活动等是否应

---

① 《中国人民解放军总参谋部(公函)》,〔1988〕参作字第125号,"关于对《中华人民共和国航空法(草案)》(第二次送审稿)的意见"。

② 《中国人民解放军空军司令部(公函)》,〔1988〕司航字第16号,"关于对民航局起草的《航空法草案》(第二次送审稿)的意见"。

③ 《中国人民保险公司关于对〈中华人民共和国航空法(草案)〉修改意见的函》,〔1988〕保函字第057号。

④ 《城乡建设环境保护部对〈中华人民共和国航空法(草案)〉(第二次送审稿)的修改意见》,〔1988〕城策法字第21号。

由中国民用航空局管理有待进一步探讨。[1] 这一点在航空法起草过程中是有所考虑的,针对体育空域,可在具体规划中考虑或列入法规,草案未增列专条予以规定。[2]

(二)审视:航空法的固有立法难题

航空法旨在建构规制我国航空活动的统一法律规范。基本法应反映党和国家的基本政策,体现着经济领域中的基本规律,且其反映的经济关系具有较强的稳定因素。[3] 作为航空领域的基本法,航空法所调整的航空领域法律关系复杂,既有过往军方管制的历史传统,又受时代变革的影响。尽管统一的航空法在部分问题的解决上有其优势,如有学者指出,航空法在涉及飞行安全时适用于中国境内的一切航空活动,包括军用航空,如此可避免类似于美国 1938 年军民航分管下的二次军民机相撞事件的发生,[4]但军民航共管实难短期内达成一致意见。

1. 航空法的立法旨向

航空法与航空领域活动的发展息息相关,受技术因素影响尤深。有学者指出,航空法的调整对象在于人类航空活动中的各种法律关系。[5] 人类航空活动具有天然的国际性,与其他法律关系存有差异,立法时的价值导向亦存有差异。具体而言,航空法应追求实现于领空主权、安全、正义和效率等之上的价值。[6] 较之其他法律规范,航空法尤为强调安全价值的重要性。无论《航空法》,还是《民用航空法》,均是以符合航空活动的价值为立法目的。《航空法(草案)》(1991 年 6 月修改本)和现行《民用航空法》第 1 条均指出,其为维护国家领空主权和保障民用航空活动的安全和有序而制定。无论是航空法还是民用航空法,其遵循的基本价值是共通的,规制的核心均为民用航空活动,因此在部分涉及国家航空器的问题上未达成一致时,航空法起草小组将《航空法》改为《民用航空法》。

航空法不仅具有促进经济活动发展的功能,同时还具有国家层面的政治功能。空域管理、航空执法等均是其政治功能的反映。航空法应是能助力于国家对航空

---

① 1985 年 5 月 11 日送审稿讨论会中原国家体育运动委员会提出相关意见;另见《关于征求〈中华人民共和国航空法(草案)〉意见的复函》,〔1988〕体办字第 13 号。

② 1987 年 8 月,《关于中华人民共和国航空法草案(修改稿)的修改说明》第 5 条。

③ 参见佟柔著,周大伟编:《佟柔中国民法讲稿》,北京大学出版社 2008 年版,第 87 页。

④ 参见宋亦松:《试论创立中国的航空法》,载《政治与法律》1987 年第 6 期。

⑤ 参见赵维田:《国际航空法》,社会科学文献出版社 2000 年版,第 1 ~ 2 页。

⑥ 参见杨万柳:《和谐视域中的中国民用航空法观照——以民航法律体系的完善为视角》,载《北京航空航天大学学报(社会科学版)》2011 年第 5 期。

权力的控制,实现政府间内部的权力配置。① 航空法草案起草过程中,政府各行政部门间的争论即是实现航空法对航空活动中权力配置的表象。《民用航空法》即是在各部门间达成的平衡,赋予我国民用航空主管部门适当的行政权力,同时平衡国防安全的需要,尽管该法略显“不完整”,但符合时代的政治诉求,有助于为航空活动中迫切需要解决的问题提供对策。

中国航空法的起草既受他国立法的影响,同时也与历史变迁有明显的关联。应根据我国的具体情况,不仅考察诸如美苏等国外的航空立法是否经受考验,还要考察其规制内容是否适合我国,同时他国方法不经修改亦不能直接适用于我国。② 航空活动关注的问题是相似的,民用航空法选择在部分问题上有所回避,即是为了能够与我国的现实状况相符,实现国外经验的本土化。

2. 航空活动领域的历史问题

早期航空业与军事有着极高的关联度。在飞机被发明以来,战争促使航空国际法律制度不断完善,且航空管理等诸多问题备受各国关注。③ 诸多航空领域中的问题随着战争的发展被提出并纳入考量范畴之内。例如,随着两次世界大战的结束,快速发展的飞机制造业以及国际航空运输的需要促进了航空保险市场的日益扩大。④

中国近现代航空管理的军事化特征明显。民国初期有关航空训练及飞行调度等相关事务均由军方的参谋本部负责,后并入军事部。在中华人民共和国成立后,中央政治局在人民革命军事委员会下设民用航空局,受空军司令部的指导。航空活动管理具有的军事化历史传统深刻影响着中国航空立法模式的选择。中国航空法体系大体有四种立法模式:军队主管、民航主管、军民分管和军民共管。有学者便指出,基于军民一体的统一航空法体系,方能同时满足保障空中安全和促进资源利用的发展需要,中国航空法的发展需要解决空域管理机构和民航运输管理机构的职权边界问题,在国防安全和经济发展间找寻平衡点。⑤ 改革开放初期,市场经济的发展在航空领域虽有体现,但经济体制改革仍处在探索阶段,短期内难以打破在空域问题等涉及国家安全的问题上的军方管理传统,军民航关系短期内无法达

① 参见贺富永:《航空法的功能研究》,载《北京理工大学学报(社会科学版)》2016 年第 3 期。

② 参见[德]茨威格特、克茨:《比较法总论》,潘汉典译,中国法制出版社 2017 年版,第 28 ~ 32 页。

③ 参见赵维田:《国际航空法》,社会科学文献出版社 2000 年版,第 12 ~ 19 页。

④ Eugene Jericho, Insurance Problems of General Aviation, Forum 14, No. 3 (Winter 1979): 602 - 610.

⑤ 参见龙卫球等:《建立统一的中国航空法体系——理论初探与立法建议》,载《北京航空航天大学学报(社会科学版)》2008 年第 2 期。

成意见一致的法律规范。故民用航空法的颁布是对亟须一部高位阶法律规范的民用航空活动的妥善回应。

（三）《民用航空法》：符合时代的选择

党的十一届三中全会后，改革开放推动法治建设，立法工作尤为重要。在党的十一届三中全会加强社会主义法制的方针指引下，包括航空法在内的诸多法律规范的立法工作相辅相成，我国法律体系得以恢复并进一步系统化发展。

1. 国际环境的变迁

航空法的起草与中国的国际环境变化息息相关。一方面，我国的改革开放和现代化建设有良好的国际环境做支持，不乏引进国外的先进技术经验和立法资料。① 另一方面，伴随 1991 年冷战结束，经济全球化和世界多极化趋势的深化需要我国有能与国际接轨的法律规范，航空领域具备天然的国际性，与之相关的经济发展亟须一部高位阶的法律规范指引。

《民用航空法》借鉴《华沙公约》《芝加哥公约》等，对具有国际性的民用航空活动进行回应。《民用航空法》的起草从我国改革开放的实际需要出发，切合既有国际航空公约的规定，使我国的民用航空法律制度尽可能地与国际通行的规则接轨。如《民用航空法》在第九章“公共航空运输”中的条款与《华沙公约》有关条款相适配；单独设置第十四章以规定“涉外关系的法律适用”等。

2. “粗放”的立法思想

1986 年《民法通则》（已失效）的颁布标志着我国民法向完备系统化方向迈出了重要的一步。《民法通则》将平等主体间的财产关系纳入民法的调整范围，强调其在社会主义市场经济中的作用，突出权利在民法中的核心地位，这使《民用航空法》能够打破原先计划经济下的立法思想，与经济体制改革下的民用航空活动的需求相契合。

初期的立法工作在许多具体问题上难以形成好的处理意见，《民用航空法》的出台便符合当时的立法指导思想——“宜粗不宜细”，同时权衡了各部门间的利益，有助于建构和谐的民用航空活动秩序。② 当时的立法的工作量很大，人力很不够，因此法律条文开始可以粗一点，逐步完善。航空法编写小组对比研究美、苏、英、法、日五国的航空法，认为美、英、法的法律十分烦琐，日本的比较清楚，苏联的简单明了，且各国制定航空法后，可按照法定程序予以修改，美国 1958 年《联邦航空法》

① 参见李捷：《从解冻到建交：中国政治变动与中美关系》，载《党的文献》2002 年第 5 期。

② 参见刘伟民：《完善航空立法为实现“中国梦”而奋斗——纪念〈中华人民共和国民用航空法〉颁布 20 周年》，载《民航管理》2015 年第 7 期。

制定后即经多次修改。航空法编写小组考虑我国过去没有编写航空法的经验,打算由简入繁,第一个航空法原则上简单明了一些,以后必要时再修订。[①]《民用航空法》的时代局限性不可否认,但其为航空法学提出各种课题,促进了航空法学研究的系统化,有助于形成中国特色的航空法学。

3. 对航空法争议问题的回应

较之《航空法(草案)》(1991年6月修改本),1995年《民用航空法(草案)》在章节设置上有显著的变化。第一,民用航空器的规制细化。不再笼统于一章,而细化为对其国籍、权利和适航管理的分章规定,在民用航空器权利一章,分节规定所有权和抵押权、优先权、租赁等,突出与之相关的民商事法律关系。第二,关注航空运输主体的法律地位。不再采纳原先"航空运输"的单章规制思路,而是专章规制"公共航空运输企业",且同时在"公共航空运输"一章中对民商事法律关系关注的问题予以回应,与国际条约接轨,明确承运人的责任。第三,聚焦外国民用航空器的法律规制。《航空法(草案)》(1991年6月修改本)在第五章"空中航行"第四节"外国航空器的飞行"和第六章"航空运输"第三节"国际航空运输"中涉及外国民用航空器。1995年《民用航空法(草案)》并未采此分列于各章的立法思路,而是在第十三章单独规制"对外国民用航空器的特别规定"。第四,1995年《民用航空法(草案)》第十五章"罚则"以及现行《民用航空法》第十五章"法律责任"对相关处罚进行了集中规制。

民用航空法对航空法的调整范围问题的回应。1995年《民用航空法(草案)》明确指出,"本法适用于中华人民共和国境内的民用航空活动",时任原民航总局局长陈光毅在《关于〈中华人民共和国民用航空法(草案)〉的说明》中提到该法适用范围:草案全部内容以规范民用航空活动为限,至于不能不涉及民航与军航关系的个别问题,主要是空域管理具体办法、飞行规则和军民合用机场管理办法,草案明确规定由国务院、中央军事委员会另行制定。但是当时最终通过的《民用航空法》中,最终删掉了原草案有关适用范围的规定,这意味着《民用航空法》在一定程度上具有协调军民航关系的作用,例如第七章第一节"空域管理"的各项条款,军用航空活动亦应当遵守。由此,即使《民用航空法》最终删除了对于军用航空器的直接规定,例如《航空法(草案)》(1991年6月修改本)第3条第2款中部分法条适用于我国领域内的一切航空活动的规定、第7条"紧急状态"下的特殊状况。但总的来看,

---

① 航空法编写小组:《关于我国航空法的性质、编写指导思想和纲目(草案)的请示》(讨论稿),1979年7月26日,第1页。

名称从《航空法》变为《民用航空法》，主要调整对象不曾变更，仍是调整我国民用航空活动，并协调军民航关系。

4.《民用航空法》对民商事法律问题的回应

《民用航空法》对航空活动迫切需要解决的问题予以回应。改革开放以来，经济体制改革中出现理论上的突破，航空领域的民商事法律关系需要一部对应的法律规范。民用航空法并不要求在法律领域间有泾渭分明的界限，其更多地关注与民用航空活动密切相关的法律问题，因而表现为既有涉及公权力的法律规定，又存在如航空公司与乘客等私主体间法律关系的规定。民用航空法是规范民用航空的行政管理和民商事法律关系两个方面内容的重要法律。民用航空法与社会主义市场经济相适配，坚持纵向的行政管理法律规范与横向的民商法律规范并重，对有关民商事法律关系的规定作了进一步补充、完善，以有效地保护与民用航空运输有关各方当事人的合法权益。

《民用航空法》对民商事法律关系的规范更加具体全面。具体来说，《民用航空法》在民用航空器国籍管理问题之外更为关注民用航空器所涉及的权利义务问题。例如，1995年《民用航空法（草案）》仅规定四类民用航空器应当进行国籍登记，现行《民用航空法》在此基础上，还增加"境外租赁民用航空器"的特别规定。① 类似地，1995年《民用航空法》在民用航空器对应的民事权利上也有规定，专章规定"民用航空器权利"，包括所有权和抵押权、优先权等。②

四、《民用航空法》立法启示

1995年《民用航空法》是我国第一部全面规范民用航空活动的法律，之后以1995年《民用航空法》为核心，逐步建立起我国民用航空法律体系。回顾1995年《民用航空法》的制定过程，对于我国统一《航空法》立法研究具有重要意义。目前，我国《民用航空法》的修改和《航空法》的立法研究正在"双轨"推进，如何处理两法的关系以及各自的内容，是值得深入研究和思考的重要课题。

（一）航空法律体系要与航空发展相适应

我国《民用航空法》从1995年颁布至今已有20多年，奠定了我国航空法律体系的基础，为我国民航业发展提供了法律依据。虽然我国《民用航空法》经历几次

---

① 《国务院关于提请〈中华人民共和国民用航空法（草案）〉的议案》，国函〔1995〕56号；《中华人民共和国民用航空法（草案）》第7条；《民用航空法》第7条。

② 《国务院关于提请〈中华人民共和国民用航空法（草案）〉的议案》，国函〔1995〕56号；《中华人民共和国民用航空法（草案）》第三章"民用航空器权利"。

修订,但针对如今航空飞行不断大众化和国际化的趋势,其规定的内容仍有所局限。

首先,改革开放以来,我国民用航空事业迅猛发展,空域使用"人满为患"导致空中交通拥堵已成为不可忽视的问题,现行空中交通管制体系滞后于民航业发展速度,已成为我国民航业进一步繁荣的"瓶颈"。① 其次,我国航空法律体系应与国际航空法内容相协调。我国自主研制了C919大型客机,并且顺利首飞,由此我国的航空制造进入新时代。随着航空制造业的蓬勃发展,与之相伴的就是航空器适航认证,我国制造的飞机想要进入国际市场,就必须要通过国际适航认证,因此我国适航标准要与国际适航标准相衔接。

法律虽有不可避免的滞后性,但应尽力缩小与社会发展之间的差距,努力适应社会发展过程中出现的新情况和新问题。因此,为早日实现我国民航强国的目标,我国的航空法律体系应更加适应民航的发展趋势。

(二)将《民用航空法》改为《航空法》

为协调军民航关系,促进民用航空事业繁荣发展,我国可参考国际上其他国家的一般作法,将《民用航空法》改为《航空法》。② 在具体立法操作上,我国《航空法》可以现行《民用航空法》的立法体例为蓝本,对条文内容进行合理优化以适应当前民航事业发展,而不需另起炉灶单独制定《航空法》与《民用航空法》两法并行。原因在于:其一,归根到底无论是《民用航空法》还是《航空法》,适用范围都一样,主要调整民用航空活动,同时协调军民航关系,而并非调整所有航空活动。美国从1938年《民用航空法》到1958年《联邦航空法》,仍以调整民用航空为主,只是加强军民航协调相关规定,并不因改名而改变法律性质。因此两法并行不符合基本法理。其二,综观当前世界各国,无论是称为航空法,还是称为民用航空法,都只有一部有效航空法律,我国若两法并行亦不符合国际上立法趋势。同时,法条起草可借鉴民法典编纂模式,即"成熟一个制定一个"的单行立法原则无缝对接为"成熟一个编进去一个"的法典编纂原则。③ 航空领域不乏针对各类具体问题的行政法规或者涉及民航管理的规章,无论是《民用航空法》还是《航空法》,关键问题应在于整合现有成熟的制度,同时不应忽视航空领域快速发展对制度时效性产生的冲击。

---

① 参见刘伟民:《完善航空立法为实现"中国梦"而奋斗——纪念〈中华人民共和国民用航空法〉颁布20周年》,载《民航管理》2015年第7期。

② 参见刘伟民:《法导民航蓝天臻祥——纪念〈民用航空法〉实施6周年》,载《中国民用航空》2002年第3期。

③ 参见朱庆育:《债法总则消亡史》,载《法学研究》2022年第4期。

(三)加强航空安全,注重协调军民航关系

我国民用航空业经过几十年发展,航空运输量快速增长,航空运输在国内交通体系中所占比重明显提高且日益大众化,有关军民航使用空域的协调问题日趋急迫。我国空域管理基于国防安全等因素考量,实行统一管制、分别指挥的管理体制,但并未实行军民航空管一体化。在同一空域内存在多个管理机构,空域资源分配不均衡、使用不充分等现象,对飞行安全造成阻碍,不适应现今的航空经济发展要求。航空业的快速发展以航空安全为前提,航空法律体系应不断完善航空安全规则,加大航空安全投入,加强航空安全监管制度的落实。我国《航空法》的制定应着眼于军民航空域使用一体化建设,建构空域资源统一管理制度,推动军民航协调统一管理,不断开放空域,加强空域安全监管。①

五、结语

我国 1995 年《民用航空法》制定过程历经航空法向民用航空法转变两个阶段。立法初期以《航空法》定名,但由于其领域法属性,涉及问题复杂,各部门对航空法适用范围、空域管理等问题的争议较大,加之改革开放后我国航空领域快速发展,急需一部基本法律规制相关航空活动,在当时"宜粗不宜细"立法指导思想下,航空法起草小组将《航空法》改名为《民用航空法》,调整对象明确为民用航空活动。《民用航空法》最终删除对于军用航空器等的直接规定。

目前,在军民航深度融合的新时代,航空法的立法是一个庞大工程,必须保证"三个坚持",即坚持遵循不同航空活动规律,避免从行业局部利益和方便管理角度立法,应体现秩序建构、权利释放和加强市场调节与政府监管的立法理念;坚持遵循科学性和体系性原则,注重立法内容完整、条理清晰、层次分明、文字通俗易懂,立法结构和体例设计合理;坚持密切关注国内各项法律制度(包括民法典)的变化与更新,有效衔接国际民用航空公约、现有民航法律法规、涉及民航管理的规章、军航法规等内容。

航空业的发展与航空法律制度的不断完善密不可分,现阶段我国航空法治建设应注重军民航协调发展,在现行《民用航空法》的基础上将逐渐《民用航空法》改为《航空法》,建构空域资源统一管理制度,加强航空安全。

① 参见李寿平、欧阳彦美:《美国通用航空产业发展的法治经验及对中国启示》,载《时代法学》2015 年第 1 期。

民用机场地方立法比较研究

——基于32部地方立法的实证分析

贾圣真　李普照*

截至2023年10月，我国关于民用机场的专门性地方立法已有32部。通过对32部立法内容的比较，可以发现民用机场地方立法着重规定了监管权限划分与机场管理机构确定，行政执法权，净空保护和电磁环境保护，安全、运营管理与服务，公共秩序和场容环境等方面的内容。地方具备民用机场地方立法权限，也存在一定的执行性和创制性立法空间。为了妥善解决当前地方立法存在的与上位法不一致、上下位法衔接不紧密、立法重复、权限重叠等问题，应该抓住提高立法质量这个关键，准确把握地方在民用机场领域的立法权限，强化对地方立法的全流程监督，统筹立法资源，更好地发挥地方立法的作用。

一、民用机场地方立法的基本情况和研究思路

随着民航管理体制改革，民用机场实行属地化管理后，地方政府成为对机场实施监督管理、保障民用机场安全运行的责任主体。我国《民用航空法》和2009年国务院制定的《民用机场管理条例》（以下简称《机场条例》）对地方政府有关机场管理和保护的权责作了规定。近年来，随着民航事业的发展，民用机场

* 贾圣真，中国民航大学法学院副教授，法学博士，硕士生导师；李普照，中国民航大学法学院法律硕士研究生。

数量明显增加，机场管理压力逐渐加大，地方普遍有针对民用机场立法的需求。经统计，截至2023年10月，我国各地出台关于民用机场的专门性地方立法（包括地方性法规和地方政府规章，不含其他规范性文件）共计32部，包括省级地方性法规12部、设区的市级地方性法规1部、省级政府规章15部、设区的市级政府规章4部。① 这32部地方立法的基本情况如表1所示。

表1 民用机场地方立法一览

类别	名称	发布日期
地方性法规（13部）	青海省民用机场管理条例	2019年5月30日
	吉林省民用机场管理条例	2015年5月26日
	上海市民用机场地区管理条例	2011年9月22日
	西藏自治区民用机场保护条例	2010年11月26日
	河南省民用运输机场管理条例	2014年5月29日
	贵州省民用运输机场管理条例	2014年3月19日
	云南省民用运输机场保护条例	2011年5月26日
	湖南省民用运输机场管理条例	2010年3月31日
	湖北省民用机场净空安全保护条例	2010年12月4日
	四川省民用机场净空及电磁环境保护条例	2001年9月22日
	安徽省民用机场净空环境保护条例	1998年12月22日
	福州长乐国际机场保护条例	2002年5月31日
	重庆市民用机场保护条例（已失效）	2010年7月30日
省级政府规章（15部）	内蒙古自治区民用机场管理办法	2022年5月23日
	宁夏回族自治区民用机场保护办法	2015年10月20日
	浙江省民用机场管理办法	2014年7月17日
	重庆市民用机场管理办法	2012年9月14日
	陕西省民用运输机场管理办法	2016年2月27日
	北京市民用运输机场管理办法	2014年10月22日
	江西省民用运输机场管理办法	2014年1月8日

① 其中2部立法已失效，但考虑到研究对象的完整性，本文也将其纳入比较研究范围。

续表

类别	名称	发布日期
省级政府规章(15部)	辽宁省民用机场净空安全保护办法	2021年5月18日
	江西省民用机场净空和民用航空电磁环境保护办法	2019年11月27日
	山西省民用机场净空和电磁环境保护办法	2018年12月28日
	河北省民用机场净空和电磁环境保护办法	2012年12月28日
	甘肃省民用机场净空和民用航空电磁环境保护规定	2015年1月15日
	天津市民用机场净空及安全管理规定	2013年5月27日
	北京市民用机场净空保护区域管理若干规定	2010年9月9日
	广东省民用机场电磁环境保护规定(已失效)	2007年2月8日
设区的市级政府规章(4部)	广州市民用运输机场管理办法	2017年12月19日
	无锡市民用机场净空和电磁环境保护办法	2021年12月31日
	邯郸市民用机场净空和电磁环境保护管理规定	2017年10月22日
	青岛市民用机场净空和电磁环境保护管理办法	2020年8月23日

由表1可见,民用机场地方立法已有丰富实践,成为一种不容忽视的立法现象。本文拟在全面梳理民用机场地方立法的现状的基础上,对民用机场地方立法的内容进行比较研究,分析其中涉及的法律问题。本文的工作一方面有助于在《立法法》框架下明确地方在民用机场领域的立法权限,提升地方立法质量,完善民用机场管理法律制度;另一方面,在《机场条例》已纳入"十四五"民航立法专项规划酝酿修订的背景下,总结分析民用机场地方立法的实际情况,对于协调机场管理领域的中央和地方关系、完善《机场条例》的内容具有相当的参考价值。

考察我国《立法法》对地方立法权限的规定方式,可以将地方立法与上位法的关系划分为两种类型。一是执行性立法,为执行法律、行政法规的规定,可以制定地方性法规(《立法法》第82条第1项);为执行法律、行政法规、地方性法规的规定,可以制定地方政府规章(《立法法》第93条第2款第1项)。二是创制性(自主性)立法,基于地方性事务需要,可以制定地方性法规(《立法法》第82条第2项);基于本行政区域的具体行政管理事项,可以制定地方政府规章(《立法法》第93条第2款第2项)。2015年《立法法》修改将地方立法权由"较大的市"扩张到所有

"设区的市"[①],2023年《立法法》又进一步调整了对设区的市的立法权的表述,扩大了设区的市的地方立法权。在此背景下,近年来学界对地方立法的研究中存在"立法扩张"与"立法重复"两种担忧。有学者考察了市容环卫、安全生产领域的地方立法,认为地方立法在重复中央立法方面问题并不突出,有相当比例的规定对上位法进行了可操作性的细化,但总体上展现出极强的保守倾向。[②] 执行性方法与创制性方法的划分成为观察地方立法与上位法关系的一种基本分类,本文将借鉴这一研究思路,具体分析民用机场地方立法的情况。

二、民用机场地方立法的内容比较

从民用机场地方立法的调整范围和主要内容来看,大致可分为两类:一类是在《机场条例》框架下进行的"综合性立法",内容涉及民用机场的规划、建设、安全、运营、安全环境保护、公共秩序、场容环境等;另一类是聚焦于保障机场安全的"保护性立法",内容涉及机场保护规划、净空保护、电磁环境保护、运营安全保护、控制用地保护、设施设备保护等,尤以净空保护和电磁环境保护为重点。从总体上来说,"综合性立法"是对《机场条例》的全面细化落实,其篇章体例也基本遵循了该条例所确立的基本框架;"保护性立法"主要是对《机场条例》第四章"民用机场安全环境保护"的细化落实。考察地方立法的具体内容,可以发现民用机场地方立法存在对上位法重复的现象,但大多不是对上位法条文的完全复述,而是对上位法进行细化,即对上位法规定的具体化,对上位法比较抽象的概念、规范作出有意义的区分,[③]同时也存在多样化的创制性规定。

(一)监管权限划分与机场管理机构的确定

《机场条例》第4条第2款规定,"有关地方政府依法对民用机场实施监督管理"。这一规定赋予了地方政府对机场的监管权,但未作具体规定。机场处于行业管理和属地管理的结合部,《机场条例》涉及机场从规划建设到安全运营的完整周期,其管理事项涉及多层级、多部门,如果不明确各自职权,很多监管活动难以顺畅开展。几乎所有地方立法都对民用机场的监管权限作了进一步细化。一是明确纵

---

① 对这一过程的分析,参见郑磊、贾圣真:《从"较大的市"到"设区的市":地方立法主体的扩容与宪法发展》,载《华东政法大学学报》2016年第4期。

② 参见俞祺:《重复、细化还是创制:中国地方立法与上位法关系考察》,载《政治与法律》2017年第9期。

③ 参见俞祺:《重复、细化还是创制:中国地方立法与上位法关系考察》,载《政治与法律》2017年第9期。

向职权划分,例如《青海省民用机场管理条例》第4条规定了省人民政府、民用机场所在地县级以上人民政府、乡(镇)人民政府、街道办事处的职责。二是明确横向各部门间职权划分,例如《重庆市民用机场管理办法》第4条规定民用航空管理部门按照法律、行政法规和国家有关规定负责机场的行业监督管理,并要求有关部门按照各自职责做好机场管理工作,"有关部门"包括发展和改革、财政、经济和信息、城乡规划等15个之多。

《机场条例》第15条将运输机场的安全和运营管理权限赋予"机场管理机构",并将其界定为"依法组建的或者受委托的具有法人资格的机构"。这一概念比较抽象,一些地方结合本地实际,采取了在立法中"指定"机场管理机构的方式,实现机场管理主体的具体化。例如,《吉林省民用机场管理条例》将其明确为吉林省民航机场集团公司,《上海市民用机场地区管理条例》将其明确为上海机场(集团)有限公司,《湖南省民用运输机场管理条例》将其明确为湖南省机场管理局,原《贵州省民用运输机场管理条例》将其明确为贵州省机场集团有限公司,并创造了"机场运营主体"的概念(指依法组建的具体负责机场安全、运营、服务工作的各机场公司)。《辽宁省民用机场净空安全保护办法》没有采用"机场管理机构"概念,而是直接规定"辽宁省机场管理集团公司、大连国际机场集团有限公司等(以下统称机场管理集团公司)按照国家和省有关规定,承担所属民用机场净空安全保护的具体工作"。

(二)机场范围的行政执法权

《机场条例》规定了机场管理机构的安全和运营管理职责,但是对其执法权并无规定,因此,机场管理机构并无行政处罚、行政强制等行政执法权。这在一定程度上造成了机场管理和执法的不便。明确机场范围的行政执法权,成为地方立法的一项重要任务。关于机场范围内的行政执法权特别是处罚权的分配,各地大体有三种方式。一是规定机场管理机构发现违法行为后应当予以制止,并及时告知或者送交有关主管部门或者机场地区综合执法机构实施处罚,宁夏、江西、重庆等地采用此种方式。① 二是授权机场管理机构在某些事项上实施处罚,以法规或规章授权的方式赋予机场管理机构执法主体资格,吉林、上海、贵州、湖南等地采用此种方式。② 三是依据《行政处罚法》规定,可以委托机场管理机构实施行政处罚,北

---

① 参见《宁夏回族自治区民用机场保护办法》第43条、《江西省民用运输机场管理办法》第35条、《重庆市民用机场管理办法》第35条。

② 参见《吉林省民用机场管理条例》第45条、《上海市民用机场地区管理条例》第52条、《贵州省民用运输机场管理条例》第52条、《湖南省民用运输机场管理条例》第35条。

京、陕西、广州采用此种方式。①

（三）净空保护和电磁环境保护

净空保护和电磁环境保护是民用机场地方立法的突出内容。在32部立法中，“保护性立法”占了18部，其中有13部立法专门针对净空保护和电磁环境保护，另有5部（西藏、云南、宁夏、重庆、福州）规定的比较全面，但仍以净空保护和电磁环境保护为重点。即使在“综合性立法”中，也无一例外地对净空保护和电磁环境保护的内容设置专章或者在具体条文中有所涉及。

地方立法对净空保护和电磁环境保护的重视，充分说明了其在此方面的立法需求。造成这一现象的原因在于机场的净空保护和电磁环境保护不局限于机场区域而有外溢效果，关乎民航飞行安全，涉及机场周围环境，属于地方政府的属地责任范畴。而《民用航空法》和国务院《机场条例》中对净空保护和电磁环境保护的管理事项规定比较抽象，民用航空主管部门和地方政府之间、地方政府各部门之间权限划分不明确，导致地方政府缺乏监管和执法依据。② 地方为了满足当地民用机场净空保护、电磁环境保护和管理的需要，有必要通过立法方式作出更具体、更明确的保护和管理规范，从而履行属地责任，明确管理权责。

地方立法主要在以下几个方面作了规定。一是明确各部门管理权限，理顺管理体制。二是明确净空保护和电磁环境保护区域相关概念和标准，例如《青海省民用机场管理条例》第54条对机场净空保护区域、航空无线电台（站）电磁环境保护区域、机场飞行区电磁环境保护区域等概念作了规定。湖北、西藏、云南、四川、安徽、江西、山西、天津等省（自治区、直辖市）的地方立法也存在此类定义性条款。三是明确和细化禁止行为。各地关于净空保护和电磁环境保护的专门立法中，或多或少地都有创制性规定，即规定了上位法没有涉及的事项、行为类型。例如，《机场条例》第56条第1项规定电磁环境保护区域内禁止修建架空高压输电线、架空金属线、铁路、公路、电力排灌站，《西藏自治区民用机场保护条例》第49条增加了“修建铁塔”的禁止行为。《机场条例》第56条第3项规定禁止种植高大植物，《贵州省民用运输机场管理条例》规定增加了禁止“安置高大物体”。四是明确和细化关于法律责任的规定。

① 参见《北京市民用运输机场管理办法》第22条、《陕西省民用运输机场管理办法》第64条、《广州市民用运输机场管理办法》第47条。

② 参见张君周、王若源：《民用机场净空保护职责划分研究——以〈民用机场管理条例〉修订为视角》，载《北京航空航天大学学报（社会科学版）》2021年第6期。

(四)安全、运营管理与服务

《机场条例》第三章为"民用机场安全和运营管理",规定机场应急管理、安全管理和运营过程中的相关要求。各地机场"综合性立法"大多设置对应章节规定机场安全运营内容。值得注意的是,多地在《机场条例》规定的最基本要求的基础上,增加规定了若干机场管理机构及有关单位的服务内容,有的体现在章节名称中,从而在篇章体例上超出《机场条例》的框架。例如《上海市民用机场地区管理条例》第六章为"服务管理",《吉林省民用机场管理条例》第五章为"经营服务",《河南省民用运输机场管理条例》第五章为"服务和保障",贵州、湖南、陕西、广州等省(市)的地方立法也有类似安排。

对服务性内容的规定和凸显,契合民用机场"公共基础设施"的定位,彰显了机场及相关驻场单位经营管理过程中的服务理念,扩大了机场服务的范围,并对机场服务的质量提出了更高要求,有助于保护机场使用者、消费者的合法权益。

(五)公共秩序和场容环境

《机场条例》除在第33条规定机场管理机构维护运输机场的正常秩序、第60条至第62条规定民用航空器噪声控制外,基本上没有涉及机场公共秩序和场容环境问题。但在地方立法中,共有14部立法规定了对机场的公共秩序管理,10部立法规定了对机场场容环境的管理,且大部分立法都辟专章加以规定。① 此类规定主要是规范机场区域内的出租车辆、广告、宣传、道路桥梁、绿化、施工、环境卫生等各类活动,设置了大量义务性规定、禁止性规定和相应的罚则。

对机场公共秩序和场容环境的规范,是地方立法最显著的不依附《机场条例》框架的创制性内容。各地之所以在没有上位法依据的情况下进行比较集中的创制性立法,其原因在于公共秩序和场容环境具有很强的"地方属性"。在现实层面,机场是地方的重要公共基础设施,人流密集,大多形成了规模化的商业综合体,地方政府基于公共安全、市容市貌、环境卫生等属地管理职责,具有对机场区域进行综合治理的重大而迫切的需求;在规范层面,机场公共秩序和场容环境治理,比较明显地符合《立法法》对地方创制性立法的要求(地方性事务或本行政区域的具体行

① 《西藏自治区民用机场保护条例》第七章"公共秩序管理";《上海市民用机场地区管理条例》第四章"公共秩序管理",第五章"场容环境管理";《吉林省民用机场管理条例》第六章"公共秩序和场容环境";《河南省民用运输机场管理条例》第六章"公共秩序和场容环境";《贵州省民用运输机场管理条例》第四章"机场公共秩序和场容环境";《湖南省民用运输机场管理条例》第四章"公共秩序和场容环境";《内蒙古自治区民用机场管理办法》第四章"公共秩序管理";《重庆市民用机场管理办法》第五章"公共秩序";《广州市民用运输机场管理办法》第五章"公共秩序和场容环境管理";《陕西省民用运输机场管理办法》第四章"公共秩序和场容管理";《江西省民用运输机场管理办法》第四章"机场公共秩序与场容环境"。

政管理事项),在此类事项中,民用航空管理部门不具备监管和执法权,而只能由地方政府的公安、城管、环境卫生、市场监管等部门负责。因此,通过立法方式推动机场公共秩序和场容环境治理,对地方来说具有相当程度的合理性和必要性。

(六)地方特色规定

"有特色"始终是地方立法保持活力的要素。地方立法中的"地方特色"就是立法能充分反映、揭示、规范本地经济状况、地理资源、历史传统、法制环境、人文背景、民情风俗等对立法调整的需求程度,适合本地实际情况。[①] 在民用机场立法中,也存在一些反映地方特色的规定。例如,原《上海市民用机场地区管理条例》曾设专章规定口岸协调管理,这与上海所处的地理位置及在对外交往中的地位有很大关系。[②]《西藏自治区民用机场保护条例》规定对影响民用机场运行安全的风沙源、水源地、鸟类栖息地实施综合治理。原《内蒙古自治区民用机场管理办法》规定机场管理机构应当在服务、问询、安检等窗口配备蒙汉兼通工作人员,机场应当有蒙文标识。《广州市民用运输机场管理办法》规定机场管理机构应当在机场设置体现岭南历史文化传统以及具有地方民俗风情特色的宣传品和公益广告。北京、天津等地规定放飞信鸽不得影响飞行安全,并规定了信鸽协会的职责。总体来说,在民用机场地方立法中,具有浓厚地方特色的条款并不多,"反映地方特色"不是当前立法的主要方面。

三、民用机场地方立法的法理分析

(一)民用机场地方立法权限

立法权限是地方立法的根本问题。尽管已有广泛的地方立法实践,但仍有必要从规范层面论证和界定地方(包括地方人大和地方政府)在民用机场领域的立法权,以避免地方立法超越权限或与中央立法(特别是民航部门规章)相冲突。从"事权—立法权"的角度,可以界定地方在民用机场领域的创制性(自主性)立法权限。[③]

近年来,民航领域的事权、财权责任划分有很大进展。根据国务院办公厅印发

① 参见刘俊宜:《地方立法如何体现特色——基于延安市退耕还林成果保护立法的思考》,载《人大研究》2021年第5期。

② 上海市人大常委会2011年制定了《上海口岸服务条例》,并删除了原《上海市民用机场地区管理条例》"口岸协调管理"一章。

③ 关于央地政府间事权划分的主要路径,参见汝思思:《央地政府间事权划分的法治建构方法——以日本行政事权划分制度为中心的探讨》,载《法学家》2019年第3期。

的《交通运输领域中央与地方财政事权和支出责任划分改革方案》(国办发〔2019〕33 号),空中交通管理、民航安全管理为中央财政事权;中央与地方共同承担运输机场相关职责,其中,地方根据全国运输机场布局和建设规划,制定本行政区域内的运输机场建设规划,并负责建设、运营、机场公安等具体事项的执行实施;通用机场相关职责,主要包括本行政区域内通用机场布局和建设规划、相关审批工作,并负责通用机场的建设、维护、运营等具体事项的执行实施。由此可见,在机场领域的事权已经更多地向地方转移。机场管理的地方属性越发明显。

事权不等于立法权,中国作为单一制国家,事权在中央,则立法权一定在中央;事权在地方,地方也未必具有该事项的立法权,必须同时满足我国《地方各级人民代表大会和地方各级人民政府组织法》《立法法》规定的地方立法权行使条件,地方才可以进行立法。由于中央层面已经存在《民用航空法》和《机场条例》,地方为实施上位法进行执行性立法并无问题,事实上各地均将《民用航空法》《机场条例》作为立法根据,从而凸显其执行性立法的定位。但是,执行性立法的整体定位,并不能排除地方立法在《立法法》框架内作出创制性规定的权力,①从上文分析可以看出,此类创制性规定并不鲜见,只是各地在立法过程中似乎缺乏论证。

民用机场管理的地方事权部分,涉及地方的交通、土地、环境、规划,关乎地方发展,应属于"地方性事务"(《立法法》第 82 条第 2 项);基于属地管辖,民用机场处于地方政府的行政管辖区域内,机场管理的相关事项应属于地方政府的"具体行政管理事项"(《立法法》第 93 条第 2 款第 2 项)。基于此,地方可以进行创制性立法,或者在执行上位法的同时进行创制性规定。另外,目前已有 4 个设区的市(广州、无锡、邯郸、青岛)制定了有关机场管理的政府规章。根据 2023 年修改后的《立法法》,设区的市的立法权限于"城乡建设与管理、生态文明建设、历史文化保护、基层治理等方面的事项",对于设区的市来说,机场是重要的公共基础设施,其建设与管理、秩序维护应属于"城乡建设与管理"范畴,因此,设区的市也具有相应立法权。

地方立法权正确行使的关键在于不抵触上位法,不侵越中央事权特别是《机场条例》确定的民用航空主管部门职权。另外,根据《立法法》,地方性法规的制定应遵循"不抵触"原则,地方政府规章的制定应遵循"根据"原则;没有法律、行政法规、地方性法规的依据,地方政府规章不得设定减损公民、法人和其他组织权利或者增加其义务的规范,地方性法规在负担性规定方面则有一定的自主空间;根据《行政许可法》《行政处罚法》《行政强制法》,地方性法规在设定行政许可、行政处

① 金黎钢、张丹丹:《论实施性地方法规创制空间及其保障》,载《江淮论坛》2015 年第 2 期。

罚、行政强制方面也较地方政府规章有较大空间,这是理解和界分法规、规章权限的基本指针。①

（二）民用机场地方立法空间

在澄清了民用机场地方立法权限的基础上,应更加重视地方立法功能的发挥,探索民用机场地方立法的空间。理论上,地方立法具有以下四个方面的作用:一是具体实施的作用,对原则性较强的中央立法进行可操作性的细化和落实;二是补充完善的作用,解决国家没有立法而本地区需要以法律规范来解决的问题;三是实验创新作用,以先行立法的形式为中央立法积累经验;四是特殊条件作用,自主解决地方问题。② 正如前文分析的那样,民用机场地方立法虽然在整体上以执行性立法面貌出现,但同时兼具作出创制性规定的权力。总体来看,在民用机场领域,地方立法对上位法条文简单重复或稍作修改的情况虽然存在,但并不十分严重,各地立法的主要动力是解决机场管理以及机场区域治理的现实问题。地方立法主要的功能,一方面是细化落实上位法,另一方面是为解决民用机场管理的实际问题进行一定程度上的创制性规定。

实施《机场条例》是民用机场地方立法的首要功能。对民用机场实施监督管理是地方人民政府的法定职责,《机场条例》全文有18处提及"地方人民政府",但是有许多内容比较简略、模糊,可操作性不强。各地有必要结合本地实际进行立法,使上位法确定的制度、规范更易理解,更具有可操作性。从有效实施《机场条例》的角度,地方立法可以在三个方面发挥积极作用。一是通过立法理顺民用机场管理体制。民用机场管理处于条块分割的结合部,涉及的管理部门、层级众多,地方立法可以对各级地方政府纵向职责划分、同级政府各部门职责划分、地方政府及其部门与民航系统协同机制作出规定,厘清机场管理各方的职责,明确各类执法主体及其权限,为《机场条例》顺利实施提供体制保障。二是实现上位法概念的精确化。机场管理专业性、技术性强,很多概念需要准确界定,例如,《机场条例》只是规定了民用机场电磁环境保护区域制度,但对保护区域的概念和范围没有界定,各地可以结合实际加以确定;又如,"机场管理机构"是《机场条例》的一个核心概念,对于地方来说,本地的"机场管理机构"实际上数量有限,通过立法指定机场管理机构,将机场管理主体具体化,明确了管理权责,也便于公众理解。三是对上位法作出细化规定,即将上位法规定的框架、标准、行为具体化,作出有实际操作意义的区分。在

① 参见刘松山:《地方性法规与政府规章的权限界分》,载《中国法律评论》2015年第4期。

② 参见田成有:《地方立法的理论与实践》,中国法制出版社2004年版,第109~111页。

机场规划、建设、运营、安全、净空保护和电磁环境保护等各方面,均存在细化上位法规定的空间和必要性。

地方也可通过立法创新民用机场管理体制机制,自主地解决民用机场管理中的实际问题。第一,在《机场条例》的模糊地带,本身就为地方创制性立法留下了空间。例如,《机场条例》第38条规定的有偿转让经营权制度,在业内争议较大,并未普遍实施。青海、贵州、湖南、重庆、江西、吉林、上海等地的地方立法对此都有所规定,拓展了转让经营权的内容,完善了转让经营权的方式和要求,有助于推动这一商业模式的实施。又如,各地立法在《机场条例》的最低要求的基础上,增加规定了机场的许多服务、保障内容。此类事项都属于对《机场条例》模糊地带的有益探索,在上位法未作出更明确的规定之前,应该允许地方通过立法进行积极尝试。第二,涉及机场与周边区域综合治理的事项,属于地方自主立法空间,可以进行创制性规定。此类事项的突出特点是超越机场范围,外溢至地方政府管辖的区域,从而可以认为属于地方立法权范畴,以机场净空保护和电磁环境保护、机场公共秩序、场容环境等领域最为典型。第三,为保障机场安全运营,根据《行政处罚法》等法律,补充设定禁止性行为和相应罚则。第四,关于通用机场的规划、建设与管理,《机场条例》留有大量空白,且已划归地方事权,近年来我国通用机场数量大幅增加,由地方通过立法加以规范,很有必要。

四、民用机场地方立法存在的问题及完善

(一)问题分析

民用机场地方立法对规范机场建设发展、提升机场管理水平发挥了积极的作用,积累了宝贵的经验,但也存在一定的问题。

一是地方立法存在与上位法不一致的现象,主要表现为在上位法已有比较明确的规定的情况下,变更上位法规定的条件、创设或修改上位法规定的行为类型,实质上造成上下位法调整范围的不一致。例如,《机场条例》第56条第5项规定禁止从事“国务院民用航空主管部门规定的其他影响民用机场电磁环境的行为”,而西藏的相关规定为“其他影响民用机场电磁环境的行为”,贵州为“国务院民用航空主管部门、无线电主管部门规定的其他影响机场电磁环境的行为”,内蒙古为“法律、法规、规章规定的其他影响机场电磁环境的行为”,辽宁为“法律、法规、规章规定的其他行为”,宁夏为“国家和自治区规定的其他影响民用机场电磁环境的行为”,细究其意,上述各地立法的调整范围与《机场条例》规定均有不同。又如,《机场条例》规定县级以上政府审批“净空保护区域内的建设项目”时,要书面征求所在

地地区民航管理机构的意见。《天津市民用机场净空及安全管理规定》第12条要求:“市和区县人民政府审批民用机场净空保护区域内超过限制高度或者不符合与航空安全相关的控制要求的建设项目,以及民用机场净空保护区域外建筑高度超过150米的建设项目,应当书面征求民用航空管理部门的意见。民用航空管理部门应当在收到征求意见书之日起15日内作出书面答复。”这给净空区建筑物附加了条件——既缩小了民用航空管理部门的审批范围,又增加了其净空区域外项目的审批义务。另外,地方政府与民航管理机构并无隶属关系,对其提出工作时限的要求,也不妥当。①

二是地方立法与上位法之间衔接不紧密。随着《立法法》《行政处罚法》等规范地方立法权的重要法律的修改,对地方立法的权限和内容提出了新的要求,有些地方立法并未及时修改跟进,有的地方立法甚至制定于《机场条例》制定之前,至今仍未修改或废止。由于修改不及时,地方立法的许多内容已比较陈旧,落后于现实需要,也不符合当前的立法精神、原则及上位法的具体要求。尽管可以通过新法优于旧法、上位法优于下位法等法律原则处理,但给地方行政执法、公众守法增加了成本。

三是地方立法存在重复现象。尽管地方立法完全照搬上位法条文的情况并不十分严重,但确实存在某种程度的重复现象,主要表现为整体上依附《机场条例》的篇章结构,以及对《机场条例》的表述略作修改而没有实质意义。究其原因,其一,机场立法专业性较强,《机场条例》的结构框架比较完整,地方在立法过程中很难摆脱其逻辑,容易追求“大而全”或“小而全”的立法模式。其二,地方立法在作出创制性规定时存在保守倾向,大多采用“依附型创制”的方式,即下位法条文所创设的内容在上位法中存在具体条文的对应,②这实际上是一种风险规避策略,即将创制性内容“包裹”于上位法框架或条文内,使其具备执行性规定的形式。这一立法方式必然导致条文内容重复上位法,造成“大同小异”的现象。相比于上下位法之间的重复,民用机场地方立法之间“横向重复”的现象似乎更加明显,这表现为各地的创制性规定出现某种趋同性,例如,在篇章名称上凸显“服务”,甚至有的条文表述高度雷同。这可以用“政策扩散”机制解释,③但是不加辨别地复制别的地方的立法内容,势必削弱地方立法的针对性,丧失地方特色和创新动力。

---

① 参见张君周、王若源:《民用机场净空保护职责划分研究——以〈民用机场管理条例〉修订为视角》,载《北京航空航天大学学报(社会科学版)》2021年第6期。

② 参见俞祺:《重复、细化还是创制:中国地方立法与上位法关系考察》,载《政治与法律》2017年第9期。

③ 参见王浦劬、赖先进:《中国公共政策扩散的模式与机制分析》,载《北京大学学报(哲学社会科学版)》2013年第6期。

四是地方立法权重叠问题。随着地方立法权下放到设区的市,省、市两级人大和政府均有地方立法权,容易造成地方立法权的重叠。这一现象在民用机场地方立法领域虽不明显,但已有个例,即河北省和邯郸市分别制定了民用机场净空保护和电磁环境保护的规章。此种情况虽然符合《立法法》规定的地方立法权限,但明显增加了立法重复、法律冲突的风险,其必要性、适当性值得关注。

(二)完善途径

随着我国机场数量的增加,越来越多的地方将面临机场规划、建设、管理及周边环境治理的压力,民用机场地方立法需求势必越来越旺盛。2023年《立法法》修改对新时代立法提出了新的更高的要求,地方立法主体应该抓住提高立法质量这个关键,因需、应时、统筹、有序开展立法工作。① 在未来的地方立法工作中,可以从以下途径完善民用机场地方立法,提高立法质量。

第一,准确把握地方在民用机场领域的立法权限。立法权限是民用机场地方立法的根本性问题。要正确理解《立法法》对地方立法权限的规定,在立法过程中加强对立法权限的论证,深入辨析民用机场地方立法事项的性质和立法空间,避免越权立法。民用机场地方立法兼有执行性和创制性功能,对于执行性规定,应确保其与上位法的一致性;对于创制性规定,应符合《立法法》的要求,特别注意行政处罚、行政许可、行政强制等负担性行政行为设定的合法性。

第二,强化对地方立法的全流程监督。践行全过程人民民主理念,丰富和拓展立法参与范围和参与渠道,广泛听取专家、民航行政机关、机场、驻场单位等利益相关方以及社会公众意见,保障各方面充分表达意愿和诉求,防止立法中的利益偏向,在集思广益、凝聚共识的基础上作出科学决策。严格执行备案审查制度,通过备案审查机制发现并及时纠正地方立法抵触上位法的现象,保证国家的法制统一。对实施多年的地方法律规范,应该适时进行立法后评估,对于不合时宜的规定应该及时修改或废止,增加上下位法之间的协调性。加强地方政府与民用航空主管部门的沟通协调,避免地方立法与涉及民航管理的规章、规范性文件的不一致。

第三,统筹地方立法资源,避免重复立法。在地方立法资源普遍比较紧张的情况下,应该统筹地方立法资源,充分考虑机场分布情况,加强对立法项目的论证,在人大和政府、省级和设区的市级之间合理分工,尽量避免民用机场立法重叠造成的立法资源浪费。应该克服依附于上位法框架的惯性思维,防止照抄照转,贪大求

---

① 参见赵乐际:《在全国地方立法工作座谈会上的讲话》,载中国人大网,http://www.npc.gov.cn/npc/c2/c30834/202309/t20230925_431896.html。

全。要避免重复立法,关键是提高立法的针对性、精准度、实效性。民用机场立法具有较强的地方属性,在立法过程中应该结合地方实际,充分考虑当地民用机场的位置、规划、地理、环境、文化等因素,真正做到对民用机场"因地制宜"的管理和运营。

五、结语

本文梳理了民用机场地方立法的基本情况,主要采用比较研究方法,分析了民用机场地方立法对中央立法的执行与创制的主要方面,以及地方立法之间的异同,论证了地方在民用机场领域的立法权限范围、行使条件和立法空间,指出了当前民用机场立法存在的问题及完善途径。民用机场管理具有比较明显的地方属性,地方具备立法权限,同时也具有较强的立法动力,民用机场地方立法已经成为整个民用机场法规体系中一个不容忽视的组成部分,在实施《民用航空法》《机场条例》过程中发挥着重要作用,而且其中存在广泛的创制性内容,成为民用机场管理法律、行政法规的有益补充。在《机场条例》修订过程中,应该总结地方立法经验,将被地方立法证明行之有效的内容吸收转化为该条例的内容,同时通过该条例的修订进一步明确中央和地方民用机场管理权限的划分,推动解决民用机场地方立法的共性问题。

在法学理论层面,本文通过一个具体领域的实证研究,有助于深化对中央立法和地方立法关系的认识。民用机场管理是一个相对具体、且受明确的中央立法调整的领域。直观地看,民航领域具有较强的中央控制色彩,在已有明确的上位法依据的情况下,地方立法的作为空间似乎将受到更大的限制。但是本文的梳理和分析显示,即使在执行性立法的整体定位下,地方立法仍具备一定的自主性、创制性,造成这一结果的体制上的原因在于事权的地方属性使地方有通过立法解决地方治理问题的责任和动力,也具备《立法法》的规范依据。本文发现,在民用机场领域,地方更多地采用"依附型创制"的策略,这在一定程度上造成了下位法对上位法的重复,但地方立法的真正意图恰恰是那些不同于上位法规定之处,需要将创制性规定"隐藏"于重复性条文中,使其具备执行性规定的形式,借此规避风险。这一发现或许能推广到其他已存在中央立法的领域,为解释并解决地方立法重复问题提供思路。

民航委任代表制度法律完善研究

刘光才　田文悦*

2018 年 10 月，印度尼西亚狮子航空公司的 737MAX 客机在起飞 13 分钟后坠毁，导致 189 人遇难；2019 年 3 月，埃塞俄比亚航空公司的 737MAX 客机在起飞 6 分钟后坠毁，导致 157 人遇难。波音 737MAX 系列空难发生的原因是 737MAX 的 MCAS 系统机动特性增强系统存在设计缺陷，而 MCAS 系统通过适航审定的原因是 FAA 美国联邦航空管理局委任代表管理体系存在缺陷。据调查，波音公司向 FAA 申请对 737MAX 进行安全认证后，FAA 又通过委任代表制度将 737MAX 的部分适航审定工作委托给了波音公司，其并未独立评估 MCAS 系统的风险。调查发现波音公司的委任代表为自己公司利益在审查过程中未对 MCAS 系统进行全面严格的审查，导致两起空难的发生。自波音 737MAX 系列空难发生后，由波音公司"自己认证自己"的委任代表制度遭受大众质疑，但 FAA 无法仅靠自己对航空器的适航性进行审定，因此委任代表制度仍有存在的必要。为了回应大众质疑、确保委任代表制度发挥其保障适航安全的作用，FAA 对委任代表制度进行了系统性完善，包括独立审查、逐一批准、派驻顾问、最佳示范。①

---

* 刘光才，中国民航大学交通科学与工程学院教授；田文悦，中国民航大学法学院硕士研究生。

① 参见李琦：《737 MAX 事故的立法回应——美国〈航空器审定、安全和责任法〉评析》，载《中国民用航空》2022 年第 2 期。

2022年,我国民航适航审定部门共颁发136份设计批准类证件,21份生产批准类证件,207份航油航化批准证件,[①]适航审定系统人员并不能很好地应对如今日益繁重的适航审定工作。因此,民航局颁布了一系列关于委任代表的涉及民航管理的规章和规范性文件,这代表着民航局对委任代表这一制度的重视,也为委任代表制度的发展奠定了基石和基调。

综上所述,美国委任代表制度在近年受到质疑后进行了系统性完善,同时我国民航领域机型日益增多、生产过程复杂、系统创新整合多等因素导致适航审定工作量日益增长。适航审定是保障我国民航安全的重要程序性要求,是航空公司进入航空运输市场的前提。但由于民航局专业技术人才不足,需要航空生产等单位建立委任代表制度来补充适航审定队伍。目前,在委任代表制度运行中存在诸多问题,例如法律依据不明确、职责分配不明、管理考核细则缺乏等。因此,本文在现行立法的基础上、在行政委托理论的指导下,分析美国联邦航空局委任代表制度的经验和教训,对委任代表制度在法律和实践两个维度的完善提出建议。

一、委任代表法律性质辨析

(一)委任代表含义

《民用航空适航委任代表和委任单位代表管理规定》中指出:委任代表是指民航行政机关所委派的除民航行政机关以外的、在授权范围内从事适航管理中相关审定、检验工作的个人。委任代表由其聘任单位向委派主管部门推荐,经查符合任职条件后由民航行政机关向其颁发委任代表文书,可参加诸多公司的飞机审定项目。民航局对委任代表实行统一管理,负责全国范围内委任代表的条件审查、委派和监督检查,民航地区管理局负责本辖区内委任代表的条件审查、委派和监督检查。截至2023年6月6日,我国获得委派的有效适航委任代表共1298人,其中委任工程代表553人、委任制造检查代表404人、委任适航代表253人、委任航油航化代表88人。[②]

(二)委任代表法律性质辨析

目前,关于委任代表法律性质的观点主要包括行政委托说、行政授权说、行政协助说。

---

① 《2022年民航行业发展统计公报》,载中国民用航空局网,https://www.caac.gov.cn/XXGK/XXGK/TJSJ/202305/t20230510_218565.html。

② 丁晓宇、吕忠:《适航委任代表管理工作常见问题及对策》,载《民航管理》2023年第7期。

1.行政委托说

学界对于行政委托的主流定义有两种，一种观点是：“行政委托是出于管理上的需要，某一行政主体(委托人)委托另一行政主体或其他组织及个人(被委托人)以委托人的名义代行职权或其他事务，其行为效果归属于委托人的法律制度。”①而另一种观点则认为：“行政委托是指行政机关委托行政机关系统以外的社会公权力组织或私权利组织，以该行政机关的名义行使某种行政职能、办理某种行政事务，并由该行政机关承担相应法律责任的制度。”②因此，有学者认为要通过委托主体、受托主体、委托事项和委托效果这四种要素来辨别某行为是否属于行政委托。③

学界关于委托主体主要存在两种观点。一种观点认为只有行政机关才是行政委托的主体，④另一钟观点认为拥有行政职权的组织也可以成为委托的主体。⑤ 但无论依照何种观点，民航局作为行政机关都毫无疑问是合格的委托主体。

学界在受托主体范围方面存在较大分歧，分歧点主要在于行政机关以外的组织能否成为受托主体。有学者主张只有行政机关可以成为受托主体，⑥也有学者认为，行政机关以外的组织可以成为行政委托的受托主体⑦。关于“行政机关以外的组织”包括哪些主体，学界也有诸多争议，根据其包含范围由窄到宽分别为：行政机关系统以外的社会公权力组织或私权利组织，⑧行政主体或其他组织，⑨行政机关、社会组织和个人⑩，某一组织或个人⑪。《国家赔偿法》第16条第1款也规定了个人可以成为受委托方。⑫ 因此，笔者认为个人可以成为行政委托的受委托方。

---

① 胡建淼：《行政法学》(第4版)，法律出版社2015年版，第553页。

② 姜明安主编：《行政法与行政诉讼法》(第5版)，北京大学出版社、高等教育出版社2011年版，第121页。

③ 参见黄娟：《行政委托内涵之重述》，载《政治与法律》2016年第10期。

④ 参见王天华：《行政委托与公权力行使——我国行政委托理论与实践的反思》，载《行政法学研究》2008年第4期。

⑤ 参见张正钊、胡锦光：《行政法与行政诉讼法》(第4版)，中国人民大学出版社2009年版，第61页。

⑥ 参见王天华：《行政委托与公权力行使——我国行政委托理论与实践的反思》，载《行政法学研究》2008年第4期。

⑦ 参见薛刚凌：《行政授权与行政委托之探讨》，载《法学杂志》2002年第3期。

⑧ 参见姜明安：《行政法与行政诉讼法》(第5版)，北京大学出版社、高等教育出版社2011年版，第121页。

⑨ 参见胡建淼：《有关中国行政法理上的行政授权问题》，载《中国法学》1994年第2期。

⑩ 参见姚锐敏：《简论行政委托的规范化和法制化》，载《行政与法(吉林省行政学院学报)》2001年第6期。

⑪ 参见朱新力、唐明良等：《行政法学》，中国社会科学出版社2014年版，第90页。

⑫ 《国家赔偿法》第16条第1款规定：“赔偿义务机关赔偿损失后，应当责令有故意或者重大过失的工作人员或者受委托的组织或者个人承担部分或者全部赔偿费用。”

关于委托事项的争议，主要有两种观点：一种是凡是涉及行政管理目标实现的事项委托都属于行政委托范围。[①] 另一种是非行政公权力行使的事项不属于行政委托的委托事项，应纳入事项委托或行政助手或政府采购的范围。[②]

关于委托效果，行政委托通常是委托方通过与受托方签订行政合同的方式与受托方建立行政委托关系，不会导致行政权力由授权的上级行政机关转移到被授权的下级行政机关；行政委托是被授权的机关、组织或个人以委托机关的名义行使职权，其行为后果自然也由委托机关来承担。[③]

2. 行政授权说

行政授权是上级行政机关根据法律法规的授权，对下级行政机关授予行政职权，由被授权的行政机关以自己的名义独立行使职权并承担相应的责任。

行政授权的被授权主体只能是行政机关或社会组织，公民个人不能成为行政授权的被授权主体。行政授权的产生基础是“职权法定”原则，它要求创设行政机关要有法律依据；行政机关权力来自法律授权；行政机关的行为必须在法律规定的职权范围内，不得超越法律授权。因此，行政授权需要由行政组织法对行政主体资格和具体权力配置问题进行规定。[④] 故而，有学者认为“行政授权是立法行为而非行政行为。”[⑤]在行政授权中，被授权人的权力来自法的直接规定。[⑥] 行政授权是授权方通过特定的书面形式将自己的全部或者部分行政职权授予给相关组织。[⑦] 这则会导致行政权力的转移，[⑧]被授权的行政机关以自己的名义行使职权并承担相应的责任。

3. 行政协助说

行政法学界对于行政协助有多重定义，其中最常见的定义是公务协助，即行政主体实施行政行为时，需要其他行政主体的配合。[⑨]

与行政委托的目的相似，它们的目的都是通过寻求外部力量的帮助去完成本部门由于力量有限而完成不了的工作。但行政协助也有自身的特点：在行政

① 参见姚锐敏：《简论行政委托的规范化和法制化》，载《行政与法（吉林省行政学院学报）》2001 年第 6 期。

② 参见王克稳：《政府业务委托外包的行政法认识》，载《中国法学》2011 年第 4 期。

③ 参见薛刚凌：《行政授权与行政委托之探讨》，载《法学杂志》2002 年第 3 期。

④ 参见谭波：《行政授权与行政委托：衍生性权力的法律规制》，载《当代法学》2022 年第 6 期。

⑤ 关保英：《行政法教科书之总论行政法》，中国政法大学出版社 2005 年版，第 212 页。

⑥ 参见皋华萍：《论行政委托》，苏州大学 2015 年博士学位论文，第 13 页。

⑦ 参见鄢超：《浅析行政授权与行政委托之界分》，载《行政与法（吉林省行政学院学报）》2003 年第 4 期。

⑧ 参见谭波：《行政授权与行政委托：衍生性权力的法律规制》，载《当代法学》2022 年第 6 期。

⑨ 参见胡建淼主编：《中国现行行政法律制度》，中国法制出版社 2011 年版，第 61 页。

协助行为中,无论是接受协助主体还是提供协助主体其本身就是行政主体,非行政主体不能成为行政协助行为的主体。法定的行政协助中,一方行政机关有权请求另一方行政机关进行公务协助,被请求的行政机关不得拒绝。在行政协助行为中,提供行政协助主体不具有行政主体地位,需要以接受行政协助主体的名义行使权力,其行为也不具有独立性,需要遵从请求提供行政协助的行政机关的指挥从事活动。

笔者认为委任代表的性质应为行政委托,具体原因如下:

由主体来看,行政委托的受托主体范围广泛,包括行政机关、社会组织和个人,但行政授权和行政协助情形下的被授权主体和提供协助主体通常应是行政机关,社会组织和个人一般不能成为行政授权和行政协助的主体。委任代表制度中的主体分别是民航局和委任代表个人,因此委任代表制度符合行政委托。

由规范基础来看,行政委托通常是委托方通过与受托方签订行政合同的方式与受托方建立行政委托关系;而行政授权和行政协助的规范基础均由法律规定,被授权方或被申请提供协助方不得拒绝。由这一点来看,委任代表的任职程序是由申请人向民航行政机关提交相关申请信函和材料,民航行政机关向符合要求的申请人颁发委任代表文书,规定其具体授权范围和授权日期等内容。① 个人成为委任代表需向民航局提交申请,委任代表文书的性质相当于行政合同,民航行政机关与委任代表通过签订行政合同的方式进行的委托属于行政委托。

由权力运行及其效果看,行政委托和行政协助不会导致行政权力由授权的上级行政机关转移到被授权的个人或下级行政机关,而行政授权则会导致行政权力转移给被授权的下级行政机关;②行政委托和行政协助行为的法律后果由委托机关和请求协助机关来承担,③而行政授权是被授权的行政机关以自己的名义行使职权并承担相应的责任。由这一点看,民航局向委任代表颁发委任代表文书后,委任代表虽然可以在被委派权限范围内行使职权,但其权力归属于民航局,民航局可定期对委任代表进行监督,并可以在委任代表行使职权不当时解除对委任代表的委派。另外,委任代表虽然可以在被委派的范围内行使职权,但其无论是检验还是批准颁发相关证件,都是以民航局的名义进行的,且由民航局承担相关的行政责任。由此可见,委任代表制度不符合行政授权。

综上所述,委任代表制度的申请主体为公民个人,通过与民航局签订行政合同

① 参见《民用航空适航委任代表和委任单位代表管理规定》第183.12条和第183.13条。

② 参见谭波:《行政授权与行政委托:衍生性权力的法律规制》,载《当代法学》2022年第6期。

③ 参见薛刚凌:《行政授权与行政委托之探讨》,载《法学杂志》2002年第3期。

的方式与民航局建立行政委托关系，且在行使职权的过程中以民航局的名义行使职权并由民航局对外承担法律责任，这个过程中也不会导致权力的转移。所以，笔者认为委任代表制度的性质应为行政委托。

（三）委任代表制度的依据

1. 委任代表制度的法律依据

作为法律的《民用航空法》和作为行政法规的《民用航空器适航管理条例》均未对委任代表有所规定，目前委任代表的法律依据只有作为涉及民航管理的规章的《民用航空适航委任代表和委任单位代表管理规定》和各类委任代表具体实施细则，如《适航委任代表管理程序》对委任代表的类别、申请资格、职责和责任进行规定。以上情况表明委任代表制度缺乏一定的上位法依据。

2. 委任代表制度的理论依据

委任代表制度的理论依据之一是委托代理理论。委托代理理论最初是由美国经济学家伯利和米恩斯提出的经济学理论，它的核心是研究如何以最小的成本来获取最大的利益，后来该理论逐步应用到行政管理领域。由于民航局从事各项适航审定工作需耗费较大的人力、物力、财力，所以采用行政委托的形式将部分适航审定工作委托给各个委任代表，以此来以更小的成本获取更高的工作效益。

社会自治理论也是委任代表制度的理论依据之一。社会自治理论倡导社会应当行使国家的一部分权力：国家不应该是唯一的权力主体，公民应该参与进政治生活中来并分享权力，以此来达到对国家权力的制约，进而达到社会自治，最终实现自由权利。① 而民航委任代表制度正是此种理论的体现，委任代表通过参与进民航局的适航管理来分享国家权力，以此来实现对民航局的权力的制约与监督。因此，社会自治理论为建立委任代表制度提供了理论基础。

3. 委任代表制度的现实基础

"二战"之后美国波音 707 飞机打败苏联图 154 飞机垄断全球大型民用客机市场的原因就在于美国建立了完善的适航管理体系，保障了飞机的适航安全，而苏联并没有建立完善的适航管理体系，导致图 154 飞机发生了 56 次重大安全事故，最终丧失了全球市场。②

2022 年，民航适航审定部门共颁发 136 份设计批准类证件，21 份生产批准类证

① 参见皋华萍：《论行政委托》，苏州大学 2015 年博士学位论文，第 13 页。

② 参见赵越让编著：《适航理念与原则》，上海交通大学出版社 2013 年版，第 38～39 页。

件,207份航油航化批准证件,①适航审定系统人员不足以应对复杂烦琐的适航审定工作。民航委任代表制度通过设置委任工程代表、委任检查制造代表、委任适航代表、委任航油航化代表,引入专业的技术人才对民用航空器的各项环节、资料和部件进行审核与检查,对检查合格的民用航空器颁发相关证件或进行批准。这提高了我国民用航空器的审定与检验工作的效率,弥补了民航局审定与检验人员匮乏的缺陷。因此,委任代表制度有着坚实的现实基础。

二、委任代表制度现存问题及其成因

(一)委任代表法规体系存在问题

目前关于委任代表制度的涉及民航管理的规章主要为2017年颁布的《民用航空适航委任代表和委任单位代表管理规定》,但笔者认为该规章尚存在以下问题。

1. 缺乏上位法依据,法律定位模糊

在法律上探究委任代表制度的法律性质、上位法依据对研究委任代表制度发挥着重要的作用,是学术界和法律界研究委任代表制度的基石和出发点。《行政许可法》第24条明确规定了行政机关可以在其法定职权内,依照法律、法规、规章的规定,委托其他行政机关实施行政许可,但没有明确规定个人是否可以接受行政机关的委托成为被委托主体。根据《规章制定程序条例》第3条的规定,制定规章,应当贯彻落实党的路线方针政策和决策部署,遵循立法法确定的立法原则,符合宪法、法律、行政法规和其他上位法的规定。没有法律或者国务院的行政法规、决定、命令为依据,部门规章不得设定减损公民、法人和其他组织权利或者增加其义务的规范,不得增加本部门的权力或者减少本部门的法定职责。没有法律、行政法规、地方性法规为依据,地方政府规章不得设定减损公民、法人和其他组织权利或者增加其义务的规范。

作为法律的《民用航空法》于1996年3月1日实施,其中第四章"民用航空器适航管理"对民用航空器的适航管理进行了规定:设计、生产、维修民用航空器及其相关设备的应当经国务院民用航空主管部门审查并颁发相应证书,航空器需持有国务院民用航空主管部门颁发的相关证书方可飞行。由国务院制定的行政法规《民用航空器适航管理条例》于1987年6月1日生效,其中第4条规定民用航空器的适航管理由中国民用航空局负责。这两部法律法规均未提到委任代表制度。现

① 参见《2022年民航行业发展统计公报》,载中国民用航空局网,https://www.caac.gov.cn/XXGK/XXGK/TJSJ/202305/t20230510_218565.html。

行位阶最高的有关委任代表制度的法律法规为《民用航空适航委任代表和委任单位代表管理规定》,它规定了民航行政机关委派的适航委任代表和适航委任单位代表,并分为六章详细规定了民航委任代表制度的相关内容。在《民用航空适航委任代表和委任单位代表管理规定》的上位法《民用航空法》和《民用航空器适航管理条例》中均未对委任代表制度有所规定,缺乏上位法依据导致委任代表法律定位模糊,这对研究委任代表制度的内涵和委任代表制度管理体系产生阻碍,极大地妨碍了委任代表制度功能的发挥。

2. 委任代表职责规定有待完善

笔者认为,我国《民用航空适航委任代表和委任单位代表管理规定》对委任代表职责规定方面待完善之处分为两点:一为职务,二为责任。

首先,《民用航空适航委任代表和委任单位代表管理规定》对委任代表职务行使范围有严格限制。受传统行政法观念影响,适航部门更倾向于由行政机关总揽适航审定工作。并且,部分委任代表受自己所在单位指派而申请成为委任代表,他们在航空公司主管航空器型号的同时,兼负民航局委派的工作。此类委任代表提出申请的目的是为自己所在的企业提供便利,因此适航部门对委任代表的道德水平和工作能力也并不信任。美国委任代表制度虽然因波音737MAX系列空难遭到质疑,但其在美国适航审定系统以及民用航空领域的作用是毋庸置疑的。美国的适航委任制度是构建美国适航审定体系的强大支撑力量,美国通过引入委任代表制度,对美国民航局的人力资源进行了很好的补充,美国适航体系的完善也离不开FAA的适航委任代表。美国联邦航空局适航审定部门引入了大量适航委任代表协助该局完成适航审定工作,包括工程委任代表(DER)和生产检验委任代表(DMIR)。美国联邦航空局聘任了3000多名具有深厚民用航空工业背景的工程师作为工程委任代表,承担了至少50%的美国联邦航空局型号合格审定工作,雇用2000多名航空制造经验丰富的工程师作为生产检验委任代表协助该局完成大量制造符合性检查和单机适航检查工作。① 美国的委任代表拥有广泛的职权,我国的委任代表制度虽借鉴了美国委任代表制度,但与美国相比,我国民航局严于放权,委任代表仅能在其狭小的职责范围内行使权限,这使委任代表制度的功能发挥受限。

其次,《民用航空适航委任代表和委任单位代表管理规定》在委任代表法律责任方面存在立法空白。《民用航空适航委任代表和委任单位代表管理规定》对委任

---

① 参见张春宇:《我国民航适航审定体系优化对策研究》,东北大学2017年硕士学位论文,第12页。

代表的非法律责任有少部分规定,该规定第五章“监督管理”中规定了当委任代表在申请过程中有欺诈行为、履职过程中有未正确履职或超权限履职或弄虚作假徇私舞弊等行为时,民航局可以解除对其的委任。但对于委任代表在行使职权的过程中重大过失或者故意对第三人造成利益损害后委任代表应承担何种法律责任并无明文规定。这就导致了现阶段特定情形下是否追究委任代表民事责任、行政责任乃至刑事责任,以及如何追究其民事责任、行政责任和刑事责任出现立法空白。

(二)缺乏相关配套机制

尽管《民用航空适航委任代表和委任单位代表管理规定》对委任代表的申请、培训、考核、监督有一定的规定,但目前我国的实践与立法尚存在一定的落差。

1. 队伍建设不能适应民航发展的要求

截至2023年6月6日,我国获得委派的有效适航委任代表共1279人,不足以应付复杂的适航审定工作。专业技术人员申请成为委任代表的热情不高,其原因主要包括对该制度的了解不足、委任代表的薪酬待遇不理想等。这些问题导致了我国目前的委任代表人数不足,不能充分发挥委任代表制度的功能和作用。

2. 缺乏委任代表能力提升机制

调查数据显示,有80%以上的人认为委任代表之间缺乏足够的交流和合作。[①]适航审定工作对委任代表的能力要求高,需要其具备专业技术水平且不断提升。因此需要一个平台供委任代表间交流经验、共享资源,而我国目前还没有对委任代表交流机制进行规定。

另外,目前对委任代表培训机制的规定中存在以下三个问题:第一,民航局对委任代表的工作培训仅在其上岗初期展开,在后续的工作中却疏于对委任代表的定期培训。第二,民航局对委任代表的培训主要为适航的管理性、概论性知识的培训,但是却疏于对于规章条款和技术标准的实操进行培训。[②] 第三,缺乏对委任代表法律意识的培养,这会导致委任代表在行使职权的过程中容易出现法律理解与认知错误。

3. 监督管理机制有待提升

《民用航空适航委任代表和委任单位代表管理规定》规定民航局可以对委任代表的工作进行检查、考核,并将结果计入个人技术档案。但在实际工作中,民航局对委任代表的监督工作流于表面,存在以下几个问题:第一,委任代表的绩效考核

---

① 参见陈珊、卢斌等:《充分发挥适航委任代表的作用》,载《中国民用航空》2013年第9期。

② 参见陈珊、卢斌等:《充分发挥适航委任代表的作用》,载《中国民用航空》2013年第9期。

工作由申请方负责,民航局几乎没有介入;第二,民航局在发现委任代表工作出现问题后所采取的措施有缺陷,其在考核后并没有采取对应的奖惩措施。这种模式使委任代表并不重视民航局的考核,民航局定期考核流于表面,没有产生预期的监督效果。

(三)委任代表制度存在问题成因探析

1. 美国判例法与我国成文法体系差异

委任代表制度起源于美国,而美国作为判例法国家,虽然在航空运输中倾向于用成文法进行系统管理,但受判例法影响,其法规的完整性、严密性、系统性不强,贯彻法律实用主义。法律实用主义是指法律不需要有体系,立法也不需要完善与完备,只要有足够适用的法律即可;法律体系不要复杂,法律条文不要过多,法律规定简单明了;法律不过是行动准则的参考,不能够太约束人。在此基础上产生的美国委任代表制度没有严密的法律规定,其法律体系也不够完善。

我国作为成文法国家则要求国家行政机关法无规定不可为,行政机关为行政行为需要有立法机关制定或认可的以成文形式产生的规范性法律文件为依据。这就导致了通过法律移植进入我国的委任代表制度在美国能够得以灵活运用,产生非常好的补充适航审定队伍的效果,而在我国则因为上位法律规范不明、定位模糊、缺乏相关规范、未形成完整管理体系等原因难以达到其制定的目的。

2. 传统行政观念影响

适航审定是关乎我国民用航空器安全、民航产业发展的重要程序,政府对有关适航审定的行政权力尤为重视,因而对于将部分适航审定行政权力下放给个人更加审慎。但委任代表制度则要求政府信任委任代表,进行简政放权,将适航审定的部分行政权力下放给委任代表,由其对部分领域或航空器部分零件进行检查检验和测试。受我国传统行政观念影响,目前我国《民用航空适航委任代表和委任单位代表管理规定》对委任代表的职责规定较少,与美国联邦航空局将过半的适航审定工作交给委任代表相比,我国的委任代表只能在狭小的授权空间内行使其权限和职责,这一点不利于充分发挥委任代表制度补充适航审定队伍的功能。

3. 对委任代表制度的重要性认识不足

美国的适航委任制度是构建美国适航审定体系的强大支撑力量,美国通过引入适航委任制度,对美国民航局的人力资源进行了很好的补充,美国适航体系的完善也离不开 FAA 的适航委任代表。①

---

① 参见史彬彬:《FAA 个人委任代表体系研究》,载《民用飞机设计与研究》2016 年第 1 期。

对我国来说,民航委任代表制度能够提供充足的专业人才对民用航空器的生产、制造、维修过程进行监督,对航空器的零部件以及适航性进行检查,并向通过审定与检查的民用航空器颁发证件或予以批准。将民航委任代表制度引入适航审定工作,对民用航空器进行专业化的检查与审核,能够保障民用航空器的飞行安全,促进适航安全工作的开展,也有利于建立有中国特色的适航审定制度。

目前我国对委任代表制度的重要性认识不足,这导致我国并没有形成严密系统的委任代表管理体系,制约了委任代表制度在我国的落实与发展。

三、委任代表制度重构路径

(一)完善委任代表制度规章

1. 明晰委任代表制度法律定位

探究委任代表制度的法律性质、上位法依据,如此才能厘清委任代表制度的含义,这是研究委任代表制度的基石与出发点。

《行政许可法》第24条没有明确规定个人可以接受行政机关的委托,而《民用航空适航委任代表和委任单位代表管理规定》作为涉及民航管理的规章规定了委任代表制度也缺乏一定的上位法依据。因此笔者建议可以在我国《民用航空法》中明确民航局依照法律、法规或规章的规定,得在其法定权限内委托符合条件的个人为委任代表,辅助民航局从事审定工作,为《民用航空适航委任代表和委任单位代表管理规定》提供上位法依据。只有明确委任代表制度的上位法依据,才能够精准定位委任代表的法律性质,这能够为法律界和学术界更好地研究委任代表制度打下基石,从而促进委任代表制度更好发挥适航审定功能。

2. 增加诚信条款和竞业禁止条款

《民用航空适航委任代表和委任单位代表管理规定》中第五章"监督管理"第183.91条仅规定了民航行政机关发现委任代表在申请过程中存在欺骗行为或履职过程中出现违反有关规定的行为可以终止受理申请或者解除委派,但这并没有给委任代表带来任何损失;相反,民航局不仅在审查过程中浪费了人力、物力,也有可能因为委任代表的失职行为造成严重损失。因此,笔者建议在行政合同中增加诚信条款,约定如委任代表违背了该诚信条款应承担解聘、罚款甚至竞业禁止义务,以此防范委任代表道德风险。

3. 拓宽委任代表权限

我国目前的涉及民航管理的规章对委任代表权力规定较少,仅限于零件性辅助工作,不利于充分发挥委任代表的作用。但美国FAA对委任代表放权过多、监管不足导致的波音737MAX系列空难也值得警醒。因此,笔者建议在《民用航空适航委任代表和委任单位代表管理规定》中适度增加委任代表的权限,借鉴美国FAA对委任代表的设权范围,结合本国国情,合理设定委任代表权力,既能使委任代表能够参与更多的适航审定工作,也要防止委任代表因权限过大而滥用权力,更好促进我国民航产业发展。

4. 细化民航适航部门和委任代表责任

有权必有责、失责必追究。目前对委任代表责任规定的缺失不利于委任代表以认真负责的工作态度投身到审定工作中去。因此,要细化民航适航部门和委任代表的责任。据前文所述,民航委任代表制度的性质属于行政委托,所以民航局在民航委任代表制度中的地位属于行政委托中的委托方,委任代表则属于行政委托的受托方。因此,笔者借鉴行政委托中委托方和受托方的法律责任分配对委任代表制度中的民航局和委任代表的责任分配提出若干建议。

(1)适航部门要对外承担责任

在委任过程中存在两种法律关系:

第一,民航适航部门与委任代表之间的关系是行政委托关系,其处于委托主体地位;第二,民航适航部门与被审定、颁发证书的民营航空企业之间是行政许可关系,其处于行政许可主体地位。

行政委托的相关法律效果归属于委托主体①,由行政委托主体对外承担法律责任;行政许可的实施主体违法实施行政行为也要承担法律责任②。因此,民航适航部门在委任代表因履职行为侵犯第三人合法权益时要对外承担法律责任,该法律责任在大多数情况下为赔偿责任,即民航行政机关要赔偿被侵害权益的第三人损失。

(2)委任代表在一定情形下承担民事责任、行政责任甚至刑事责任

委任代表在因故意或重大过失对第三人造成利益损害后是否应承担民事责任、行政责任甚至刑事责任,我国目前的《民用航空适航委任代表和委任单位代表管理规定》并没有作出规定。但结合《民法典》、《侵权责任法》和《国家赔偿法》以及学界对行政委托责任分配的讨论,笔者认为委任代表在一定情形下应承担民事责任、行政责任甚至刑事责任。

首先,委任代表故意或重大过失造成第三人合法权益受到侵害后,应承担民事

① 参见黄娟:《行政委托内涵之重述》,载《政治与法律》2016年第10期。

② 参见马怀德:《行政许可、登记行为违法的法律责任》,载《法学》2001年第10期。

责任。《民法典》第1191条规定:用人单位的工作人员因执行工作任务造成他人损害的,由用人单位承担侵权责任。用人单位承担侵权责任后,可以向有故意或者重大过失的工作人员追偿。且原《侵权责任法》第4条规定:侵权人因同一行为应当承担行政责任或者刑事责任的,不影响其依法承担侵权责任。《国家赔偿法》第16条第1款规定:赔偿义务机关赔偿损失后,应当责令有故意或者重大过失的工作人员或者受委托的组织或者个人承担部分或者全部赔偿费用。因此,若委任代表因故意或重大过失侵害第三人合法权益后,民航局可在承担民事赔偿责任后向委任代表追责,要求其承担民事责任。

其次,委托行政机关在对外承担了相应的法律责任后,可以对内追究受委托机关的责任。《国家赔偿法》第16条第1款规定了赔偿义务机关在赔偿损失后可以责令有故意或者重大过失的个人承担部分或者全部赔偿费用,因此,个人也可以成为被追究责任的主体。笔者认为,民航局在对外承担责任后,可以对内追究因故意或重大过失侵害第三人合法权益的委任代表的行政责任和刑事责任。当受委托人在行使委托职权的过程中出现违法失职行为导致相对人的权利受到损害时,其要承担行政处罚责任;当受委托人在行使委托职权的过程中出现违法失职行为构成犯罪的,就要承担更重的法律责任,即刑事责任。

健全完善委任代表责任追究机制能使委任代表在行使职权的过程中敬畏法律、遵守法律、认真履职,保障民航安全。但同时也要注意,对委任代表的责任规定不能太严苛,否则会打击委任代表申请者的申请积极性,也会让委任代表因畏惧承担法律责任而降低工作效率或逃避承担工作。

(二)建立委任代表管理机构

1. 建立专门的委任代表管理机构

笔者建议需在民航局和民航地区管理局设立专门的机构对委任代表进行管理,由其专管对对委任代表资格申请的审核和委任代表的培训、考核、待遇管理与监督。以FAA适航委任代表制度为例,FAA针对每一委任类型都设立了专门的管理办公室和管理专家。① 成立专门的管理机构对委任代表进行集中管理,不仅能够提高对委任代表的管理效率,也能够保障委任代表不受任何非适航因素影响独立地进行审定工作。

2. 完善委任代表相关配套机制

目前我国的委任代表相关制度并不完善,这不利于激发委任代表申请者的积

① 参见史彬彬:《FAA个人委任代表体系研究》,载《民用飞机设计与研究》2016年第1期。

极性,提升委任代表工作的认真负责程度。因此,笔者建议委任代表管理机构要完善相关配套机制。

完善委任代表待遇机制,使委任代表的薪资待遇与其审定效率、负责程度和工作态度挂钩,通过待遇的保障和提升激发委任代表的工作热情和责任心,这也能激励更多的专业技术人才申请成为委任代表。

完善委任代表培训机制,规定民航行政机关有义务为委任代表提供完善的入职培训以及定期的业务培训。在入职培训中,应增加行政主体提供完善配套的培训的义务,不仅要向委任代表提供业务上的培训,也要提供相关民航法律法规的系统化培训。同时,也应当规定行政主体有提供定期培训的义务,民航适航部门要及时公布最新的规章政策和专业技术,定期为委任代表提供专业技术和规章政策方面的培训,以提高委任代表的工作能力。

建立并完善委任代表考核机制,民航行政机关作为行政委托的委托主体,有义务对委任代表进行考核与监督。《民用航空适航委任代表和委任单位代表管理规定》中也规定了民航行政部门要对委任代表的工作进行检查和考核,但目前缺乏具体的实施细则,这就导致了民航行政部门对委任代表的考核流于表面。因此,要制定委任代表考核制度的细则,对委任代表的工作态度、工作能力、审核效率进行全方位的考核,并且将委任代表的考核结果与绩效挂钩。这样一来,委任代表为了获取更好的待遇,便会更加积极、主动、负责地投入工作中去,最终更好地发挥委任代表制度的作用。

3.强化管理机构监管职能

民航业作为具有密集监管属性的行业,其发展离不开高水平的监管。[①] 适航审定工作不仅涉及第三人(航空企业等)的合法权益,更涉及我国民用航空的安全问题。因此,民航局和民航地区管理局要加强对委任代表的监督工作,避免委任代表因个人私利、道德水准和技术能力等问题影响其适航审定工作。建立委任代表退出机制,对不合格的委任代表及时清退。

四、结语

目前,我国的适航认定与审定体系发展速度缓慢,民用航空局人员不足这一问题制约着有中国特色的适航审定制度的发展。仅仅靠民用航空局各部门来建立有

① 参见李大朋:《中国民航创新监管的重点路径研究》,载《北京航空航天大学学报(社会科学版)》2023年第1期。

中国特色的适航审定制度是远远不够的,该制度的建立需要有民航委任代表这一法律制度的有效支撑。委任代表制度作为保障航空安全、提高适航审定效率的重要法律制度,目前在规章和现实层面存在的问题抑制了其功能的发挥。因此,有必要根据我国的法律基础、现实情况,借鉴美国 FAA 委任体系的经验,重构我国的委任代表制度,并将立法与实践相衔接,促使其能够更好地发挥提高适航审定效率、保障民航安全、促进民航业发展的作用。

我国民航行政立法协商的经验与改进

王玉林　孙熠璇*

近年来,民航行政立法贯彻民主立法原则,在立法过程中体现和落实人民主体地位的理念。协商机制是民航行政立法回应民意,协调利益的重要途径。民航行政法规和涉及民航管理的规章是我国民航行政立法的主要形式,在制定民航行政法规和涉及民航管理的规章的过程中我国采取的协商模式主要有立法听证会、立法调研会、专家论证会和征求意见,各种模式都形成了成熟的经验,为我国民航行政立法的科学性和民主性提供了坚实的保障。同时,每一种民航行政立法协商模式运行的过程中都会遭遇各种各样的困境,因此需要对各种困境做出有针对性的分析并进一步从协商主体、协商程序和保障机制等方面完善。

一、我国民航行政立法协商的法制化现状

民航行政立法协商的法制化是指民航行政机关在民航领域的行政立法中关于协商程序的规定。本文所讨论的民航行政立法协商的法制化具体包括国务院、民航局、有规章制定权的地方政府及有地方性法规制定权的地方人大及其常委会在民航领域的立法中关于协商程序的法律规定,包括行政法规、部门规

* 王玉林,宪法学与行政法学博士,中国民航大学法学院讲师,硕士生导师,研究方向为航空法、行政法;孙熠璇,中国民航大学法学院法律硕士研究生,研究方向为航空法、行政法。

章,与民航有关的地方规章、地方性法规。

(一)民航行政法规制定协商的法制化

行政法规制定过程中协商程序的有关规定主要在《行政法规制定程序条例》中。《行政法规制定程序条例》规定了协商程序的法制化内容:第一,协商机制的表现形式主要包括座谈会、论证会、听证会等;第二,当涉及专业性较强的法规起草部门不能独立完成时,起草部门可以邀请相关领域的专家共同参与行政法规的起草工作,也可以委托社会组织、科研单位完成起草工作;①第三,在协商的主体上,行政法规的起草部门除征求公众意见外,还应与相关部门进行协商,如涉及财务、税收等领域的,还应征求相关部门的同意。② 该条例规定了不同的协商对象及大致的必经流程,协商程序贯穿于行政立法的立项、起草、审查、草案的决定与公布等多阶段,主要分为行政机关内部、行政机关之间、行政机关与社会主体之间的协商。

(二)民航部门规章制定协商的法制化

涉及民航管理的规章制定过程中协商程序的有关规定主要在《规章制定程序条例》中。《规章制定程序条例》主要规定了听证程序的法制化:第一,听证的启动情形。当规章的内容对社会公众有重大影响时,规章起草部门应当进行咨询论证。当规章涉及的重大利益事项存在重大分歧、广大人民群众高度关注该问题时,起草部门应当举行听证会听取人民群众的意见。第二,听证程序的具体规定,涉及听证举行的方式、参加听证的人员享有的权利、听证会应当制作笔录、起草部门如何处理收集来的意见与观点。③ 第三,当有关主体向国务院、省及自治区人民政府提出书面的审查规章的建议时,由国务院法制机构、省及自治区人民政府法制机构进行处理并提出处理意见。④ 该条例细化了听证会的组织程序,人民群众可以通过协商的方式对已经公布的规章提出意见,拓宽了协商机制的应用范围。

交通运输部《关于修改〈交通运输法规制定程序规定〉的决定》中规定了大量的协商程序。《交通运输法规制定程序规定》重点规定了征求意见适用条件的法制化:第一,交通运输部法制工作部门为编制下一年的立法计划应在每年10月底前征求交通运输部内的有行业管理职责的部门或有关单位的立法建议,也可以向省一级交通运输部门、社会公众征求立法建议。⑤ 第二,起草交通运输法规征求公众

① 参见《行政法规制定程序条例》第13条。

② 参见《行政法规制定程序条例》第14条。

③ 参见《规章制定程序条例》第16条。

④ 参见《规章制定程序条例》第35条。

⑤ 参见《交通运输法规制定程序规定》第11条。

意见的形式有所扩张，如在交通运输部政府网、中国政府法制信息网及部管国家局政府网上向公众征求意见。除向社会公开征求意见外，交通运输部的法规起草部门还可通过向行业协会、有关企业、社会组织以及公民书面征求意见，组织座谈会、论证会等形式，广泛征求有关主体的意见。① 第三，起草交通运输法规涉及公众广泛关注的热点疑难问题时，可以组织听证，听证的程序按照《规章制定程序条例》的规定执行。第四，对于部门之间争议较大的法规的草案，可以引入第三方评估。②

原民用航空总局为了规范涉及民航管理的规章的制定程序，在其制定的《中国民用航空总局规章制定程序规定》中规定了许多有关协商程序的事宜，其中就征求意见的内容作出如下法制化规定：第一，规章可以由报请立项的部门、民航总局确定的部门、法制机构、有关专家及组织进行起草，参与规章起草的单位更加多元；③第二，在规章起草阶段的立法调研中，注重国内外先进立法经验的学习；④第三，在规章解释权上，涉及民航管理的规章的解释权属于民航总局，民航总局的职能部门及民航地区管理局无权对涉及民航管理的规章进行解释。⑤

（三）与民航有关的地方性法规制定协商法制化

许多省份关于民航领域的地方性法规中均对协商程序进行了一定程度的规定，本文以《重庆市民用航空条例》与《江苏省民用航空条例》为例，对其中重点内容进行阐述。《重庆市民用航空条例》中就协商主体及投诉制度的建立作出了法制化规定：第一，针对不同的民航立法情形，规定了不同的协商主体。部分涉及运输机场工程初步设计，应当在市交通运输主管部门审批前征求民用航空管理部门的意见，运输机场工程中涉及非民航专业的工程由市交通运输主管部门征求相关行业主管部门的意见或者由相关行业的主管部门向市交通运输主管部门提出意见。⑥第二，该条例对于投诉受理制度的建立作出了规定，航空运输企业、机场管理机构及驻场单位应当建立投诉受理制度。第三，该条例对回复投诉的时间也作出了规定，建立投诉受理制度的单位应当公开受理投诉的电话、地址、邮箱等。⑦

《江苏省民用航空条例》规定了行政机关内部及行政机关之间需要协商的情形：第一，设区的市、县（市）人民政府城乡规划主管部门在审批运输机场净空保护区域内

---

① 参见《交通运输法规制定程序规定》第 26 条。

② 参见《交通运输法规制定程序规定》第 27 条。

③ 参见《中国民用航空总局规章制定程序规定》第 14 条。

④ 参见《中国民用航空总局规章制定程序规定》第 16 条。

⑤ 参见《中国民用航空总局规章制定程序规定》第 35 条。

⑥ 参见《重庆市民用航空条例》第 10 条。

⑦ 参见《重庆市民用航空条例》第 24 条。

的建设项目时,应当书面征求运输机场所在地地区民用航空管理机构的意见;[①]第二,对省人民政府在协商机制的运行上做出了进一步的要求,省人民政府应建立协调机制,及时与国务院民用航空主管部门、地区民用航空管理机构以及有关的军事机关进行沟通,及时处理、解决通用航空发展中的矛盾与问题。[②] 通过该规定可知,上下级行政机关之间进行重大问题的沟通以及加强建立协调机制已经成为一种普遍性要求,将协商精神贯穿于民航领域的立法与实践中已经成为一种趋势。

(四)与民航有关的地方规章制定协商的法制化

民航领域中地方政府制定的涉及协商程序的规章内容大多集中在制度建设上,重点内容如下:

《南京禄口国际机场保护办法》与《广州市民用运输机场管理办法》规定,市人民政府建立机场管理联席会议制度,[③]协调解决机场建设、管理和保护中的重大问题,机场管理机构应当根据机场管理联席会议的意见进行整改,提升机场的服务运营质量,[④]这是涉及民航管理的规章在立法协商中形式上的创新。《深圳市宝安国际机场管理办法》规定,市空港委可根据管理需要成立咨询委员会,并可邀请国内外民航专家和市民代表参加,这是协商形式的拓展,增加了咨询委员会。市空港委的职责之一是研究民航运输业方针、政策的贯彻落实,提出完善机场管理的意见和建议,这是必须进行的协商。机场规划用地的使用以及机场地区内的新建、改建、扩建项目,应当经过征求机场管理机构和市空港委的意见以及依法办理审批手续这个流程。[⑤]

二、我国民航行政立法协商的运行经验

民航行政立法协商是民航行政立法过程中必不可少的过程与环节,本文对于民航行政立法协商运行现状的研究范围包括国务院、民航局及有规章制定权的地方政府在民航领域进行行政立法过程中开展的立法听证会、立法调研会、立法座谈会、专家论证会、征求公众意见等协商活动。

(一)民航行政立法听证会

民航行政立法中立法机关经常采取立法听证会的方式进行协商,本文以深圳市人民政府法制办公室在“深圳法制”微信平台举办的《深圳市民用轻型无人驾驶

① 参见《江苏省民用航空条例》第29条。
② 参见《江苏省民用航空条例》第36条。
③ 参见《广州市民用运输机场管理办法》第3条。
④ 参见《南京禄口国际机场保护办法》第5条。
⑤ 参见《深圳市宝安国际机场管理办法》第8条。

航空器管理办法(征求意见稿)》(以下简称《无人机驾驶管理办法》)的网上立法听证会为例讨论立法听证会在民航行政立法中的作用。此次立法听证会的通知时间为2017年11月10日①,报名时间为2017年11月13日17:00至11月19日24:00,举行听证会的时间为2017年11月23日。② 本次立法听证会的具体内容如表1所示。

表1 《无人机驾驶管理办法》立法听证会研究

参与主体	内容	听证陈述人意见	处理结果
1. 听证人。深圳市法制办3名工作人员组成听证组,听证会由文件审查处副处长主持。 2. 听证陈述人。本次听证会邀请39名市民、5家机构参加。其中有16名市民、4家机构发表意见和建议。 3. 列席人员。本次听证会邀请民航深圳监管局、民航深圳空管站、大疆创新科技有限公司等单位的相关人员列席了听证会	1. 哪些类型的无人机应当纳入监管; 2. 对无人机采取哪些监管方式、措施更为科学有效; 3. 纳入监管的无人机应当具备哪些技术功能; 4.《无人机驾驶管理办法》禁限飞区以及飞行规则的设置是否合理; 5. 立法应当对无人机驾驶员作出什么要求	1. 第一个议题有争议的观点在于纳入监管的重量界限、无人机与航模的区分标准。 2. 第二个议题中许多听证陈述人对无人机的监管方式提出建议,如通过植入芯片的方式、通过监管平台和电子围栏的方式等。 3. 听证陈述人对第三个议题的意见较为统一。 4. 第四个议题有争议的观点在于禁飞区的范围、限制飞行的半径以及是否仅允许昼间飞行等问题上。 5. 听证陈述人对第五个议题提出的意见较少	1. 针对第一个议题的建议处理,关于重量界限设置的建议及放开植保类无人机的监管的建议,民航行政立法机关暂未采纳并说明未采纳的理由。民航行政立法机关采纳了部分建议,如对有特殊飞行要求的,经民航部门评审并向公安机关备案后可进行相应的飞行活动。 2. 行政立法机关基本采纳针对第二个议题的建议并完善了《无人机驾驶管理办法》的相关表述。 3. 针对三个议题的建议处理,对听证陈述人关于此议题的意见,深圳市人民政府法制办公室基本采纳并修改了《无人机驾驶管理办法》的相关条款。 4. 针对第四个议题的建议处理,深圳市人民政府法制办公室暂未采纳关于飞行半径过窄的意见并说明未采纳的理由,采纳了禁飞区设置的意见并完善了《无人机驾驶管理办法》的相关条款。 5. 针对第五个议题的建议处理,深圳市人民政府法制办公室暂未采纳听证陈述人关于证照管理的意见并说明未采纳的理由

通过表1可知,笔者发现如下特征:第一,在立法听证会的通告中预计参加听

① 参见《深圳市人民政府法制办公室关于通过微信平台召开〈深圳市民用轻型无人驾驶航空器管理办法(征求意见稿)〉立法听证会的通告》,载深圳市司法局网2017年11月10日,http://sf.sz.gov.cn/ztzl/zflf/lftzh/content/post_6615294.html。

② 参见《〈深圳市民用轻型无人驾驶航空器管理办法(征求意见稿)〉立法听证报告》,载深圳市司法局网2017年12月6日,http://sf.sz.gov.cn/ztzl/zflf/lftzh/content/post_6615290.html。

证的市民代表有60名,实际参与的39名市民中只有16名市民发表了意见,可见市民参与立法听证会以及在会上发言的积极性不足;第二,立法机关并未明确市民代表的选拔机制,这些市民的代表资格可能受到质疑。

(二)民航行政立法调研会

对于民航行政立法过程中立法调研会的应用,本文主要以《通用航空安全保卫规则》的制定过程为例进行研究。2018年7月18日至19日,华东局在厦门召开了《通用航空安全保卫规则(送审稿)》规章立法调研会(具体内容见表2)。①

表2 《通用航空安全保卫规则(送审稿)》立法调研会研究

参与主体	内容	参与人意见	处理结果
民航局政法司、公安局,华东局政法处、通航处、公安局,航科院、上海通航协会、福建通航协会以及华东地区18家通航企业。 并且,民航局政法司副司长以及民航局公安局副局长出席了本次会议	根据公开资料显示,会议首先介绍了该规则的立法目的,主要以解决通航过度监管、措施执行不到位等问题的方式推动通航产业发展; 其次会议上强调了通航法规体系重构的重要意义; 同时,民航局公安局副局长对该规则进行了简要概述。会议上阐述的具体内容无法从公开渠道查询	与会人员对该规则的内容提出了建议; 通航企业的代表围绕通航产业发展现状,与民航局政法司、华东局政法处、通航处进行了交流探讨,指出了当时存在的问题并提出了相关的建议	民航局政法司在总结与会人员讨论问题的基础上,对下一步实施规章审查的十个问题进行了明确; 民航局公安局明确表示会结合大家该次会议提出的问题,配合政法司继续对该规则进行进一步修订

2019年4月12日,民航局发布了《通用航空安全保卫规则(征求意见稿)》及起草说明,在起草说明中对征求意见情况进行了描述,该规则在起草过程中,曾先后先后以书面、召开会议等形式多次征求了民航局内部的相关部门、民航地区管理局、各通用机场以及各通用航空器运营人的意见与建议。各单位对该规则的内容提出了意见和建议。民航局共收到17家企事业单位的意见,共计104条,其中采纳35条、部分采纳11条、不采纳58条,但并未公开处理这些意见的理由。② 同日,民航局将该征求意见稿向社会公开征求意见,公告中告知了提出意见的时间及方式。2022年4月9日,交通运输部发布了正式的规则。③

① 参见《华东局召开〈通用航空安全保卫规则(送审稿)〉规章立法调研会》,载中国民用航空华东地区管理局网,http://hd.caac.gov.cn/HD_DQYW/201808/t20180803_190187.html。

② 参见《民航局关于〈通用航空安全保卫规则(征求意见稿)〉公开征求意见的通知》,载中国民用航空局网,http://www.caac.gov.cn/HDJL/YJZJ/201904/t20190415_195666.html。

③ 参见《通用航空安全保卫规则》,载中国民用航空局网,http://www.caac.gov.cn/XXGK/XXGK/MHGZ/202204/t20220429_213093.html。

通过对该立法调研会的研究，笔者发现如下特征：第一，在协商主体上，规章送审阶段的立法调研会的参加主体有航科院、上海通航协会、福建通航协会以及华东地区18家通航企业代表，这些主体均是十分了解民航领域的直接利益主体，协商主体的范围较为广泛，他们反映的意见具有一定的代表性与专业性；第二，在协商意见的反馈中，民航局对外公开了了收到意见的数量以及是否采纳的情况，体现了行政的透明度，但是未公开意见的具体内容以及是否采纳的理由，提出意见的机构可能并不真正了解提出的意见不被采纳的理由。

（三）民航行政立法座谈会

立法座谈会在民航行政立法的协商中也被广泛应用，如2015年，陕西省法制办在《陕西省民用运输机场管理办法》立法过程中组织省交通运输厅、省国资委、西部机场集团有限公司等有关单位起草了立法草案。同年10月27日，陕西省法制办在两次公开向社会征求意见的基础上，又通过召开立法座谈会的方式征求相关主体的意见（详见表3）。[①]

表3 《陕西省民用运输机场管理办法》立法座谈会研究

参与主体	内容	参与人意见	处理结果
陕西省交通运输厅、西部机场集团邀请省政府有关厅局、西北民航局、西北空管局及省政府法律顾问一并参加本次座谈会	1.《陕西省民用运输机场管理办法》草案中适用相关国家法律法规依据、适用范围和相关权利主体的确定； 2.陕西省行政区域内民用运输机场的规划和建设，机场的安全、服务和运营管理，机场净空保护和电磁环境保护以及法律责任的规定	未公开	未公开

通过研究陕西省召开的立法座谈会，笔者总结出如下特征：第一，在搜索地方政府制定涉及民航管理的规章的资料时发现，很多行政机关未发布召开立法座谈会的通知，立法座谈会作为协商机制的一种使用频率相对较低；第二，未向外公开座谈会的具体内容，如制定规章的具体法律依据、相关权利主体是如何确定的等，公开的内容简略，公开的透明性不足。

（四）民航行政立法专家论证会

民航行政立法过程中召开专家论证会是较为常见的一种协商形式，本文对于专家论证会的研究以《民用航空器事故调查条例（送审稿）》的制定过程中举行的

① 参见《省法制办召开〈陕西省民用运输机场管理办法〉立法征求意见座谈会》，载铜川市人民政府网2015年11月2日，http://www.tongchuan.gov.cn/resources/site/1/html/zxzx/bmdt/201603/49900.html。

专家论证会为例进行具体阐述。2021年6月24日,民航局起草了《民用航空器事故调查条例(征求意见稿)》,向社会公开征集意见,但征求公众意见的结果目前暂时未对公众进行详细的反馈。① 2022年7月26日下午,受民航局和司法部委托,中国法学会研究部以视频方式组织召开《民用航空器事故调查条例(送审稿)》专家研讨会暨2022年第12期(总第256期)立法专家咨询会,大量专家学者参加了此次会议(具体内容详见表4)。②

表4 《民用航空器事故调查条例(送审稿)》专家论证会研究

参与主体	内容	参与人意见	处理结果
来自中国民用航空局、中国法学会、中国法学会航空法学研究、西北政法大学、中国民航大学等单位的专家代表	会议介绍了《民用航空器事故调查条例(送审稿)》的立法背景和主要内容	西北大学的王瀚教授就该条例中民用航空器事故调查应遵循的原则及条例的体例安排存在的问题提出意见,认为该条例的适用范围需要明确,航空器事故等级划分与航空器事故调查的挂钩的问题需要进一步完善,我国航空器事故调查制度需要创新[1]	实务部门的同志就专家学者们发表的意见和建议进行了回应。 会后,中国法学会研究部全面梳理专家意见,形成立法专家咨询报告并附上专家名单,报送司法部等部门和有关领导同志

〔1〕《王瀚、张超汉教授应邀参加国家民航立法论证会议》,载西北政法大学国际法学院网2022年7月31日,https://nwsil.nwupl.edu.cn/hyxw/hydt/97541.htm。

通过对民航行政立法中专家论证会的开展过程及结果进行研究,笔者总结出如下如下特征:第一,专家论证会的参与主体主要是精通民航领域立法现状、现实情况的专家,他们通过专家论证会提出意见可以增强民航行政立法的质量;第二,专家论证会的参与主体中没有公众代表,与会专家局限于行业协会、民航行政机关和高校等组织中,他们提出的意见不能完全代表公众,专家论证会存在专家的代表性不足的问题。

(五)民航行政立法征求意见

征求意见作为民航行政立法过程中应用最为广泛的协商形式,是本文的重点

① 参见《民航局关于〈民用航空器事故调查条例(征求意见稿)〉公开征求意见的通知》,载中国民用航空局网,http://www.caac.gov.cn/HDJL/YJZJ/202106/t20210624_208129.html。

② 参见《年报|上海航空法研究会2022年工作年报》,载微信公众号"中国法学会航空法学研究会"2023年3月30日,https://mp.weixin.qq.com/s?__biz=MzU3MjQzMTE0NA==&mid=2247486445&idx=1&sn=f8ca3c95975eeb038008ab8827e4e35e&chksm=fcd045aacba7ccbccd4a34268ee56e2da3476b006db8dee252f8e03b140699f21d45a37d4226&scene=27。

研究对象,通过检索可以发现行政机关通常不直接公布收集上来的公众意见以及如何处理这些意见,那么对于征求意见效果的考察可以通过征求意见稿与正式稿之间的差异进行判断。本书以国务院制定的《无人机飞行管理暂行条例》与征求意见时期公布的《无人驾驶航空器飞行管理暂行条例(征求意见稿)》为对比进行研究(详见表5)。

表5 《无人驾驶航空器飞行管理暂行条例(征求意见稿)》与《无人机飞行管理暂行条例》对比研究

征求意见稿	生效稿	修改内容
第6条规定:国务院、中央军委空中交通管制委员会领导全国无人驾驶航空器飞行管理工作,通过无人驾驶航空器管理部际联席工作机制,协调解决管理工作中出现的重大问题。各单位部门依据有关规定负责无人驾驶航空器相关管理工作	第6条规定:无人驾驶航空器有关行业协会应当通过制定、实施团体标准等方式加强行业自律,宣传无人驾驶航空器管理法律法规及有关知识,增强有关单位和人员依法开展无人驾驶航空器飞行以及有关活动的意识	在总则的条文中进行了细化,使条文之间更具有逻辑性。对无人驾驶航空器的含义及分类进行详细阐述,限定了该条例适用的范围。无人驾驶航空器行业协会的职责[1]大多为新增内容,确定了无人驾驶航空器的管理机构以及职责
第8条规定:无人机分为国家无人机和民用无人机,民用无人机,指用于民用航空活动的无人机;国家无人机,指用于民用航空活动之外的无人机,包括用于执行军事、海关、警察等飞行任务的无人机	第8条规定:从事中型、大型民用无人驾驶航空器系统的设计、生产、进口、飞行和维修活动,应当依法向国务院民用航空主管部门申请取得适航许可。从事微型、轻型、小型民用无人驾驶航空器系统的设计、生产、进口、飞行、维修以及组装、拼装活动,无需取得适航许可,但相关产品应当符合产品质量法律法规的有关规定以及有关强制性国家标准。从事民用无人驾驶航空器系统的设计、生产、使用活动,应当符合国家有关实名登记激活、飞行区域限制、应急处置、网络信息安全等规定,并采取有效措施减少大气污染物和噪声排放	第二章标题新增“民用”二字,确定本条例规定的是民用无人驾驶航空器及操控员的管理规则。相比征求意见稿,该章节细化了微型、轻型、小型、中型、大型这几种不同的民用无人驾驶航空器在设计、生产、进口、飞行和维修活动中的管理规则,给人民群众以清晰明了的指示[2]

续表

征求意见稿	生效稿	修改内容
第57条规定:民用无人机飞行管理及其相关活动,本条例没有规定的,适用《中华人民共和国民用航空法》《中华人民共和国飞行基本规则》《通用航空飞行管制条例》《中华人民共和国无线电管理条例》以及有关法律法规。国家无人机飞行管理及其相关活动,本条例没有规定的,适用《中华人民共和国飞行基本规则》《中华人民共和国无线电管理条例》以及有关法律法规	第58条规定:无人驾驶航空器飞行以及有关活动,本条例没有规定的,适用《中华人民共和国民用航空法》《中华人民共和国飞行基本规则》《通用航空飞行管制条例》以及有关法律、行政法规	正式稿将征求意见稿中的法规变为行政法规,[3]进一步明确了无人驾驶航空器在适用本条例之外还应适用哪些规定,使目前的规定更具有可操作性

〔1〕参见《无人机飞行管理暂行条例》第6条。
〔2〕参见《无人机飞行管理暂行条例》第8条。
〔3〕参见《无人机飞行管理暂行条例》第58条。

将该条例的征求意见稿与正式稿进行对比,笔者总结出如下特征:第一,在条例公布之前民航行政立法机关与不同的主体进行了多次协商,社会大众、民航企业以及专家学者等提出了较多意见,协商机制在本次立法实践中应用广泛;第二,民航行政机关未对征求意见过程中收到的意见进行逐一反馈有可能是考虑到立法成本与收益之间的关系,通过对条例征求意见稿的修改结果展示协商的效果是一种较为节约成本的方式。

综上所述,我国民航行政立法过程中协商的形式比较广泛,立法听证会、专家论证会等在一部文件的制定过程中都有可能出现,且这是比较常见的。可见,我国民航行政机关注重收集意见的多元性,注重收集到的意见是否体现较多利益相关人的观点。在这几种协商机制的表现形式中,立法论证会、立法座谈会与专家论证会的参与者一般为精通民航领域的立法、熟悉民航行业现状的专家,他们提出的意见较为专业客观。他们对民航行政立法提出的意见对社会大众具有一定的借鉴意义,而且具有普法功能,但是专家学者或者是行政机关、民航企事业单位对其在听证会、座谈会上提出的意见很少对外公布,如果这些主体更多对外公布他们的意见,那么民航行政立法的协商机制的运行会更加完善,效果更好。

三、我国民航行政立法协商存在的问题

(一)民航行政立法中协商程序的主体代表性不足

在民航行政立法的实践中,协商机制在参与主体上最大的问题在于参与协商的主体代表性不足,如前述提到的立法听证会的参会代表主要是从民航行政单位以及民航公司中选拔出来的,可能很多市民对立法听证会的举行是不知情的。而立法听证会的结果与市民的利益息息相关,当市民对经过立法听证会的协商程序产生的行政立法不满意时,可能就会对以上代表的能力产生疑问。并且,在市民对民航行政立法非常关心的情况下参与民航行政立法的市民却很少,可以反映出市民对于民航行政立法的相关法律的更新及专业性的问题缺乏深入的了解,与专家、民航企业等协商参与者之间能力差距较大且存在一定程度的信息差。社会公众参与立法主要是通过互联网或者是邮寄的方式,但是较少人员能够获得参与听证会、座谈会表达意见的机会。

民航行政机关一般不公开其收到的意见以及对意见的处理,这也会降低社会公众参与民航行政立法的积极性。目前的协商形式主要包括立法听证会、立法座谈会、立法论证会及相关会议等,参与主体主要局限在民航领域的专家学者、民航行政机关及较大的民航企业,这也容易成为一小群人的协商,由此可能会导致民航行政机关在立法过程中只能听到一小部分人的声音,那么该立法的民主性就值得怀疑,并且这些专家们能否反映广大人民群众的心声也存疑。

随着社会的发展及科技的进步,社会成员之间的交往更加便利,行政机关可以在控制成本的情况下拓展出更多的协商参与形式,让广大的人民参与到行政立法的过程中。目前,民航行政立法协商的理论已经有了长足的发展,但实践中的应用还需加强,以尽快填补与理论上的差距。

(二)民航行政立法中协商的结果缺乏有效保障

我国目前民航行政立法中协商结果缺乏有效保障的重要原因就是监督机制的缺失,通过笔者对民航行政立法中立法听证会、立法座谈会、立法调研会、专家论证会以及征求意见等协商程序的研究,可以发现行政机关很少对以上程序中各协商主体提出的意见进行公开反馈,行政机关内部关于处理不同主体意见的会议、讨论等也未向社会公开,由此可能会造成民航行政机关收集相关主体的意见的积极性不高以及大众对协商结果质疑的负面影响。

同时,代表乘客权益的主体在民航行政立法协商程序中发表意见的机会较少。相较于航空公司、机场、高校专家、行政机关,乘客在民航相关法律与政策的掌握

上、表达意见上都处于弱势的地位,如果不加强对公众意见的反馈,势必会造成更严重的后果。

协商机制若想在民航行政立法中发挥出其应有的价值与功能,首先应考虑通过加强相关立法保障协商的结果,用良法促进民航行政机关适用协商程序进行善治。正是我国民航行政立法中协商程序及相关内容的不完善,导致不同协商主体之间的利益冲突变大。由于现行法规对协商程序的更新不及时,很多民航行政机关在立法过程中并未适用协商程序。现行立法中对于协商的规定大多数是按照不同情况来划分的,在法规中更多地以“可以”来表述,这就为行政机关不适用协商程序提供了支持。当用“应当”来表述时,也仅仅进行了几项情况列举,并不能涵盖需要启动协商机制的所有情况,这也是协商程序立法之中的含糊和不足之处。

并且,现行立法未赋予协商主体监督权,当协商过程中出现协商不公正、假意协商、恶意协商的情况时,不完善的监督机制就会导致协商参与主体基本的参与权及其他合法权益难以得到保障。行政机关未说明对协商的启动、适用、过程等内容不满时的公众意见反映渠道,当出现问题时,公众内心对于行政机关的信任会随之下降。

四、民航行政立法协商的改进建议

(一)明析民航行政立法协商参与主体

目前我国民航行政立法协商在参与主体上主要存在相关主体参与协商较为被动以及参与协商的主体代表性不足的问题。

1.增加协商主体主动参与协商的机会

在协商主体的参与模式上,我们可以借鉴外国的优秀经验为本国所用。《行政法规制定程序条例》第8条以及第9条规定,行政立法制定的提出机关主要包括国务院有关部门①以及国务院法制机构②。由此我们可以看到,行政立法立项的动议权掌握在行政机关手中,征求公众意见是在行政机关立项后开始进行,为保障协商机制有效性的提升,公众可否也享有立项动议权?行政机关在立法立项之前就开始协商程序是否更有利于保障立法的民主性?《美国联邦行政程序法》规定美国的动议权主体的范围扩大到公民、个人及其他组织,这样的规定使协商机制的启动更加提前。对此我国也可参考美国的做法,进一步促进民航行政立法的发展。我国

① 参见《行政法规制定程序条例》第8条。

② 参见《行政法规制定程序条例》第9条。

目前参与具体协商活动的主体主要有专家学者、社会团体、民航企业等，这些主体往往通过行政机关选取的形式参与协商活动。笔者认为，应扩张社会群众参与协商活动的渠道，如公民可以主动报名参与，民航行政机关可以在行政立法的立项、起草、审查等多阶段通过网络或其他形式让公民参与到协商活动中，最终参与协商活动的人选可通过社会群众之间选取代表来决定，行政机关应公开参与协商活动的名单并将协商过程也进行公开，由社会公众进行监督。

2. 明确民航行政立法协商的遴选机制

在协商主体的确定上，应当建立民航行政立法协商主体的遴选机制。在协商主体的选取上，行政机关应当保障协商主体范围的广泛性。在民航行政立法中，除公布征求意见稿之外，公众参与行政立法过程前期的协商活动较少，则无法保障乘客的意见可以在立法前期为行政机关所知。在民航行政机关进行立法的各个阶段，应有社会公众参与到协商活动中，反映乘客的意见与建议。同时，在保证协商主体广泛性的前提下，还应加强不同的协商主体对于民航立法的知情度，普通社会公众参与民航立法协商活动的积极性较低的原因之一就是其与民航公司、行业协会、专家等相比掌握的民航业知识较少。为解决此问题，行政机关可以尝试鼓励协商主体就规则制定中的主要问题或者容易有不同意见的条文进行研究，开放社会主体提出研究报告的渠道，这样也可以给民航行政机关以一定的支持。社会公众相比其他主体对于乘客的利益更为敏感，对民航实践中存在的问题可能有不同的视角，如果在立法前期社会公众能够作出调研报告、实践研究等材料并供行政机关参考，那么最终的民航行政立法在大众面前的接受度也会大大提高。同样，行政机关可以尝试在正式开展制定涉及民航管理的规章的协商活动前，将要协商的议题告知各协商主体，有助于协商参与者提前做好协商的准备，也可以提前对相关立法背景、知识等进行了解。目前民航行政机关在公布将要举行协商活动时，给协商主体的准备时间并不多，民航业的相关知识比较专业、了解起来比较复杂，因此民航行政机关可以提前一个月左右进行公告，以便于协商参与者有充分时间了解协商内容并进行主动的调研和思考。① 在建立民航行政立法协商主体的遴选机制上，应保证在众多协商参与者中公正选举出代表乘客利益的代表，出于成本与效率的考虑，如果让所有想要表达自己意见的协商参与者都参与到协商活动中在实践中是比较困难的，因此尽可能公正的遴选出利益代表是非常有必要的。选取代表需要大多数被代表人的认可，行政机关可以设定一定的选举机制，如设定被代表人中一

① 参见宋向杰:《正当行政立法程序研究》，厦门大学 2017 年博士学位论文，第 151 页。

定比例的人同意某一人或某些人成为代表等。目前实践中协商程序对于这部分的规定是缺失的,说明目前协商程序只能反映出一部分民航利益主体的意见,因此协商主体的代表性问题仍需关注并解决。

(二)加强民航行政立法协商的效果保障

保障民航行政立法协商效果,可以通过建立合理的协商结果评价机制、行政机关反馈机制以及协商结果监督机制来实现。

1. 建立协商结果评价机制

对于民航行政立法协商成果的评估要兼顾效率与成本,抓住行政立法中的主要矛盾进行分析,同时兼顾大局。在评估协商成果时,要注意以下几点:第一,确定评估协商结果的主体。在明确评估主体时,应选择未参与协商的保持中立的主体进行,以免评估主体有所偏向,偏离评价机制本来的目的。第二,奖励协商参与者,激励更多的主体参与到协商中来。行政机关可以对参与行政立法协商过程的主体按照各自发表建设性意见的情况、有无突出表现等进行排列,按照不同的排位给予一定的物质奖励或精神奖励。第三,行政立法结束后对协商程序的运行进行评估,评估的方面包括协商运行的效率、有无改进的方面以及法规制定后的执行情况,等等。

2. 建立行政机关反馈机制

行政机关反馈机制主要包括向谁投诉、怎么投诉以及什么情况下社会大众可以投诉。当协商参与者与社会大众发现协商机制运作存在问题时可以向民航行政机关的上一级主管单位进行投诉,投诉的方式包括将投诉意见发表在行政机关的网站上、邮寄投诉意见至民航行政机关、直接去民航行政机关进行投诉举报等。可以投诉的情况包括以下几种:第一,民航行政机关未将协商结果对外公布及反馈;第二,协商主体对协商结果存有较大分歧;第三,协商过程中存在不公正的情况;第四,民航行政机关无正当理由不采纳协商程序达成的一致意见;第五,协商结果未进行评估直接应用于立法中。理由如下:第一,协商主体与社会大众对于协商的过程及结果不知情会降低公众对于民航行政立法的积极性,并对产生的立法结果存有疑问;第二,协商参与者对协商结果有较大分歧而民航行政机关未给出合理理由的,此时如果不给相关主体以投诉建议的权利,那么很有可能会导致民航行政机关滥用权力;第三,协商过程中可能存在某些协商主体有贿赂、拉拢等不合法行为,发现非法行为进行举报是每个公民的权利;第四,通过协商达成一致意见是协商机制存在的目的,也是为了形成更具有民主性和科学性的法律,民航行政机关无正当理由违反这一制度原本的目的,必须要进行说明,否则公众有权利进行投诉;第五,对协商结果进行评估是对协商过程的总结和复盘,具有重要的作用,民航行政机关应对相关结果进行公布,保障公众的知情权。

3. 建立协商结果监督机制

协商结果监督机制的建立对于保障民航行政立法协商的效果具有重要意义,当协商结果与协商参与人的意见存在较大出入的时候,监督机制的存在就十分有必要了。对如下情况应赋予相关协商主体向有权机关提请监督的权利:第一,协商过程中存在协商不公的情况,如民航行政机关利用自身优势威胁协商参与人、恶意破坏协商活动以及对关键信息进行隐瞒等,应赋予协商参与人以举报的权利,同时上级机关也应建立与协商参与人进行互动的平台,加强对协商参与人的回访,以了解真实的协商情况;[①]第二,加强对舆论的关注,现在的社会群众、专家学者等都可以通过网络媒体的方式反映对民航立法的意见,上级机关可以加强对协商程序相关信息的关注,及时了解人民群众有关民航立法的心声。

① 参见徐博嘉:《论行政协商制度的建构》,西南政法大学2014年硕士学位论文,第49页。

公共航空包机服务合同的法律属性

——以司法审判案例视角分析

黄振达　张　馨*

一、航空运输管理中的"包机"概念和社会语言中的"包机"概念存在差异

总体来说,民用航空运输管理分为公共航空运输管理和通用航空运输管理两大部分。公共航空运输管理适用的是民航第121部运行规章,是所有日常乘坐航班进行航空旅行的广大消费者使用的航空运输模式和管理方式,一般称为大飞机航班运输或干支线航空运输。通用航空运输管理主要包括适用民航运行规章第91部《一般运行和飞行规则》的通航飞行,这里面包括了私人购买飞机进行"私人专属飞行"的专机服务模式。这种飞行模式和运输管理属于私人定制性质,社会上通常也称为包机飞行或专机飞行,笔者认为这种私人财富投资者自行购置、自行乘坐的飞机,今后定义为"私人飞行"或"私人专属飞行"是最好的差异化管理概念,可以避免歧义。此外,通用航空运输管理中还有按照民航运行规章第135部《小型商业运输和空中游览运营人运行合格审定规则》运行的管理模式,即承租该通用航空器进行专门飞行任务的运输模式,这种模式也称为专门包

* 黄振达,北京德和衡律师事务所高级合伙人,经济学博士,西北大学兼职教授、深圳国际仲裁院仲裁员、海南国际仲裁院仲裁员;张馨,北京德和衡律师事务所执业律师。

机或包机运输模式等。例如,国家有关政府机构、组织、企业单位、企业家或演艺明星个人等由于专门事项临时决定包机飞行,就属于通用航空运输管理中租赁模式下的包机模式,其特点在于航班时刻是临时申请的,不是固定航班时刻模式。对于境外私人专机跨境飞行或者境外私人、组织、机构临时承租包机飞行入境均按照通用航空运输模式分别适用民航运行规章第 91 部、第 135 部进行分类管控和审批。关于航空运输管理中的包机概念,笔者在另外一篇文章《关于民用航空管理几个基本概念讨论和对共有产权飞机、会员制分时共享飞机等商业模式的一点看法——民用航空法修订背景下的立法规范和监管建议》中专门提及过①。

本文要重点讨论的是公共航空运输管理中包机合同纠纷的法律问题。包机本是一个航空运输界耳熟能详的营销管理模式,但是在司法审判实践中,笔者发现包机合同纠纷的法律属性已经成为案件审判焦点之一。有的包机合同纠纷争议案件在一审阶段甚至需要连续开庭四次,才能厘清争议的法律关系和权利义务。为此,笔者认为有必要对航空包机服务合同进行整体梳理和分析,结合笔者承办的具体案件提出专业分析要点,供司法审判实务界参考指正。

二、公共航空运输管理中包机服务合同的法律属性分析

笔者作为某航空运输企业的常年法律顾问,2021 年接受该企业委托处理了两起航空运输包机合同纠纷,两起案件最终均以我方胜诉告终(一审、二审均胜诉)。但是上述案件审理过程曲折,双方法律观点迥异,对方一审和二审阶段更换律师导致很多工作需要重新交叉复核,审判庭对于案件争议性质和纠纷责任认定上也存在一个逐渐认知确定的过程。这些都足以说明,民用航空运输纠纷在司法审判实务中仍然是一个小众市场,审判机关对于民航运输的专业性和民航实践惯例了解不足。因为我国没有专门的航空运输法院或法庭,不像海商法和海事法院已经形成专业权威的审判力量。

下面简要回顾一下其中一个包机合同纠纷案件的基本事实。某航空运输公司(以下简称甲方,我方代理)和某航空运输服务有限公司(航空机票销售代理服务商,以下简称乙方)签订航空运输包机服务协议。该协议约定自 2018 年 10 月到 2021 年 10 月,乙方承诺将从中国沿海 A 市飞往韩国 B 市的国际航班(日航班)按

---

① 参见黄振达:《关于民用航空管理几个基本概念讨论和对共有产权飞机、会员制分时共享飞机等商业模式的一点看法——民用航空法修订背景下的立法规范和监管建议》,载北大法宝网,https://www.pkulaw.com/lawfirmarticles/db811de45cdc4c15f76dd17742ecf2ddbdfb.html?way=listview,最后访问时间:2023 年 1 月 2 日。

照约定的价格包销,高于该固定价格部分则是乙方包机人的收益,机票价格应当遵守民航局的监管要求和航空公司的票价政策。合同主要条款约定了包机期限,航班航线时刻,座位和载重量,售票方式和销售代理,销售平台终端使用方式,包机收费以及包机押金、包机款结算流程,包机航班政府补贴归属,航班延误乃至取消的善后处理以及成本分担,包机合同变更、修改或终止,违约事项和不可抗力等事项以及与销售操作技术相关的合同附件等,由此构成完整的航空包机服务合同体系。

2020年1月疫情暴发后,国际航班率先遭受重创,民航局提出航班熔断机制和"五个一"国家调控压缩政策,严格调控国际航班数量,控制疫情跨国蔓延,各地方政府和航空旅游监管机构等均陆续发布公告,要求限制出境,停止航班机票销售代理,由航司进行直销直营,以便控制航班量和进一步调整航班政策,便于及时为消费者进行退改签等服务,力争将损失和社会不良影响降到最低。

鉴于此情况,乙方主动向甲方提出暂时停止履行包机合同,并不再承担停止包机服务期间的包机费用缴纳义务,以规避己方损失。甲方鉴于当时的情形,同意乙方要求,但是甲方坚持由己方继续运营管理该国际航班。当时,该国际航班已经从日航班调整为周航班,说明国家明显调减了航班量。其后,鉴于疫情持续蔓延,乙方进一步要求继续停止包机服务,甲方原则同意并继续自营航班航线。但是甲方询问乙方是否愿意在夏秋航班季节继续包机服务时,乙方没有明确同意。鉴于此,甲方主动发出解除双方包机服务合同的通知。纠纷就此产生,乙方要求甲方承担合同期间所有的损失,包括可得利益损失等。在甲方自营阶段,由于航班量大幅度减少,从日航班改为周航班,国际旅客积压严重,特殊时期反倒使机票价格上浮,乙方因此反悔并认为这都是其包机损失和应得收益。双方协商不成,酿成讼争。

乙方作为原告,以航空旅客运输合同纠纷为案由,提起民事诉讼。庭审中乙方代理律师坚持认为包机合同纠纷就是承包经营合同纠纷,甲方侵犯了乙方独立的承包经营权,应当承担其所有损失,其中包机收益损失约2300万元。

关于本案争议焦点很多,仅二审上诉状中乙方就列出8个争议点。笔者在这里要重点讨论的是两个焦点问题,一是本案合同争议的法律属性究竟是什么,是否存在航空公司承包经营模式。二是不可抗力在本案责任认定中的适用与理解。至于涉及的法律适用、票款结算、审计调查、证据质证甚至乙方代理人现场临时创造的新证据质证等问题,都不是我们要讨论的重点内容。

根据最高人民法院关于印发修改后的《民事案件案由规定》(法〔2020〕347号)的通知中关于民事案件案由规定,以及对航空争议类案件检索分析,我们总结出司法审判实践中涉及航空领域的案由有三个,分别是:(1)运输合同纠纷项下的航空旅客运输合同纠纷和航空货物运输合同纠纷;(2)委托合同纠纷项下的民用航空运输销售代理合同纠纷;(3)涉及包机合同的往往归类为合同纠纷,根据具体案件事实又被划分为买卖合同纠纷、运输合同纠纷、民用航空运输销售代理合同纠纷等,司法审判实践并未有确定的唯一案由分类。

我们作为甲方代理律师,坚持认为本案包机合同纠纷实质就是航空运输销售代理合同纠纷,不是承包经营合同纠纷。乙方不具备航空运输经营资质,没有国家民航局颁发的行政强制许可。因为公共航空运输属于事关公共利益和公共安全的重要基础性服务行业,必须进行强制行政许可经营审查,符合国家行业监管标准才能准入经营。而乙方具备的唯一行业资质就是民航局运输司授予的航空机票销售代理资格,因此乙方只能是航空机票销售代理服务商。争议航线的航班时刻申请人是甲方航空运输公司,审批人是国家民航局,负责该航班承运任务的是甲方的飞行器和航空机组,地面服务人员亦是甲方的工作人员或与甲方签署航班配套服务协议的服务商工作人员,甲方是法定的航空承运人,对外独立承担承运的所有法律责任。乙方显然不具备上述任何一个强制性要素。乙方作为包机人只负责航班机票的销售推广工作,所有经销售终端销售出去的机票均视为乙方的销售任务,甲方只能按照包机合同收取固定包机费用,除此之外的收益差价都归属于乙方,这实际是销售代理合同中的特殊约定情形,即兜底保障条款机制或者对赌性包机服务代理模式。一般的代理销售服务,销售佣金是以销售回款的一定百分比作为计价收费方式,但是法律并不禁止其他形式的计费佣金模式,例如买断式固定价格加超额收益模式。我们认为航空包机模式,依然属于销售代理服务模式范围,因为包机服务商能够进行包机服务,是因为拥有了航空机票销售代理人资格。

鉴于迄今为止最高人民法院尚未出台过关于航空纠纷审判的司法解释,我们可以先跳出民航思维框架,从更大范围检索一下类似的包销性质的法律合同有关规定。

最高人民法院《关于审理商品房买卖合同纠纷案件适用法律若干问题的解释》(2020 年修正)第 16 条规定,出卖人与包销人订立商品房包销合同,约定出卖人将其开发建设的房屋交由包销人以出卖人的名义销售的,包销期满未销售的房屋,由包销人按照合同约定的包销价格购买,但当事人另有约定的除外。

我国《证券法》第 26 条规定,发行人向不特定对象发行的证券,法律、行政法规规定应当由证券公司承销的,发行人应当同证券公司签订承销协议。证券承销业务采取代销或者包销方式。证券代销,是指证券公司代发行人发售证券,在承销期结束时,将未售出的证券全部退还给发行人的承销方式。证券包销是指证券公司将发行人的证券按照协议全部购入或者在承销期结束时将售后剩余证券全部自行购入的承销方式。

《证券发行与承销管理办法》(2018年修订)第22条规定,发行人和主承销商应当签订承销协议,在承销协议中界定双方的权利义务关系,约定明确的承销基数。采用包销方式的,应当明确包销责任;采用代销方式的,应当约定发行失败后的处理措施。该办法第23条规定,证券公司承销证券,应当依照《证券法》第28条的规定采用包销或者代销方式。上市公司非公开发行股票未采用自行销售方式或者上市公司配股的,应当采用代销方式。

从这些规定看,我们认为"包销行为"都是针对销售代理阶段产生的营销业绩对赌考核模式,而销售代理方式的具体约定和销售代理酬金具体支付方式,事实上在《民法典》或有关司法解释中并没有规定明确的构成要件或者是法定规范范式。这是意思自治的合同约定范畴,任何付费模式或超额收益固化模式等都是法律允许的,也是销售代理商在业绩对赌有效条件下的激励模式,这些市场经济下的自由选择行为都应当受到法律尊重和保护。事实上代理销售模式下的盈利商业模型一定就是赚取代理服务费本身吗?答案应该不是唯一的。以航空机票销售代理为例,代理收益除了代理费或者是超额收益之外,还有旅客主动退改签的手续费、政府补贴、机场建设费返还,等等。因此,简单地认为包销行为必须是一定百分比代理佣金模式,应当已经不符合现实社会的商业代理营销模式了。司法审判实践应当关注这些现实细节。

庭审之中,乙方始终否认2020年1月暴发的新冠疫情属于不可抗力,但是其又主动提出中止履行包机合同,却不以不可抗力为抗辩理由,岂不自认违约?其目的显然是想获取可得利益损失赔偿。目前看,新冠疫情最初暴发阶段对于合同的障碍影响被视为不可抗力是有一定事实和法理依据的,本案一审判决亦认定双方之间合同解除系不可抗力导致。事实上我们理解的不可抗力分为两个层面,一是疫情不可控对社会已经造成一定秩序混乱,二是政府出台了管制政策强制实施,尤其民航局的具体执行政策措施已经现实改变了包机服务合同履行秩序,使合同目的和预期收益无法实现,这种现实性和紧迫性已经使合同解除成为必然且合同预期已然无法实现。包机服务合同的继续履约在法律不可能和现实不可能层面均已经触发。本案中乙方率先提出并实际中止了包机服务合同的履行,且连续几次通知甲方中止,以规避自身损失,同时犹豫观望未来是否继续履行合同。这种客观原因和监管政策的不确定,以及乙方的主观不确定态势,将使包机服务合同相对方,即甲方权益处于无法有效控制状态,甲方因此被迫行使了合同解除权并通知乙方,乙方也始终没有按照规定时限起诉请求确认合同解除与否的状态结果。这才是不可抗力导致合同解除的真正内因和逻辑关系。

但是经过持续三年的抗疫，目前司法实务中普遍不会再把新近发生的争议作为不可抗力的结果对待了，因为疫情已经是可以预期的、可以规划避免的已知状态了。我们认为不可抗力作为免责事由的内在法理基础在于其与具体合同的不能履行已经实际构成因果关系。

经某省高级人民法院二审判决书最终认定，本案包机服务合同不属于承包经营合同，但也不属于一般销售代理合同，因为合议庭认为包机人收益模式并不符合一般社会代理行为特征，因此最后将包机服务合同确定为未名合同，否定了一审认定的争议合同是航空旅客运输服务合同的案由。双方之间的纠纷不涉及航空消费者旅客，仅是航空运输公司和包机人之间的服务纠纷，可以理解为 B2B 之间的合同纠纷。我国目前没有关于航空运输服务的司法解释可以参考。本案最终认定不可抗力导致合同无法继续履行，只对已经发生的票款结算进行了责任确定，但是对于乙方包机合同损失的索赔请求不予支持。

在民航运输管理实践中，除“包机合同”概念之外，还有一个概念就是“包座销售合同”。所谓航班包座销售是指航空运输销售代理商，只负责固定座位数的包销而不是针对整架飞机所有座位数的包销，这也是航空运输销售中的一种代理销售模式，即切位销售。包座销售也是固定最低座位销售价格，超出该价格并符合航空公司的票价政策的收益归属于销售商。可见，包座销售和包机销售本质上并无不同，都是航班销售代理服务的性质。只是航班座位销售范围、包销商的销售能力、销售业绩考核、包销商的信用经济实力不同而已。

三、司法审判实务应当以航空运输服务的基础事实和航空运输服务惯例为基准定性定量

如前所述，航空运输服务中的包机销售、包座销售其法律属性仍是航空销售代理服务。航空公司为什么不自己经营销售飞机座位而选择外包服务模式呢。原因有很多，例如新航线航班，航空公司不熟悉市场，为了减少风险，固定收益，试水新市场，因此决定先采取包机飞行模式。当然，也有包机服务商协助航空公司申请获取了热点航线航班时刻，作为回报，航空公司同意包机服务商在一定时期内包机销售该航班。这也是为什么包机服务合同纠纷中，双方经常提出航班航线申请时的贡献和权责甚至是承诺等。笔者认为，这类情况在民航实践中的确存在，但是这与包机服务合同属于两种法律关系，不能混同，因为混同没有合同依据，也就没有法

律依据,实际上也没有清晰的事实依据。如果包机服务商认为要固定自己未来的包机服务权益,建议在该航班航线申请阶段,包机服务商就和航空公司签署整体框架合作协议,明确在航班航线申请中的权责,以及航空公司提供回报的承诺。这样,未来签署的包机服务合同可以理解为对原合作框架协议的细化和执行。当然,这样做的前提首先是航空公司和包机服务商要明确知道,任何通过商业贿赂、行政贿赂、不正当竞争手段获取的航线航班时刻都是不受法律保护的,企业依法经营是监管的必然要求。

此外,公共航空运输事业不能仅仅被当作商业运输行为来看待,商行为是私法的管制范畴。事实上,作为公共航空运输企业,在承担正常的商业运输服务之外,航空运输企业还承担着社会责任、国家责任、主权责任,这是司法审判实务必须客观公允并应该主动考虑的前提。例如,国际航班遵循主权国家之间对等开飞原则,即如果同意中国一家航空公司开通与某国之间一条国际航线航班,就意味着按照对等原则,中国政府将审批同意该国家的航空公司也开通飞往中国的航线航班。因此,包机合同中乙方可以轻易提出中止或终止包机合同,但是航空公司,不能随意放弃这样的国际对等原则,否则国家航权利益损失太大。又如,战乱国家的紧急撤侨行动包机、政府紧急公务包机、领导人公务包机等都体现了公法体制下的承运人责任。即便在正常普通的航空运输中,任何一个旅客突发疾病,航班就近返航或降落的人道主义救援原则,并不是私法项下商行为的最优决策原则,但是航空公司必须进行人道主义公益援助。司法审判应当充分考虑这些公法要素,而不能简单认定为纯私法环境下的合同冲突。因此,一旦出现类似本案的国际包机合同纠纷,甲方作为承运人的综合责任促使甲方只能坚持自己经营,自担风险而同时再进行包机合同维权,这种情况下的法律公平应当作扩大解释。

各地政府已经充分认识到航空运输经济、航空产业经济对地方经济的重要支撑作用,给予特定航线航班的政府补贴已经比较普及,这对于新航线航班市场的培育,全社会共同适当分担市场开发成本实属必要。因此包机服务合同中通常也约定了政府补贴的归属。政府在一定期限或公历年度最终审计考核后按照座位数比例或者承运旅客数量或者货运数量向承运人发放政府补贴,政府补贴从地方财政预算口径支出,支付时间通常在年度考核后,存在一定滞后性。作为包机费用的一部分,政府补贴也需要按照合同约定进行抵扣。此外,旅客的机票费用细分为客票基本费以及机场建设管理费和燃油附加费,后面两个费用是代收性质,航班延误或取消,旅客退改签客票时,这些附属费用是否退还,退还多少也需要认真分类统计,否则容易产生争议结算纠纷。

在包机服务合同履行或者是普通包座销售代理中，双方争议主要是结算数据的争议，结算口径和细分项下的具体科目的数据存在争议。因为客票终端销售都是消费者及时支付购票，所以不存在现金流资金本身的未付未收问题。目前全世界范围内的国际民航协会会员国家，基本都是按照国际航空运输协会统一的机票销售分销渠道和分销系统进行销售。无论是航空公司直营还是分销代理，都是在国际民航协会开票结账计划BSP（Billing & Settlement Plan，BSP）项下运作和中国民航信息网络股份有限公司（以下简称中航信）的业务系统进行终端营销和结算清算，这些公共营销技术服务平台属于中立性质，数据具有客观真实性，视为向所有航空机票销售从业者提供的公共销售平台，具有唯一性和强制性，也不存在航空公司或者代理人私自篡改数据的可能。中国目前只有春秋航空按照自己开发的销售系统进行销售结算，除此之外各航空运输企业和航空销售代理人、旅游公司（具有代理资质为限）等都是通过国际民航协会和中国的业务系统进行销售和结算。因此双方争议票款结算数据，只要严格按照约定范围、约定期限、约定航段进行数据导出审计，就可以确定争议口径和范围以及偏差责任归属。如果合同争议一方的代理人以数据本身存疑进行抗辩，完全是浪费司法资源，这就是民航业的基础事实和客观准据。

公共航空运输是现实生活中每一个消费者都有机会体验的一种便捷交通方式。但是从目前司法审判实务看，（包括审判和仲裁）实务界依然对于航空运输的流程、航空投资准入、航空机票销售、航空客票退改签、航空地面服务、航班延误处理、航空保险等问题不是十分清楚。例如疫情期间，民航局明确规定因为疫情原因可以免费退票，但是按照免费退票的程序基本无法完成退票，而且时间漫长，但是如果你选择收费退票，即航空公司扣除一定费用（通常百元以上），则很快能够完成退票。笔者希望航空公司的管理人员和从业人员能够正视一下航企价值观的公众性。

航空旅客运输合同纠纷法律问题研究

刘晓月　刘晓文　杨西虎*

航空运输作为现代化交通工具的重要组成部分，承担着人们出行和物质流通的重要任务。航空旅客运输合同是航空运输服务的重要依据，涉及航空公司与旅客之间的权益关系和责任承担问题。而航空旅客运输合同纠纷案件中，涉及最多的纠纷包括退改签问题、航班延误以及行李丢失或损坏等问题。研究航空旅客运输合同相关法律问题的意义在于厘清航空旅客运输合同的法律规定和适用，解决在合同履行过程中可能产生的纠纷和争议，更好地保障旅客权益，促进航空产业的健康发展。本文旨在为航空旅客和航空公司建立起公平合理的权益分配机制。从而对这些法律纠纷进行科学、公正的裁决，使旅客能够享受到应有的权益。例如，对于机票退改签政策的规定，研究航空旅客运输合同相关法律问题可以确定退改签政策的合理性，并倡导制定更加公平、合理的退改签规定，避免旅客利益受损。此外，对这些问题的研究还可以为航空产业的健康发展提供参考与指导。合理、公正的航空旅客运输合同制度能够增加旅客的信任度，促进航空公司的良性竞争，稳定航空市场。除此之外，还能够发现并解决现行制度的不足，完善法律规定，提高航

* 刘晓月，天津市滨海新区人民法院法官助理，法律硕士；刘晓文，天津市滨海新区人民法院二级法官，法律硕士；杨西虎，天津市滨海新区人民法院一级法官，法学硕士。

空产业的整体服务水平。综上所述,研究航空旅客运输合同相关法律问题的意义不仅在于明确合同的规定和适用,解决纠纷和争议,更重要的是保障旅客权益,促进航空产业的健康发展。只有通过深入研究和分析,建立起科学、公正的航空旅客运输合同法律框架,才能构建起稳定、健康、可持续发展的航空运输市场。

一、航空旅客运输合同有关的法律争议

(一)航空旅客运输合同的解除与变更问题

在航空旅客运输合同中,变更合同意味着机票的改签,解除合同意味着旅客的退票行为。旅客可以通过变更或解除合同来维护自己的权益。每年都会有许多旅客因为个人原因而要求取消预订或改签航班,或者航空公司因飞行计划变更需要解除或修改合同内容。而大多数航空公司都会根据乘客的退票需求来制定相应的退票规定并收取手续费。退票手续费的多少会根据退票时距离出发时间的长短来确定,一般来说,退票行为越临近出发时间,手续费越高。此外,航空公司可能会根据不同的航班情况,比如航班的繁忙程度和飞行距离等因素,来设定不同的退票手续费。①

此外,航空公司为维护自身利益通常对旅客变更或解除合同的行为作出一定的限制,比如规定一定的时间和费用限制,以确定改签政策。大多数航空公司规定,改签手续需在原定航班起飞前规定时间内完成,一般为 24 小时内,逾期将不能办理改签手续。改签费用收取的标准会根据提出改签申请的时间和航班座位情况而有所差异。在这种情况下,合同的解除和变更会引发多方面的法律争议。这其中最具争议的问题有三个:

一是特价机票是否可以退改签,这涉及格式条款问题。有专家认为,机票打折后的退改签限制与公平交易原则相矛盾,应该视为霸王条款;但也有一些专家认为这样的约定并不违法,不会损害消费者权益。

二是航空公司因机票超售而拒载旅客是否违约。航空公司为了达到满载目的,有时会卖出超出实际可承载量范围的机票,以确保航班利润最大化。虽然大多数情况下航空公司能够通过旅客临时退票等方式确保所有旅客登机,但偶尔也会遇到航班超售导致超载的问题,这时航空公司会根据相关拒载条款,以拒载部分旅客的方式处理。

---

① 参见刘恒宇:《航空旅客运输合同变更与解除制度研究》,西南政法大学 2019 年硕士学位论文,第 21 页。

三是由于天气和交通管制等原因,航班可能会出现无法按时运输旅客的情况,这种情况下旅客一般会选择退票,但航空公司通常把这些情况归类为不可抗力因素。那么退票所造成的损失责任应该如何分担,是否要保障旅客权益是一个备受争议的问题。

除此之外,旅客在遇到不可抗力情况下是否可以解除合同,并要求减少退票产生的扣款,并且"机票不得退改签"是否构成霸王条款,都是引发广泛争议的问题。后文将继续探讨这些问题的原因及应对策略。

(二)航空旅客运输航班延误责任承担问题

航空运输是一项高度复杂的运输方式,因此在航班运营中需要综合考虑诸多因素,导致航班延误的原因也十分复杂多样。

基于航班延误的原因,我们可以将航班延误分为合理延误及不合理延误。通常情况下合理延误是非航空公司自身原因造成的,不合理延误是航空公司自身原因造成的。

第一,航空公司自身的原因造成航班延误。主要包括机务维护、飞机调配、机组人员以及航空物资保障等原因。这些原因都是可由航空公司本身所控制的,航班若因此延误,航空公司应当承担相应的责任。①

第二,非航空公司自身原因造成的航班延误。主要包括空中管制(流量管制、航行保障、禁航等)、天气原因(大雾、雷雨、风暴、冰冻等恶劣天气)、战争、旅客自身的原因、旅客突发疾病等。

综上所述,根据航班延误的原因我们可把航班延误分为航空公司需要承担责任的延误以及不需要承担责任的延误。那么什么情况下的航班延误不需要航空公司承担责任呢?

通常情况下不需要承担责任的延误是非航空公司自身原因造成的,属于合理延误。因为非航空公司自身原因造成的延误,一般是航空公司无法预料、无法及时避免的,故其在主观上并不存在过错,无须担责。

(三)航空旅客托运行李毁损或遗失的责任承担问题

旅客的行李包含两种:一种是交给航空公司托运的行李,另一种是旅客自己携带的行李(既包括需要自行处理的行李,也包括随身携带的行李)。旅客自愿托运行李并遵守相关规定,承运人有责任在行李与旅客分开的情况下安全保管行李并按时送达目的地。一般来说,旅客的托运行李会和他们一起到达目的地,然而实际

① 参见许珂、李明雨:《航空旅客运输延误法律问题研究》,载《滨州学院学报》2023年第3期。

情况是，有时旅客到达目的地后可能会遇到行李丢失的问题。在司法实践领域，对于航空旅客行李在托运过程中损坏或丢失的责任认定存在一定的差异。

航空公司对托运行李有一定的责任和义务，但同时也设定了责任限制和免责条款。根据原《中国民用航空旅客、行李国际运输规则》的相关规定，航空公司有可能对某些特定类型的行李责任进行限制和豁免。航空公司对贵重物品、易碎物品以及珍贵文物等特殊行李的保障政策要求旅客进行特别标识和声明，以限制或免除对这些行李的赔偿责任。受到战争、恐怖袭击、自然灾害等不可抗力因素影响，导致行李损失时，航空公司也会豁免法律责任。同时，旅客必须在行李识别、包装和声明价值等方面承担相应的责任。旅客应当在行李上正确粘贴包括姓名和目的地在内的标签，以方便识别和追踪行李。旅客需根据航空公司的规定包装行李，以降低运输过程中损坏的可能性。此外，旅客可以根据行李的价值情况自行决定是否对其价值进行声明，支付相应的费用，以便在行李遗失时能够得到相应的补偿。

关于赔偿标准，除了责任承担的争议外，还存在广泛的争议。按照《国内航空运输承运人赔偿责任限额规定》第 3 条规定，国内航空运输承运人对旅客托运的行李和运输的货物的赔偿责任限额为每公斤人民币 100 元。在现实生活情况下，乘客托运的行李通常可以分为两种：一般物品和贵重物品。每公斤 100 元的限额对于一般物品来说可能不足以保障合理赔偿，而对于贵重物品而言更是远远不够。

二、航空旅客运输合同常见法律纠纷的立法与争议焦点探析

（一）航空旅客运输合同变更与解除的立法与争议焦点探析

1. 航空旅客运输合同解除的法律依据

我国《民法典》关于解除权的规定主要有三种，即任意解除权、违约解除权、法定解除权。①

我国《民法典》第 816 条规定了运输合同中旅客一方的任意解除权："旅客因自己的原因不能按照客票记载的时间乘坐的，应当在约定的期限内办理退票或者变更手续；逾期办理的，承运人可以不退票款，并不再承担运输义务。"

但是，旅客的任意解除权也是有限度的，如果不加以限制，将会给航空公司带来很大的损失，例如通过解除时间以及损害赔偿责任对旅客行使这一权利进行限制。

---

① 参见贺富永：《航空运输法研究》，科学出版社 2014 年版，第 106 页。

有学者将《民法典》规定的法定解除划分为“客观原因解除”与“违约解除”两种。我国《民法典》第563条所规定的任何一种法定解除权,都可称为“违约解除”。航空运输合同中,航空承运人肩负公共航空运输职能,现实生活中,承运人通常会通过帮助旅客搭乘下一班飞机来弥补自己的违约行为,但如果旅客运输目的已经无法达到,那么为了确保实质公正,应保证航空公司和旅客均享有合同解除权。所以,合同违约的一方可以行使合同解除权,非违约方亦可以行使合同解除权。旅客作为非违约方的合同解除权主要体现在航班延误或航班取消中,承运人一方原因导致合同不能履行或不能完全履行时,若旅客拒绝接受承运人的后续航班安排及相关补救措施,则可以行使解除权;不可抗力导致合同不能履行时,双方当事人均可行使合同解除权,不可抗力导致的合同解除属于违约解除事由之一。具体在航空运输合同中,不可抗力导致航班延误或航班取消时,承运人与旅客均可作为解除权行使主体。承运人运输条件下的解除权表现为承运人拒绝和限制运输的情形,即航空运输合同履行过程中,若发现旅客具有相应情形,承运人有权拒绝继续履行并解除合同。如中国东方航空在其运输条件中规定,旅客若具有以下情形则东航有权拒载旅客,具体包括:(1)不遵守国家相关法律、法规和法令;(2)旅客因其品行、年龄、智力或身体健康等而无法乘坐飞机,或危及本人或他人的人身或财物;(3)旅客不服从中国东方航空有关规章制度,或者不服从中国东方航空工作人员的指挥、劝说;(4)旅客拒不接受安检;(5)旅客未缴付规定的票款、税金或应付款项,或旅客、应缴付票款者未按其与中国东方航空订立之赊欠协议履行义务等。在拒绝搭乘旅客时,应视不同情形,按旅客自愿或不自愿退票的有关规定办理后续程序,以实现公众利益和旅客权利之间的平衡。①

2. 航空旅客运输合同解除的争议焦点探析

(1)机票“不得退改签”条款属于排除旅客主要权利的格式条款

为了增加航班的上座率,各大航空公司通常会采用特价机票的方式进行促销,但是在这些促销活动中,通常都会附带一些限制条款,比如“不可退票、不可签转、不可更改”(下文称为“不得退改签”)等。其中,“不可退票”条款是指在没有任何法律规定的情形下,旅客无论有任何理由,均不享有解除合同的权利,这是对旅客合同解除权利的排除。我们可以从合同双方的权利和义务角度出发,对“不得退改签”条款的法律效果进行分析,以确定其有效与否。笔者认为“不得退改签”条款是

① 参见梁双利:《我国航空承运人运输条件下的航空运输合同解除权问题研究》,中央财经大学2022年硕士学位论文,第11页。

否具有法律效力应当参照无效格式条款的相关规定。根据《民法典》规定，排除对方主要权利内容而导致合同权利严重失衡的格式条款应属无效，并且排除对方主要权利条款无须再与“免除其责任”和“加重对方责任”两项条件相结合，格式条款一旦排除接受合同方的主要权利即为无效。特别是“不可退票”条款的规定，使旅客无法行使其对航空公司的合同解除权，因此，这一条款应视为一种无效的格式条款。当然，特殊的机票和一般的机票不能相提并论，对于特价机票，在退票改签时航空公司适当增加手续费才是更为合理的做法，而不是直接排除旅客的基本权利。

(2)因航班超售而拒绝旅客登机的情况构成违约

因航班超售而拒绝旅客登机引起的合同纠纷频发，超售行为的合法性与合理性成为争论的焦点，此类纠纷主要围绕航空公司超额销售机票的行为是否构成欺诈或违约。

从法律角度来看，根据《民法典》第 148 条的规定，欺诈行为需要满足四项构成要件，其中包括欺诈人具有欺诈的主观故意，而航班超额预定本质上是承运人以牺牲部分旅客利益换取更大的行业利益的商业手段，显然不具有欺诈旅客的故意，因此不构成民法上的欺诈行为。超额预订航班是否构成违约，取决于承运人是否安排后续航班：承运人能够为被拒绝登机的旅客继续提供运输服务的，按照航班延误规则处理；如果承运人未安排旅客搭乘后续航班，则属于根本违约，需要承担违约责任。

(3)仅承运人享有不可抗力解除权有失公平

我国现行司法实践中，由于不可抗力的缘故，航空公司可以行使解除合同的权利，并可以豁免某些赔偿义务，但是对于旅客能否由于不可抗力而要求解除合同并且减免退票手续费，实务中仍有争论。当前，国内各大航空公司对于不可抗力条款的理解各有不同。比如，中国东方航空对不可抗力的解释仅限于对不可抗力的定义的解读，与《民法典》第 180 条对不可抗力的规定保持一致；中国南方航空在客运通用条款的机票应用条款中，加入了当旅客出现不可抗拒因素时，应尽可能提前告知航空公司的要求。中国国际航空公司增设了一项规定，即在不可抗力情况下，承运人在扣除合理费用后，将为无法退款的部分开具凭证。这一规定在一定程度上承认了旅客以不可抗力为由解除航空运输合同的权益，并为旅客行使解除权提供了切实可行的规则。然而，由于各航空公司对不可抗力条款的解释不同，旅客往往难以判断是否可以行使违约解除权，只能通过自愿解除合同的方式办理退票，并支付高额的退票手续费。由此可见，在旅客因不可抗力行使合同解除权时，相较于航空公司，旅客需承担更多的责任。对此，笔者认为并不公平。

(二)航空旅客运输航班延误责任承担的立法与争议焦点探析

1.航空旅客运输航班延误责任承担问题的法律规定

我国《民用航空法》第126条规定:旅客、行李或者货物在航空运输中因延误造成的损失,承运人应当承担责任;但是,承运人证明本人或者其受雇人、代理人为了避免损失的发生,已经采取一切必要措施或者不可能采取此种措施的,不承担责任。

依据《蒙特利尔公约》的规定,承运人采取了一切可合理要求的措施避免在航班延误之后对旅客造成损失,承运人可不承担相应的责任。而我国《民用航空法》依然采用了1929年《华沙公约》中"一切必要的措施"的表述。

由此可以看出,在航空旅客运输过程中,若出现航班延误情况,只要承运人或其代理人证明其为避免损失已尽一切努力并采取相应措施,或确实无法采取措施,那么承运人便可据此获得责任豁免。故判断航班延误是否合理的核心在于承运人是否采取了"一切必要措施"。在法学理论里,"一切必要措施"是一个较为宽泛的定义,因此,根据地域和国家的差异,对此概念的理解存在诸多观点。

在具体的案例中,法官需要根据案件实际情况,合理地运用自由裁量权,结合法律解释和法律逻辑等方面的技巧进行具体分析,而不能仅根据承运人或旅客的一己之意来判断。

2.航空旅客运输航班延误的争议焦点探析

(1)航班延误的法律责任承担问题探析

无论在国际公约还是在我国的民用航空法中,关于延误是否合理方面,均规定承运人在防止航班延误方面应尽一切必要努力,以避免损失的发生,或者在无法采取有效措施的情况下,如果承运人已经履行了应尽的谨慎义务,那么即使出现航班延误,承运人也无须承担损失。反之,若承运人未能尽到合理谨慎的义务,导致航班延误发生,那么承运人就需要对旅客、托运人和行李所遭受的损失进行赔偿。

对于如何确认承运人或其雇员、代理人已实施所有必要措施的问题,各国法律持有不同的见解。虽然普通法系国家和大陆法系国家在解释上存在差异,但各方学者和司法机关在理解一切必要措施方面,至少有两个要点达成共识:首先,承运人需确保飞机适航、机器运行正常、机组人员具备资格;其次,即便延误是由非承运人引发,承运人也需承担相应的通知等责任,并为旅客作出适当安排。

在司法实践中,法院应根据具体案件情况,判断承运人是否采取了所有合理可行的措施,而不能仅根据承运人或旅客的一己之意来判断。例如,一架飞机在发生机械故障后,虽按制造商的要求进行了维修,但仍无法正常运行,此时航空公司无须为因此产生的损失承担赔偿责任。但是对于非承运人能掌控的延误情况,为确保旅客能及时作出是否更改航班的决定,承运人需尽快履行告知义务。若承运人未能及时告知而导致损失,那么就不能认为承运人已尽到合理注意义务。

在合理延误情况下,只要承运人采取了一切必要措施,或者在事实上无法采取这些措施,就不应对旅客、行李或货物的实际经济损失承担责任,这是国际上的普遍做法。然而,在合理延误期间,承运人仍需根据法律法规的规定,对旅客承担通知、照顾和协助的责任,具体表现为及时告知延误原因,协助改签、退票以及安排膳宿等措施。

(2)航班延误赔偿范围问题

在航空公司无法以合理延误为由免除责任的情况下,需对旅客所遭受的损失进行赔偿。那么,在司法实践中,赔偿范围又是怎样界定的呢?①

在实践中,赔偿范围应包括住宿费、餐饮费、交通费以及购买其他航班机票的差价。然而,问题的关键在于旅客需要提供相关损失的证据。通常情况下,旅客提交的住宿、餐饮和交通费用等证据难以与所诉案件相匹配,难以证明这些费用是航班延误所导致。但是笔者认为,法院不能因旅客无法举证产生损失的具体数额而对旅客的主张全部驳回,而应根据一定的客观生活常识酌定赔偿数额。

关于住宿费还有一种特殊情形,即旅客在经停地遭遇后续航班延误,以至于提前确定的目的地宾馆住宿费遭受损失,这种情况下航空公司是否需要赔偿全部住宿费用,笔者认为应针对具体的航班延误情形来判断。在不合理延误的情况下,承运人应承担旅客因住宿产生的费用损失。而在不可抗力导致的合理延误情况下,若航空公司能迅速通知旅客延误情况,可免于承担责任。若未能在合理时间内告知旅客,则仍需负责。在诉讼过程中产生的费用,如误工费、交通费、住宿费、餐饮费等,只要实际发生且在合理预期范围内,应纳入赔偿范围。然而,在实际操作中,也有法院以非直接损失为由驳回此类赔偿要求的例子。

(三)关于旅客运输托运行李遗失或毁损的立法与争议焦点探析

1. 旅客运输托运行李遗失或毁损的法律规定

行李,是旅客随航空器一起运输的物品,包括随身携带的物品和托运行李,对于旅客随身携带的行李损害责任,我国《民用航空法》第125条第1款和第2款规定,因发生在民用航空器上或者在旅客上、下民用航空器过程中的事件,造成旅客

---

① 参见朱世媛:《论航空旅客运输延误问题及其法律救济》,北京交通大学2012年硕士学位论文,第16页。

随身携带物品毁灭、遗失或者损坏的,承运人应当承担责任。因发生在航空运输期间的事件,造成旅客的托运行李毁灭、遗失或者损坏的,承运人应当承担责任。旅客随身携带物品或者托运行李的毁灭、遗失或者损坏完全是由于行李本身的自然属性、质量或者缺陷造成的,承运人不承担责任。

与《民用航空法》不同,《民法典》采用的是过错推定责任原则,《民法典》第824条分两款规定:在运输过程中旅客随身携带物品毁损、灭失,承运人有过错的,应当承担赔偿责任。旅客托运的行李毁损、灭失的,适用货物运输的有关规定。

《蒙特利尔公约》采用的是过错责任原则,其第17条第2款规定,对于因托运行李毁灭、遗失或者损坏而产生的损失,只要造成毁灭、遗失或者损坏的事件是在航空器上或者在托运行李处于承运人掌管之下的任何期间内发生的,承运人就应当承担责任。但是行李的损失是由于行李的固有缺陷、质量或者瑕疵造成的,在此范围内承运人不承担责任。关于非托运行李,包括个人物件,承运人对因其过错或者其受雇人或者代理人的过错造成的损失承担责任。

《华沙公约》规定的是过错推定责任,其在第18条规定,承运人对航空运输期间的行李损失承担责任;但在第20条规定,承运人如果证明自己和他的代理人为了避免损失的发生,已经采取一切必要的措施,或不可能采取这种措施时,就不负责任。

2.旅客运输托运行李遗失或毁损的争议焦点探析

(1)国内航空托运行李运输承运人减责事由——“贵重、特殊物品一般化赔偿条款”

所谓“贵重、特殊物品一般赔偿化条款”是指《中国民用航空旅客、行李国内运输规则》(已失效)第36条第3款的规定,即旅客不得将价值较高的或者特殊的、难以复制的物品放入行李中进行托运行李运输,否则当该物品毁损时,只按一般物品进行赔偿。在我国各大航空公司的“国内运输总条件”中,大多包含了类似条款,作为格式合同的一部分。在行李托运过程中的贵重物品遭受损失的情况下,旅客会要求航空公司按照其实际损失进行赔偿,然而航空公司常常以前述条款作为辩护理由。双方对于赔偿金额的接受程度存在较大分歧,导致争执不休,无法达成一致的赔偿协议。①

为了防止贵重物品丢失引发纠纷,许多航空公司都在运输合同中加入了“禁止

① 参见宋刚、耿绍杰:《论国内航空托运行李运输承运人责任制度》,载《南京航空航天大学学报(社会科学版)》2021年第1期。

托运贵重物品，否则合同无效”等类似内容的条款。当旅客的贵重物品丢失时，航空公司会引用这一条款作为辩护理由，主张旅客托运贵重物品导致合同失效，因此损失应由旅客自行承担。

但是笔者认为，民事法律行为仅在违反法律、行政法规的强制性规定时无效。在判断某一法条为强制性规定还是任意性规定时，应以其载体和法律规范目的为依据，而不能仅从法条所采用的文字出发。即便某个法条中出现了“禁止”“强制”等词汇，亦不可断定其为强制性规定。

因此，笔者的观点是，关于“贵重、特殊物品一般赔偿条款”是否能对旅客产生约束力，关键在于航空公司是否遵循《民法典》第496条的规定进行了提示和解释。如果航空公司提前以合理的方式，如说明和特殊标识等，告知旅客该条款的存在，那么旅客就需要受合同效力的约束。在这种情况下，航空公司可以将贵重、特殊物品按照一般物品的价值进行赔偿。反之，如果航空公司未能履行提示和解释的义务，那么就需要按照贵重物品进行赔偿。然而这种赔偿仍受《国内航空运输承运人赔偿责任限额规定》第3条的限制，即托运行李每公斤最高赔偿100元，除非存在突破国内航空托运行李赔偿责任限额的特殊情况。

(2)关于航空公司免责事由的认定

根据《民用航空法》第125条的规定，承运人证明货物的毁灭、遗失或者损坏完全是由于下列原因之一造成的，不承担责任：①货物本身的自然属性、质量或者缺陷；②承运人或者其受雇人、代理人以外的人包装货物的，货物包装不良；③战争或者武装冲突；④政府有关部门实施的与货物入境、出境或者过境有关的行为。根据《民用航空法》第127条的规定，在旅客、行李运输中，经承运人证明，损失是由索赔人的过错造成或者促成的，应当根据造成或者促成此种损失的过错的程度，相应免除或者减轻承运人的责任。旅客以外的其他人就旅客死亡或者受伤提出赔偿请求时，经承运人证明，死亡或者受伤是旅客本人的过错造成或者促成的，同样应当根据造成或者促成此种损失的过错的程度，相应免除或者减轻承运人的责任。在货物运输中，经承运人证明，损失是由索赔人或者代行权利人的过错造成或者促成的，应当根据造成或者促成此种损失的过错的程度，相应免除或者减轻承运人的责任。其中损害完全由行李本身的自然属性、质量或者缺陷造成，有两点值得注意：一是行李本身的内在因素，如自然属性、质量或缺陷，例如充电宝自发燃烧；二是其他外在因素并未对行李造成损害，只有行李内在因素才能被视为损害的唯一原因。

笔者认为，承运人无过错并非其免责的事由，只有损害因素仅源自受害人方，承运人才能够免责。即便承运人对行李损害并无过失，但如果其行为对损害发生具有推动力,那么也并不是全然免责。同样,如果行李的内在属性对损害的发生也起到了推动作用,也不能直接豁免承运人的责任。只有当承运人的行为与损害发生无因果关系,而仅是行李内在属性导致损害时,承运人才能免责。

三、航空旅客运输相关法律制度的完善建议

(一)限制使用机票“不得退改签”的格式条款

在航空旅客运输合同中,部分航空公司规定了部分机票不得退改签的格式条款。这样的规定在一定程度上限制了旅客的权益,使他们在遇到紧急情况时无法轻松调整行程。航空公司的初衷是通过这项规定降低运营成本,提高盈利水平。但这种方式忽视了旅客的真实需求和权益保障,给他们带来了诸多不便和损失。为保障旅客的退票和改签权益,建议立法明确指出,航空公司应限制使用这类条款,并确保旅客可在合理范围内办理退票和改签手续。

具体建议如下:第一,我国相关部门如中国民用航空局应加大监管力度。针对特价机票不允许退改签的固定条款,制定专门的指导文件,以便对相关条款的使用进行规范,并强制各航空公司依据指导文件重新修订自身的固定条款。随后,还需确保各航空公司公开透明地将修订后的条款公之于众。第二,各航空公司需充分尊重旅客的知情权。对于机票的使用约束和条件,航空公司应明确无误地告知旅客,并对旅客的疑问给予及时解答。第三,各航空公司需设定合理的退改签规定。在制定相关政策时,应确保合理的手续费,避免将经营成本不当转嫁至消费者,而是要降低消费者的负担。恰当的退票和改签政策有助于提升旅客满意度,增强出行者的选择信心,进而推动航空市场竞争和健康发展。同时,加大对航空公司的监管力度,确保合同格式条款符合法律规定,不侵害旅客合法权益。唯有通过立法途径,制止航空公司滥用不合理的格式条款,才能确保旅客权益得到切实保障。

(二)对航班超售予以立法规制

目前,我国多数航空公司对于航班超售的处理方式及赔偿标准并不清晰,从而容易导致赔偿争议。根据国际航空运输行业的常规做法,为了满足广大旅客的出行需求,同时减少部分旅客临时取消行程导致的航班座位浪费,航空公司可能会在部分容易出现座位浪费的航班上进行适度的超售,确保更多旅客能够搭乘理想的航班。我国的机票超售制度与欧美国家类似,这些国家拥有成熟的航空市场和相应的配套服务,航空公司会公开告知旅客超售情况,由消费者自行决定是否购买。然而,我国的航空运输市场尚未完全成熟,实际操作中,大部分航空公司并未履行告知义务,导致旅客在不知情的情况下购买超售机票,从而引发诸多纠纷。为应对

航班超售问题,我国部分航空公司参考国际常规,经过探讨研究,确立了适用于自身的航班超售处理办法。例如,海南航空在某一年度率先公布了一套航班超售处理规定,该规定表明,如果航班超售导致机票无法满足所有旅客需求,公司将给予未能最终搭乘航班的旅客一定赔偿并办理退票。同样,深圳航空公司也做出了相关承诺,若航班超售导致旅客无法如期出行,将给予旅客相当于所持机票面值的补偿,若旅客订购后续航班,则会针对票面差额进行补偿。然而,这些规定均为航空公司内部守则,尚未形成公开声明且不具备强制性。

因此,笔者建议,我国相关政府部门应在全面掌握国内航空运输能力及超售实际情况的基础上,借鉴欧盟和美国关于航班超售的相关规定,对旅客在航班超售情况下的权益进行专门规定。需明确的是,承运人在非自愿拒载旅客时应承担的主要责任,包括赔偿,为旅客办理退票或调整行程,提供免费餐饮、交通和通信服务等。同时,航空公司应在机场柜台提前张贴航班超售通知,并将其印在机票上,使旅客能了解相关信息。当超售比例超过规定范围时,系统应暂停出票。在航班延误或座位无法平衡的情况下,承运人应优先寻找愿意放弃座位以换取赔偿金的旅客。对于被拒载的旅客,除安排食宿外,还需根据具体补偿承诺提供补偿,并请旅客填写放弃所有赔偿要求的申请。

(三)完善航班延误保险制度

航班延误保险作为一种补充保障措施,能够为旅客带来经济补偿和权益保障。构建健全的航班延误保险机制,能让旅客在遇到航班延误时得到应有的经济赔偿,从而降低他们的经济负担。同时,建议相关部门与保险公司携手,推出航班延误保险产品,为旅客带来更全面的权益保护。

引入航班延误保险制度,首先,当旅客所搭乘的航班延误时间超过规定限制时,他们可以获得相应的经济补偿,以缓解旅行期间的财务压力。其次,航班延误保险还能为旅客提供一定程度的服务保障。例如,在长时间的航班延误情况下,保险公司可以提供额外的服务,如住宿和餐饮补贴,确保旅客的基本需求得到满足。

为了达成这一目标,建议在航班延误保险制度方面采取以下关键措施。首先,设立合理的航班延误时长及赔偿标准。通过分析历史数据和统计数字,明确各个延误时间段的赔偿金额,并制定清晰的赔偿规定。其次,构建完善的理赔机制,确保旅客能轻松获得赔偿。可以通过设立专门的航班延误保险服务窗口或线上平台来实现这一目标。

当航班延误满足保险合同中规定的赔偿条件时,保险公司会通过电话或短信的方式进行确认,并在核实后尽快将赔付金额打入投保人的财务账户,这样做可以简化理赔流程,增强客户黏性,进而提高投保率。同时,还需对航班延误保险的相关规定进行完善和统一。国家可以制定相关法律法规,统一航班延误保险的赔付标准。明确规定何种情况下可以申请理赔,何种情况下不能申请,以避免旅客因标准模糊而购买了延误保险却无法得到相应赔偿。

(四)完善航空旅客运输托运行李遗失毁损的权利保护机制,保护旅客权益

为保障旅客权益,在航空旅客运输合同和相关法律法规框架下,有必要构建完善的航空旅客托运行李损失赔偿制度。

首先,航空公司需明确自身责任和义务。作为托运行李的运输方,航空公司须确保旅客行李安全抵达目的地,完好无损。航空公司应妥善保管旅客行李,并采取一切必要措施防止行李丢失、损坏或延误。同时,航空公司应对旅客托运行李的损坏或丢失承担相应赔偿责任。

其次,旅客需要明确自己的权益和责任。在办理行李托运时,应妥善包装行李并做好标识,确保行李内不含有违禁物品。若行李在运输途中受损或丢失,旅客有权向航空公司寻求赔偿。同时,购买机票时,旅客应了解航空公司对行李丢失、损坏或延误的赔偿政策,以便在发生问题时能及时维护自身利益。

对于航空旅客托运行李的丢失和损坏赔偿制度,应当保证其高效和公正。当行李损失发生时,航空公司应根据行李的价值和损毁程度进行相应赔偿,以弥补旅客的损失。同时,加大对航空公司的监管力度,确保其承担起赔偿责任,并设立专门的仲裁机构,处理旅客与航空公司之间的纠纷。优化航空旅客运输托运行李丢失损坏的权益保障机制,不仅有助于维护旅客的权益,也能提升旅客的满意度。另外,制定统一的国际标准,加强国际协作与沟通,也是完善该机制的关键环节。只有通过多方协作和共同努力,才能构建更加完善、便捷、公平的航空旅客运输托运行李丢失损坏的权益保障机制,为广大旅客提供更安全、更可靠的旅行体验。

为了应对航空旅客托运行李丢失和损坏的问题,我们可以参考国际上的成功案例,构建合理的赔偿制度。具体来说,可以实施以下措施:(1)设定赔偿金额的依据,结合航程、行李价值、行李延误时间以及实际损失等因素,制定合适的赔偿金额标准。例如,根据国际航空运输协会(IATA)的数据,每份丢失的行李平均价值约为800美元,因此可以根据不同航程和行李价值设定相应的赔偿金额上限。(2)确定赔偿责任的界限,明确航空公司对行李丢失及损坏承担的责任范畴。航空公司负责妥善保管和处理托运行李,若航空公司的疏忽或过失导致行李丢失或损坏,航空公司需对旅客承担相应的赔偿或补偿义务。(3)设定赔偿或补偿的时间限制,要求航空公司在旅客行李丢失或损坏事件发生后在一定期限内提供赔偿或补偿。比

如,可以设定航空公司应在行李丢失或损坏事件发生后的72小时内完成赔偿事宜,并支付给旅客赔偿金。(4)优化行李追踪技术与处理流程,采用尖端的行李追踪技术,借助行李标识、电子追踪设备等途径,提升行李追踪的精准度和可信度。与此同时,构建高效行李处理流程,确保行李在转运和交接环节的安全性和稳定性。这有助于显著降低行李遗失和损坏的概率,并提升问题解决效率。通过设立合理的赔偿制度,航空旅客托运行李遗失和损坏的问题得以妥善解决。旅客权益得到保障,航空公司服务质量得以提升。此举还将有助于增强航空旅客对航空业的信心,推动航空业的可持续发展。

我国民用公共航空运输争议的可仲裁性问题研究*

王朝泽　张鹿苹**

我国民用公共航空运输争议主要可分为旅客运输争议和货物运输争议。在二者的可仲裁性问题上，我国尚缺乏明确的法律规定，且依据《仲裁法》和《消费者权益保护法》可以得出不同的结论。而之所以在该问题上存在法律冲突，主要是因为我国商事仲裁制度和消费仲裁制度在规则的设置层面存在一定的重叠。受锢于此，我国仲裁机构在审理民用公共航空运输争议时也面临法律适用层面的多重困境。基于此，我国需要对民用公共航空运输争议的可仲裁性问题予以进一步明确，以促进我国民航争议多元化解决机制的发展以及我国商事仲裁和消费仲裁制度的协同完善。

一、问题的提出

2014年，上海国际经济贸易仲裁委员会设立了上海国际航空仲裁院，不仅为中国更为整个国际社会提供了航空仲裁服务的重要平台。2023年5月，我国首个"航空案件审判站"于上海

* 2022年国家社会科学青年基金项目"中国空间站国际合作的法律机制研究"（项目编号：22CFX046）。

** 王朝泽，中国政法大学国际法学院2023级硕士研究生，研究方向为国际私法、航空与空间法；张鹿苹，中国政法大学国际法学院副教授、硕士生导师，研究方向为国际私法、航空与空间法。

正式成立，其将与航空争议调解中心、上海国际航空仲裁院一同构建起国内首个航空争议“一站式”解决平台。值得注意的是，虽然目前我国正在努力构建关于民用航空领域的多元化争议解决平台，但我国现行立法尚未给民航运输领域的争议解决规则提供足够的法律层面的支撑。特别是在民用公共航空运输争议的仲裁问题上，实务中存在概念混用、法律适用规则缺位等问题。同时，我国的国内立法与国际条约之间、国内的相关部门法之间在该问题上也都存在不同程度上的法律冲突，并且此种冲突仅依靠仲裁机构的仲裁规则无法得到妥善解决。

2023 年，我国民航业已经呈现出明显的复苏态势。截至 2023 年 11 月，我国民航旅客运输总量已达 568, 696, 000 人，货邮运输总量也已达 6, 610, 000 吨，相较 2022 年分别同比增长 144% 与 18.1%。① 与此同时，2023 年 5 月 28 日，我国首架国产大飞机 C919 执飞的东航 MU9191 航班也成功从上海飞抵北京，标志着 C919 正式开启了市场化运营进程。② 因此，在我国民用航空事业不断取得突破性发展的背景下，民航界与仲裁界都有必要对我国民用公共航空运输争议的可仲裁性问题进行再一次厘清。这不仅是为了缓解该问题在司法实践中存在的冲突，同时也能够为我国其他类型航空争议的仲裁问题提供更具实践意义的制度参考。

二、概念的厘定

航空业务涉及广泛的利益主体，除了国家、国际组织等主体的参与外，飞机制造商、航空公司、地勤公司及消费者等私主体也都在其中发挥着重要的作用。与之对应，上述不同主体进行的各类航空活动也根据其特点有着不同类型的争议解决机制。

（一）民用航空活动与国家航空活动

《国际民用航空公约》(Chicago Convention on International Civil Aviation)，即《芝加哥公约》，作为国际航空法体系的基石，具体将航空法分为两类：国家航空器和民用航空器。依据这一分类标准，当前的航空活动也可被相应划分为国家航空活动和民用航空活动。国家航空活动，主要包括一国用于军事、海关和警察部门的航空器活动。③ 而民用航空活动则主要是指航空公司等私主体以民用或商用为目的进行的航空器活动。同时，国际法层面诸多关于航空活动的法律规范，如《统一

---

① 数据来源于中国民用航空局官网的中国民航 2023 年 1 ~ 11 月主要生产指标统计。

② 参见《商业首航！中国国产大飞机 C919 正式进入民航市场》，载新华网，http://www.news.cn/fortune/2023-05/28/c_1129651740.htm。

③ See Article 3 of Chicago Convention on International Civil Aviation.

国际航空运输某些规则的公约》(Convention for the Unification of Certain Rules for International Carriage by Air),即1999年《蒙特利尔公约》等也都是规制国际性民用航空活动的国际法规则。

就国际民用航空领域的争议而言,其包含的类型较为多样,具体涉及的争议内容也十分复杂,不仅包括国与国之间的国际民用航空争议,也包括航空公司与消费者等私主体之间的航空争议。《芝加哥公约》为国与国之间的民用航空争议规定了具体的解决机制。根据《芝加哥公约》第84条规定,如果两个或两个以上缔约国对本公约及其附件的解释或适用发生争议,而不能协商解决时,经任何与争议有关的一国申请,应由理事会裁决。同时,任何缔约国也均可以按照《芝加哥公约》第85条的规定,对理事会的裁决向争议他方同意的特设仲裁庭或向常设国际法院上诉。[①] 由此可见,将争议提交根据《芝加哥公约》设立的国际民用航空组织(International Civil Aviation Organization,ICAO)进行裁决是缔约国之间解决国际民用航空争议的重要途径。

1999年《蒙特利尔公约》则与《芝加哥公约》存在较大的差异,其适用范围主要是所有以航空器运送人员、行李或者货物而收取报酬的国际运输。[②] 因此,1999年《蒙特利尔公约》的适用主体也主要是航空公司和航空托运人等私主体。就争议解决方式而言,1999年《蒙特利尔公约》直接规定航空货物运输合同当事人之间的损害赔偿争议可以通过仲裁的方式解决,当事人选择仲裁的,应订立书面形式的仲裁协议,且仲裁程序应当按照索赔人的选择,在该公约规定的司法管辖区内进行。[③] 可见,国际法层面关于民用航空的争议解决问题已经存在一个较为明晰的法律框架。

(二)民用公共航空运输活动与民用通用航空活动

根据我国现行《民用航空法》的规定,我国的民用航空活动主要分为两类:公共航空运输活动以及通用航空活动。公共航空运输活动主要是指公共航空运输企业使用民用航空器经营的旅客、行李或者货物的运输活动。[④] 而通用航空活动则是指使用民用航空器从事公共航空运输以外的民用航空活动,包括从事工业、农业、林业、渔业和建筑业的作业飞行以及医疗卫生、抢险救灾、气象探测、海洋监测、科学

---

① See Article 84 of Chicago Convention on International Civil Aviation. 另参见张鹿苹:《国际民用航空争端解决机制的改革路径及中国贡献》,载《江汉论坛》2021年第12期。

② See Article 1 of Convention for the Unification of Certain Rules for International Carriage by Air.

③ See Article 34 of Convention for the Unification of Certain Rules for International Carriage by Air.

④ 参见《民用航空法》(2021年修正)第91条、第106条第1款。

实验、教育训练、文化体育等方面的飞行活动。①

基于公共航空运输活动与通用航空活动的不同特点，两类航空活动所产生的争议也存在一定的联系与区别。根据相关的数据统计，在目前的诉讼实践中，两类航空活动产生的争议以合同、准合同争议为主，但二者在争议的具体类型上存在差异。② 我国国内与涉外公共航空运输中常见的争议主要集中在航空客运、货运运输方面，主要涉及航班延误、航班取消、机票退改签、旅客误机、机票超售、行李、货物损失、人身损害赔偿和服务质量等方面的争议。③ 对于通用航空活动而言，其涵盖的活动类型较广，性质也更加复杂，主要包括非商业运输、商业非运输、非商业非运输等多种类型的航空活动。④ 由于目前我国通用航空事业仍处于初期的快速发展时期，因此，现阶段我国与通用航空活动有关的争议主要是具有融资性质的民商事合同争议。⑤ 此外，在通用航空活动的相关产业合作中，产生的争议也是以航空器买卖争议、航空合作协议争议、航空器租赁合同争议、航空器所有权转移争议等商事争议为主。⑥

着眼于我国主流航空仲裁机构的仲裁规则，根据上海国际航空仲裁院的简介，其主要是以列举的方式对其受案范围进行了规定。目前上海国际航空仲裁院主要受理包括航空运输、飞机制造、飞机销售、飞机融资租赁、航空保险、油料供应、通用航空托管、地面服务及票务代理等航空产业领域各类型的航空争议案件。虽然这在一定程度上反映了上海国际航空仲裁院受理案件的广泛性，但实际上其中也遗留了明显的问题，特别是在如何界定"航空运输争议"上存在理论与实践的不同观点。除了上海国际航空仲裁院外，中国海事仲裁委员会也是在其仲裁规则中明确

---

① 参见《民用航空法》(2021 年修正)第 145 条。

② 以 2021 年为例，根据公开渠道查询数据显示，我国境内发生公共航空运输企业相关一审民事纠纷案件 597 件，含合同、准合同纠纷 474 件、侵权责任纠纷 21 件、知识产权与竞争纠纷 7 件、其他纠纷(劳动争议、物权、保险、票据、人格权等)95 件；通用航空相关一审民事纠纷案件 384 件，含合同、准合同纠纷 227 件、侵权责任纠纷 8 件、知识产权与竞争纠纷 4 件、其他纠纷(劳动争议、物权、保险、票据、人格权等)145 件。参见《年度观察专题|中国民用航空争议解决年度观察(2022)》，载北京仲裁委员会网 2022 年 11 月 11 日，https://www.bjac.org.cn/news/view? id =4424。

③ 参见何英：《"一带一路"航空运输纠纷解决机制的探讨》，载杨惠、郝秀辉主编：《航空法评论》第 7 辑，法律出版社 2018 年版，第 84 页。

④ 参见高志宏：《通用航空发展路径法治化研究》，法律出版社 2018 年版，第 6 ~ 7、16 页。

⑤ 参见彭澎律师团队：《通用航空领域争议解决及政策法规分析大数据报告| iCourt》，载微信公众号"iCourt 法秀"2021 年 10 月 28 日。

⑥ 参见张宏：《通用航空产业合作纠纷中的多元化解决机制应用研究》，载郝秀辉主编：《航空法评论》第 9 辑，中国民航出版社有限公司 2021 年版，第 319 页。

了“航空运输争议”属于其受案范围。①

上述“航空运输争议”究竟是仅包括公共航空运输争议,还是通用航空活动中的运输争议也包括在内。进言之,如果前述“航空运输争议”仅指基于公共航空运输活动或通用航空活动的需要而产生的相关具有借贷或融资性质的民商事争议,则此类争议的可仲裁性问题因其自身民商事合同的性质不言自明。但对公共航空运输活动中的旅客运输争议等可能具有人身属性的争议而言,其是否被包含在上海国际航空仲裁院以及中国海事仲裁委员会的受案范围之内,仲裁机构有必要对该问题进行进一步的探讨与分析。因为从我国目前的法律规定来看,前述问题在我国法律中缺乏明确的规则指引。

综上所述,完善我国的航空仲裁制度需要进一步厘清在公共航空运输活动中产生的争议,即私主体间在利用民用航空器进行旅客、行李运输以及货物运输活动时所产生争议的可仲裁性问题。

三、现行法下我国民用公共航空运输争议可仲裁性存在的法律冲突

我国民用公共航空运输活动主要存在两对法律关系(航空旅客运输法律关系与航空货物运输法律关系)和三类法律争议(旅客运输争议、行李运输争议以及货物运输争议)。同时,基于航空运输本身所具有的跨国活动性质,民用公共航空运输争议通常又具有一定的涉外性。由此可见,民用公共航空运输争议的背后往往包含着较为庞杂的法律关系体系。

目前,我国正在大力推进构建关于民用公共航空运输争议解决的替代性争议解决机制(Alternative Dispute Resolution,ADR)体系。作为ADR体系中的重要环节,仲裁理应在解决民用公共航空运输争议中发挥自身高效快速的积极作用。但根据我国现行法规定,无论是《民用航空法》、《仲裁法》还是《消费者权益保护法》关于民用公共航空运输争议的仲裁问题都未见明确性的规定,甚至存在不同维度上的法律冲突。

(一)国际法规范与国内部门法之间的冲突

1999年《蒙特利尔公约》第34条规定了仅有航空货物运输合同的当事人可以通过事前约定仲裁的方式解决损害赔偿争议,这就明确排除了旅客运输争议以及

① 《中国海事仲裁委员会仲裁规则》第3条规定:“(一)仲裁委员会根据当事人的约定受理下列争议案件:1.海事、海商争议案件;2.航空、铁路、公路等交通运输争议案件;3.贸易、投资、金融、保险、建设工程争议案件;4.当事人协议由仲裁委员会仲裁的其他争议案件。(二)前述案件包括:1.国际或涉外案件;2.涉及香港特别行政区、澳门特别行政区及台湾地区的案件;3.国内案件。”

行李运输争议的可仲裁性。1999 年《蒙特利尔公约》之所以如此规定，主要是因为部分国家在缔约过程中提出，在旅客或者行李运输合同中，旅客的经济实力和法律意识远不及航空公司或航空承运人，双方当事人实际上的法律地位十分不平等。如果让旅客将争议提交仲裁机构解决，不仅会耗费大量的金钱和精力，并且也存在较大的失败风险。但对于航空货物运输合同而言，由于托运人对航空运输和商事仲裁规则较为熟悉，其与航空公司之间的经济实力与法律地位处于较平等的地位，这就有利于实现仲裁结果的实质公平。[①] 虽然也有学者指出，根据 1999 年《蒙特利尔公约》第 49 条[②]的规定可以推导出该公约并不禁止旅客运输争议可以通过当事人事后约定仲裁的方式加以解决。[③] 然而，基于旅客和航空公司的实质不平等，当事人双方通常无法达成明确的仲裁协议，这也就使以仲裁方式解决旅客运输争议变得异常困难。

从我国目前的仲裁法律体系来看，与公共航空运输争议可仲裁性问题最为相关的就是《仲裁法》第 2 条与第 3 条关于可仲裁事项的原则性规定。《仲裁法》第 2 条规定，平等主体的公民、法人和其他组织之间发生的合同纠纷和其他财产权益纠纷，可以仲裁。第 3 条也进一步明确，只有婚姻、收养、监护、扶养、继承纠纷以及依法应当由行政机关处理的行政争议不能通过仲裁的方式解决。[④] 由此可见，我国《仲裁法》其实并未排除旅客及行李运输争议可以通过仲裁的方式解决，其规定的可仲裁的争议类型也要比国际公约中所规定的类型要更加广泛。[⑤]

我国《仲裁法》与国际公约关于仲裁适用范围的规定不一致，在一定程度上导致了我国在处理民用公共航空运输争议，特别是处理涉及国际性的民用公共航空运输争议时，存在法律适用上的混乱。相关法律渊源的矛盾也给案件的处理带来一定的困难。

（二）国内部门法之间的冲突

我国民用公共航空运输领域内的旅客运输争议主要可分为两类：一类是财产

---

① 参见张超汉、张宗师：《国际航空仲裁制度研究——兼评 1999 年〈蒙特利尔公约〉第 34 条》，载《北京理工大学学报（社会科学版）》2017 年第 4 期。

② See Article 49 of Convention for the Unification of Certain Rules for International Carriage by Air.

③ See Zheng Pai & Xie Ningze, *China's First One-Stop Aviation Dispute Resolution Platform in Shanghai: Recent Development*, Air and Space Law 425 (2023).

④ 参见《仲裁法》第 2 条、第 3 条。

⑤ 参见杜萌：《我国航空商事仲裁制度研究》，载《中国民用航空》2018 年第 2 期。关于航空运输协定的争议可以参见 Luping Zhang, *How Are Bilateral How Are Disputes Resolved under Bilateral Air Services Agreements? A Typology*, Journal of International Dispute Settlement 151 (2021)。

性权益损害争议,另一类是人身性权益损害争议。我国关于民用公共航空运输争议可仲裁性的国内法冲突,主要体现在《消费者权益保护法》与《仲裁法》关于人身损害争议可仲裁性的规定上。

航空旅客通过支付机票成为航空运输服务的消费者,因此也应当适用《消费者权益保护法》解决其与航空承运人之间的争议。① 我国《消费者权益保护法》第39条规定,消费者和经营者发生消费者权益争议的,可以通过仲裁的方式加以解决。②如果仅从文义解释的层面分析,消费领域的人身与财产争议都理应属于我国仲裁机构的受案范围。而航空旅客作为航空运输服务领域的消费者,其当然也符合消费者的法律地位,与消费者权益具有一致性。③ 因此,基于《消费者权益保护法》的规定,我国公共航空运输领域旅客人身损害争议与财产损害争议都具有明确的可仲裁性。

但也有相关学者主张,同样基于文义解释,我国《仲裁法》其实是将"可仲裁性"问题的范围明确限定于"合同纠纷和其他财产权益纠纷"。虽然《消费者权益保护法》没有明确排除人身损害争议的可仲裁性,但《仲裁法》关于可仲裁性的原则性规定也不应被忽视。因此,我国民用航空争议的可仲裁范围应当被限定于在航空运输活动中产生的财产性权益争议,在旅客运输活动中,具有人身性的损害争议应当被排除在《仲裁法》规定的可仲裁的事项范围之外。④

由此可见,我国现行法律在公共航空运输争议的可仲裁性问题上,依据不同政策制定时期的不同考量视角,可以给出不同的答案。这也就导致了该问题的法律性质在我国立法与司法层面都不甚清晰。

四、我国民用公共航空运输争议可仲裁性问题的厘清

我国法律上存在公共航空运输争议可仲裁性的冲突,一方面是因为民用航空以及民用航空争议自身所具有的特殊性以及复杂性,另一方面也是基于我国商事仲裁制度和消费仲裁制度在规则适用层面的重叠与模糊。

---

① See Qin Huaping, *Beyond Litigation: The Use of ADR in Resolving Disputes Between Air Carriers and Passengers: China's Perspective*, Air and Space Law 363(2022).

② 《消费者权益保护法》第39条规定:"消费者和经营者发生消费者权益争议的,可以通过下列途径解决:(一)与经营者协商和解;(二)请求消费者协会或者依法成立的其他调解组织调解;(三)向有关行政部门投诉;(四)根据与经营者达成的仲裁协议提请仲裁机构仲裁;(五)向人民法院提起诉讼。"

③ 参见张军:《航空旅客权益保护法律关系论》,载杨惠、郝秀辉主编:《航空法评论》第6辑,法律出版社2017年版,第69页。

④ 参见贺大伟:《可仲裁性视角下航空争议类型区分之学理初探》,载杨惠、郝秀辉主编:《航空法评论》第8辑,法律出版社2020年版,第150页。

(一)我国民用公共航空货物运输争议的可仲裁性分析

目前,实践中存在的航空货物运输争议主要是基于货物运输合同产生的财产性权益争议。同时,航空货物运输合同往往涉及第三人利益,在第三人为收货人的情况下,收货人虽然不是订立合同的当事人,但也是运输合同的利害关系人。[①] 而无论是在形式还是实质意义上,航空货物运输争议的三方主体在法律上处于较为平等的地位,并且其中通常也不涉及消费者权益保护的问题。因此,如果当事人之间没有特殊约定,应当主要适用《仲裁法》对航空货物运输争议是否具有可仲裁性进行分析。

根据我国现行《仲裁法》第 2 条与第 3 条关于可仲裁性的规定,可仲裁的争议应满足三个层面的要件:(1)仲裁主体的平等性,即当事人的地位应当平等,因此,非平等主体之间的争议如行政争议被排除在仲裁范围之外;(2)仲裁事项的可处分性,即仲裁事项必须是当事人有权处分的民事实体权利,凡当事人无权自由处分的事项不能以仲裁的方式解决;(3)可仲裁内容的财产性,即可以提交仲裁的争议须为民商事经济争议,包括合同争议和一些非合同的财产权益争议,凡不具备财产性的身份权争议或虽涉及当事人的财产权益但建立在身份关系基础上的民事争议均不能以仲裁方式解决。[②]

由此可见,我国公共航空领域的货物运输争议在通常情况下并不违反《仲裁法》关于可仲裁性的要件规定。我国仲裁机构也理应可以在仲裁规则中明确其可以受理航空运输托运人、承运人或货物买受人之间关于航空货物运输的财产性权益争议。同时,因为商事仲裁制度所具有的高效、保密等优势,航空货物运输争议的当事人有理由选择通过仲裁的方式解决争议。

(二)我国民用公共航空旅客运输争议的可仲裁性分析

对于公共航空旅客运输争议,要厘清其是否具有可仲裁性,首先应当明确旅客作为航空运输活动消费者的本质属性。实际上我国存在多种仲裁制度,包括传统的商事仲裁机制、消费仲裁机制以及劳动仲裁机制。聚焦公共航空运输领域,旅客与航空公司在航空运输活动中产生的法律关系在本质上属于航空消费关系,[③]二者

① 参见董杜骄、顾琳华主编:《航空法教程》(第 2 版),对外经济贸易大学出版社 2016 年版,第 133 ~ 134 页。

② 参见黄进、马德才:《国际商事争议可仲裁范围的扩展趋势之探析——兼评我国有关规定》,载《法学评论》2007 年第 3 期。

③ 参见贺大伟:《我国航空仲裁适用限度法律问题研究》,华东政法大学 2019 年博士学位论文,第 106 页。

之间所达成的旅客运输合同在本质上也属于消费者合同。因此,法院与仲裁机构不宜单纯适用《仲裁法》关于传统商事仲裁的规定来判断航空消费活动中产生的争议是否具有可仲裁性。

在消费争议中,有关当事人的能力和地位往往处于不均衡的地位,一味坚持民法中的私权自治和合同自由原则对处于弱势的消费者在实质上并不公平。① 因此,消费者合同逐渐成为现代合同法从"契约"向"身份"转变的典型代表,合同当事人一方因为自身的"消费者"身份获得了法律赋予的特别权利。航空旅客运输合同这一特殊的消费者合同也因此当然地受到消费者保护法律发展的影响。从整体趋势来看,各国对于航空旅客的权益的保护力度都在进一步增强,航空旅客权益保护法律的演变也逐渐契合了从"契约"到"身份"的法律发展轨迹。② 特别是1999年《蒙特利尔公约》在序言中就明确指出,要保护国际航空运输消费者利益的重要性。因此,在我国已经引入航空仲裁机制的前提下,法律应当赋予旅客与航空公司约定仲裁的权利,确保航空旅客能够通过多种争议解决途径保护自身作为消费者的权益。虽然在仲裁实践中,旅客与航空公司达成仲裁协议存在较大的难度,但也不能因此否认航空旅客作为消费者适用消费仲裁机制的可能性。

同时,需要明确的是,即使仲裁制度可以适用于解决民用公共航空旅客运输争议,但对于航空运输活动中产生的人身权益争议,《消费者权益保护法》也应当将其排除出可仲裁的范围。因为《消费者权益保护法》所确立的消费仲裁机制在一定程度上是以牺牲正当程序为代价的。而人身性权益作为消费者的专属权益,与消费者本身的关系重大,且人身权益争议往往案情复杂、处理难度较大,不宜降低程序的正当性标准,所以消费仲裁制度的适用范围也不应包括人身权益争议。③ 因此,在航空旅客运输过程中产生的人身权益争议也不应被赋予可仲裁性。

综上所述,在可仲裁性问题上,仲裁机构应当对我国民用公共航空旅客运输争议进行分类,对于因为航班延误、机票超售或者行李损失等在旅客运输过程中产生的财产性权益争议,航空仲裁机构应当将其纳入受案范围之内。但对于航空旅客运输过程中产生的人身性权益争议,航空仲裁机构则不应予以受理。

---

① See Drotar Stephanie, *Breaking Too Darn Bad: Restoring the Balance between Freedom of Contract and Consumer Protection Part I: Notes*, New York Law School Law Review, p. 614 - 615 (2014 - 2015). 转引自姚敏:《中国消费仲裁的问题与进路——基于美国消费仲裁的启示》,载《河北法学》2019年第3期。

② 参见袁发强:《从契约到身份:航空旅客权益保护法律的演变》,载《江西社会科学》2015年第4期。

③ 参见姚敏:《中国消费仲裁的问题与进路——基于美国消费仲裁的启示》,载《河北法学》2019年第3期。

五、关于我国民用公共航空运输争议可仲裁性问题的完善建议

如前所述，以传统的商事仲裁制度解决航空货物运输争议，在我国法律上并不存在明显的法律障碍。因此，如何构建合理的航空消费仲裁机制就成为我国进一步完善航空仲裁制度的关键环节。基于消费争议具有的小额性和分散性等特点，将仲裁运用到消费争议的解决中需要与一般的商事仲裁相区别，特别是需要建立专门性的消费仲裁机制。但从我国目前的仲裁实践来看，我国消费仲裁机制还存在着较为充分的优化空间。特别是消费仲裁机构的独立性不强、消费仲裁的便捷性不足等问题，①影响着我国消费仲裁机制的总体发展，同时也给航空消费仲裁等具体领域的制度构建增添了难题。

2021年，司法部出台了《仲裁法(修订)(征求意见稿)》，对现行《仲裁法》中关于"可仲裁性"事项的规定进行了明确的修改，不仅删除了"平等主体"的表述，同时也增加了第3款"其他法律有特别规定的，从其规定"②。可见，立法者已经发现了我国仲裁立法中关于"可仲裁性"规定存在的问题。此番修法的目的不仅是促进我国商事仲裁制度的完善，同时也是为我国航空消费仲裁等非传统商事仲裁制度的发展提供更加充分的空间。

2023年，上海国际经济贸易仲裁委员会发布了《上海国际经济贸易仲裁委员会(上海国际仲裁中心)航空仲裁规则》(以下简称《航空仲裁规则》)，其中明确将包括航空旅客、货物及邮件运输在内的航空物流争议纳入仲裁规则的适用范围之内。③ 另外，从我国航空公司的旅客运输总条件来看，虽然我国如国航、南航等主流的航空公司尚未规定旅客与航空公司之间争议可以通过仲裁的方式解决，但东航已经在《中国东方航空股份有限公司旅客、行李国内运输条件》与《中国东方航空股份有限公司旅客、行李国际运输条件》中明确旅客与航空公司之间的航空运输争议可以选择上海国际航空仲裁院进行仲裁。④ 由此可见，以仲裁方式解决航空运输争

---

① 参见任卓冉、贺蕙蕙:《消费纠纷仲裁解决机制进路之新探》，载《内蒙古社会科学(汉文版)》2015年第5期。

② 《中华人民共和国仲裁法(修订)(征求意见稿)》(2021年)第2条规定:"自然人、法人和其他组织之间发生的合同纠纷和其他财产权益纠纷，可以仲裁。下列纠纷不能仲裁:(一)婚姻、收养、监护、扶养、继承纠纷;(二)法律规定应当由行政机关处理的行政争议。其他法律有特别规定的，从其规定。"

③ 参见《上海国际经济贸易仲裁委员会(上海国际仲裁中心)航空仲裁规则》第1条第2款。

④ 参见《中国东方航空股份有限公司旅客、行李国内运输条件》第20条第2款、第3款，《中国东方航空股份有限公司旅客、行李国际运输条件》第20条第2款、第3款。

议在我国已然具有了现实基础。

然而,从此前上海国际航空仲裁院的仲裁实践来看,其受理的案件类型主要是航空公司股权转让、停机坪租赁、地面服务协议、航空企业物流仓储以及无人机外观设计知识产权等商事争议。① 相较于上述类型的航空争议,上海国际航空仲裁院在航空运输领域,特别是旅客运输争议的处理方面尚缺乏较为具体的实践经验。因此,对于上海国际航空仲裁院而言,其应该以此次《航空仲裁规则》的出台为契机,对仲裁规则予以进一步的细化。除了将旅客运输中产生的人身权益争议明确排除出仲裁范围外,上海国际航空仲裁院还应当进一步构建关于航空旅客运输争议的消费仲裁规则体系。具体可包括成立专门性的处理航空消费仲裁问题的办事处或分支机构,对旅客提起的仲裁案件受理费进行减免,等等。特别是在相关的消费仲裁机制成熟后,上海国际航空仲裁院也可以积极利用网络在线仲裁平台,以进一步降低消费者的仲裁成本,发挥仲裁高效便捷的作用。

最后,通览国际主要航空仲裁机构,如海牙国际航空仲裁院等仲裁机构的仲裁规则,可以发现其仲裁规则中都尚未明确具体的关于航空争议的受案范围。因此,如果我国的相关仲裁机构能够进一步明确不同类型的航空争议的仲裁规则,不仅会助推我国民用航空争议解决机制的完善,同时也能够为全球性航空争议解决中心的构建增添新的动力。

六、结语

我国民航业整体业态的回暖,一方面反映了我国民航经济依旧存在充分的发展空间与机遇,另一方面在此过程中也必然会产生更多类型与数量的争议,这就对我国民航法治体系的完善提出了更为迫切的要求。特别是对于主要的民用公共航空运输业务,我国需要有更明确的立法和更合理的争议解决机制为其稳定发展提供保障。在民用航空领域,航空运输争议已经被越来越多的仲裁机构纳入受案范围之中,但在仲裁实践中,大多数仲裁机构的仲裁规则尚未将航空货物运输争议与航空旅客运输争议加以区分。根据我国《仲裁法》以及《消费者权益保护法》的规定,我国仲裁机构可以受理民用公共航空领域的货物运输以及旅客运输的财产性争议,但旅客运输过程中产生的人身性权益争议应当被明确排除在可仲裁事项的范围之外。同时,在目前我国构建航空争议多元化解决机制的背景

① 参见王唯骏、范佳煜:《方兴之时:航空仲裁机制运行初探及展望》,载《上海法学研究》集刊2023年第9卷——上海市法学会航空法研究会文集。

下,我国能够受理航空争议的仲裁机构需要对航空仲裁的仲裁规则进行整合与完善,以防止仲裁实践中出现如航空裁决混乱、同案不同裁等损害当事人权益情况的出现。

通用航空短途运输法治保障研究

杨万柳　吴　昊*

一、通用航空短途运输法治保障的基础理论

（一）通用航空短途运输法治保障的必要性

《"十四五"民用航空发展规划》指出，要积极发展通用航空短途运输，以推动"干支通、全网联"为目标，形成以支线机场为支撑、以通用机场为节点的区域短途运输网络。《"十四五"通用航空发展专项规划》进一步提出打造统一开放的综合交通运输服务市场体系，稳步拓展通航短途运输航线网。通航短途运输运营灵活，可达性好，是立体综合性交通网的重要组成部分，能够很好融合通用航空与地方其他资源，对于构建现代化交通产业体系具有极其重要的作用。通航短途运输的发展需要一系列的制度供给，研究通航短途运输的法治保障具有极其重要的现实价值。同时鉴于通航短途运输的政策驱动和法律提升，使得对通航短途运输的法治保障问题进行细致深入的研究又具有一定的理论价值。

1. 经济考量：通用航空短途运输的迅速发展

通航短途运输可以有效解决偏远地区居民出行困难问题，缩小不同区域的交通网络差异，进而拉动居民消费，有利于构建完善的综合交通运输系统。2022 年，我国共有 661 家获得通航

---

* 杨万柳，中国民航大学法学院副教授，法学博士，硕士生导师，研究方向为国际航空法；吴昊，中国民航大学法学院硕士研究生，研究方向为航空法学。

经营许可证的企业,登记在册管理的通用机场增至399个。[①] 至2023年5月,全国共有65条通航短途运输航线备案,旺季时全国月平均起降量超1000架次,每月运输超5000人,为边远地区居民的基本出行提供有力保障。[②] 总体来看,通航短途运输这一交通方式的社会接受度越来越高,在民航运输中发挥越来越重要的作用,综合航空运输网络初具规模,但该网络尚未覆盖边远小城市及农村地区,覆盖范围较窄,通达能力不足。随着通航短途运输的发展,通航短途运输航线凭借其独特优势,成为满足边远地区居民交通出行需求的一剂良方,有着良好的发展前景。

2. 政策扶持:国家和各地方通用航空短途运输的政策倾向

2019年,民航局印发《关于推进通用航空法规体系重构工作的通知》,要求落实通航业务框架和通航法规框架(以下简称"两个框架"),明确了未来一段时间中国通用航空整体政策走向、立法思路和制度设计需要遵循的基本原则与具体要求,对促进通用航空高质量发展具有重要指导作用和实践意义。

2021年至今,我国低空空域管理改革由点到面逐步推进,市场活力逐步激发,通航消费顺势而起,通航飞行量创历史新高,通航短途运输的规模稳步扩大。"十四五"开局,多项政策聚焦通航,从国家到地方纷纷将通用航空纳入"十四五"发展规划,越来越多的地方政府承担起发展主体责任,成为通航短途运输发展的推动者,使整个通航领域呈现发展新格局。

2021年《国家综合立体交通网规划纲要》提出发展通用航空,改善偏远地区居民出行条件,研究布局综合性通用机场。《"十四五"现代综合交通运输体系发展规划》《"十四五"民用航空发展规划》《"十四五"通用航空发展专项规划》均指出要稳步拓展通航短途运输航线网络,扩大航空运输服务覆盖面。可见,"十四五"期间政府将通航短途运输作为重点领域进行支持和保障,通航短途运输的发展具有广阔的前景和坚实的政策扶持。

各地方也纷纷出台政策促进通航短途运输的发展。黑龙江、内蒙古、海南等省、自治区先后发布"十四五"通用航空发展专项规划;各地通用机场建设稳步推行,江苏无锡丁蜀机场、江苏溧阳天目湖机场等一批通用机场竣工并陆续投入使用,为通航短途运输的发展提供了基础设施的支撑;低空空域管理改革试点工作出成效,海南推行"国家部署、军地协同、行业监管、国企实施、多元化运营"的低空管

① 《2022年民航行业发展统计公报》,载中国民用航空局网,https://www.caac.gov.cn/XXGK/XXGK/TJSJ/202305/t20230510_218565.html。

② 《关于〈通用航空短途运输运营服务管理办法〉的修订说明》,载中国民用航空局网,https://www.caac.gov.cn/HDJL/YJZJ/202307/t20230712_220607.html。

理新模式,四川建立了简化申报程序、目视自主飞行等一系列创新管理机制,为通航短途运输的运行破解障碍,最大限度发挥低空空域价值。

3. 概念区隔:通用航空短途运输与公共航空运输的差异

2019年"两个框架"在《民用航空法》对通用航空界定的基础上,将通航短途运输纳入通航经营范畴,明确其定位为:适用设计座位数不超过29座(不含机组)的飞机,从事原则上单一航段不超过500公里、航线两端均为200万吞吐量以下的运输机场或通用机场的通用航空定期载客运输。"两个框架"对于保障通航短途运输的发展起到了非常重要的作用,防范"越位"经营,避免对公共航空运输造成较大影响;短途运输机型与短途运输经营权限不再强制挂钩,采取差异化的安全管理方式,原则上允许任意座位数的航空器进行短途运输业务开展;采取循序渐进的开放方式,目前只限制在19座以下,但将来会分地区、分时间对20~29座的航空器有条件地放开。2024年《通用航空短途运输运营服务管理办法》亦对通航短途运输做出一致定义。

通航短途运输作为通航活动的一类,和公共航空运输是两种不同的概念,二者含义的不同从根本上决定着航空企业资格审定、机场建设、飞行管理、空域管理、安全监管等方面的不同需求,它们主要在以下几个方面存在区别。

第一,规模范围不同。通航短途运输范围通常在省内,满足欠发达边远地区居民基本出行需求;公共航空运输是商业化的航空运输服务,由航空公司提供并面向大众,服务范围更广。

第二,监督管理存在差别。通航短途运输在监管层面上要稍显宽松,受到较少的法规限制,但仍需遵守相关基本航空规定和安全标准。公共航空运输则受到严格的国内甚至国外的航空法规制约,要始终保持飞行条件和接受监管机构的监管,以确保运输安全、服务质量和运行合规性。

第三,运行合格审定不同。非短途的公共航空运输都是申请CCAR-121部(《大型飞机公共航空运输承运人运行合格审定规则》)运行资质,而通航短途运输则是申请CCAR-135部(《小型商业运输和空中游览运营人运行合格审定规则》)运行资质,企业只有通过了运行合格审定才能开展相应的运行活动。

但通航短途运输和公共航空运输也存在关联之处,通航短途运输作为公共航空运输的补充,可以为公共航空运输提供接驳服务,二者相互连接可形成更加通达的综合交通运输网络,既能提升航空旅客群体的交通体验,又能满足边远地区居民的出行需求。就目前来看,通航短途运输仍属初级发展阶段,应给予更大的包容,加大该领域"放管服"政策力度,为通航短途运输的接续发展松绑助力。

（二）通用航空短途运输法治保障的基本要素

徒善不足以为政，徒法不能以自行。法治保障体系关乎法治各环节的有序运行，有力的通用航空短途运输法治保障体系，要求在通用航空短途运输法律制定、实施和监督的全过程形成结构完整、机制健全、资源充分、富有成效的保障要素系统。

法律制定保障，是指通过制定和完善法律法规，明确权利义务关系，为法治保障体系的建立提供法律依据。立法保障是法治保障体系的基础，只有制定出科学、合理、公正的法律法规，才能为其他保障措施的实施提供依据和指导。

法律实施保障是指行政机关在执法过程中，应当依法行政、严格执法，确保法律的正确实施。行政执法保障是法治保障体系的关键环节，直接关系到人民群众的切身利益和社会稳定。

法律监督保障，是指基于法制、独立监察机构、社会参与和风险防御的综合性机制和制度安排，确保权力行使的合法性、公正性和效果导向性。

我国通航短途运输仍处于起步发展阶段，法律法规与监管措施仍不健全。另外，生产制造技术的相关标准不够精细、行业内部管理未成体系、低空空域的适用和管理不够完善等问题和短板都是影响通航短途运输安全腾飞的重要因素。保障飞行安全和该行业平稳发展不仅需要国家政策激励和航空技术的突破，更需要进行系统、科学的法治保障设计。

二、通用航空短途运输法治保障的法律制定要素

国内关于通航短途运输更多的是从管理学、交通科学等角度进行研究，较少从法律视角出发进行分析，但事实上目前通航短途运输的发展困局很大程度上是因为我国通航短途运输法律制度存在问题。对通航短途运输进行法治保障，充分发挥法治的工具属性，①必须首先对法律制定要素进行分析，才能更好发挥法律法规在通航短途运输中的指导和规范作用，为通航短途运输扫清障碍。

我国通航短途运输的法律体系缺乏针对性，无法有效保障通航短途运输的发展。在法律层面，现行《民用航空法》中只有 6 条用以规范通用航空（第 145 条至第 150 条），数量少且内容较为笼统，未将通航短途运输在通用航空定义中列举出来，概括性的规定无法有效引导通航短途运输发展，行业运营和管理缺乏依据。② 在行

① 参见江必新、孙珺涛：《法治保障体系的基本构成》，载《河北法学》2023 年第 10 期。

② 参见刁伟民：《中国通用航空法律制度及其完善》，载《北京航空航天大学学报（社会科学版）》2009 年第 2 期。

政法规层面,目前与通航短途运输有关的行政法规有三部:《飞行基本规则》《通用航空飞行管制条例》《国务院关于通用航空管理的暂行规定》,而《国务院关于通用航空管理的暂行规定》已于2022年废止,使本就单薄的行政法规更加无法指导通航短途运输发展。我国虽然于2003年颁布了《通用航空飞行管制条例》,但该条例只是对通用航空飞行秩序在一个大的范围内作了规定,对通航短途运输的具体业务操作层面没有进一步明确,对低空空域的使用缺乏具体的规范,造成在后续法律实施过程中有许多细节上的问题无法解决处理,无法有效为通航短途运输操作提供指引。在部门规章层面,适用于通用航空的规章少且分散,法律运用的效率不高。有些规章参照公共航空运输规章制定,有些仅以通知形式做出甚至没有做统一规定,还达不到国际民航组织的要求,而其中涉及短途运输的规定更加零散,运行管理的严密度和操作规范有待进一步加强。

三、通用航空短途运输法治保障的法律实施要素

在通航短途运输发展中,只有法律层面的设计尚不足以保障其稳步发展,必须运用系统思维,从关联性上加强对法律实施的重视和评价。[①] 低空空域是通用航空短途运输业务开展的空间要素,是推动发展短途运输、构建互联互通的综合交通运输立体网络的基础条件,而通用机场作为通用航空活动不可或缺的基础,是短途运输网络搭建和成熟的前置条件。这两个方面都是通航短途运输法律实施的重要环节,只有保证低空空域管理使用和通用机场建设管理能够较为理想地实现法律规范的效果,才能发挥法治保障作用,推动通用航空短途运输更好更快发展。

(一)低空空域管理和使用有待推进

通航短途运输依赖低空空域,深化其管理改革,不仅事关该行业发展,也是经济社会发展的迫切需求。[②] 中华人民共和国成立后,我国空域管理体制改革历经了军方(中央军委)和民方(国务院)统一管理到双重管理,再到混合管理的发展历程,长期采用“军队为主、统一管制、分别指挥”的管制模式。[③] 管理体制从本质上来讲属于“军管民”模式,但在通航短途运输等活动迅速发展的背景下,军民航使用

---

① 参见张加林、张正朝:《构建法律实施效果评估制度的实践与思考——以江苏省常州市为视角》,载《中国司法》2021年第7期。

② 参见《国务院中央军委印发〈关于深化我国低空空域管理改革的意见〉》,载中华人民共和国国家发展和改革委员会网,https://www.ndrc.gov.cn/fggz/tzgg/ggkx/201011/t20101117_1050983.html。

③ 参见董襄宁、赵征、张洪海编:《空中交通管理基础》,科学出版社2011年版,第5页。

空域的矛盾日益突出，亟待改革。这种不适应性体现在以下几个方面：第一，相对封闭的空域管理体制不利于合理配置低空空域资源，未考量区域间低空空域资源不平衡等因素。第二，多头管理的低空空域管理体制导致管制效率较低。我国空域管理模式是以军队为主导，统一管制的原则，既承担国土防空任务，又承担民用航空服务的任务，在具体事务处理过程中难免存在交叉，协调效果直接决定着管制效率。第三，空域管理手段落后，飞行需要的审批手续不够简洁，时间成本较高，未能有效利用低空空域资源。

2014 年《低空空域使用管理规定》（试行征求意见稿）是民航局协同国家空中交通管理委员会拟出台的一项规定，该规定的目的是划分完毕全国范围内的低空空域，并将其通过民航局和地方政府向社会公示公布，进一步简化飞行计划的审批程序，逐渐实现由审批到备案管理，其中该征求意见稿第 26 条和第 27 条缩短了飞行计划和飞行报备的申请时间。2023 年 11 月 2 日，国家空中交通管理委员会发布关于《中华人民共和国空域管理条例》（征求意见稿）。但这两个征求意见稿尚未发布实施。另外，低空空域划设方法不科学，造成管制空域过大，监视、报告空域过少过小，且呈零星、孤立分布状态，必须划设低空目视航线才能连接三类不同空域，低空飞行极易受到航线流量的“瓶颈”制约。①

（二）通用机场建设与配套保障不足

通用机场具有造价低、投资少、工期短等特点，但长期以来通用机场与运输机场一样，审批层级过高、周期过长，导致地方建设通用机场的积极性不高，需要法治保障其实施顺畅。

1.《民用航空法》关于通用机场的内容尚未更新

《民用航空法》2016 年修订稿曾尝试修订“民用机场”一章将民用机场划分为运输机场、通用机场，试图在法律的层面上区分“运输机场”和“通用机场”，以避免“一刀切”地采用统一标准。但目前的《民用航空法》“民用机场”一章中，仍未提“通用机场”。加之，该法律关于“通用航空”的概念尚未更新，明显落后于通航短途运输发展实践，以定义为基础的通用机场分类规范更加难以推进。

2.《民用机场管理条例》中通用机场规定落后于实践发展

2019 年颁布的行政法规《民用机场管理条例》相较于《民用航空法》对运输机场和通用机场进行了明确的区分，②其中“通用机场”的定义覆盖业务种类与《民用

① 参见宗苏宁主编：《中国通用航空产业发展现实与思考》，航空工业出版社 2014 年版，第 12 页。

② 《民用机场管理条例》第 2 条第 2 款规定：民用机场分为运输机场和通用机场。

航空法》中“通用航空”的范围是基本一致的。① 但当前通航发展已与《民用航空法》制定时不可同日而语,《民用机场管理条例》也存在未根据通用航空实际发展情况进行区别规范的问题。

(1)通用机场使用许可方面未根据通用机场的类别做出差异化规定。2017年颁布的《通用机场分类管理办法》放宽了行政许可条件,将通用机场建设所需的选址、验收、审批等全流程进行大幅度简化,审批流程得到极大精简,且明确按照A、B两类机场对通用机场的使用许可管理做出不同规范,对摆脱运输机场监管模式有重要推动作用。但《民用机场管理条例》关于通用机场使用许可的规定仍比较笼统,没有进行类型划分,审批时间等细节规定也不一致,已不适配于通用机场差异化发展现状,可能会造成混乱冲突的情况。

(2)通用机场安全保卫方面缺乏细化规定。2011年修订的《民用航空安全保卫条例》第2条规定该条例适用于我国一切民航活动和相关主体。在民用机场的安全保卫方面,没有对运输机场和通用机场进行分级管理,而是要求制定相同的安保方案、实行相同的安保措施。如“民用机场的安全保卫”一章中,开放使用安全保卫条件、控制区管理制度,停场航空器警卫制度要求都设置一样的条件,明显不合理。而在2019年修改实施的《民用机场管理条例》中,第三章“民用机场安全和运营管理”中,只对运输机场的安全运营工作做出监督规范,几乎没有对通用机场做出明确的规定,无法对通用机场起到行业监督管理的引领作用。

3.通航短途运输网络化效应较差

支线机场是目前通航活动的主力,但部分支线机场以及绝大部分通用机场地面衔接交通并不理想,地面接驳不尽完善使通航短途运输的交通属性发挥受限,也成为制约通航短途运输消费的重要因素。

此外,我国尚未建立起完善的通航服务保障系统,从FBO②、FSS③、MRO④三部

---

① 《民用机场管理条例》第84条中明确“通用机场”是指为从事工业、农业、林业、渔业和建筑业的作业飞行,以及医疗卫生、抢险救灾、气象探测、海洋监测、科学实验、教育训练、文化体育等飞行活动的民用航空器提供起飞、降落等服务的机场。

② FBO(Fixed Base Operator):固定运营基地。FBO最早产生于美国航空业,是由候机楼、停机坪、机库以及维修车间四部分组成的综合设施建筑,主要指机场或者临近机场为通用航空的飞机出行提供停场、检修、加油等服务的基地或者服务商。

③ FSS(Flight Service Station):飞行服务站。这一设施和概念源于美国,在各类民用及通用航空活动中担负着重要的功能和作用,在报告空域和部分监视空域内提供气象服务、飞行情报服务、飞行计划的报备,必要时向空管部门通告起飞和降落时刻。

④ MRO(Maintenance Repair Operations):维护、维修、运行。通常是指在实际的生产过程中不直接构成产品,只用于维护、维修、运行设备的物料和服务。

分来看:目前,我国的 FBO 才刚刚起步,全国共有 14 家,且主要分布在北上广等经济发达地区,无法为广泛而繁多的通航活动提供服务。FSS 在服务内容和运营规模上亦仍属于起步阶段,2012 年我国才先后在珠海三灶、深圳南头、沈阳法库和海南东方市设立了第一批通用航空飞行服务站,其未来建设仍然存在很多困难。得益于民航业的发展和市场成熟程度加深,MRO 发展相对成熟。截至 2021 年年底,我国的通航维修单位(MRO)已达到 183 家,①民航机务维修系统人员数量总计约 6 万人,但其中真正为通航短途运输飞行服务的并不多,且存在分布不均、缺少核心品牌等问题。②

四、通用航空短途运输法治保障的法律监督要素

(一)通航短途运输安全监管现状

通航安全事故在全球范围内都是一个重要的问题,例如美国非常重视对于通航安全飞行事故的控制,美国联邦航空局(FAA)指出通用航空安全是目前世界范围内尚未解决的重大挑战之一。③ 欧盟航空安全局(EASA)统计数据显示,约每 100 万次通航飞行,有 6 次死亡事故、约 50 次非死亡事故发生。④

在通航快速发展的同时,事故发生频率也在逐渐提升。如 2021 年 3 月北大荒通航公司 BE300 号机在吉安市坠落燃烧,机上 5 人当场死亡,飞机烧毁,并导致周边居民房屋受损,地面有一名村民受轻伤。⑤ 2021 年北京泛亚通航 Bell206B 直升机在厦门坠机,包括两名旅客在内的四名机上人员全部遇难。⑥ 中国民用航空安全信息系统显示,2018 年至今,运输航空事故调查报告仅有 10 篇,而通航事故调查报告有 63 篇之多,通用航空飞行事故发生的频次要远高于运输航空,短途运输作为

---

① 参见郭子超:《2022 中国通用机场建设与运营发展论坛成功举行》,载中国民航网,http://www.caacnews.com.cn/1/2/202209/t20220902_1352471.html。

② 参见卞士生:《我国通用航空三大服务保障体系建设现状》,载民航资源网 2014 年 5 月 8 日,http://news.carnoc.com/list/281/281321.html。

③ See Joseph B. Sobieralski, *The Cost of General Aviation Accidents in the United States*, Transportation Research Part A: Policy and Practice, Vol. 47, p. 19 – 27(2013).

④ See EASA, *Annual Safety Review* 2018 (Aug. 17, 2018), https://www.easa.europa.eu/document-library/general-publications/annual-safety-review – 2018.

⑤ 参见中国民用航空华东地区管理局航空安全委员会:《北大荒通航 BE300 江西吉安坠机事故调查报告》,载安全管理网 2021 年 11 月 17 日,https://www.safehoo.com/Case/Case/Air/202111/5656228.shtml。

⑥ 参见中国民用航空华东地区管理局航空安全委员会:《北京泛亚通航 Bell206B – 7720 直升机厦门坠机事故调查报告》,载安全管理网 2021 年 11 月 22 日,https://www.safehoo.com/Case/Case/Air/202111/5656748.shtml。

通航活动中与旅客关联最为直接的行业,需要更有针对性且更加完善的安全监管制度,以保证飞行安全。

(二)通航短途运输安全法律监管不足

2019年"两个框架"中对通航业务框架的划分综合考虑不同因素,从不同角度、程度进行类型化监管指引。具体而言,作为经营性载客定期运输,通航短途运输更着意于满足交通条件欠佳地区的市场需求,若对于运行规则、运输规则等保持过于严苛的监管会给通航短途运输从研发到运营造成不小阻碍,因此需要在监管中把握好安全与发展的平衡。

"两个框架"所体现的类型化思路,是实现法律资料体系化和法律体系应用最常见和最有效的方法。[①] 通用航空企业是通航安全监管的主体,通用机场的安全运营直接影响着通航短途运输安全,这两者是通航短途运输安全监管的重点,对通航短途运输安全监管法律体系的研究应着眼于通航企业和通用机场这两个法律主体。

在通航企业主体方面,除将现行法律对通航经营许可的规定作为最低要求外,仍不能疏于监管,不仅要靠通航企业自觉诚信经营,也要让外部的强制性法律监管发挥作用。从2020年修改发布的《通用航空经营许可管理规定》可以明显看出在经营规范、监督检查、法律责任等方面均着重对通用航空企业进行规制,总体来说已较为细致,但就某些条款来说,监管效果仍有待加强。例如,现行规定删除了民航地区管理局每年对通航企业进行检查次数的规定,民航地区管理局若发现企业有违法行为,应当责令其改正,但并未明确后续的整改情况的对应处理方法,在责任规制方面未形成闭环。此外,现行规定对于通航企业工作人员的监管相对较弱,提及甚少。总的来说,现行体系下对于通航企业的监管措施单一,问责措施欠缺,强制性效果有限。

通用机场也是通航短途运输安全监管的重要对象。根据《通用机场分类管理办法》,通航短途运输涉及其中通用机场的A类机场[②],该办法不仅对申请A类机场的条件进行主体要求,即具有法人资格、机场运营权等,还对A1和A2级机场提出特别要求:具有针对航空安全突发事故的应急预案。但该规定仍较为原则性,例如,目

---

① 参见郭晓霞:《商行为与商主体制度研究》,中国人民公安大学出版社2010年版,第24页。

② A类通用机场:即对公众开放的通用机场,指允许公众进入以获取飞行服务或者自行开展飞行活动的通用机场;其中A1级通用机场指含有使用乘客座位数在10座以上的航空器开展商业载客飞行活动的A类通用机场;A2级通用机场指含有使用乘客座位数在5~9座的航空器开展商业载客飞行活动的A类通用机场。

前的《通用机场分类管理办法》的A类通用机场许可条件中并未将安全监督落实到位，缺乏对于安全管理机构、制度、人员的要求；在申请许可条件中虽有具备应急预案的要求，但没有对应急救援能力做出具体的要求，例如除应急预案外，是否要硬性要求其配备应急设施设备，是否硬性要求要进行应急排演以及频次等，均未提及。在实践中若发生安全威胁，因救援措施往往相对滞后，通用机场与运输主体往往需先独当一面，A类通用机场是否具备应急能力是通航短途运输安全监管至关重要的一环。

五、通用航空短途运输法治保障的对策构想

通航短途运输发展是一个系统性工程，既包括法律问题，也包括政策、经济层面的问题，但运用法治保障必定是首要措施。通用航空短途运输法治保障是为了能进一步推动通航短途运输的平稳健康发展，对法律规范顶层设计、多方协作的低空空域改革、通用机场及配套设施建设、飞行安全监管制度完善进行法律层面的构想与设计。

(一)完善通航短途运输法律法规体系

第一，在法律层面，完善《民用航空法》关于通用航空的规定。扩大通航界定范围，将通航短途运输的地位予以明确，并厘清其与公共航空运输业务的具体区别标准。可适当参考2016年《民用航空法》修订征求稿对通用航空的定义、活动运行管理等方面的内容。

第二，在行政法规层面，未来修订《通用航空飞行管制条例》要增加对于通航短途运输飞行、低空空域管理实施细则，鼓励现有机场向通航短途运输企业倾斜开放，以满足从事通航短途运输经营活动所需的配套服务，如停机场地、起降支持、维修服务人员等，以适应不断发展的通航短途运输需求。推进实施《通用航空经营许可管理规定》，结合市场发展及时修订，简化经营许可程序，让更多的企业进入通航发展领域，增加市场活力。

第三，在规章和标准方面，对规章标准和相关规范性文件进行完善，增加特别针对通航短途运输运营的统一规定，借助"两个框架"的指导性和法规的强制性，形成差异化管理，根据通航短途运输与其他通航活动对比体现出来的载客类、企业经营性等特征，制定与其他通航活动不同的管理标准和要求。

(二)深化低空空域管理改革

第一，类型化管理低空空域资源。贯彻空域使用管理公平开放的原则，合理划分低空空域，制定相应的管理措施。充分考虑军民双方需求，统一规划、分别建设，采取多样管制手段，根据飞行申报的不同类型设计一般和特殊两类规则，并将低空空域管理的首要目标确定为目视自由飞行。

第二,优化空域资源配置。将更多的管理权限和资源向民航倾斜,建立军民共同参与的统一的空域管理体系,提高低空空域的使用效率。在和平时期,可以由民航来主导空域资源分配、飞行任务和飞行计划的审批等具体工作。① 空域管理部门根据空域分配原则和程序对低空空域进行管理,解决低空用户之间、部队和通用航空用户之间的矛盾,提高低空空域的利用率,充分释放航空飞行需求,实现行政与军事资源的协调优化配置。

第三,推动空域管理系统统筹规划,统一指挥。通过建立高效灵活的军民航协调机制,高效统一管制飞行活动,让军民空域的交叉使用更加灵活。除此之外,还要对长期以来军民航差异较大的陆空通话、飞行程序、和安全标准等进行梳理和规范,使其符合军民一体管制指挥的要求。通过一体化的管理系统,最大限度实现资源共享,最终实现军方、运输航空、通用航空协同运行的良好状态。

(三)有序推进通用机场及配套设施建设

1. 修改、统一关于通用机场的相关规定

在通用机场使用许可方面,在《民用机场管理条例》中引入《通用机场分类管理办法》关于通用机场是否面向公众这一分类标准,作出差异化规定,为通航短途运输这一载客通航活动提供坚实的基础。

在机场建设方面,《民用机场管理条例》应当进一步细化通用机场的建设要求,进一步明确规范地方政府与民航局各自在规划建设审批权限方面的职责。可以参考美国经验,按照不同航空器所需机场条件的不同进行建设标准和审批的分类设计,对项目和程序的审批进行优化。对于具备相当规模的通用机场,可仅规定其最重要的环节,在配套设施建设的部分灵活下放审批权。

在通用机场安全保卫规范方面,《民用机场管理条例》可适当授权民航局对该部分规范制定规章;2011 年修改的《民用航空安全保卫条例》距今已久,要根据通航机场安全实践进行修改,为通航短途运输业务的开展提供安全保卫依据。

2. 积极推进《通用机场管理规定》出台

"两个框架"背景下拟制定《通用机场管理规定》,该规定的征求意见稿自 2021 年 5 月发布,至今尚未正式出台。在推进该规定出台时,需在申请流程、行业审查上呼应上位法的规定,以保持法律的一致性,完善通用机场建设规划的法律法规体系。在运行管理的具体规定上依据通用机场特点适当放宽要求,或仅对运行中的

---

① 石亚军、李大朋:《对于推进我国民航审批制度内涵式改革的思考》,载《行政法学研究》2020 年第 5 期。

“底线和红线”进行规定,由部门规章做出更细化的规定。

3. 发挥国家政策支持作用

在未来发展中,各地政府在试点基础上一方面要鼓励通用机场建设,重视短途运输与运输网络的融合效应,科学研究通用机场的规划,根据本地通航市场的具体情况来布局;①另一方面要根据现实情况继续发挥支线机场在通航活动中的主体作用,让支线机场和非饱和干线机场也参与到市场中,通过协调有序的市场竞争,为通航短途运输的发展提供更坚实的硬性支撑。加强通用机场配套设施建设,完善城市交通衔接,为枢纽机场的转机航线提供设施基础,使边远地区搭建起与主要城市的快速空中通道,以实现市内、省内、省外关联城市的互通互达,构建更加成熟的通航短途运输服务保障体系。

(四)完善通航短途运输安全监管制度

构建我国通航短途运输监管法律体系并不是要以法定的形式将此类别进行监管措施的法典化,不需要单独制定新的形式架构,在实质上完善确立即可。

首先,加强顶层设计制度引导。完善通航短途运输安全监管的法律法规及配套管理要求,对通航企业的准入与退出进行标准化明确,分类化管理,对通用机场的监管措施要精准化,保障通航短途运输的安全运行。

其次,在构建法律监管体系的过程中要更注重体系化,尽可能避免通航短途运输与其他通航活动类别冲突的可能性,做到各主体职责明确,实现监管措施内部的优化。例如,在通用机场的管理规定中应明确履行监督管理职责的主体是民航地区管理局,履行安全运营管理责任的主体是通用机场运营人,前者负责监管辖区内通用机场建设情况、场址审核、许可备案、运营情况等方面,后者负责机场的安全、运行和服务,并承担相应责任。对于驻场单位,也应设定条款,要求机场运营人与其签订运营协议,明确各自的权责。不同主体各司其职共同保障通航短途运输安全运行。

最后,在具体的监管措施上要结合通航短途运输的特殊性,制定宽严适当的政策。通航短途运输的特殊之处在于,应对突发安全威胁的能力和应急方案等与旅客安全关联程度更大,因此其安全监管具体措施应区别于其他通航活动以及 B 类通用机场。运营短途运输的通航企业,应始终保持运营资质、经营能力和运行能力,承担起安全主体责任。例如,要加强对作业过程尤其是驻外异地运行的有效监督,通过教育培训和组织架构建设人才梯队,提升关键核心岗位人员基本功,为飞

---

① 吕人力、于一:《省域通用机场布局规划的方法与案例研究》,载《民航管理》2019 年第 5 期。

行安全提供基础保障。民航地区管理局应当在通用机场安全人员配齐状况、应急预案可行性分析、定期安全防控演练检查等方面加强监管,严防发生重大安全事故。例如,在《通用机场管理规定》中规定,A类通用机场应结合机场实际制订应急预案,同时为了保障自身具备必要的机场应急救援能力,还应明确要求其配备相应的应急设施,以及制定安全应急演练的最低频次要求,每三年至少组织一次综合演练,每年至少组织一次单项演练,有条件的机场可以增加相应频次,而B类机场就不做等量强制要求。监督管理层面,民航地区管理局对A类通用机场监察要定计划、重执行,对于B类机场则只对特殊情况抽查。法律责任方面,除一些通用条款外,还需要对未履行安全生产管理职责、未管控施工风险等导致安全隐患的行为,应急预案或演练不合规等严重危胁通航短途运输安全运营的行为进行单独处罚,分情节轻重给予警告、罚款等不同处罚。根据通航短途运输的特殊性而设置更具针对性的安全监管措施,能够有效区别于其他通航活动,保证通航短途运输内部安全监管的和谐化、规范化和有效化。

六、结语

通用航空短途运输是抵达边远地区的"最后一公里",是构建综合交通运输立体网络不可缺少的"毛细血管",以小见大可反映出国家的综合发展水平。通用航空发展悠久、较为成熟国家的成功法治保障经验让我们进一步坚信通用航空短途运输只有在法治保障下才能发挥经济和社会效益。当前,随着"两个框架"的推进,从法治保障不同的要素出发,对当前通航短途运输的现状和不足进行分析,可以较为清晰地为该领域法治保障路径提供指引。我们应当完善通航短途运输法律法规,建立符合通航短途运输业务需求的低空空域管理法律法规体系以及加强通用机场建设,为通航短途运输腾飞提供坚实依靠,从法律制定、法律实施角度破解通航短途运输运行障碍,并注重发挥法律监督要素的作用,完善通航短途运输安全监管制度,为通航短途运输安全运行提供法律约束和监督。从法律制定、法律实施、法律监督三类要素的角度构建通航短途运输法治保障体系,助力实现我国交通产业现代化。

[航空公司及其对外投资法律问题研究]

航空公司所有权与控制权概念释疑

——兼与公司法对比*

孙　婷**

航空器作为20世纪最伟大的发明成就之一,彻底改变了现代人类的社会、经济和法律生活。在航空运输系统中,航空公司处于核心主体地位。航空运输业的产业和经济特性主要由航空公司的特性所决定,因此,航空业的核心发展在于航空公司,而航空公司的核心发展"瓶颈"又在于航空投资领域。航空活动天然地具有跨国色彩,各类市场交易和并购活动早已突破国家边界的限制。航空公司的发展既涉及投资安全,也涉及国家对作为战略资源的航空器的控制,在涉外航空投资方面更涉及国家航权问题,因而航空公司投资问题不仅对一国航空运输业的发展具有重要意义,在维护一国国家主权方面亦具有重要价值。其中,航空公司实质所有权与有效控制权在航空公司投资领域至关重要,即谁对航空公司具有真正的所有权,能够对航空公司具有真实的控制。实质所有权与有效控制权概念源于传统公司法上的所有权与控制权分离理论,在航空法国际条约、公约及各国的航空法实践中,又发展出了独具特色的航空法意蕴,成为一

* 2021年天津市哲学社会科学规划项目"金融科技视角下我国证券登记结算的理论与制度研究"(项目编号:TJFX21-013)。

** 孙婷,中国民航大学法学院讲师、法学博士,研究方向为民商法学、航空法学。

国对外商投资本国航空公司进行准入限制及战略控制的基本手段。

概念是法律制度和规则的灵魂,清楚、一贯、无矛盾的概念体系才能真正实现法律的目的,否则就会造成法律解释和适用的矛盾。文章旨在通过对航空公司实质所有权与有效控制权概念进行系统的分析,结合公司法中相关概念的特定内涵,辨析所有权和控制权概念在航空法中经历了怎样的发展变迁,其内涵和实质在跨学科的过程中是否发生了本质或目的的变化,此种变化因何发生,"实质"与"有效"的限定缘何发生,对整个航空法的完善又有何种意义。

一、交叉视野:公司法上的所有权与控制权及其分离理论

公司法作为商事组织基本法,与作为商事交易基本法的民法典一起,构成了中国特色社会主义市场经济法治的两根支柱。而作为航空业核心主体的航空公司,在经济活动中自然也要遵守公司法的规范。[①] 航空公司实质所有权和有效控制权概念脱胎于公司法上的股权及所有权、控制权分离理论。

(一)股权、所有权与控制权

1. 公司法上的股权与所有权

股权是股东基于股东地位在法律上对公司享有的一系列权利的总称。[②] 它在内容上主要分为两类权利,股东的资产收益权和参与公司经营管理权,既有财产权的一面,又有非财产权的一面。[③] 资产收益权直接体现为公司营运中的股利分配请求权和公司清算时的剩余财产分配请求权;股东参与公司经营管理权,则是对参加公司重大决策的权利和选择管理者的权利的概括。在大陆法系,股权性质是公司法上的传统命题。日本公司法学界曾爆发社员权说与社员权否认说之争,我国的争论则主要围绕着股权究竟是债权、物权、社员权抑或是独立权利进行,[④]随着公司实践和立法的深入,我国逐渐认可股权作为一项独立权利的地位。[⑤]

---

① 《民用航空法》第94条第1款规定:公共航空运输企业的组织形式、组织机构适用公司法的规定。

② 参见赵旭东:《公司法学》,高等教育出版社2006年版,第320页。

③ 股权究竟包括哪些独立的具体权利,一直是个争议性话题,在我国公司法著述上,有的仅仅罗列了数种具体权利,有的则达二十种之多。但各国公司立法均承认股权内容包括财产权和非财产权两大类这一点则毋庸置疑。如我国《公司法》第4条规定,公司股东依法享有资产收益、参与重大决策和选择管理者等权利。

④ 参见郭锋:《股份制企业所有权问题的探讨》,载《中国法学》1988年第3期;李友根:《企业法教程》,南京大学出版社1994年版,第20页;郭同意:《论股份合作制改制中的股权设置》,载《甘肃社会科学》1999年第3期;周游:《股权性质之争:误区释疑与价值重述》,载《经贸法律评论》2019年第2期。

⑤ 如《民法典》第125条规定,民事主体依法享有股权和其他投资性权利。独立权利说的相关代表性意见可参见李建伟、周游等学者的著作。

尽管独立权利说得到了一定程度的承认,但“物权说”在我国公司法界依然影响深远,并衍生出了诸如“公司所有权”等相关概念。“物权说”最早根植于学界对美国公司法相关制度的误解。在研究股权时,美国法上的“ownership”一词受到中国学者的关注,公司法学者 Henry Hansmann 的经典著作《企业所有权论》(*The Ownership of Enterprise*)在股东对公司享有的权利部分就使用了“ownership”一词,该词在翻译场景下通常被译为“所有权”。然而,在大陆法系制度框架下,所有权属于物权范畴。按照此种逻辑,股东对公司享有所有权(ownership),所以股东是公司之所有者(owner):股东是公司所有者之表征体现为股权,基于所有权属于物权范畴,那么股权也是物权或至少是准物权。①

然而,Henry Hansmann 在书中亦提及,商事领域不仅存在投资者(股东)所有的企业类型,还存在雇员所有、顾客所有等类型的企业。所谓“所有权”是对企业的控制权以及对企业利润或剩余价值索取权。② 美国法中的“所有权”概念明显受到经济学研究的巨大影响,“owner”在经济学范畴所指代的主体非常广泛,不仅包括投资者(股东),还可能指代剩余控制权人乃至剩余求偿人或受益人。③ 可见,此种“所有权”在内涵与外延上,与大陆法系物权法上的所有权存在巨大差异,美国法并不存在与大陆法系相同的所有权概念。④ 因此,我们引入“ownership”一词时,不能简单转译为股东是公司的“所有权人”,这种理解不仅在语义上存在偏差,其所形成的观念还将严重扭曲对股权性质的认识。

由此观之,将两大法系中存在重大差别的“所有权”概念和制度熔为一炉,可能是导致我国理论界与实务界将股权性质理解为所有权的主要原因。为免与我国物权法上的所有权概念相混淆,文章将以加引号的“所有权”指代传统公司法上的所有权概念。

2. 公司法上的控制权

通过对“所有权”的分析,我们知道,“所有权”是对企业的控制权以及对企业利润或剩余价值索取权。控制权源于所有权。但如同英美法系一贯的实用主义以及对概念和体系化的冷漠一样,控制权也是美国公司实践发展的产物,而非制度性产物,对其概念进行体系化梳理本身就是一项挑战。

从理论上来说,在公司运行过程中,股东是公司的唯一、终极的经济上的所有

---

① 参见周游:《股权性质之争:误区释疑与价值重述》,载《经贸法律评论》2019 年第 2 期。

② See Henry Hansmann, *The Ownership Of Enterprise*, Harvard University Press, 2000, p. 11.

③ 参见李清池:《商事组织的法律结构》,法律出版社 2008 年版,第 53 页。

④ 参见邓峰:《普通公司法》,中国人民大学出版社 2009 年版,第 361 页。

者,对公司资产拥有剩余控制权(residual control)与剩余索取权(residual claims)。剩余控制权,是指公司法等法律文件以及公司章程等契约文件没有明确分配的公司控制权,它的产生是立法不完备性与契约不完备性①造成的。对于立法者与缔约者而言,立法与契约内容的不可预见性与不可验证性,不可避免地导致立法与契约内容的不完备,难以穷尽所调整的事项范围。具体到公司控制权的分配,就表现为出现剩余控制权;具体到公司财产权的分配,就表现为剩余索取权。

在股权集中的公司领域,股东往往以控股方式获得公司控制权,如持有的股权占公司股本总额50%以上即为控股股东,享有公司控制权。此时所有权与控制权主体重合;但随着公司实践的发展,尤其是美国大型公众公司的发展,股权分散现象逐渐普遍,公司控制权逐渐开始了与所有权分离的历程。

(二)公司法上"所有权"与控制权的分离

1. 公司法上的"所有权"与控制权分离理论

从理论上来说,股东是公司的唯一、终极的经济上的所有者,且与控制权的归属相一致。② 相应地,股东会作为权力机构掌控重大经营决策权。然而,美国现代公司实践发展出了新的公司权力运行状态:由于股权严重分散,③股东通过股东会行使权力的成本很高,必须不同程度地将经营管理权委托给董事会行使,董事会再转委托给以经理为首的高级管理人员,股东还委托监事监督董事、高管。这样在内部治理中,股东与董事会之间、股东与监事会之间、董事会与经理之间、经理与其他高管之间存在层层的代理关系。名义上,委托人是代理关系的授权方,处于主动地位,但在实际的权力运行中,越处于代理关系末端,越有机会行使剩余控制权,扩张自己的权力,故以经理为首的高管层实际拥有的权力远大于公司法设定的"纸面上"的权力。④

美国学者克拉克(Clark)在其著作中也对此种公司实践进行了形象的描述,他在20世纪80年代曾将资本主义的发展总结为四个阶段,⑤其中20世纪前叶这段时期,被称为"职业经理人时代"(age of the professional business manager),属于公

---

① 关于不完全契约理论,参见贾敬华:《不完备合同的经济分析——论经济分析法学的理论模式》,中国人民大学2004年博士学位论文,第140页;杨瑞龙、聂辉华:《不完全契约理论:一个综述》,载《经济研究》2006年第2期;陈克:《论不完全合同视角下的公司融资》,载《交大法学》2020年第1期。

② See Paul Davies, *Introduction to Company Law*, Oxford University Press, 2002.

③ 参见[美]伯利、米恩斯:《现代公司与私有财产》,甘华鸣等译,商务印书馆2005年版,第130~135页。

④ 参见李建伟:《公司法学》(第5版),中国人民大学出版社2022年版,第9页。

⑤ See Robert Charles Clark, *The Four Stages of Capitalism: Reflections on Investment Management Treaties*, Harvard Law Review, 1981, p. 561.

司发展的成熟期。在此时期,专业的公司职业经理人出现,股东不再参与公司管理,公司的所有权与控制权分离开来,股东享有公司的股权利益,但控制权掌握在职业经理人手中。1932年伯利(Berle)和米恩斯(Means)在其名著《现代公司与私有财产》中也提出“经理革命”(managerial revolution)命题:现代企业的发展使得公司从所有者控制转变为经营者控制,公司中的所有权与控制权发生了分离(separation of ownership and control),即两权分离。① 书中将所有权与控制权分离分为了五种形态(见表1);专业分工程度更高、股权更为分散的公众公司或上市公司最为典型地代表了公司所有权与控制权的分离。②

最终的结果是,股东或者董事会拥有立法上名义的剩余控制权,但以经理为首的高管拥有实际的剩余控制权。公司法理论将这一现象总结为名义上的“股东会中心主义”、“董事会中心主义”与实际上的“经理人中心主义”,这三种模式也是现代公司治理结构③上的三种典型模式。所有权与控制权分离理论也由此产生,并在全球范围内产生了巨大影响。

表1 “所有权”与控制权分离形态

序号	控制权形态	控制权人	“所有权”与控制权分离程度
1	通过近乎全部“所有权”实施的控制(control through almost complete ownership)	持有公司全部或者几乎全部有表决权股权的股东	几乎不分离
2	多数“所有权”控制(majority ownership)	持有公司51%以上有表决权股权的股东	对持有少量股权的股东而言几乎分离
3	不具备多数“所有权”,但通过法律手段实施的控制(control through a legal device without majority ownership)	不持有过半数股权,但通过发行无表决权股或多数表决权股、股权信托等法律方式而享有超过51%表决权的股东	对丧失实际控制权的股东而言几乎分离

① 参见李建伟:《公司法学》(第5版),中国人民大学出版社2022年版,第8页。

② 参见黄辉:《现代公司法比较研究:国际经验及对中国的启示》,清华大学出版社2011年版,第1页。

③ 公司治理(corporate governance),又称公司治理结构,是经济学、管理学、法学等学科的共同研究课题,但到目前为止,尚未形成一个公认的定义。狭义的公司治理仅解决因两权分离而产生的代理问题,是在两权分离的框架下为保障股东的利益,就公司控制权在股东与管理层之间的分配所达成的制度安排。参见李建伟:《公司法学》(第5版),中国人民大学出版社2022年版,第277页。

续表

序号	控制权形态	控制权人	“所有权”与控制权分离程度
4	少数“所有权”控制(minority control)	持有少数股权,但通过表决权征集、表决权信托、表决权拘束协议等方式享有超过51%表决权的股东	基本分离
5	经营者控制(management control)	股权高度分散的公司中,不持有股权的经营者	完全分离

总之,在现代公司法上,除了通过压倒性的股权比例、表决权比例获得公司控制权以外,非为公司股东亦可成为公司的实际控制人,如伯利和米恩斯书中的职业经理人,即经营者,以及通过投资关系、协议或者其他安排,能够实际支配公司行为的人。因此,控制权的获得往往与股权中的表决权相关,在两权分离过程中,表决权往往成为不同股东之间争夺公司控制权的工具,是公司所有与公司控制的连接点,①但表决权比例也并非唯一决定因素。

2. 我国公司法上的两权分离——所有权与经营权分离

两权分离学说滥觞于20世纪30年代,并成为大半个世纪以来全球公司法理论与实践的重要基础。

值得注意的是,两权分离指的是“所有权”与控制权分离,而非“所有权”与经营权分离。在法学上,控制权与经营权在谈及两权分离时往往被视为同义语。两者在经济学领域也常交替使用。② 然而,作为两权分离学说的鼻祖,伯利和米恩斯却表明控制权与经营权不同。③《现代公司与私有财产》一书中总结并详细分析了控制权的演变过程,认为公司控制权的形态至少包括五种,而经营者控制只是其中一种,④也只有在经营者控制的情形下,“所有权”与控制权发生完全分离,此时控制权与经营权也才可能实现无缝重叠,从而可以忽略两者存在的差异。

公司法关于两权分离的探讨几乎都以经营者控制为中心,正因其与美国公司实践完美契合。而我国公司实践体现为一种典型的“股东会中心主义”,“所有权”

---

① 参见梁上上:《股东表决权:公司所有与公司控制的连接点》,载《中国法学》2005年第3期。

② 参见张维迎:《理解公司:产权、激励与治理》,上海人民出版社2014年版,第27、181页。

③ See Adolf A. Berle & Gardiner C. Means, *The Modern Corporation and Private Property*, the Macmillan Company, 1932, p. 69.

④ See Adolf A. Berle & Gardiner C. Means, *The Modern Corporation and Private Property*, the Macmillan Company, 1932, p. 70.

与控制权几乎不发生分离或分离的程度较低。20世纪90年代以来,建立现代企业制度逐渐成为我国经济体制改革的重要目标,其基本目的是实现企业所有权与经营权的分离,并深刻影响了当代中国公司法制的构建。

两权分离的实质是一种典型的公司治理结构,或称管理结构。根据前文叙述,两权分离的本意是"所有权"与控制权的分离。在美国"董事会中心主义"的公司治理模式下,美国公司法将经营管理公司的权力原则上交付给了董事会,股东仅仅保留对少数公司事务的表决权。董事会权力下沉,形成事实上的"经理人中心主义"。① 而中国"股东会中心主义"模式下,"所有权"和控制权几乎不发生分离。有学者认为,中国公司法实际采取的是经营权分裂模式,如动议权和决定权的分裂,②并无"中心"可言。③

二、概念衍生:航空法中的实质所有权与有效控制权

作为典型的领域法学,④航空法自带交叉属性,这不仅体现在学科属性上,还体现在航空法领域的具体概念和规则之上。航空公司的实质所有权与有效控制权概念就源于公司法中的所有权与控制权理论。

(一)航空公司实质所有权与有效控制权的提出

1. 航空公司的实质所有权概念——以股权为基础

航空公司实质所有权⑤和有效控制权(Substantial Ownership and Effective Control)概念首次出现在美国1934年《航空邮件法》(United States Airmail Act of 1934)中,⑥1940年的利玛会议(Lima Conference of 1940)也做了类似的规定。⑦ 有

---

① 美国公司法上"董事会中心主义"的公司治理模式说到底也只是一种默认规则(default rule),很多州的公司法都允许公司在章程中特别约定,排除董事会的经营管理权,而由股东直接管理公司。参见张巍:《董事会中心主义公司治理模式的缺陷与出路》,载陈洁主编:《商法界论集》第8卷,中国金融出版社2021年版,第94~124页;Easterbrook Fischel, *Close Corporations and Agency Costs*, Standford Law Review, 1986, p. 275-276。

② 根据我国《公司法》规定,经营管理的动议权主要交给董事会,而决定权则留给股东大会。

③ 参见王军:《中国公司法》(第2版),高等教育出版社2018年版,第249页;Macey, *Corporate Governance: Promises kept, Promises Broken*, Princeton University Press, 2008, p. 96。

④ 参见刘剑文:《论领域法学:一种立足新兴交叉领域的法学研究范式》,载《政法论丛》2016年第5期。

⑤ 亦有译为"主要所有权"的学者。参见王瀚、张超汉、孙玉超:《国际航空法专论》,法律出版社2017年版。

⑥ See Sheri Linzell, *Ownership and Control Restrictions in US Aviation Law*, Air and Space Law, Volume 35, Issue 6 (2010), p. 379-407.

⑦ 参见吴建端:《航空法学》,中国民航出版社2005年版,第150页。

学者认为,航空公司的所有权通常体现为对具有表决权的股权的持有。① 实质所有权通常指持有超过 50% 的具有表决权的股权。② 比如,迈克尔·卡尼(Michael Carney)和伊莎贝尔·多斯塔勒(Isabelle Dostaler)认为,一家航空公司至少 51% 的股权由本国股东持有,且董事长和 2/3 的董事会成员也是本国公民时,才可认定为享有实质所有权与有效控制权。③ 可以看到,此种航空公司实质所有权概念源于传统公司法立法,是一种基于股权或表决权比例的公司产权结构配置,且在这种概念中,航空公司实质所有权与有效控制权不发生分离。

在航空公司普遍国有化的年代,航空公司所有股权都属于国家所有或至少由本国股东控股,不发生本国航空公司所有权与控制权散佚至他国之风险。随着经济自由化、全球化的发展,航空公司迫切需要扩大资金融通渠道以满足不断壮大的业务规模,降低成本,提高经营效率。因此,自 20 世纪 70 年代起,全球掀起了如火如荼的航空公司私有化浪潮,部分航空公司股权分散在本国和外国股东手中也是常有之事。这种情况下,航空公司具有表决权的股权比例在确立实质所有权时并不成为唯一的决定性因素。例如,某航空公司由本国股东持有超过 50% 具有表决权的股权,剩下不足 50% 的股权由外国股东持有,在本国股东人数较多且股权比例分散时,航空公司的实质所有权就不归由本国公民所有。此时的实质所有权实际已经包含控制权的意思。

美国国内层面,外资可以持有本国航空公司股权的比例早在 1926 年美国《商业航空法》中已经有所规定;国际层面,直到 1944 年才在《国际航班过境协定》中第一次明确引入实质所有权和有效控制权条款。该限制性规定是各国拥有对本国领空主权的自然产物。因此,为保证航空公司的实质所有权由本国公民享有,各国家都会根据本国的实际情况对外资可持有本国航空公司股权的比例限额做出不同的规定。

2. 航空公司有效控制权的提出

航空公司的有效控制权与实质所有权在国际上是同时提出的。根据国际航空运输协会(International Air Transport Association, IATA)的相关研究报告,④航

① 参见姚昌金:《航空公司实质所有权和有效控制权研究——以美国和欧盟航空运输自由化为视角》,中国政法大学 2014 年博士学位论文,第 11 页。

② 欧盟委员会在处理 Swiss Air 和 Sabena 合并时曾对航空公司的欧盟所有权进行解释。

③ See Michael Carney & Isabelle Dostaler, *Airline Ownership and Control: A Corporate Governance Perspective*, Journal of Air Transport Management, Vol. 12:2, p. 63 – 75.

④ APAG, *Study on Nation Ownership and Effective Control of Airlines*, supplementary documentation for APAG/29, (Montreal; 24SP, 1991). APAG 代表 IATA 的航空运输政策建议小组,是 IATA 设立、专门提供发展国际航空运输政策的下属办事机构。

空公司有效控制权是一个实践中的政策问题。

在美国公司法上,由于公司的各项活动是在董事会的指挥下进行的,一般认为公司的控制权掌握在那些拥有挑选董事会成员(或大部分董事)实权的个人或集团手中。因此美国航空立法通常明确规定公司董事会成员中的一定比例必须为本国国民或居民。美国1938年《民用航空法》规定,①对于美国"载旗航空公司"②,美国公民必须:第一,持有75%的表决权股权;第二,持有超过51%没有表决权的股权;第三,最重要的是,有效控制该航空公司。③ Magnus Schmauch 认为,一国许可证颁发机构必须确定外国航空公司是否能够以任何特定形式实施实际或有效的控制。④美国1958年《联邦航空法》规定,任何一个外国承运人或控制外国承运人的个人,以任何方式获得由美国人实质经营的航空业务都违反美国法律。尽管美国运输部(Depart of Transport,DOT)认为美国航空公司由外资控制的情况从来没有发生过,但从理论上来说,因航空公司股权分散,较小的持股比例也可能出现实际控制公司的情况。

美国并无联邦层面的成文公司法,其1933年《证券法》和1934年《证券交易法》往往被认为是实质意义上的公司法之体现。美国1934年《证券交易法》规定,控制意味着通过对具有表决权股权的持有、合同或者其他方式,有权力直接或者间接指导或影响公司或个人的管理及政策。该规定作为一般性公司规范,自然适用于航空公司。但在专门的航空法领域,并无相关细则性规定。因此,美国航空主管部门,包括美国航空委员会(Civil Aviation Burea,CAB)和DOT主要采取灵活的方式,在不同的历史时期,根据本国经济和航空业发展的实际需要对有效控制权进行灵活解释。在具体的个案中,可能存在无数种方法来实现对航空公司的有效控制。⑤

① See Arlington & David T. , *Liberalization of Restrictions on Foreign Ownership in US Air Carriers: The United States Must Take the First Step in Aviation Globalization*, J. Air L. & Com. 59, p. 133(1993).

② 又称国家航空公司,指的是由国家或政治实体出资设立、经营或指定的航空公司,一般都会在该公司使用的航空器明显部位涂上代表该国家或政治实体的旗帜或标志。参见王瀚、张超汉、孙玉超:《国际航空法专论》,法律出版社2017年版,第107页。

③ See Lelieur & Isabelle, *Law and Policy of Substantial Ownership and Effective Control of Airlines: Prospects for Change*, 2002, p. 46 – 50.

④ 参见姚昌金:《航空公司实质所有权和有效控制权研究——以美国和欧盟航空运输自由化为视角》,中国政法大学2014年博士学位论文。

⑤ 例如,美国公民与外国投资者之间的某种私人关系也可能形成对航空公司的影响,并将外国控制权做出两种不同的分类,即通过购买股权的方式实现财务控制和通过私人之间的关系实现控制。Department of Transportation, Order in the Matter of the Acquisition of Northwest Airlines by Wings Holdings, Docket No. 46371, 29 Sep, 1989.

欧盟在1992年7月23日通过的第2407/92号规章中,对有效控制权进行了较为明确的定义,用以判断某个欧盟成员国的航空承运人是否为"共同体承运人"。其中第2条g款规定,有效控制权为由权利、合同或其他方式单独或共同组成的一种关系,并考虑到涉及的法律或实施,授予直接或间接地对航空公司某个重大项目或行为施加决定性的影响的可能,特别是:第一,使用某个项目或行为中全部或部分财产的权力;第二,对某个项目的组成、选举或决定有着决定性的影响或对项目的运营有决定性的影响。

(二)相关国际法渊源

1.多边体制

国际航空运输多边法律体制是三个或更多的国家在一个国际组织或一项多边条约或协议的框架之内对国际航空运输活动进行协调、管理的机制。①

《巴黎公约》②是人类历史上第一个涉及国际民用航空活动的公约,③第一次系统地确定了国际民用航空一些基本原则,④强调航空器国籍问题,如第6条"航空器国籍"条款,第12条"国家空域"条款。⑤ 而现代航空运输法律体制起源于第二次世界大战末期,为吸取战争带来的沉重教训,1944年《芝加哥公约》全面实施主权原则,承认主权国家对其空域享有排他的支配权。⑥ 主权原则构成了整个国际航空法律制度的基础,并很快被各国批准与接受,⑦那些不受该公约制约的国家甚至也认可了空间主权原则。然而,作为规范国际航空运输关系的《芝加哥公约》没有提及航空公司所有权和控制权问题,该公约第7条是关于国内载运权的规定,⑧第17条规定航空器具有其登记国的国籍,第20条规定从事国际空中航行的每一航空器应载有适当的国籍标志和登记标志,第21条规定"登记的报告,缔约各国承允,如经要求,应将关于在该国登记的某个航空器的所有权情况提供给任何另一缔约国

---

① 参见王瀚、张超汉、孙玉超:《国际航空法专论》,法律出版社2017年版,第40页。

② 参见余先予主编:《国际法律大辞典》,湖南出版社1995年版,第809页。

③ See Lord McNair, *The Law of the Aired*, Stevens & Sons, 1964, p. 407.

④ See Andreas Lowenfeld, *Aviation Law: Cases and Materials*, M. Bender, 1972.

⑤ 除非某一航空器全部属一国国民所有,否则不得进入该登记国。

⑥ 其第1条规定,各缔约国承认每一国家对其领土之上的空域具有完全的和排他的主权;第6条规定,除非经一缔约国特准或其他许可并遵照此项特准或许可的条件,任何定期国际航班不得在该国领土上空飞行或进入该国领土。参见唐明毅主编:《现代国际航空运输法》,法律出版社1999年版,第51页。

⑦ Anthony Sampson, *Empires of the Sky, the Politics, Contests and Cartels of World Airlines*, Hodder and Stoughton, 1984, p. 71.

⑧ 又称境内运输权,是指从国内一点运输货物、旅客、邮件到该国另一点的权利,通常情况下,该权利由本国航空公司所有。

或国际民用航空组织”。此外,缔约各国应按照国际民用航空组织制定的规章,向该组织报告在该国登记的经常从事国际航行的航空器所有权和控制权的有关数据。如经要求,国际民用航空组织应将所得到的数据提供给其他缔约国。第 21 条是该公约中唯一提到所有权和控制权概念的条款,但是规定的是航空器的所有权和控制,而非航空公司的所有权和控制权。

事实上,航空公司实质所有权和有效控制权概念在任何一部国际公约中都没有明确定义。各国主要根据《芝加哥公约》中相关的主权和国籍等基础性条款做出对本国有利的政策性解释。因此,根据领空主权原则,鉴于国内载运权[①]通常只能由登记国国民拥有的航空公司享有,国籍通常又是一国国内法登记的前提条件,因此世界上大部分国家航空公司的所有权和控制权只能由拥有本国国籍的居民享有。

与 1944 年《芝加哥公约》同时制定的《国际航班过境协定》第一次在多边条约中明确规定了所有权和控制权条款,[②]其第 1 条第 4 款规定,每一缔约国如对另一缔约国空运企业的实质所有权和有效控制权是否属于该缔约国国民存有疑义,或对该空运企业不遵守其飞经国家的法律,或不履行本协定规定的义务时,保留扣发或撤销其证书或许可证的权利。这就是自 20 世纪 40 年代以来,各国在其国内法律、规章及双边条约中采纳实质所有权和有效控制权条款最初的法律渊源。[③]

2. 双边体制

航空运输协定建立的国际空中航行法律制度,以领空主权原则为核心,依据国家对其领空享有完全的和排他的主权这一原则,构成了国际航空运输活动的双边框架。按照《芝加哥公约》的规定,国家之间交换与航空运输相关的营运权,经营定期国际航班必须由有关国家签订双边航空运输协定予以管理,而非定期国际航班则由飞入国单方面管理,各国法律可以决定所有权的控制程度和外国航空公司的数量。[④]

双边协定是两国通航的主要法律依据,国际航空运输的管理体制由约 2000 个

---

① 《芝加哥公约》第 7 条规定:各缔约国有权拒绝准许其他缔约国的航空器为取酬或收费在其领土内装载前往以其领土内另一地点为目的点的旅客货物或邮件。

② 《国际航班过境协定》(International Air Services Transit Agreement),1944 年 12 月 7 日在芝加哥国际民用航空会议上签订,1945 年 1 月 30 日起生效。该协定的签字国与接受国为国际民用航空组织的成员国。该协定主要规定基础性的第一和第二业务权,截至 2013 年年底,共有 145 个签字国,我国也是该协定的成员国。

③ 1946 年美国和英国签署航空运输协定(《百慕大协定Ⅰ》)第一次在双边协定中写入所有权和有效控制权条款,此后几乎所有双边航空运输协定都以此为范本,成为 20 世纪最流行的一种双边协定模式。

④ 参见胡超容:《论航空自由的发展进程》,载《西南民族大学学报(人文社科版)》2006 年第 10 期。

双边航空协定的网络构成,这些协定大多并不透明,约束着两国之间的航空运输服务。① 航空运输市场在高度管制下运行,其最基本的特点是对等交换。② 1946 年的美英航空运输协定,通常称其为《百慕大协定Ⅰ》,其中第 6 条开辟了双边航空运输协定中规定实质所有权和有效控制权之先河;③20 世纪 70 年代开始,石油危机和西方国家的经济衰退对民航业发展产生了较大负面影响,英国为了扭转其基于《百慕大协定Ⅰ》与美国在国际航运中遭受的不利益,极力促成了《百慕大协定Ⅱ》的签订。《百慕大协定Ⅱ》因此更多体现了英国的航空政策,与其说这种政策体现了英国的贸易保护主义,不如说英国是为了实现本国利益的平衡。《百慕大协定Ⅱ》继续保留航空公司所有权和控制权条款。至此以后大部分国家间双边协定均包含该条款。

双边航空运输体制限制了缔约国航空公司的产权结构,仅允许本国国家或国民拥有或控制的航空公司行使被给予的权力。在经营权方面,双方只能指定同样数目的空运企业经营业务,被指定企业实行"实质所有权和实际控制权"准则,所使用的航空器亦得实行"实质所有权和实际控制权"准则。国内法可以规定,只有该国国民可以拥有或控制被授权的航空公司。实质所有权和有效控制权条款写入双边航空运输协定至今,国际航空运输发生了巨大的变化,朝着越来越自由的方向发展,但双边模式在国际航空运输管理方面仍占据绝对的主导地位,在全球绝大多数双边航空运输协定中仍保留着该限制性条款。

(三)基于现行法律规定的实证法分析

与改革开放的步伐相一致,我国航空运输业大致也经历了从严格管制、逐步放松到向着航空运输自由化方向发展的历程。法律体系建设,是一国现代化进程的重要标志。纵观各国航空运输业发展规律,其中最为重要的因素之一就是各民航强国从国家利益最大化出发,推行和制定有利于本国民航业发展的政策,注重加强本国航空法制建设,以航空立法为先导,提供坚实的政策和法制基础。④

---

① See Anthony Sampson, *Empires of the Sky, the Politics, Contests and Cartels of World Airlines*, Hodder and Stoughton, 1984, p. 72.

② 参见王瀚、张超汉、孙玉超:《国际航空法专论》,法律出版社 2017 年版,第 30 页。

③ See P. P. R Haanappel, *the Law and Policy of Air and Outer Space*, Kluwer Law International, 2003, p. 13.

④ 例如,美国国会于 1925 年第一次就航空活动进行全国性立法,颁布了《航空邮件法》(Air Mail Act),1926 年颁布了《航空商业法》(Air Commerce Act),1930 年美国国会又对航空经济进行立法,制定了《麦克纳利—沃特斯法》,1938 年制定了《民用航空法》和 1958 年修订的升级版《联邦航空法》,其后又制定了一些与航空有关的专门性立法,涉及机场、安全、税收、噪声等,此外还有美国参加的国际航空公约、缔结的双边协定、法院判例和航空行政决定等共同组成了美国现行航空法律体系的结构和内容。

1. 国际层面

我国是国际民用航空组织(International Civil Aviation Organization,ICAO)的创始国之一,中国于1944年签署《芝加哥公约》,并于1946年成为正式会员国。1974年中华人民共和国政府承认《芝加哥公约》并参加ICAO的活动。近年来,随着我国航空运输的快速发展,我国已成为全球第二大航空运输大国,在国际航空领域已有一定的影响力。

在多边层面,我国基本同意ICAO提出的航空公司实质所有权和有效控制权自由化选择性条款;在区域层面,我国积极推动区域航空运输协定,如积极参与东盟内部的"单一天空"航空运输政策;在双边层面,积极发展航空运输双边关系,由于我国航空公司国际竞争力还较弱,在几乎所有的航空运输协定中均保留着航空公司实质所有权和有效控制权条款。[①] 如《中华人民共和国政府和阿尔及利亚民主人民共和国政府民用航空运输协定》第3条第2款规定,缔约一方指定空运企业的主要所有权和有效管理权应属于该缔约方或其国民。

2. 国内层面

我国国内民用航空法律体系,主要分为法律、法规和部门规章三个层次。[②]

国内航空法规中涉及所有权与控制权条款的主要文件包括《民用航空法》,其中第7条第2项规定企业法人的注册资本中有外商出资的,其机构设置、人员组成和中方投资人的出资比例,应当符合行政法规的规定;第8条规定,依法取得中华人民共和国国籍的民用航空器,应当标明规定的国籍标志和登记标志;第11条规定,民用航空器权利人应当就民用航空器所有权向国务院民用航空主管部门办理权利登记。该法第158条规定,航空器侵权损害赔偿责任,由民用航空器的经营人承担。在界定民用航空器的经营人时虽然综合考虑了民用航空器的使用权、航行控制权以及所有权,但更为强调后两者。当使用权与航行控制权相分离时,以航行控制权为最终界定标准。也就是说,谁掌控民用航空器谁就是经营人,就对损害负责。[③] 该法第159条规定,未经对民用航空器有航行控制权的人同意而使用民用航空器,对地面第三人造成损害的,有航行控制权的人除证明本人已经适当注意防止此种使用外,应当与该非法使用人承担连带责任。在这几条规定中,所有权的对象

① See Ga brief S. Meyer, *U. S-China Aviation Relations: Flight Path toward Open Skies*, Cornell International Law Journal, vol. 35, p. 435(2002).

② 参见王瀚、张超汉、孙玉超:《国际航空法专论》,法律出版社2017年版,第11页。

③ 参见郝秀辉:《航空器致第三人损害的侵权责任研究》,中国政法大学出版社2010年版,第174页。

均指向航空器而非航空公司,而控制权主要指的是航行控制权。

2001年12月10日原民航总局等通过了《外商投资民用航空业规定》(已失效),标志着中国民航对外开放进入新阶段。该文件明确规定,外商投资公共航空运输企业,应当由中方控股,一家外商(包括其关联企业)投资比例不得超过25%;外商投资从事公务飞行、空中游览、为工业服务的通用航空企业,由中方控股;从事农、林、渔业作业的通用航空企业,外商投资比例由中外双方商定;外商投资飞机维修(有承揽国际维修市场业务的义务)和航空油料项目,由中方控股;货运仓储、地面服务、航空食品、停车场等项目,外商投资比例由中外双方商定。

这些规定一方面为民航资本和外资航空公司、机场提供了更加广阔的空间,放松了航空运输市场,使我国民航市场结构发生了重大变动。另一方面,无论是公共航空运输业还是通用航空运输业,都要求中方控股,保持中国国民的控制权。尽管该规定已于2020年被废止,但也可见我国民航监管部门对于外资入股航空运输业的态度是相对保守的。

三、理论转化:航空公司所有权与控制权概念重释

与公司法中的所有权与控制权不同的是,航空公司的相关问题在所有权与控制权前加了“实质”与“有效”两个限制词。在航空运输领域,为何会分化出“实质所有权”与“有效控制权”这个命题?何为“实质”?何为“有效”?与公司法的相关意蕴是否一致?这需要将眼光从传统公司法上转移到现代航空法实践活动中,在解构与重构中找到问题的答案。

(一)航空公司实质所有权与有效控制权概念质疑

我国在双边协定中,往往将“Substantial Ownership and Effective Control”中的“Substantial”译为“实质的、主要的”,将“Effective”译为“有效的”。何为“实质”与“有效”?此种规定是否过于模糊而导致法律适用上的困难?在现代汉语中,“实质”往往是指相当数量或体积,是一个表示程度的词语;“有效”则对应着“无效”或“不那么有效”,也有程度之别。

难道真的存在“形式”的所有权与“无效”的控制权吗?事实确实如此。美国公司法研究大家Henry Hansmann在其经典著作《企业所有权论》(*The Ownership of Enterprise*)中认为,企业的“所有者”是指分享以下两项名义权利(formal rights)的人:对企业的控制权和对企业利润或剩余收益的索取权。这个概念的经典之处在于,这里的控制权和剩余索取权两项权利只是“名义上的”,而“名义上的”控制并不一定是有效的控制。名义控制权通常只涉及选举董事和诸如公司合并、解散之

类的重大决策的表决权。在大型的商事公司中拥有名义控制权的股东通常人数众多且过于分散,存在集体行动困境,实际上就连以上的重大决策,公司股东都很难有效地参与,因而只能享有这种“名义”上的控制权。①

无独有偶,在对美国公司法产生重大影响的巨著《现代公司与私有财产》中,伯利和米恩斯认为,在经济学上,在企业中拥有一定的权益,却不能以其他法律关系确定其地位时,都是公司经济上的“所有者”,如除股东是公司的“所有者”外,债券持有者与领取工资的临时雇员也是公司的部分所有者(part owners);而在法律上,在众多、复杂的对公司拥有权益的主体中,只有那些拥有“主要权益”的人才被视为法律上的“所有者”,同样地,许多主体会在公司事务中行使一定的权力(power),但只有那些对公司拥有“主要权力”的人才被认为是法律上的“控制者”。② 在这里,“主要权益”和“主要权力”中的“主要”一词就是描述程度的词语,和“实质”与“有效”有异曲同工之妙,给个案的法律适用留下了充分灵活的解释空间。

由此看来,“实质”与“有效”都是无法量化的描述性词语,而非准确清晰的法律术语,“实质”所有权与“有效”控制权的要求是,必须穿透形式上股权结构的限制,在经济上实际掌握对航空公司的资产收益权,在经营管理上实际掌控航空公司的经营管理权。此种弹性立法技巧源于美国公司法的理论与实践,又被搬到了涉及国家利益、需要更大解释空间的航空公司领域,体现了美国惯常的实用主义立法倾向。

(二)航空公司所有权和控制权概念的重释

航空公司实质所有权与有效控制权概念来源于传统公司法上的两权分离,但航空运输天然的跨领域属性决定了其不仅仅涉及单纯的私法问题,与公司法上的侧重点已然不同。

1. 实质所有权与有效控制权的航空法意蕴

为何航空公司的所有权与控制权必须符合“实质”与“有效”这两个要求?换言之,实质所有权与有效控制权条款为何要求一国航空公司必须穿透形式上股权结构的限制,在经济上实际掌握对航空公司的资产收益权,同时在经营管理上实际保对有公司的经营管理权呢?原因可能是以下几点。

第一,为了规避航空实践中“形式上的所有权”与“无效的控制权”。股权作为公司所有权的基础,其内部结构决定了资产收益权和参与公司经营管理权可以发

① See Henry Hansmann, *The Ownership of Enterprise*, Harvard University Press, 2000.

② [美]伯利、米恩斯:《现代公司与私有财产》,甘华鸣等译,商务印书馆2005年版,第131页。

生权益的分离。尽管在传统大陆法上,各国立法往往反对股权权益的分离尤其是表决权与资产收益权的分离。但在实践中,表决权买卖的形式渐次多样化,股东对股权权益所作的特殊安排也层出不穷。[①] 如股东通过合同或其他安排使其表决权比例高于所应有的经济利益,从而形成所谓的裸表决权(empty voting);与之相反的情况是经济利益高于表决权比例,此时则形成所谓的隐所有权(hidden ownership)。[②] 因此,股东资格与"所有者"权利并非总是合一的。[③] 在股权权益分化的过程中,就可能出现航空公司的股东仅享有"形式上的所有权"或者丧失控制权的情形。

第二,为了实现航空公司所有权与控制权主体的一致性,解决两权分离的发展倾向。从理论上来说,作为公司经济上的"所有者",公司经营应是为了股东和所有者利益。但在实际的公司运营过程中,控制者的利益常常有别于甚至完全对立于所有者利益。控制者即使与所有者身份重叠,为了个人利益也会牺牲公司的利益。[④] 由此,所有权与控制权之间总是存在利益冲突,如前所述,所有权与控制权分离可以分为五种形态,控制权已越来越脱离所有权并最终掌握在经营者手中,经营者控制阶段是所有者与控制者利益冲突最大的阶段。而对于具有天然跨国属性的航空运输业而言,所有者利益与控制者利益的分离,往往是为一国航空主管部门所不允许的。

第三,航空公司实质所有权与有效控制权的要求,往往是出于国家保护主义。从国家安全上来说,航空业是高科技产业,代表着一国的创新能力,是国家权威的象征。第二次世界大战后,国家安全是航空公司实质所有权和有效控制权条款存在的最主要原因;从利益上来说,民航运输业具有重要的战略、经济作用,双边航空运输协定中的所有权和控制权条款,可以保护航空运输的起讫权,确保其经济收益直接流向航空公司的母国,具有保护该国战略经济利益和国家安全的目的和效果,对外资在本国航空公司中持有的股权比例进行严格限制,也可以提高一国航空公司在垄断环境中的竞争地位。正因为"实质"与"有效"无法真正量化,在国际的航空运输活动中,才具有了解释和法律适用的弹性空间,国际关系紧绷时可以适用

---

① 参见汪青松:《论股份公司股东权利的分离——以"一股一票"原则的历史兴衰为背景》,载《清华法学》2014年第2期。

② 参见[美]罗伯塔·罗曼诺编著:《公司法基础》,罗培新译,北京大学出版社2013年版,第377页。

③ 参见叶林:《公司股东出资义务研究》,载《河南社会科学》2008年第4期。

④ 例如,控制者若能将一笔财产出售给公司而获利100万美元,他们宁愿由于拥有60%的公司股票而损失60万美元,因为这笔交易仍会使他们净赚40万美元,而公司的其他股东则会因此而承担40万美元的损失。

较严格的标准,严格限制外资,关系缓和时又可以适用较宽松的标准,一切以国家和公民利益为主。

总体而言,传统公司法对所有权和控制权的研究以股权为基础,以公司实践中的两权分离,①尤其是经营者控制这种两权完全分离的形态为研究对象,希望通过研究解决两权分离之后股东因对公司失控而存在的种种问题,并渐次提出了所谓的代理成本理论②以及信义义务理论。这类研究整体侧重研究公司内部的治理机制与结构,并催生出所谓公司治理之学科。而航空公司实质所有权和有效控制权问题除具有上述公司法中的共性外,还具有自身特点。作为私法活动的现代跨国航空运输活动,其实质所有权和有效控制权直接涉及国家安全、国家利益甚至国家主权等许多重要问题,体现了浓厚的国际法和国际政治色彩。③

2. 航空公司所有权与控制权的自由化发展

航空运输作为最具国际特征的行业,在经济全球化和贸易自由化中扮演着重要角色。航空运输自由化是指政府对航空运输的管理,从对空运企业经营活动进行管理逐渐过渡到更多地依靠市场力量予以调节,给予空运企业更多的经营权和灵活性。④ 当前,各国根据自身发展状况采取不同的措施积极应对航空运输自由化。

实质所有权和有效控制权条款作为一国对外商投资航空公司进行准入限制及战略控制的基本手段,至今仍存在于大多数双边航空运输协定及国内法中,成为航空运输自由化进程中最大的一个障碍。在航空自由化背景下,许多国家认为其阻碍了航空业的自由竞争与发展,影响了航空业的全球化进程;而航空公司实质所有权与有效控制权的自由化则有助于在全球范围内进行有意义的跨境并购,促进航空领域经济的快速发展。如在欧盟和欧洲共同航空区的具体事例中,针对欧洲单一市场内航空业务,实质所有权与有效控制权条款已完全废除。

目前,我国航空运输总周转量已连续多年位居世界第二,是名副其实的航空大

---

① 参见[美]玛格丽特·布莱尔:《所有权与控制——面向 21 世纪的公司治理探索》,张荣刚译,中国社会科学出版社 1999 年版。

② See William T. Allen, *Reinier Kraakman Guhan Subramanian: Commentaries and Cases on the Law of Business Organization*, Aspen Publishers, 2009, p. 15 – 40.

③ See Haanappel & Peter P. C., *Airline Ownership and Control, and Some Related Matters*, Air and Space Law, 2001.

④ 参见王瀚、张超汉、孙玉超:《国际航空法专论》,法律出版社 2017 年版,第 29 页;Chang, Yu-Chun, George Williams & Chia-Jui Hsu, *The Evolution of Airline Ownership and Control Provisions*, Journal of Air Transport Management Vol. 10:3, p. 161 – 172(2004)。

国,积极参与航空运输自由化进程是中国民航的必然选择。我国在航空运输方面按照市场化的改革方向,积极优化民航营商环境,制定和实行了“放管服”政策,①颁布《民航优化营商环境实施细则》,促进航空运输以“积极、渐进、有序、有保障”的方式推进市场开放。但我们也应认识到航空运输自由化是一个渐进的过程,当前我国航空公司的国际竞争力还与欧盟等航空发达国家存在一定差距,对国际竞争力较弱的我国航空公司而言,实质所有权和有效控制权条款暂时是较好的制度保护,我国航空公司可逐步、分阶段地朝着自由化方向去发展。②

四、结语

航空公司实质所有权与有效控制权概念源于传统公司法上的概念,又发展出了属于航空法自己的独特内涵。一个扼要的结论是:实质所有权和有效控制权问题从历史实践到立法规定都具有浓厚的国际法色彩,其要求穿透一国航空公司形式上股权结构的限制,在经济上实际掌握对航空公司的资产收益权,在经营管理上实际掌控对公司的经营管理权。“实质”与“有效”规定的模糊性,导致法律规则的确定性较弱,由此体现出非常强的政策性倾向,成为各国争夺本国利益和国家保护主义的工具。航空法语境下的所有权与控制权被赋予了截然不同的意义,重新厘定其特定语义及适用范围,将对我国航空法在外资准入、控制权行使等关键领域的制度完善大有裨益。

航空公司是整个航空运输产业的核心主体,航空公司的竞争力很大程度上决定着全行业的整体竞争力,也决定着一国航空业的国际地位。我国在航空自由化浪潮下,如何设置外商投资航空公司的投资比例、如何在引进外资的同时保有控制权、在相关高级管理人员的设置及管理层的国籍等方面如何适应航空自由化浪潮,实现中国航空业的跨越式发展,建设具有强大国际竞争力的航空公司,使我国真正成为航空强国,无疑需要在航空公司实质所有权与有效控制权制度的构建上潜心研究,促进航空运输业更加安全、自由、开放的发展。

---

① 参见张崇胜:《我国民航行政许可“放管服”改革的现状、问题与完善》,载郝秀辉主编:《航空法评论》第11辑,法律出版社2024年版,第142页。

② See Trimarchi & Andrea, *The Laws of Ownership and Control of Airlines: Selected Jurisdictions*, J. Comp. L. 12, p. 198(2017).

“一带一路”背景下我国航空公司对外投资法律风险防范机制研究*

王朝梁　侯李琪**

“一带一路”倡议是习近平总书记于2013年9月在哈萨克斯坦演讲时提出的区域合作新模式“丝绸之路经济带”与同年10月在印度尼西亚国会发表演讲时提出的与东盟加强海上合作,共同建设21世纪“海上丝绸之路”的倡议,中共十八届三中全会将此倡议列入《中共中央关于全面深化改革若干问题的重大决定》。2015年国家发展改革委、外交部和商务部联合发布了《推动共建丝绸之路经济带和21世纪海上丝绸之路的愿景与行动》,“十三五”规划中也对推动“一带一路”建设作出了强调。从秦汉时期就作为沟通中国与世界的重要交通要道的丝绸之路在21世纪被赋予了崭新的生命力,注入了中国特色社会主义的力量。“一带一路”倡议提出至今,中国已与

---

* 天津市普通高等学校本科教学质量与教学改革研究计划项目“‘大思政课’视域下行业特色型高校‘形势与政策’课教学模式改革与实践研究”(项目编号:B231005905)。2020年民航安全能力项目“中美欧适航审定法律、条例和规章比较研究”(项目编号:AADSA2020014);2023年天津市教委社会科学重大项目“思政课视域下天津市大中小学科学教育一体化实施路径研究”(项目编号:2023JWZD24)的阶段性成果。

** 王朝梁,中国民航大学副教授,中国民航行业文化研究中心研究员,中国民航大学航空法律与政策研究中心研究员,法学博士,法学博士后,硕士研究生导师,研究方向为航空法学、国际法学、环境法学和经济法学;侯李琪,中国民航大学法学院2022级硕士研究生,研究方向为航空法学。

150多个国家、30多个国际组织签署了200多份“一带一路”合作文件,[①]其中大多为谅解备忘录。2024年1~4月,我国企业在“一带一路”共建国家非金融类直接投资777.7亿元人民币,同比增长20.4%,[②]贸易投资规模逐步上升。“一带一路”已经成为当今世界范围最广、规模最大的国际合作平台。

“十四五”规划中将建设“空中丝绸之路”确定为建设“一带一路”的重要内容。“空中丝绸之路”建设是构建完善陆海天网四位一体互联互通布局的重要环节,民航局在国务院的决策部署下,将“空中丝绸之路”建设作为新时代民航强国建设和“十四五”时期民航发展重点任务。2019年5月31日,首届“空中丝绸之路”国际合作峰会(ASRIF)顺利举办,成立了“空中丝绸之路”国际合作联盟(ASRICA)。截至2024年6月,ASRIF已成功举办了五届,已成为国际航空领域与“一带一路”倡议领域最重要的盛会之一,通过行业标准、信息服务平台与投资数据库等方面的共同建设,推动了中国民航业与“一带一路”共建国家航空领域的合作与共同发展。航空公司作为“空中丝绸之路”建设的主要实施者,积极响应国家“走出去”的号召,进行国际民航运输航线网络的扩容。以中国东方航空股份有限公司(以下简称东航)为例,2023年1~10月,东航在“一带一路”沿线开设的航点达38个,承运“一带一路”航线旅客322.4万人次,是“空中丝绸之路”的重要组成部分。随着跨境电商的兴起,国际航线的货运需求逐渐增强,航空公司逐步开启“客改货”的模式,海外投资项目与数额逐年上升。2017年7月27日美国达美航空与东航共同宣布将对法荷航战略投资入股,东航集团持有约10%的股权,这是民航央企首次在全球领先的海外航空公司拥有董事席位。航空公司进行海外投资时,除国际投资面临的传统的政治风险与法律风险外,航空公司以其自身特殊性与投资行为涉及国家领空主权问题的复杂性而面临特殊的风险。本文将对航空公司海外投资面临的法律风险进行分析并试图探寻防范机制的建立。

一、我国关于航空公司对外投资的主要法律规制

我国是《芝加哥公约》与WTO的成员,航空公司在进行民航领域的对外投资合作时,应当遵循相关国际公约的规定以及WTO规则。我国国内法对航空公司对外投资的规制,主要集中在部门规章与行政性规范文件层级,大多为航空公司对外

① 国家发展改革委2023年7月新闻发布会,政策研究室主任金贤东发言内容:截至6月底,我国已与152个国家、32个国际组织签署了200多份共建“一带一路”合作文件。

② 以美元计为109.5亿美元,增长16.2%。载中华人民共和国商务部网,http://fec.mofcom.gov.cn/article/fwyoly/tjsj/202405/20240503513555.shtml。

投资需要遵守的原则性规定。航空公司在对"一带一路"共建国家进行投资时,还应当遵循我国与被投资国签署的双边航空运输协定与双边投资协定,当被投资国与我国同为某公约成员国时,该公约内容也对航空公司对外投资行为有约束力。此外,若该国与我国同为某政府间国际性组织的成员国,航空公司对外投资行为也不应违背该国际组织相关规则的内容。

(一)与"一带一路"共建国家签署的双边航空运输协定与双边投资协定

截至2023年10月,我国已与104个"一带一路"共建国家签署了双边航空运输协定,与57个共建国家实现空中直航,①而早在2022年往返共建国家的航班量占我国国际航班总量的60%以上。② 1993年国务院批准的《中华人民共和国政府民用航空运输协定范本》中规定了我国与其他国家签订的双边航空运输协定应包括授权、空运企业的指定与许可、商务安排、运力与运价、法律适用、税收安排、争议解决等方面的概括性规定,其中在商务安排、运力和运价部分规定了在经营协议航班方面应由两国指定空运企业根据实际需求与市场准则达成协议,提交航空当局批准。因此,航空公司是双边航空运输协定的实施主体,其实施对外投资的行为不得损害协定保护的利益。

截至2023年8月底,中国与135个国家和地区签订了双边投资协定,为缔约双方的贸易往来和直接投资创造了更为安全便利的投资环境;与112个国家和地区签订了避免双重征税的协定,避免对外投资的企业遭受双重征税的不公平待遇。在贸易自由化方面,已经有80多个国家和国际组织参与中国发起的《"一带一路"贸易畅通合作倡议》,中国与35个"一带一路"共建国家实现了"经认证的经营者"(AEO)互认,投资自由化便利水平不断提升。③ 航空公司作为合格的投资主体,是政府鼓励"走出去"的企业,进行对外投资时受我国与其他国家签订的一系列与投资贸易有关的双边协定约束。

(二)国内关于对外投资的一般性法律规定

我国在改革开放初期大多是以东道国的身份参与国际投资的,早期法律建设主要集中于对外商投资的管理与保护。近年来,随着我国国力的飞速提升,投资母

---

① 参见《共建"一带一路":构建人类命运共同体的重大实践》白皮书,载中华人民共和国国务院新闻办公室网,http://www.scio.gov.cn/zfbps/zfbps_2279/2023/0/t20231010_773682.html。

② 参见《解读〈"十四五"时期推进"空中丝绸之路"建设高质量发展实施方案〉》,载中国民用航空局网,http://www.ccac.gov.cn/xxGk/xxGk/zcJD/202205/t20220506-213121.html。

③ 参见《共建"一带一路":构建人类命运共同体的重大实践》白皮书,载中华人民共和国国务院新闻办公室网,http://www.scio.gov.cn/zfbps/zfbps_2279/2023/0/t20231010_773682.html。

国与东道国兼具的双重身份使建立完善我国企业对外投资保护机制的必要性日益增强。

目前我国关于对外投资的政策文件体系如下:以《企业境外投资管理办法》为主,以《关于进一步引导和规范境外投资方向的指导意见》、《境外投资管理办法》、《关于境外投资者以分配利润直接投资暂不征收预提所得税政策问题的通知》(已失效)与《"走出去"税收指引》等对投资方向、投资主体、税收与监管问题等对外投资行为的管理办法为补充。通过《对外贸易经营者备案登记办法》《对外投资合作和对外贸易领域不良信用记录试行办法》《中央企业境外投资经营行为规范》《规范对外投资合作领域竞争行为的规定》《做好"对外投资"监管方式海关申报的通知》等文件规范企业对外投资行为,对不良投资行为予以记录与监管,树立我国在对外交易中的良好信用形象。《对外投资合作境外安全风险预警和信息通报制度》与《对外投资合作境外安全事件应急响应和处置规定》则为对外投资的企业设立了风险应急的预警与处置规范,能够有效防范投资风险,降低风险造成的损失。

近年来,各国对环境保护日益重视,我国对外投资大多为基础设施建设类项目,对当地的生态环境会造成一定程度的影响,若忽视东道国环境保护的法律要求,则有可能在项目实施过程中被叫停,造成巨大损失。因此商务部出台了《对外投资合作环境保护指南》与《关于进一步做好对外投资合作企业环境保护工作的通知》,规范企业对外投资过程中的环境保护行为并通过培训与制度设计使企业具备防范与识别环境风险的能力,督促企业履行社会责任。企业进行对外投资必然要组织国内的劳务人员赴境外工作,在国务院发布的《对外劳务合作管理条例》的指导下,《境外中资企业(机构)员工管理指引》和《境外中资企业机构和人员安全管理规定》对境外中资企业的人员和安全管理制度做出了规范;《关于加强对外投资合作在外人员分类管理工作的通知》、《关于启用对外投资合作在外人员信息管理系统的通知》与《对外投资合作企业在外人员相关信息备案制度》对中国公民前往境外企业进行劳务工作的管理办法进行了详细的规定,通过建立信息管理系统与信息备案制度来保护劳动者的合法权益;《关于严禁向境外博彩色情经营场所派遣劳务人员的通知》则限制了对外劳务派遣的行业,对外投资合作企业需严格遵守。

对外投资过程中产生的商事冲突可依据《中国国际经济贸易仲裁委员会仲裁规则》向贸易仲裁委员会提交仲裁申请。

(三)国际公约与区域协定

我国是《芝加哥公约》与WTO的成员方,航空公司在进行民航领域的对外投资合作时,应当遵循该公约的约定与WTO规则,同时也应受由《芝加哥公约》设立的国际民用航空组织（ICAO）制定的全球民航业规则的约束。此外，中国与东盟于2021年建立了全面战略伙伴关系，制定了《落实中国—东盟面向和平与繁荣的战略伙伴关系联合宣言的行动计划（2021—2025）》，东盟的国家多为“海上丝绸之路”共建国家，并与我国签订了共建条约，因此在东盟国家进行投资时除需要遵守双方政府签订的双边条约与共为成员国的国际公约外，此类区域合作协定也应考虑在内。同理，一个国家同时为“一带一路”共建国与上海合作组织、金砖国家成员方时，航空公司投资需遵循谅解备忘录与国家间达成的协定。我国同时也是《多边投资担保机构公约》的成员国，航空公司对外投资时也可向多边投资担保机构（MIGA）申请担保。

中国加入了管理约束国际贸易的《解决国家与他国国民之间投资争端公约》（以下简称《华盛顿公约》），依据该公约设立的国际投资争端解决中心（ICSID）对国家与私人之间的投资争议有管辖权，主要通过调解、仲裁的方式进行。关于企业之间国际争端的解决，《承认及执行外国仲裁裁决公约》（以下简称《纽约公约》）、《海牙协议选择法院公约》与2019年签署的《联合国关于调解所产生的国际和解协议公约》（以下简称《新加坡调解公约》）共同构建了现行国际商事争端解决机制，对外投资行为产生的商事争议可通过上述机制解决。

（四）国内专门法律与民航局部门规章规定

航空公司作为在中国境内登记设立的企业，应当遵循中国法律，符合民航局制定的飞机运营人资格要求。航空公司的主营业务是通过飞机进行客运和货运的运输，除受《民用航空法》的约束外，经营国际航班时也应当遵循民航局制定的部门规章与行业标准，如《民用航空器适航管理条例》《民用航空安全保卫条例》《大型飞机公共航空运输承运人运行合格审定规则》等飞行与运营标准。随着跨国电商的兴起，国际货物贸易量随之增长，航空货物运输是国际货物贸易的重要一环，随之出台的《国际货物运输代理业管理规定实施细则》《国际货运航权配置规则》《国际航权监测管理办法》等对其进行了法律规制。在环境保护方面遵守《涡轮发动机飞机燃油排泄和排气排出物规定》《航空承运人不可预期燃油政策优化与实施指南》《民用航空飞行活动二氧化碳排放监测、报告和核查管理暂行办法》等制定的减污降碳标准。

二、“一带一路”背景下我国航空公司对外投资面临的主要法律风险

我国航空公司在“一带一路”共建国家进行对外投资时，面临的最普遍的法律风险，是“一带一路”共建国法律体制差异较大所导致的法律冲突。除此之外，部分国家贸易投资法律制度的滞后，对外商投资的保护力度较弱，劳工法律问题以及有

关航空碳排放规则的环境保护问题,皆为我国航空公司对外投资面临的主要法律风险。我国目前缺乏针对对外投资的法律保障制度,难以通过为航空公司提供海外投资保险等方式降低风险。对于投资过程中出现的法律纠纷,各国目前也没有明确统一的解决机制,导致航空公司的纠纷解决成本较高。而上述法律风险的存在,将会在一定程度上抑制我国航空公司对外投资的积极性,进而不利于“空中丝绸之路”的开拓和建设。

(一)各国法律体制差距较大以及“一带一路”共建国家贸易投资制度落后

“一带一路”共建国家由于地理环境、宗教信仰、历史观念与发展水平等方面的不同,对外投资的东道国所属法系不同,法律体制建设与政策体系差异较大,对于外商投资准入范围、准入标准、是否有追索权机制与货币汇兑制度的规定都有所不同,导致法律信息的不对称,做出投资决定所依据的信息透明度降低。如果航空公司只遵照我国的法律法规进行对外投资,极易产生法律冲突,在法律制度与我国差异较大的东道国甚至会产生严重的法律风险,最终导致投资的失败。法律冲突若没有得到合理的处理,在经营过程中也会引起不必要的法律纠纷,如各国对航空旅客禁止随身携带与托运的危险物品的规定不同;海关的入境政策也存在差异,如我国规定古玩字画和重要文件资料不可托运,泰国则并无相关规定,而是对电子烟和烟草严格禁止;两国对可携带的酒精饮料的重量与充电宝容量的规定也不同,若只考虑一国的标准对旅客进行安检标准的制定,则会导致旅客在出境或入境时遭遇困难,从而产生纠纷。

“一带一路”沿线经济体的共建国家直接投资通常具有较大的限制与负担,开办外资企业的便利度低于高收入的经合组织国家,各国开放程度也存在很大差异,如对比全面对外国投资开放的100分的格鲁尼亚,泰国的开放度指数只有52分。

(二)劳工法律问题

各国对劳工的权利、健康和安全方面以及福利待遇方面的立法规定不同,航空公司对海外全资子公司员工的管理需根据当地规定进行调整,以符合当地法律要求与工会、劳动者的预期。若忽视或不了解东道国的劳动法律制度或社会默认的习惯,会造成工人罢工与抵制,导致投资失败。如首钢秘鲁铁矿公司的案例,因为福利待遇问题引发了频繁的劳动纠纷,首钢集团对工会主要负责人与罢工领导者做开除处理,纠纷非但没有平息还引发了更为激烈的冲突,导致了工人长达30日的罢工,企业难以正常经营,造成了巨大的经济损失。由于航空运输业的特殊性,一部分工作人员是随着飞机进行国际流动的,对于这部分工作人员的待遇应当遵循我国法律规定与公平合理的原则进行确定。若由于东道国福利待遇和保护水准低于我国而对国际流动的工作人员适用东道国员工的标准,以达到降低成本的目的,首先是违背我国法律规定的,其次也会因为这种不公正的待遇引起罢工,导致国际航班无法正常运行,直接造成经济损失以及一系列的客运或货运合同的违约赔偿,影响航空公司的信用与形象。

(三)以航空碳排放规制为主的环境保护问题

飞机在运行中会产生大量的尾气排放,包括氮氧化物、未燃烃和颗粒物、二氧化碳等对大气造成污染的物质,此外还会产生噪音污染,其中对环境影响最大、高空排放量最多的就是二氧化碳。航空碳减排目前也是ICAO与各国民航业关注的问题,如国际航空碳抵消和碳削减(CORSIA)计划与国际航空运输协会(IATA)的净零碳排放计划,其目的就是通过可持续航空燃料(SAF)、飞机技术的改进、运营效率的提高以及基于市场机制的碳抵销等方面来进行航空碳减排。我国也为此推出了"双碳"目标指导下的一系列航空碳减排实施方案与行业标准,如《"十四五"民航绿色发展专项规划》《涡轮发动机飞机燃油排泄和排气排出物规定》《中国民航绿色发展国家行动计划》等规范。"一带一路"共建国家中,也有国家对于航空业二氧化碳的排放十分重视,如泰国于2021年11月27日批准了泰国民航局关于航空业二氧化碳排放量测量及报告条例草案,要求航空公司报告年度碳排放数据,实施CORSIA措施,控制泰国的温室气体排放。

虽然目前一个国家尚无要求国际航班遵守本国碳排放条例或缴纳碳税的权力,但若航空公司运营的飞机碳排放严重超标,东道国可能会以破坏当地生态环境为由暂停该公司的航班。在目前我国与"一带一路"共建国签订的双边航空运输协定与谅解备忘录等合作文件中,并没有对环境保护做出具体的约定,且一些双边条约的签订时间久远,许多规定已不适用于当今社会,可能会导致缔约国作有利自己的任意解释或协定失去原本的效力。同时也存在签订条约时东道国政府为了吸引外资故意降低标准,而随着时间的推移随意提高标准的情况。有些政府甚至煽动民众抵制情绪,达到吞并外资的恶意目的。环境与自然资源保护是"一带一路"共建国家近年来都较为关注的问题,各国根据本国情况调整环保标准本无可厚非,但有些国家政治情况复杂,有时是以环境保护为借口叫停中方投资来争取反华势力的支持,且东道国的环境立法和政策具有不确定性,部分西方媒体将中国投资渲染成"环境威胁"①,从而引起当地民众的抵制。以上原因都会引起国际航班因为碳

① 参见肖清华:《"一带一路"背景下我国企业海外投资的环境风险及法律对策》,吉林大学2020年硕士学位论文。

排放等环境保护问题无法正常运行的风险。

(四)对外投资法律保障制度缺失

根据《华盛顿公约》,由于政府随意干涉企业或违背政府义务造成的损失,允许企业通过ICSID进行调解与仲裁。但有些国家若在加入该公约时明示了投资者寻求国际法救济需要在用尽当地救济的前提下才行,这一前提就会耗费大量的时间与金钱。企业可向MIGA申请担保,但MIGA承保的风险仅为征收、货币汇兑、战争与内乱等政治风险,且只有向发展中国家的投资才能获得担保。"一带一路"共建国家虽大多是发展中国家,但目前与中国签订共建协议的也有如英国、俄罗斯、新加坡等发达国家。为了促进本国有能力的合格投资者进行海外投资,争取市场份额,美国于20世纪便建立了海外投资保险制度,建立了政府公司性质的海外私人投资公司(OPIC)作为保险机构,其他对外投资较多的发达国家如德国、日本等也有类似制度。各国实践有所差异,承保范围也只有政治风险,但其目的皆是为本国投资者提供保障。目前我国仅以东道国的身份制定了《外商投资法》和《外商投资安全审查办法》以完善外商投资制度,但忽视了我国对外投资企业的风险分担与资金保护问题。中国出口信用保险公司目前为我国唯一承担出口信贷与融资租赁保险业务的主体,主要针对大型资本性货物出口、海外工程成本、海外投资并购等"走出去"项目,目前缺乏对外投资保险方面的立法,投资者在风险发生后难以寻求弥补损失的救济措施,不利于调动企业"走出去"的积极性。

(五)缺少明确统一的纠纷解决机制

各国对于商事仲裁的立法与执行的差别,使商事主体解决纠纷的成本十分高昂,并面临不同国家做出裁决结果不同的境地,对外投资企业的合法权益难以得到保障。目前国际商事争端解决机制是由《纽约公约》、《海牙协议选择法院公约》与《新加坡调解公约》共同构成的,但存在争端国家不是同一个条约缔约国的情况,此时则需要在双边或多边协定中约定纠纷解决机制或约定由争端双方自行协商。我国目前签订的双边协定大多约定为缔约双方商定的临时仲裁或基于《华盛顿公约》项下的投资仲裁,对于纠纷解决机制的确定并不明确,且《华盛顿公约》的调节范围仅限于私人投资者与东道国政府之间的纠纷。国际冲突法中有仲裁地与仲裁法律由当事人合意选择的规定,若无合意选择法律则适用仲裁地法律。我国也在加强仲裁规则的建立与完善,提升仲裁裁决的执行力,吸引投资者选择我国仲裁机构进行临时仲裁。"一带一路"共建文件多为概括性的谅解备忘录,争端解决机制并不属于其重点考量范围,尽管亚洲—非洲法律协商组织(亚非法协)2022年5月在我国香港特别行政区设立了区域仲裁中心,积极为共建"一带一路"提供多元纠纷解决路径,但目前“一带一路”共建国家仍未达成一个统一的争端解决机制。

三、解决我国航空公司对外投资的法律风险的对策

我国航空公司在“一带一路”共建国家进行投资时,面临着国家间法律差异较大、对外投资保障制度缺失与纠纷解决机制不明确等法律风险,亟待建立相应的风险防范机制,从而有效降低我国航空公司在“一带一路”共建国家投资时面临的法律风险。本文在分析考量上述法律风险的基础上,提出可以从风险评估防范与预警机制、航司合规建设、投资保障与信息共享以及争端解决机制等方面采取有效措施,构建我国航空公司对外投资的法律风险防范机制。

(一)民航局主导建立民用航空业对外投资风险评估防范与预警机制

国务院出台的《对外承包工程管理条例》规定了商务部应当会同有关部门建立对外承包工程安全风险评估机制,定期发布安全状况与预警信息。2014 年发布的《境外投资管理办法》作出了类似要求,并要求企业作出应急预案。商务部官网列出了不同国家的政策与危险预警,供投资企业参考,并制定了对外投资备案审查制度,从政府层面来防止企业盲目投资。民航局可以根据民航业的特殊性,结合行业标准与国际条约,在现有的民航法定自查制度的基础上,构建民航业对外投资风险评估防范与预警机制,设立投资风险评估防范与预警机构作为实施部门,利用政府机构的信息优势,对“一带一路”共建国家,尤其是与我国签订航空运输双边协定的国家的法律政策、风俗宗教、社会制度等情况进行汇总整理,对投资与运营过程中可能出现的非商业风险进行分析归纳,公布在民航局官方网站上,为航空公司开通与运营往返该国的国际航班提供政策指导与风险预警。同时民航局应加强与其他各部委的合作,如协同国家发改委推进“一带一路”建设领导小组办公室、商务部、生态环境部、外交部、国资委、人民银行等部门,全面系统地分析航空公司对外投资可能遇到的法律风险,并出台规范性文件或部门规章予以预警和防范。借助 ASRIF 平台,加强与“一带一路”共建国家的交流了解,对时效性不强的双边航空运输协定予以重新谈判修订,推动国家之间达成共识,从而降低东道国随意更改法律标准给中国投资者带来的风险。风险有时也是企业本身不符合规范或风险意识差造成的,民航局应出台相关政策对进行对外投资的航空公司资质进行规定,完善的合规制度与风险预警和应急方案应作为重要的考核标准。

(二)航空公司加强自身的合规建设、风险防范,制订应急方案

航空公司自身应当加强合规制度与风险评估建设,在投资前主动了解投资国的法律政策与宗教环境、政治环境,收集与项目或航线有关的信息,可以结合民航

局官网与商务部官网公布的投资环境指南与风险分析,或向国际航空运输协会(IATA)的成员寻求帮助,对投资的风险进行评估,可以在航空公司内部组建专门机构或临时成立项目的专项小组进行评估工作,也可以向第三方服务机构如会计师事务所或律师事务所寻求尽职调查服务。航空公司可以借助风险评估收集到的东道国信息自查是否符合其规定,通过加强合规建设,减少在东道国可能遇到的法律风险。对派驻员工加强培训,避免与当地员工发生冲突,依据东道国对员工福利待遇与权利保护的规定制定当地员工的管理制度与待遇标准,尊重其宗教信仰与社会风俗,避免劳务纠纷的产生,降低劳工方面的风险。

通过风险评估对可能遇到的风险进行分析之后,航空公司进行评估的机构或小组可以联合其他部门制定出相应的风险防范措施或应急预案,若风险可以事先进行防范或通过事后措施能够减少或者避免损失,那么该投资项目便也是可行的。

(三)以ASRIF为平台推动民用航空行业数据库的建立,增强政策透明度

根据公共支出绩效评估(PEFA),"一带一路"共建国家的财政框架不次于同等发展水平的国家,个别有望获得大量融资的经济体由于不报告政府运营情况、缺乏监测与管理财政风险的适当框架、不制定多年预算、公共采购不透明等PEFA得分并不高,57个"一带一路"共建国家在公私合作伙伴项目和法律与监管质量评估方面得分并不高。① 由此可以得出由于信息不对称,国家之间没有数据共享平台,政策与国家债务等融资条件与规模透明度较低,不利于我国投资者对外投资,建立"一带一路"项目综合数据库是很有必要的。航空公司对外投资数据库的建立可以借助ASRIF推动进行,推动"空中丝绸之路"的国际合作是ASRIF召开的主要目的之一,"数字赋能、低碳发展"也是第四届ASRIF的主题。每届ASRIF会议发布的中国临空经济发展指数报告与中国航空物流枢纽发展指数报告是中国航空运输业对国际展示自身发展的标志,但透明度的增加仅靠中国一方的努力是不够的,需要"一带一路"共建国家共同推进,在综合数据库的框架下建立民航领域的专属数据库,提高航空公司决定对外投资与国际航线开辟时参考条件的透明度。ASRIF作为"空中丝绸之路"建设的重要平台,能够以确定论坛主题、邀请相关科研人员、与外国航空公司成立联盟共享数据等方式有效推动合作方共同致力于数据库建设。例如全球三大航空联盟之一的天合联盟,东航于2011年加入,与美国达美航空、法国航空、荷兰航空和我国台湾地区的中华航空在浦东机场共同建立了"天合中转",

① See World Bank Group: Belt and Road Economics-Opportunities and Risks for Transport Corridors, 2019, p. 103.

即旅客搭乘以上航空公司的航班时可以享受到同楼中转以及行李、值机等多方面的便利。天合联盟成员的航线网络对接,东航与达美航空在航线代码共享、共同合作推广、共享客户和代理资源等方面都有着深入的合作。因此,政策透明度的提高通过各方合作建立数据库共享信息方能实现。

(四)建立海外投资法律保障制度

我国目前对海外投资的规定分散在数个法律规范文件中,如《对外承包工程管理条例》《对外劳务合作管理条例》《企业境外投资管理办法》等,法律位阶较低且内容分散,企业难以找到法律依据,应建立统一的与"对外投资法"相对应的管理条例、服务机制与监督机制等,构建完善的对外投资法律制度。对外投资企业遭遇风险时,母国政府若能给予减少损失的救济措施,可以促进企业对外投资的积极性,而这种救济措施主要是指事前的保险制度。制定"海外投资保险法",为我国投资者提供保障,完善中国信用出口保险公司的出口信贷与融资保险业务的具体规定;扩大投保人适用范围,如自然人也可投保。保险标的的标准逐步降低,承保范围也应当结合现实作出适当调整,如新冠疫情等公共卫生事件的突然暴发,导致航班熔断,或乘客不被目的地国接受入境等情况,并非传统意义上的政治风险,但也不属于商业风险,保险人以此种新型危险不在承保范围内拒绝赔偿则有违保险设立的目的,也不利于国际航空运输的发展。因此,建立以"对外投资法"与"海外投资保险法"为主,配套管理服务政策为辅的全方位对外投资法律保障制度有利于包括航空公司在内的中国企业甚至自然人扩大对外投资规模。

(五)借助 ASIRCA 推动共建"空中丝绸之路"争端解决机制

中国应秉持着"共商、共建、共享"的"一带一路"倡议原则与共建国平等协商,建立双边或多边的争端解决机制,借助 ASIRCA 的国际性与专业性,建立统一的"空中丝绸之路"争端解决机制。国家层面,应当由中国作为主导,推动各国对商事仲裁的认可度与执行力的提高,共同遵守国际法基本原则与共为成员国的条约规定,完善双边或多边的投资争端解决机制。行业层面,可以由 ASIRCA 作为主导,因为 ASIRCA 的组织目标除推动"空中丝绸之路"建设外,还包括提供航空经济国际合作争议"一站式"解决方案。在现有的国际争端解决机制和"一带一路"倡议的框架下,明确统一的"空中丝绸之路"争端解决机制能够有效降低投资者应对风险的诉讼成本,增强投资行为与风险损失的法律与结果可预见性。结合风险评估防范与预警机制和专属数据的使用,在投资前进行风险规避,能够有效降低航空公司对外投资的损失,如建立"一带一路"调解仲裁机构或"空中丝绸之路"调解仲裁机构作为主要针对"一带一路"项目中产生纠纷的国际性争端解决机构,或与"一带一路”共建国家达成双边或多边协定,约定产生争议时由争端双方协商在缔约国或争端发生地之间协商选择,缔约国约定认可双方平等自愿、制定程序合法的商事调解与仲裁的效力并予以执行等。

四、结语

在“一带一路”的背景下,“空中丝绸之路”经过多年的建设已经有了很大的规模,航空公司作为积极响应国家“走出去”号召的企业,同时也是“空中丝绸之路”的主要建设者,其海外投资面临的法律风险需通过政府层面与企业层面共同采取措施予以防范解决。就政府层面而言,需要建立完善的风险评估防范与预警机制和对外投资法律保障体系,通过融资信息与政策标准共享平台或数据库来减少信息不对称、不透明的情况,推动建立明确统一的“一带一路”项目争端解决机制以有效降低航空公司的诉讼成本;就航空公司层面而言,应当加强自身的合规建设以免违反东道国法律。在未来的建设中,政府与航空公司均应利用好 ASIRCA 这个国际组织,通过行业标准、民航专属数据库、经贸合作区的建立与 ASRIF 的举办,推动我国与“一带一路”共建国民航业的发展,共建21世纪的“空中丝绸之路”。

[无人驾驶航空器侵权法律问题研究]

无人驾驶航空器侵权规制若干问题的研究

王兴尧*

近些年,无人驾驶航空器蓬勃兴起,低空经济概念也应运而生。民用无人驾驶航空器的发展及大规模应用,对于经济发展无疑具有积极的促进和推动作用,但作为新事物、新技术,不可避免也会面临各种新问题。无人驾驶航空器在运行过程中,因各种原因极易发生各种事故并导致侵权后果,如在禁飞区操控无人驾驶航空器对民用航空器的正常飞行造成影响(俗称"黑飞"),无人驾驶航空器空中相撞坠落后对地面人员和财产造成损害(俗称"炸机"),不法分子利用无人驾驶航空器窥探他人隐私,非法收集个人信息,这些层出不穷的事件和案例,都对航空安全、公共安全、个人人格权保护提出新挑战。这种情况下,如何充分利用无人驾驶航空器的便捷为经济注入活力,给民众的生活带来更多便利的同时,又保障航空安全,保障公共安全,保护人民生命财产安全,就成了一个迫在眉睫的问题。尤其是无人驾驶航空器在运行的过程中造成人身、财产权利损害时,如何界定责任主体,在不同的主体之间划分责任,对于这一新兴产业的持续健康发展将起到非常重要的作用。

现有法律对于无人驾驶航空器造成侵权的规定并不完善,

---

* 王兴尧,北京乾成律师事务所高级合伙人,农工党北京市委法律顾问小组副组长,主要业务领域为自贸区(港)法律服务、民用航空法律业务、油气能源法律业务、投资并购业务。

也不能很好地适应无人驾驶航空器的快速发展和大规模应用。无人驾驶航空器又发展出了自动化操控、载货、载人等新形态,若不能尽快给出明确的法律规范依据,不仅不能有效解决出现的各种新情况,也不利于行业发展以及发挥无人驾驶航空技术作为新质生产力的积极作用。无人驾驶航空器作为航空器的一种无疑应遵守《民用航空法》关于民用航空器的相关规定,但同时,越来越多的微型、轻型、小型无人驾驶航空器进入寻常百姓生活,广泛应用于消费娱乐、航空拍摄、测绘测量、勘探、农业播种、病虫害防治、林业防火等各个领域,其生产、销售、购买、操控都很容易,越来越多地具备着一般商品的属性。那么,对无人驾驶航空器的运行管理是完全适用民用航空法体系关于民用航空器的严格规定,还是另辟蹊径建立一套独立的监管体系,需要进行探讨并从立法、执法、司法等层面加以规制。

本文将以民用无人驾驶航空器运行中的侵权问题为切入点,根据《中华人民共和国民法典》(以下简称《民法典》)、《无人驾驶航空器飞行管理暂行条例》(以下简称为《无人机飞行管理暂行条例》)及相关规定进行分析研究,如无特别指明,均不涉及军用及警察、海关、应急管理部门等非民用无人驾驶航空器。

一、无人驾驶航空器的定义、功能特点及规制

关于无人驾驶航空器的定义,目前存在不同的定义方法,这些定义直接影响无人驾驶航空器适用何种侵权规制。

(一)无人驾驶航空器的定义

我国《民用航空法》第5条规定,本法所称民用航空器,是指除用于执行军事、海关、警察飞行任务外的航空器。航空器,是指为《芝加哥公约》之目的所定义的航空器,即已经安装航空器发动机的航空器机身或直升机。① 航空器,包括航空器机体、发动机、螺旋桨、无线电装置以及所有用于航空器的,无论与航空器组装在一起或暂时拆卸下来的部件。②

航空器按照国际公约,可以区分为民用航空器和国家航空器两个类型。国家航空器专指用于军事、海关、警察部门使用的执法工具,是国家权力机构行使的具有公法性质的社会管控和国家防御手段。民用航空器包括无人驾驶航空器在内。依据《国际民用航空公约》附件,航空器是能从空气的反作用,而不是从空气对地表

① 参见《移动设备国际利益公约关于航空器设备特定问题的议定书》(2001年《开普敦议定书》)第1条定义。

② 参见《国际承认航空器权利公约》(1948年《日内瓦公约》)第16条。

的反作用,在大气中获得支撑的任何机器。①

何为无人驾驶航空器？2012 年国际民航组织(ICAO)328 号通告中对无人驾驶航空器的定义是:无人驾驶航空器(Unmanned Aircraft)是指在运行中无机上驾驶员的航空器。

在我国,2016 年中国民用航空局飞行标准司发布的《轻小型无人驾驶航空器运行管理规定》提出,无人驾驶航空器是由控制站管理(包括远程操纵或自主飞行)的航空器。2023 年颁布的《无人机飞行管理暂行条例》对无人驾驶航空器的解释为:没有机载驾驶员、自备动力系统的航空器。

根据以上定义可以看出,无人驾驶航空器无疑属于航空器,因此应适用《民用航空法》。《民用航空法》作为民航领域的基本法,对航空运输、航空器和机组人员的管理、航空器注册、航空安全、航空机场管理和运营、空中交通管制、航空事故和紧急事件的处理作出了相关的规定。值得注意的是,《民用航空法》缺乏专门条款对民用无人驾驶航空器的飞行管理进行规定,虽然其作为民航领域的基本法,其中的通用性条款对于无人驾驶航空器同样适用,但鉴于无人驾驶航空器的特殊性,该法总体上对民用无人驾驶航空器并不具备实际的指导意义。不过,《民用航空法》(2021 年修正)新增了有关无人驾驶航空器的授权立法规定,明确了国务院和中央军事委员会有权制定无人驾驶航空器专门行政法规,为无人驾驶航空器法律体系的构建预留了空间。②

以上的定义对航空器的认定更侧重于传统意义上“能飞”这一物理属性,但无人驾驶航空器作为发展迅速的新事物却又有别于传统意义上的民用航空器。

(二)无人驾驶航空器的种类

世界上多数国家普遍对无人驾驶航空器实施分类管理,但标准各异,甚至差别巨大:有的国家按运行风险分类,有的国家按重量分类,还有的按动能大小分类。③在此基础上形成各异的管理措施,这背后也反映出了不同国家对无人驾驶航空器的态度和监管理念。如负责欧盟各国民用航空安全领域监管的欧洲航空安全局(ESSA),按照“在安全上不留余地,在保障行业发展上尽量提供足够的政策灵活性”的要求,将无人驾驶航空器分为开放类、特许类和审定类,并明确配套监管政策。英国民用航空局按照重量将民用无人驾驶航空器划分为小型无人驾驶航空器

---

① 参见《国际民用航空公约》(1944 年《芝加哥公约》)第 3 条。

② 《民用航空法》第 214 条规定:国务院、中央军事委员会对无人驾驶航空器的管理另有规定的,从其规定。

③ 沈威力主编:《无人机飞行安全与管理》,机械工业出版社 2024 年版,第 46 页。

(0~20千克)、轻型无人驾驶航空器(20~150千克)、大型无人驾驶航空器(大于150千克)。

《无人机飞行管理暂行条例》将无人驾驶航空器按照重量、速度、无线电发射功率等性能指标分为微型、轻型、小型、中型和大型5类。《无人机飞行管理暂行条例》明确了民用无人驾驶航空器及操控员管理、空域和飞行活动管理、监督管理和应急处置、法律责任等问题,规范了民用无人驾驶航空器系统的设计生产、适航管理、质量标准、识别码、登记管理、运营合格证核发、强制保险、召回等制度,明确了飞行避让规则、禁止行为等相关要求。

《无人机飞行管理暂行条例》坚持总体国家安全观,统筹发展与安全,以"放管服"要求为指导,在强化安全的前提下和促进无人驾驶航空器相关产业健康有序发展的立法思路指导下,作出了很有益的探索。《无人机飞行管理暂行条例》规定,将军事禁区、军事管理区、重要军工设施、核设施等重点防护目标上空以及真高120米以上划设为管制空域,无人驾驶航空器未经批准不得飞入;管制空域以外的空域为微型、轻型、小型无人驾驶航空器适飞空域。此外,最常见的、社会群众参与度最高的微型、轻型、小型无人驾驶航空器在适飞空域内实施的娱乐飞行,通常只需完成购买、登记激活、熟练掌握操作方法并了解风险警示信息和有关管理制度、飞行实施4步,但必须遵守相关行为规范和避让规则。

以上分类是根据无人驾驶航空器的重量、飞行速度、飞行高度等性能指标进行的,强调的是"危险"程度,这种分类方法更具有现实意义。

二、根据无人驾驶航空器的不同功能特点应适用不同的侵权归责原则

(一)无人驾驶航空器作为航空器应遵循的侵权归责原则

1.危及航空安全的情况下应适用无过错责任原则

无人驾驶航空器危及航空安全主要体现在无人驾驶航空器与其他有人驾驶航空器相撞,或非法入侵民用机场的限定区域,造成航班延误甚至事故发生。由于航空器在空中均处于高速飞行的状态,航空器之间的碰撞会产生巨大破坏及严重后果。考虑到航空安全的优先性原则,如果无人驾驶航空器违反相关规定,应适用无过错责任原则。对于由此造成的航空公司的经济损失,侵权人应承担民事赔偿责任。如果"黑飞"等异常空情造成国防战备资源耗损,侵权人还需要承担侵害国防和军事利益造成的国防战略损失。

2022年10月,某单位与某测绘公司签订《地质灾害点隐患排查委托协议》,委托该测绘公司通过无人驾驶航空器航拍方式,获取工作地面航拍照片,用于收

集山区地质灾害隐患排查、废弃矿区治理现状等各项数据。该测绘公司指派林某完成上述测绘工作，林某未取得民用无人驾驶航空器驾驶执照，该飞行任务也未向空域管理部门申请飞行空域及航拍计划。同年 11 月，林某擅自在涉案地附近空域操作自己组装的无人驾驶航空器进行拍照测绘，被空军雷达监测识别为异常空情。为此，军队有关部门组织空地多支力量及装备参与查证处置，损耗了大量国防战备资源，经评估，损失费用共计 12 万余元。2023 年 12 月 7 日，河北省廊坊市中级人民法院对该案进行公开宣判。法院支持了检察机关全部诉讼请求，判决某测绘公司及林某赔偿国防战备资源损失 12 万余元，并通过国家级媒体公开赔礼道歉，消除不良影响。①

此种危害航空安全的行为，侵权人不仅需要承担民事侵权责任，还需要承担行政责任，甚至是刑事责任。如 2013 年 12 月 29 日，某航拍公司在未申请空域的情况下私自安排人员操纵无人驾驶航空器升空拍摄，导致军机紧急起飞拦截，民航客机避让、延误等严重后果。2015 年 4 月 13 日，北京市平谷区人民法院对这起无人驾驶航空器“黑飞”案作出一审判决，该法院以过失以危险方法危害公共安全罪②分别判处郝某、乔某、李某 3 名被告人有期徒刑。据了解，这是国内无人驾驶航空器“黑飞”首次被追究刑事责任。③

2021 年 11 月，男子罗某操纵具备远程高清摄像功能的无人驾驶航空器对福建舰进行非法拍摄，被国家安全机关发现。经鉴定，他所拍摄的照片和视频涉及军事秘密。④ 最终，罗某被法院以非法获取国家秘密罪⑤判处有期徒刑 1 年，缓刑 1 年。

2. 无人驾驶航空器之间的碰撞应适用过错责任原则

《民用航空法》规定了两个以上的民用航空器在飞行中相撞或者相扰，对地面第三人造成应当赔偿的损害，或者两个以上的民用航空器共同造成此种损害的，各有关民用航空器均应当被认为已经造成此种损害，各有关民用航空器的经营人均

① 参见《最高法工作报告：某测绘公司无人机“黑飞“事件，造成国防战备资源耗损！》，载微信公众号“测绘之家”2024 年 3 月 17 日，https://mp.weixin.qq.com/s/ktEDzT-QdF9dGOKJFw7Rmw。

② 过失以危险方法危害公共安全罪，是指过失以放火、决水、爆炸、投放危险物质等以外的其他方法，致人重伤、死亡或者使公私财产遭受重大损失，危害公共安全的行为。

③ 参见岳冠华：《全国无人机“黑飞”入刑第一案审理纪实》，载微信公众号“中国审判”2018 年 4 月 11 日，https://mp.weixin.qq.com/s/6V1r4Hsn-Pu7FOHnn627YA。

④ 参见《这个爱好很酷，但要千万小心！国安部提醒》，载微信公众号“人民网”2023 年 12 月 23 日，https://mp.weixin.qq.com/s/IfdiJjUUljUc1Ot2y16FMw。

⑤ 《刑法》第 282 条规定：以窃取、刺探、收买方法，非法获取国家秘密的，处 3 年以下有期徒刑、拘役、管制或者剥夺政治权利；情节严重的，处 3 年以上 7 年以下有期徒刑。

应当承担责任。[①]

目前法律法规对无人驾驶航空器之间发生碰撞的致害责任并没有明确的规定。但在此种情况下,致害主体类型相近,危险性相当,且对行为人的法定义务规定相近。因此,此类侵权责任纠纷可以参考《道路交通安全法》中对机动车之间交通事故的处理,即实行过错责任原则,明确此类纠纷的侵权责任。

3. 无人驾驶航空器侵害地面第三人的人身、财产安全应以无过错责任原则为主,过错推定责任原则为补充[②]

按照《民用航空法》第157条和第161条的规定,飞行中的民用航空器或者从飞行中的民用航空器落下的人或者物,造成地面上的人身伤亡或者财产损害的,民用航空器的经营人能够证明损害是部分由于受害人的过错造成的,相应免除或减轻其赔偿责任。若损害是武装冲突或者骚乱的直接后果,原本应当承担责任的人不承担责任,无人驾驶航空器应当参酌适用以上规定。

《民法典》采取"一般条款+列举条款"的立法模式明确了高度危险责任的范围,并以法律原则条款控制下具体条文的规范体系化方式,构建了相对开放的规则体系,以应对不断变化的高度危险风险,弥补法律滞后性带来的影响。首先,无人驾驶航空器高度危险活动可以适用《民法典》第1236条有关高度危险责任的一般性规定[③];其次,无人驾驶航空器属于民用航空器大类,《民法典》第1238条[④]关于民用航空器对第三人致害责任的规定同样适用于无人驾驶航空器侵权;最后,《民用航空法》第十二章关于民用航空器对地面第三人造成的损害赔偿责任的规定也可适用于无人驾驶航空器高度危险责任。

但是,根据《无人机飞行管理暂行条例》的规定,对无人驾驶航空器实行分类分级管理,不同类型无人驾驶航空器的危险程度和致害程度不同,而且其危险性随着应用场景的变化而变化,比如单体单机进行通常性飞行,其危险程度较低。如果"一刀切"地对所有无人驾驶航空器适用上述高度危险责任条款显然并不恰当,因此应考虑将微型、轻型、小型无人驾驶航空器侵权的归责原则加以区别,可以适用

① 《民用航空法》第162条规定:两个以上的民用航空器在飞行中相撞或者相扰,造成本法第157条规定的应当赔偿的损害,或者两个以上的民用航空器共同造成此种损害的,各有关民用航空器均应当被认为已经造成此种损害,各有关民用航空器的经营人均应当承担责任。

② 参见曹四宇:《民用无人机侵权行为的危险责任制度——兼论民用航空器损害责任法律适用的模式构建》,载杨遂全主编:《民商法争鸣》第15辑,经济科学出版社2019年版,第263~276页。

③ 《民法典》第1236条规定:从事高度危险作业造成他人损害的,应当承担侵权责任。

④ 《民法典》第1238条规定:民用航空器造成他人损害的,民用航空器的经营者应当承担侵权责任;但是,能够证明损害是因受害人故意造成的,不承担责任。

过错推定责任。如果利用以上危险度较低的微、轻、小型无人驾驶航空器在特定飞行场景实施非通常性飞行，包括分布式操作、集群飞行、飞越集会人群上空等则应属于高度危险活动。针对此类非通常性飞行，《无人机飞行管理暂行条例》不仅要求配备相应执照的安全员，而且要求事先向空中交通管理机构申请。此种情况下，应纳入高度危险活动之中以无过错责任原则予以规制。

(二)无人驾驶航空器作为一般商品应适用产品责任的过错责任原则

无人驾驶航空器侵权风险除了操作不当、外部原因之外，还有一个主要来源是产品缺陷。无人驾驶航空器高度依赖人工智能系统以及网络、数据、算法等软硬件，但人工智能技术本身的不完善或局限性不可避免地会带来产品缺陷，如算法设计缺陷、自动避障系统错误、数据处理违规、个人信息泄露等。这些缺陷会导致无人驾驶航空器在运行中突然宕机，产生与其他物体相撞、高空坠落以及侵犯个人敏感信息或个人隐私等风险，造成人身损害、财产损失、精神损害，甚至危及公共安全。

《产品质量法》规定，产品的生产者和销售者对产品质量承担责任。《民法典》规定，产品存在缺陷造成他人损害的，生产者应当承担侵权责任。产品存在缺陷造成他人损害的，被侵权人可以向产品的生产者请求赔偿，也可以向产品的销售者请求赔偿。《民法典》侵权责任编第四章明确了产品的生产者和销售者对投入流通的产品负有跟踪观察义务，并确立了产品责任的惩罚性赔偿制度。[①]《产品质量法》明确了产品“缺陷”的内涵，规定了三种情形下生产者的抗辩事由。[②]《无人机飞行管理暂行条例》第 13 条也规定了微型、轻型、小型无人驾驶航空器存在缺陷的召回制度。[③]

(三)无人驾驶航空器作为信息收集器的侵权规制

1. 侵犯隐私权

目前无人驾驶航空器大都在机体上加装高清摄像头，通过远程操控实现空中拍摄、录像、传输等多媒体功能。同时，其所捕获的图像可通过无线终端以数据形

---

① 《民法典》第 1207 条规定：明知产品存在缺陷仍然生产、销售，或者没有依据前条规定采取有效补救措施，造成他人死亡或者健康严重损害的，被侵权人有权请求相应的惩罚性赔偿。

② 《产品质量法》第 41 条规定：因产品存在缺陷造成人身、缺陷产品以外的其他财产(以下简称他人财产)损害的，生产者应当承担赔偿责任。生产者能够证明有下列情形之一的，不承担赔偿责任：(1)未将产品投入流通的；(2)产品投入流通时，引起损害的缺陷尚不存在的；(3)将产品投入流通时的科学技术水平尚不能发现缺陷的存在的。

③ 《无人机飞行管理暂行条例》第 13 条规定：微型、轻型、小型民用无人驾驶航空器系统投放市场后，发现存在缺陷的，其生产者、进口商应当停止生产、销售，召回缺陷产品，并通知有关经营者、使用者停止销售、使用。生产者、进口商未依法实施召回的，由国务院市场监督管理部门依法责令召回。中型、大型民用无人驾驶航空器系统不能持续处于适航状态的，由国务院民用航空主管部门依照有关适航管理的规定处理。

式传输到固定储存接收设备或同步到网络上。这些功能使人们能用更广阔的视角认识世界,同时也能满足多种工作、生活所需。但也有一些操控者别有用心,违法使用无人驾驶航空器入侵公共或私人空间,致使一些公民隐私遭到严重侵犯。有媒体报道,某学校发生民用无人驾驶航空器入侵学生宿舍的恶劣事件,无人驾驶航空器悬浮在宿舍楼附近,被发现后不仅没有飞离,反倒飞进阳台,直到学生们试图捕获时才急速上升离开现场。①

无人驾驶航空器侵害隐私权的行为分为两类,一是侵害、扰乱私人生活安宁的行为;二是拍摄、窥视他人私密空间、活动、信息的行为。② 随着技术的发展,无人驾驶航空器除搭载视像设备之外,还可以搭载全球定位系统、红外热像仪、麦克风、超声波、面部及视网膜生物识别设备,可以根据声音、身体及面部特征、热像定位并跟踪。这些新技术的应用侵犯个人隐私权的风险更大,后果更严重。利用无人驾驶航空器偷拍、窥探他人隐私,侵权人除了依据《民法典》承担停止侵害、赔礼道歉、赔偿损失等民事责任外,还可能被公安机关以违反《治安管理处罚法》为由处以拘留、罚款等行政处罚。如拍摄他人裸照、视频并对外传播,情节严重的,还可能触犯《刑法》,被追究刑事责任。

2. 违法收集个人信息

无人驾驶航空器通过搭载各式传感器可以收集各类信息,如遥感、防火、救灾、救援、体育运动等,而且目前快递业中开始运用无人驾驶航空器送货上门,都会对个人信息安全构成威胁。由于个人信息兼具人格利益和财产利益,往往蕴含较高的经济价值。在利益的驱使下,一些不法分子采取各种非法手段窃取个人信息,严重危害公民的人身财产安全,造成巨大经济损失和负面社会影响。根据《民法典》第1034条的规定,自然人的个人信息受法律保护。③

目前,无人驾驶航空器的机体微型化,更隐蔽,而且可以安装高精度的多功能综

---

① 参见白雪:《无人机“乱飞”侵权问题多》,载《北京日报》2023年11月15日,第14版。

② 《民法典》第1032条规定:自然人享有隐私权。任何组织或者个人不得以刺探、侵扰、泄露、公开等方式侵害他人的隐私权。隐私是自然人的私人生活安宁和不愿为他人知晓的私密空间、私密活动、私密信息。第1033条规定:除法律另有规定或者权利人明确同意外,任何组织或者个人不得实施下列行为:(1)以电话、短信、即时通讯工具、电子邮件、传单等方式侵扰他人的私人生活安宁;(2)进入、拍摄、窥视他人的住宅、宾馆房间等私密空间;(3)拍摄、窥视、窃听、公开他人的私密活动;(4)拍摄、窥视他人身体的私密部位;(5)处理他人的私密信息;(6)以其他方式侵害他人的隐私权。

③ 《民法典》第1034条规定:自然人的个人信息受法律保护。个人信息是以电子或者其他方式记录的能够单独或者与其他信息结合识别特定自然人的各种信息,包括自然人的姓名、出生日期、身份证件号码、生物识别信息、住址、电话号码、电子邮箱、健康信息、行踪信息等。个人信息中的私密信息,适用有关隐私权的规定;没有规定的,适用有关个人信息保护的规定。

合传感器,具有全天候监视监控和信息搜集能力。高新科技加持的无人驾驶航空器,可以附着在某些物体上或隐身悬停在空中观察目标,也能悄无声息地持续跟踪他人,通过搭载的综合传感器拍摄影像、监听监控、拦截信号以获取各种信息,使公民隐私及个人信息暴露无遗。同时,无人驾驶航空器开始大量应用于货物配送,在这个过程中不可避免地会获得用户的各类信息。虽然目前还没有公开披露利用民用无人驾驶航空器收集个人信息的侵权事件,但其具有的潜在风险需要重视并作出相应的规制。

根据《网络安全法》《数据安全法》《个人信息保护法》,应当从三个层面对无人驾驶航空器的非法收集信息的行为予以规制。首先,需要在法律上明确规定无人驾驶航空器配送过程中对个人隐私的保护标准。其次,应制定专门针对无人驾驶航空器配送服务的数据保护规则,确保所有收集的数据只用于配送目的,并在完成配送后立即删除或进行匿名处理。同时,这些数据的存储和传输都必须采用高标准的加密技术,防止数据在传输过程中被截取或篡改。最后,应增强用户知情权,保障用户隐私安全,无人驾驶航空器配送服务提供商应在服务中明确告知用户有关隐私政策,包括他们将如何收集、使用和保护用户的个人信息。

三、承担责任的主体

基于无人驾驶航空器的以上种类及功能,其侵权也具有高危性、隐蔽性、短时性、复杂性等特点,发生侵权时,需要首先确定侵权责任的承担主体。

(一)无人驾驶航空器的所有人/经营人

《民用航空法》规定,民用航空器对地面第三人的损害赔偿责任由民用航空器的经营人承担。民用航空器登记的所有人应当被视为经营人,并承担经营人的责任。损害发生时使用民用航空器的人或被授权使用民用航空器的人、经营人的受雇人或代理人均被认为是经营人。无人驾驶航空器作为民用航空器的一种,在实务中应当遵循以上规定。如果所有人和占有人一致,应由无人驾驶航空器所有人承担责任。若因产品责任或第三人过错造成他人损害,无人驾驶航空器所有人在向受害人赔偿后可向其余责任主体行使追偿权。

(二)无人驾驶航空器的占有人(操控人)

如果占有人(操控人)和所有人不一致,还应对占有人(操控人)责任做出进一步规定。根据《民法典》关于航空器无过错责任的规定,无人驾驶航空器由占有人(操控人)操控造成他人民事权益损害的,占有人(操控人)应当承担侵权责任。由于《无人机飞行管理暂行条例》对无人驾驶航空器的管理规定是要求所有人实名登记,发生侵权时,通常会首先向无人驾驶航空器所有人主张赔偿责任。如果所有人能举证证明实际侵权人另有其人,且能有效追索,也可以向实际侵权人主张赔偿责任,或者所有人承担了赔偿责任后,可以向无人驾驶航空器实际侵权人追偿。另外,无人驾驶航空器作为动产,对其实名登记是一种管理措施,并不是所有权转让的必要条件,如果所有人失去了对无人驾驶航空器的管控,应在规定期限内到规定部门报失并登记,经报失登记的无人驾驶航空器出现侵权事件,应由实际控制无人驾驶航空器的占有人承担全部赔偿责任。

《无人机飞行管理暂行条例》规定,无民事行为能力人、限制民事行为能力人违规操控民用无人驾驶航空器飞行的,由公安机关对其监护人处以行政处罚;情节严重的,没收违规飞行的无人驾驶航空器。① 根据《民法典》规定,这种情况下造成第三人损害的,由监护人承担损害赔偿责任。

(三)无人驾驶航空器的设计者、生产者、销售者

无人驾驶航空器主要由无线电设备控制,在遍布无线电波的空域飞行过程中,有可能受无线电干扰失速坠地、空中互扰撞机坠地、失控偏离飞行轨迹等,给地面第三人造成人身、财产利益的损害和对民航运营秩序造成直接、间接损失。能否直接将无人驾驶航空器的生产者和销售者认定为侵权责任主体?笔者认为是可行的。首先,无人驾驶航空器属于航空器,具有高度危险性,根据《民法典》规定适用无过错责任,受害人遭受损失后无须承担较重的举证责任即可获得救济;其次,无人驾驶航空器作为技术性产品,仍属于法律意义上的产品,应适用《民法典》《产品质量法》的规定,适用产品责任的侵权规制;最后,无人驾驶航空器作为一种高科技产品,且目前的生产企业大多实行产销一体,高度的技术性和专业性又使生产者拥有更多解释权,利用《产品质量法》第41条"将产品投入流通时的科学技术水平尚不能发现缺陷的存在的"规定豁免产品责任。《无人机飞行管理暂行条例》规定,无人驾驶航空器系统的设计者、生产者,应当确保无人驾驶航空器具备紧急避让、降落等应急处置功能,避免或者减轻无人驾驶航空器发生事故时对生命财产的损害。② 操控

① 《无人机飞行管理暂行条例》第50条规定:无民事行为能力人、限制民事行为能力人违反本条例规定操控民用无人驾驶航空器飞行的,由公安机关对其监护人处500元以上5000元以下的罚款;情节严重的,没收实施违规飞行的无人驾驶航空器。

② 《无人机飞行管理暂行条例》第39条规定:空中交通管理机构、民用航空管理部门以及县级以上公安机关应当制定有关无人驾驶航空器飞行安全管理的应急预案,定期演练,提高应急处置能力。县级以上地方人民政府应当将无人驾驶航空器安全应急管理纳入突发事件应急管理体系,健全信息互通、协同配合的应急处置工作机制。无人驾驶航空器系统的设计者、生产者,应当确保无人驾驶航空器具备紧急避让、降落等应急处置功能,避免或者减轻无人驾驶航空器发生事故时对生命财产的损害。使用无人驾驶航空器的单位或者个人应当按照有关规定,制定飞行紧急情况处置预案,落实风险防范措施,及时消除安全隐患。

者对无人驾驶航空器复杂的动作系统无法掌握,仅因为使用产品就要承担很重的责任及举证义务,对于这一行业的发展也是不利的,应施于掌握技术的生产者更高的产品责任义务,同时配合相应的产品责任保险和第三者责任保险,以更好地平衡各方面的利益。

产品缺陷一般分为制造缺陷、设计缺陷和警示缺陷,由于无人驾驶航空器属于正处于技术高速发展期的高科技产品,不少产品缺陷只能在跟踪观察过程中被发现,所以跟踪观察缺陷也属于产品缺陷之一。跟踪观察义务的确立有利于克服科技发展风险抗辩的弊端,防止生产者滥用抗辩事由逃避产品责任。《民法典》第1206条规定,“未及时采取补救措施或者补救措施不力造成损害扩大的,对扩大的损害也应当承担侵权责任。”具体到无人驾驶航空器产品责任,《无人机飞行管理暂行条例》仅规定了对缺陷产品的召回制度,并未在现有法律规定的基础上对无人驾驶航空器跟踪观察义务的期限、补救措施等作出具体规定,导致《民法典》这一规定的具体实施存在一定障碍。①

(四)有过错的第三人

第三人过错引发的风险是指无人驾驶航空器生产者、销售者和使用者之外的人恶意利用无人驾驶航空器缺陷和网络漏洞实施非法行为。2023年,上海市宝山区人民法院依法对一起破解无人机禁飞限制案进行公开开庭审理并当庭宣判。被告人高某、刘某被判提供侵入计算机信息系统程序罪,并处以刑罚。该案是上海首例因破解无人机禁飞限制而入刑的案件。②

第三人对无人驾驶航空器进行改装或发起恶意攻击,可以通过立法及技术升级预防但无法完全避免,由第三人过错引发的无人驾驶航空器侵权风险大量存在。比如,第三人通过干扰GPS定位系统、利用无线信号劫持技术等手段取得无人驾驶航空器控制权,进而更改无人驾驶航空器飞行数据和飞行计划,最终利用无人驾驶航空器实施针对目标的非法攻击,导致个人信息、公共数据的泄露等。

对恶意利用无人驾驶航空器缺陷和网络安全漏洞实施侵权行为的民事责任认定及其责任承担仍需回归《民法典》。《民法典》第1175条规定了损害由第三人造成的应由第三人承担责任的原则,第1194条进一步明确网络用户利用网络侵害他人民事权益的应承担侵权责任。以上规定虽然可以对第三人侵权风险予以相对妥善的解决,但由于无人驾驶航空器的飞行活动主要受算法控制,并面临网络安全和

---

① 参见黄东东、吴洁:《民用无人驾驶航空器侵权风险及其法律治理》,载《社会治理》2023年第6期。

② 参见《有偿破解无人机控制系统上百台,上海两人获刑!》,载微信公众号“民用航空网”2023年4月9日,https://mp.weixin.qq.com/s/PRAe5ud8LLP7F02-7Pu20A。

数据安全问题,现行法律规范仍无法准确解决智能无人驾驶航空器侵权责任的认定及其侵权损害赔偿的问题。

四、无人驾驶航空器侵权的若干预防措施

(一)分级分类管理

《无人机飞行管理暂行条例》对所有无人驾驶航空器,根据重量、平飞速度、可控程度确定的运行风险等级实行分类分级管理,在产品认证、操控员执照、运营要求、飞行活动申请等多方面基于无人驾驶航空器型别采取不同的管理方式。实际上呈现微型基本完全放开,轻型、小型有条件放开,中型、大型重点管控的状态。[①]

我国多地已经出台了有关无人驾驶航空器监管的地方性法规、政府规章、规范性文件以及政策,积累了良好的实践经验。目前对民用无人驾驶航空器的管控主要通过全方位、多流程环节实现。一是对无人驾驶航空器进行细化分类,实行精细化管理。例如,对微型、轻型无人驾驶航空器适度放宽限制,对小型以上的无人驾驶航空器加强监管,对大中型无人驾驶航空器进行适航管理。二是制定"运营合格证"制度,围绕安全要求规定了申请运营合格证所需要具备的条件。三是明确操控员培训及执照制度,从操控员技能考核层面加强落实安全操控的要求。四是明确空域管理,区分"管制空域"和"适飞空域"。五是规范飞行活动,如确立飞行避让先后原则、建立强制报送识别信息制度、严格管理飞行活动申请制度等。

(二)被侵权时及时固定证据向公安机关报警

若被无人驾驶航空器伤害或遇到无人驾驶航空器侵扰,应尽快取证,对无人驾驶航空器录像或拍照,记录无人驾驶航空器的外观、颜色、型号、飞行路径、飞行时间和地点等,及时报警,并向当地航空管制部门控告该违法行为。锁定无人驾驶航空器后,受害人可视情况提起民事诉讼,要求侵权行为人赔礼道歉和赔偿损失等。若构成犯罪的,可由公安机关依法进行刑事立案调查。但在现实中,由于无人驾驶航空器的体积小,距离远,速度快,不易识别身份,因此需要从技术上加以考虑并改进。

(三)有权机关可以依法实施反制措施

无人驾驶航空器反制,是指采用各种技术和手段,对无人驾驶航空器进行检测、跟踪、识别和干扰,以防止其执行非法或敌对的任务。当无人驾驶航空器危害

---

① 参见中国航空学会组编,石靖敏主编:《中国民用无人驾驶航空器管理》,机械工业出版社2024年版,第100页。

航空安全、公共安全、个人安全时，有权机关可以对无人驾驶航空器采取反制措施。[①]《无人机飞行管理暂行条例》规定，无人驾驶航空器反制设备是指专门用于防控无人驾驶航空器违规飞行，具有干扰、截控、捕获、摧毁等功能的设备。同时规定，军队、警察以及按照国家反恐怖主义工作领导机构有关规定由公安机关授权的高风险反恐怖重点目标管理单位，可以依法配备反制设备，在公安机关或者有关军事机关的指导监督下从严控制和使用。除此之外，任何单位或者个人不得非法拥有、使用反制设备。

但总体而言，《无人机飞行管理暂行条例》对持有反制设备，采取反制措施的主体、条件等做了较为严格的规定，以避免对无人驾驶航空器本身及这一新兴行业造成伤害。因此，在安全与发展的平衡上，在反制无人驾驶航空器方面，应采取立法和技术控制相结合的方法，积极推进反制无人驾驶航空器技术的发展，实现更高效更安全，损害后果最小的效果。在现有技术基础上进行创新，充分发挥先进技术在实际中的应用能力，从而达到对无人驾驶航空器的有效控制，维护公共安全。[②]

无人驾驶航空器发展迅速，低空经济蓬勃兴起，作为一项新技术、高科技，其发展的本身也具有不完善之处，甚至存在一定危险性，在发展的过程中对其保持一定的宽容度，有助于这个产业、这个行业的发展。但法律不能消极被动，需要关注新事物的发展，制定宽严有度的规范，促进和推动行业的发展。

---

① 《无人机飞行管理暂行条例》第 41 条规定：对空中不明情况和无人驾驶航空器违规飞行，公安机关在条件有利时可以对低空目标实施先期处置，并负责违规飞行无人驾驶航空器落地后的现场处置。有关军事机关、公安机关、国家安全机关等单位按职责分工组织查证处置，民用航空管理等其他有关部门应当予以配合。第 42 条规定：无人驾驶航空器违反飞行管理规定、扰乱公共秩序或者危及公共安全的，空中交通管理机构、民用航空管理部门和公安机关可以依法采取必要技术防控、扣押有关物品、责令停止飞行、查封违法活动场所等紧急处置措施。

② 参见姚尧：《无人机反制领域面临的问题及对策》，载《大众标准化》2022 年第 21 期。

无人机视域下民用航空器侵权法律关系：困境根源与理论路径

张望平　王嘉耀*

随着我国无人机技术的飞速发展，其在航空摄影摄像、农业植保、货物运输和信息监测等民用领域的应用正在不断拓展和深化。已修正多次的《民用航空法》在某种意义上忽视了我国无人机的发展动态，对无人机的法律责任没有具体的法律规定。《民法典》在侵权责任编也并未反映对无人机的特别规定。《民用航空法》和《民法典》关于民事责任的相关规定，缺少直接适用于无人机侵权纠纷的条文，从而导致实践中民用无人机侵权案件在法律适用上缺乏统一规范，造成相关案件法律适用上的不统一，这并不能解决司法实践中民用无人机相关法律的适用问题。因此，有必要在现有立法的基础上，根据民用无人机的特点，形成完整的法律适用体系，以解决民用无人机侵权纠纷。

一、民用无人机侵权概述

（一）民用无人机侵权的概念界定

在探讨侵权行为的界定时，我国理论界和司法实务界普遍认同四个基本构成要件：加害行为、损害结果、因果关系以及行为人主观过错。这些要素共同构成了判断某一行为是否侵犯他

---

* 张望平，西北政法大学国际法学院副教授，法学博士，研究方向为国际私法、国际航空法；王嘉耀，西北政法大学国际法学院2021级本科生。

人合法权益的标准。但是有学者对此提出反对意见,认为此处的侵权行为界定与侵权责任认定相混同,无法对二者构成要件进行实质性的区分。①

同时,有学者提出以"结果不法说"来认定侵权行为,但以结果违法作为违法性的唯一判断标准,无异于刻舟求剑。② 另外,也有不少学者从侵权行为的类别出发,将侵权行为划分为一般侵权行为与特殊侵权行为两种。以《民法典》第1165条与第1166条为视角,③在侵权责任的主观方面中,一般侵权行为与特殊侵权行为分类倾向越发明显。对于民用无人机侵权而言,有学者认为民用无人机侵权不属于特殊侵权范畴,理由在于,无人机领域复杂,具有不确定性和偶然性,法律规定也无法穷尽所有适用规则。④ 对此,笔者持相反态度,理由有二。其一,无人机特别之处在于其人机分离的双元属性,在如今的司法实践中,侵权主体的认定与责任分配的界定依旧存在较大问题,若依旧按一般侵权而论,会出现无法可依之情形,这无疑会给审判人员施以负担。其二,就完善法律的目的而言,修改法律与设立新法实质是为了让法律与社会发展相互适应,既能有效规范公民自身之行为,又能让司法审判人员在处理案件时有法可依。

根据上述分析,无人机侵权应属于特殊侵权行为,认定侵权行为时,除考虑行为人操作无人机给他人民事权益造成损害的一系列特殊行为外,同时还要根据具体情形来考虑行为人主观过错。

(二)民用无人机侵权客体的类型

伴随无人机科技的不断发展以及无人机应用情形的不断丰富,违规操作无人机侵害的各种权益已经出现难以用《民法典》侵权责任编进行规范的趋势。结合民用无人机具体应用情形,可将民用无人机侵权责任损害客体划分为以下几类。

1.人身、财产权

笔者将以无人机飞行过程中对地面第三人的侵害为视角来论述由此造成的人身财产损害。

2022年8月12日晚,重庆永川人民广场一架无人机突然失控从半空落下,砸

① 参见张民安:《"侵权行为的构成要件"抑或"侵权责任的构成要件"之辨——行为人对他人承担侵权责任条件的称谓》,载《政治与法律》2012年第12期。

② 参见李琳:《〈民法典〉侵权一般条款解释路径之辨》,载《中国政法大学学报》2022年第6期。

③ 《民法典》第1165条规定:行为人因过错侵害他人民事权益造成损害的,应当承担侵权责任。依照法律规定推定行为人有过错,其不能证明自己没有过错的,应当承担侵权责任。第1166条规定:行为人造成他人民事权益损害,不论行为人有无过错,法律规定应当承担侵权责任的,依照其规定。

④ 参见林燕平:《民用航空侵权的法律适用及〈蒙特利尔公约〉对中国的影响》,载《华东政法学院学报》2006年第6期。

中一正在坝子上用餐的女童头部，操作无人机的男子被警方带走。无人机许多设计及技术尚未十分成熟，如无人机对环境障碍的识别躲避能力障碍、机体构造缺陷、抵抗外界干扰能力差等，容易造成无人机故障坠毁。随着无人机的大众化普及，其购置成本及操作门槛逐渐降低，操纵驾驶人员素质参差不齐，也是无人机侵犯人身权事故易发的原因。①

无人机具有灵活的作业环境，其活动空间可以从地面延伸到高空，航行过程中易受周围环境的干扰，坠落时地面损伤具有随机性，因此在其导航区域内对他人的人身和财产安全具有较大的危险性。司法案例中，李某与兴旺农场为雇佣关系，李某运用无人机给此农场的农田喷洒农药，却由于农药浓度问题发生了作物干枯、萎蔫的情况，大豆产量显著减少，这无疑侵犯了农场主的财产权。其实，农场所受损害并非由无人机自身机体造成，而是无人机工作过程中携带的农药所致。② 但究其根本还是无人机操作不当或环境因素而导致被侵权人权益受损，与无人机机体所致财产损害原因相同。

2. 隐私权

随着科技的进步，公民的隐私权保护面临更大挑战，若缺乏有效的法律规制，无人机很有可能成为不法分子利用的工具，这不仅损害人的尊严，还有可能引起敲诈勒索等犯罪活动的发生。《民法典》第1032条对隐私权的保护进行了明确规定。③ 在隐私权的分类上，采用了主客观相结合的标准，④将隐私划分为两种类型，一种是私人生活安宁，另一种是私密信息。通过分析该法条，民用无人机侵犯公民隐私权的行为可分为两类：(1)侵犯和扰乱私人生活安宁；(2)拍摄、偷看他人的私人空间、活动、信息。

对于第一类行为，《民法典》第1033条第1项进行了详细列举。⑤ 该项规定所

---

① 参见高峰、牟昱城：《论现行法律制度下民用无人机致害责任》，载《南京航空航天大学学报(社会科学版)》2018年第2期。

② 参见桦川县苏家店镇兴旺家庭农场诉李某案，黑龙江省佳木斯市中级人民法院(2022)黑08民终746号民事判决书。

③ 《民法典》第1032条规定：自然人享有隐私权。任何组织或者个人不得以刺探、侵扰、泄露、公开等方式侵害他人的隐私权。隐私是自然人的私人生活安宁和不愿为他人知晓的私密空间、私密活动、私密信息。

④ 参见靳雨露：《论〈民法典〉隐私权：源起、冲突与重塑》，载《青海民族大学学报(社会科学版)》2022年第1期。

⑤ 《民法典》第1033条规定：除法律另有规定或者权利人明确同意外，任何组织或者个人不得实施下列行为：(1)以电话、短信、即时通讯工具、电子邮件、传单等方式侵扰他人的私人生活安宁；(2)进入、拍摄、窥视他人的住宅、宾馆房间等私密空间；(3)拍摄、窥视、窃听、公开他人的私密活动；(4)拍摄、窥视他人身体的私密部位；(5)处理他人的私密信息；(6)以其他方式侵害他人的隐私权。

列举行为主要集中在通过传播工具对私人生活进行信息上的侵扰。此处为了留出法律价值的衡平空间，重点着眼于对私人生活的侵扰，只要使用无人机对私人生活产生同条文规定的电话、短信等方式程度相当的侵扰，则可以认定为对隐私权的侵害。① 笔者认为，民用无人机在某种意义上虽然属于传播工具，但在生活中对人们的侵扰或许集中体现于噪声方面，它本身并不具有对他人信息骚扰的功能。

对于第二类行为，民用无人机则具有使用特殊手段对隐私权造成侵害的危险性，且往往具有间接性。民用无人机除搭载视像设备之外，还可以搭载红外热像仪、全球定位系统（GPS）、麦克风、超声波、面部及视网膜生物识别设备，②由此产生对个人隐私权侵犯的巨大风险。在使用无人机直播某一场景时，可能包含无意间拍摄到的他人私密空间、活动及信息。鉴于无人机高速运行的机制，当运行人员意识到拍摄到了涉及公民隐私权的画面时，这些图像已被第三人浏览。这种固有的缺乏远见和捕获的快速灵活性大大增加了无人机侵犯人们隐私权的风险。③ 对此，国外有学者提出无人机空中影像获取合理性要结合其所获得数据与公众公开获得数据的相似程度来进行判断。④

（三）民用无人机侵权责任认定

民用无人机侵权责任认定在多个方面具有其自身独特性，并且传统侵权理论在民用无人机侵权责任认定上仍然存在诸多问题，主要体现在下述两个方面。

1. 主体认定困难

在主体认定上，民用无人机作为一个由电池、电机和螺旋桨等动力系统构成的复杂整体，通过与地面站的通信链路进行数据交换，并配备传感器和任务执行单元等部件，以及与智能终端相适应的通信设备，形成一个复杂的参与体系，⑤这导致了无人机参与主体的复杂性。这些主体主要包括使用者或者所有者、生产者和销售者以及监管方等相关主体。

基于民用无人机人机分离属性，在侵权行为发生时往往难以在第一时间找到具体侵权人，尤其在面对严重损害情形时，侵权人更倾向于丢弃涉事民用无人机而选择逃逸。尽管《无人驾驶航空器飞行管理暂行条例》（以下简称《无人机飞行管

---

① 参见孟婕、张民安：《我国〈民法典〉中隐私权的特殊侵权判定标准研究》，载《重庆社会科学》2021年第5期。

② 参见陈帆：《民用无人机治安风险防控探析》，载《上海法学研究》2019年第10卷，第208页。

③ 参见张浩一：《民用无人机侵权责任研究》，西南大学2023年硕士学位论文，第19页。

④ 参见李延舜：《公共场所隐私权研究——法理、要素及类型》，载《法学论坛》2018年第6期。

⑤ 参见陈亚青、郑稀元等：《民用无人机发展管理现状及路径规划研究进展》，载《科学技术与工程》2022年第15期。

理暂行条例》)规定了民用无人机销售时的记录备案、实名注册登记、身份标识编码以及驾驶员的注册培训等监管制度,但从实际效果来看并不理想,注册登记的民用无人机远远小于真实民用无人机保有量。[①] 因缺乏专业驾驶员培训注册体系,驾驶员的驾驶水平也参差不齐,再加之民用无人机的流动性,实践中大量存在非无人机所有者驾驶无人机的情况。并且,由于缺乏全面覆盖的通信基础设施,监管部门难以实时获取无人机信号,[②]无法实现对无人机的有效监管。而且,在无人机监管方及通信基站经营方的认定上,因数据传输的即时性、隐蔽性,以及信息数据储存的困难性,难以形成有效认定监管方和基站经营方责任的证明,因此也就难以将其认定为责任承担主体对受害人承担赔偿责任。

民用无人机各监管主体采取的分类监管路径并非统一模式,无人机分类的标准、分类框架、各类别规则和分类监管效果等存在差异,[③]加之监管法规缺位,导致民用无人机侵权责任主体的认定上存在困难。

2. 生产者与销售者责任认定缺乏标准

在产品责任中,目前缺少认定民用无人机产品缺陷责任的直接依据,以至于在实践中难以实际确定生产者与销售者责任。

无人机的产品责任通常源于生产者制造无人机时就存在缺陷,大致有以下几种类型。首先,无人机的设计缺陷。在无人机的设计者与生产者不为同一实体的情况下,若因设计上的瑕疵侵犯他人权益,制造商也需对受害人承担无过错责任,但生产者和设计者之间按照过错责任分担赔偿义务。无过错原则体现了法律对于受害人权益保护的重视,确保了受害人在面对无人机设计缺陷所引发的损害时能够得到有效的救济。其次,生产无人机的原材料存在缺陷,即选材不当或者质量不符合标准。比如无人机蓄电池外壳使用的材料绝缘性差导致漏电伤人等。最后,生产者未明确说明应说事宜。无人机存在特别的性能、使用方法或特殊注意事项时,无人机生产者应当对此明确告知。生产者告知错误、夸大宣传或者应当说明却未予说明的,如果造成事故,则无人机生产者应当承担责任。无人机生产者对其生产的无人机负有质量担保义务,无人机存在不合理缺陷是其承担产品责任的必要

① 参见胡鸣谦:《民用无人机实名登记制度的性质及实践分析》,载《中国民航飞行学院学报》2023年第4期。

② 参见廖小罕、徐晨晨等:《无人机应用发展关键基础设施与低空公共航路网规划》,载《中国科学院院刊》2022年第7期。

③ 参见王锡柱:《无人机分类监管:国际经验与中国路径》,载《北京航空航天大学学报(社会科学版)》2022年第2期。

条件。①

作为连接生产者和用户的一个重要环节，无人机的销售是无人机投入使用前的最后一个流程。对受害人来说，他们是潜在的责任人。对于销售者应承担的责任类型，我国采取折中主义，即在正常情况下，销售者应对缺陷产品的侵权承担责任，但是在特殊情况下其应承担严格责任，特殊情况包括生产者不明、销售者应当对产品加以检验却并未检验、产品出厂后又经销售者加工等。根据《民法典》第1203条的规定，②无人机销售者主要承担过错责任，而无过错责任则作为补充。这种"一般+特殊"原则的立法方式，体现了对生产者与销售者角色差异的深入考量。由于无人机销售者和生产者的角色并不完全相同，这一立法策略为他们提供了更为合理的责任划分。对于销售者而言，即使无人机存在缺陷，作为只善于销售无人机但对无人机零件结构知之甚少的销售者也很难发现。如果规定无人机销售者承担和生产者一样的严格责任明显于销售者不利，有悖于公平原则。这种做法也响应了对于无人机行业健康发展的号召，强调了在法律责任上明确区分不同主体和行为的重要性。③

综上所述，笔者认为，就现行立法下，在认定无人机的产品责任时，若销售者无过错，则生产者应当承担全部责任；若销售者有过错，则需要根据过错大小来承担部分责任。至于"过错大小"，单凭《产品质量法》也无法穷尽解释，往往依靠法官的自由心证。由此可见，我国相关立法应当结合《产品质量法》和无人机市场的实际情况来明确如何判断销售者的"过错大小"，这也会是生产者与销售者责任认定的具体标准。

二、民用无人机侵权研究的困境根源

（一）法律缺失与滞后

1. 民用无人机相关法律缺失

我国现行的所有法律对民用无人机都没有具体规定，民用无人机可以间接适用的法律只有四部：《民用航空法》《民法典》《刑法》《治安管理处罚法》。《民

① 《产品质量法》第46条规定：本法所称缺陷，是指产品存在危及人身、他人财产安全的不合理的危险；产品有保障人体健康和人身、财产安全的国家标准、行业标准的，是指不符合该标准。

② 《民法典》第1203条规定：因产品存在缺陷造成他人损害的，被侵权人可以向产品的生产者请求赔偿，也可以向产品的销售者请求赔偿。产品缺陷由生产者造成的，销售者赔偿后，有权向生产者追偿。因销售者的过错使产品存在缺陷的，生产者赔偿后，有权向销售者追偿。

③ 参见黄伟：《无人机健康发展亟须综合施策》，载中国民航网，http://www.caacnews.com.cn/zk/zj/huangwei/201705/t20170519_1214778_wap.html。

用航空法》是我国民用航空领域层级最高的法律,但其多次修订中都没有关于无人机的任何具体表述,仅第214条中授予国务院和中央军事委员会对无人驾驶航空器进行特别管理的权力。目前另外三部法律中亦缺乏针对无人机侵权的责任归属之规定,甚至“无人机”和“无人驾驶航空器”这样的术语也未曾明确界定。这导致在处理相关法律问题时只能参照传统民用航空器的一般规定,但民用无人机在各方面都与传统民用航空器不同,所谓的参照适用很多时候看起来更像是没有办法下的“强行适用”。这一现状反映出我国在民用无人机监管立法方面仍存在较大的空白区域,尤其是侵权责任认定与承担方面的问题需要进一步完善,亟须通过相关法律法规来填补这一空白,以确保无人机的安全使用和有效管理。①

2. 相关立法位阶较低

笔者还整理了我国无人机适用的现行的法律规范(见表1)。从效力上来看,这些文件的法律位阶都不高,缺乏普遍约束力。从内容上来看,看似目前有很多立法,但其实很多文件的部分内容都是重复的,而其余部分内容多有出入。就民用无人机的定义和分类而言,基本上各个文件的内容都是不一样的。法律的威信力来源于其稳定性,这样的情况不仅损害了这些文件的威信力,也严重影响了其执行效力。从结构上来看,虽然目前我国的民用无人机法律监管体系已经涵盖了注册登记制度、驾驶员资质管理、空域管理、适航管理等多个方面,但是这些内容散见于数个文件之中。顶层设计的缺乏和“一事一议”的现状,导致我国民用无人机法律监管碎片化,未形成统一体系。

表1 无人机相关法规以及规范性文件

法律规章及规范性文件	发布时间	发布部门	类型
《飞行基本规则》	2007年10月	国务院、中央军事委员会	行政法规
《民用无人驾驶航空器系统驾驶员管理暂行规定》	2013年11月	民航局飞行标准司	规范性文件
《通用航空飞行管制条例》	2003年1月	国务院、中央军事委员会	行政法规

① 参见孙文瑾:《民用无人机法律规制研究》,载民航新型智库网,http://att.caacnews.com.cn/zsfw/ysfw/202201/t20220117_60581.html。

续表

法律规章及规范性文件	发布时间	发布部门	类型
《关于无人驾驶航空器系统频率使用事宜的通知》	2015 年 3 月	工业和信息化部	部门工作文件
《关于小型无人驾驶航空器自动进口许可签发有关问题的通知》	2015 年 7 月	国家机电产品进出口办公室	部门规范性文件
《轻小无人机运行规定(试行)》	2015 年 12 月	民航局飞行标准司	部门规范性文件
《关于开展农用植保无人飞机专项统计工作的通知》	2016 年 5 月	农业部办公厅	部门工作文件
《民用无人驾驶航空器系统空中交通管理办法》	2016 年 9 月	民航局空管行业管理办公室	部门规范性文件
《民用无人驾驶航空器实名制登记管理规定》	2017 年 5 月	民航局航空器适航审定司	部门规范性文件
《关于开展民用无人驾驶航空器生产企业和产品信息填报工作的通知》	2017 年 5 月	工业和信息化部	部门工作文件
《民用无人机驾驶员管理规定》	2018 年 8 月	民航局飞行标准司	部门规范性文件
《民用微轻小型无人驾驶航空器系统运行识别概念(暂行)》	2022 年 3 月	民航局空管行业管理办公室	部门规范性文件
《民用无人驾驶航空器运行安全管理规则》	2024 年 1 月	交通运输部	部门规章

资料来源:中国民用航空局智能云搜索。

(二)监管体系不明

2018 年之前,我国并未明文规定无人机的管理主体,导致了多个单位如公安机关、工业和信息化部门、民航管理机构、产品质量监督部门等在管理上出现了混乱现象。① 这一现象的背后是"部际协商和沟通机制尚未建立"的问题。② 相较于过去,《无人机飞行管理暂行条例》在管理框架和部门职责分配上提供了更为明确的

① 参见宋丁博男:《民用无人机侵犯公民隐私权的法律规制》,载《重庆大学学报(社会科学版)》2022 年第 4 期。

② 高国柱:《中国民用无人机监管制度研究》,载《北京航空航天大学学报(社会科学版)》2017 年第 5 期。

指导,体现了实施全生命周期设计、全类别覆盖和全链条管理的立法精神。① 但是,该条例虽然明确了国务院和国家空管委作为最高领导机构,负责全国范围内的无人机飞行管理工作,并设立了无人机管理的部际联席工作机制,但在具体职能和责任划分方面仍有待进一步明确。《无人机飞行管理暂行条例》试图建立一个全面的民用无人机管理体系,覆盖从生产到销售、登记、操作和培训等各个环节,但目前看来,在某些关键环节上仍存在不足。例如,整部条例共计 63 条,虽然《无人机飞行管理暂行条例》第 12 条规定了经营性活动和部分非经营性活动应当投保责任保险,但对保险的具体范围和最低保额要求缺乏进一步详细规定;为形成全链条式管理体系,有必要适当拓展法律监管的宽度,将部分相关行业的管理部门也纳入无人机管理系统。此外,对无证无照的无人机"黑飞"的规制主体不明确。一方面,对无证驾驶航空器的行为,《治安管理处罚法》第 64 条规定,由公安机关实施治安处罚。另一方面,根据《无人机飞行管理暂行条例》第 50 条之规定,民用航空管理机构对"未取得操控员执照操控民用无人驾驶航空器飞行的"以及"超出操控员执照载明范围操控民用无人驾驶航空器飞行的"进行行政处罚。但是,民用航空管理机构的行业管理模式的基础是基于证照管理,并未有效解决无证驾驶的"黑飞"现象。由于规制对象涉及面较大,人员复杂,民用航空管理机构执法力量与此不相匹配,查处起来难度较大。

(三)民用无人机管控领域不全

无人机产业的迅猛发展和品类的多样性带来了巨大的市场潜力,但同时也对管控提出了更高的要求。我国在无人机监管方面存在明显的资源不足问题,尤其是在规制主体的明确性和监管措施的完善性方面。《无人机飞行管理暂行条例》通过将民用无人机分为微型、轻型、小型、中型、大型五类,并实施分类管理,是对现有监管体系的一种补充和完善。然而,目前的管控措施与无人机的机体重量成正比,对于微型和轻型无人机的管控相对宽松,这在一定程度上导致了"黑飞"现象频发。随着无人机制作技术的精进,自制、改装无人机成本较低,但目前法律法规针对无人机产品缺乏统一的技术质量标准,②且对无人机自制、改装领域缺失有效监管,从而进一步加剧了公民人身权受侵犯的可能性。

① 参见胡临春、张嘉津等:《民用无人机法律规制研究》,载《民航管理》2022 年第 2 期。

② 参见王雯:《无人机的产品损害证明责任分配》,载《南京航空航天大学学报(社会科学版)》2021 年第 1 期。

三、民用无人机侵权研究的理论路径

(一)全面加强民用无人机规制法律建设

从前文所归纳无人机管理法规的位阶问题来看,专门法的制定更显必要。除了不能像通用航空可以载客、载货以外,无人机在各领域均显示出强大的生命力和功能性。如果不对其进行科学立法,则会产生阻碍无人机产业繁荣发展和扰乱社会秩序的严重后果。

在法律层面,我们仍然要对《民用航空法》等法律作出修订,以适应无人机运行的需求。鉴于无人机的适用已经影响到公共安全、信息安全等方面,因此必须在《民用航空法》《刑法》《治安管理处罚法》等基本法律中作出相应的规定。以《民用航空法》为例,在修订过程中,可考虑设立专门章节来规范无人机管理,建立无人机规制的基本框架和制度安排,包括无人机注册、登记、适航性评估,以及无人机驾驶员资质管理、空域使用、安全运行基本要求等,为进一步制定无人机法规、规章提供遵循依据。

在法规方面,以《无人机飞行管理暂行条例》为例,明确无人机事故的报告和调查职责。随着无人机运行的日益频繁,不可避免地会有无人机事故发生。因而需要明确无人机事故的报告及调查主体、职责以及程序等。民用无人机飞行管理及其相关活动,还会涉及飞行基本规则、无线电管理等有关法规。无人机其他管理条例出台后,按照法律适用原则,可以优先适用无人机相关管理条例。条例没有规定的,其他法规仍然起作用,因而,相关法规需要根据无人机特点,适时进行修订,以适应无人机发展需要。

在规章层面,应当出台无人机的专门规章。在当前法律框架下,民航局目前尚未对无人机制定具体规章,这对于民用无人机的有效管理和运营是非常不利的。一部完善的无人机运行规章应当包括以注册登记管理、粘贴登记标识和加强管理无人机操作者为核心的规制内容。这一措施旨在加强民用无人机的管理,确保无人机拥有者的合法性和无人机的安全使用,有助于无人机在飞行过程中的识别和监管,同时对违规行为设定一定的处罚措施,以保障公共安全和秩序。随着无人机市场的不断扩展,对无人机驾驶员的需求日益增长,这无疑会推动对无人机驾驶员培训机构的需求增加,从而促进无人机行业的健康发展。①

---

① 参见胡临春、张嘉津等:《民用无人机法律规制研究》,载《民航管理》2022 年第 2 期。

(二)完善民用无人机各领域的管控

1. 建立统一监管系统

首先,制定有关无人机的飞行规则。考虑到无人机使用的不同类型和场景,相关部门应明确飞行高度、速度限制和飞行区域的具体划分。同时,应当明确识别并划定特定区域为无人机禁飞区,以此减少侵权事件的发生,确保无人机不会干扰民航和公共安全。建立健全的无人机监管法律体系,确立基本制度及关键性问题的法律框架。这不仅涉及无人机的生产、销售、使用和监控,还包括明确行业标准、责任主体和工作机制等强制性技术措施,确保无人机管理的各个环节都有法可依。

其次,建立无人机登记和识别的综合系统。为了实现无人机的统一管理,我们可以从美国 Airmap 的经验中学习,每架无人机在购买或使用之前都必须注册并获得唯一的识别代码。这能够确保可以追踪无人机所有者的身份,并且可以及时了解该地区飞行规则的变化。

最后,建立统一的无人机监控系统。通过开发应用程序,对无人机的相关活动进行实时监控,使公众能够及时了解无人机的违规行为,并获取更多关于无人机监管的信息,从而提高社会公众的安全意识和参与度。这不仅需要技术上的创新和应用,还需要相关部门之间的密切合作和数据交换。监管部门、公共安全部门、交通管理部门和其他各方应建立一个及时与完整的无人机飞行违规信息交换平台。①这样的平台能够实现跨部门的信息共享和协同工作,提高无人机监管的效率。通过整合和应用现代技术手段,以及建立有效的信息交换和共享机制,可以有效地提升对无人机的监管能力,保障公共安全和社会秩序。

2. 明确监管职责

明确各相关部门的职责和权力范围,建立统一的无人机监管机构,确保无人机的使用和管理得到有效监管,有利于减少无人机相关侵权现象并维护社会秩序,新政策的出台迫在眉睫。

政府是我国进行社会管理的机关,代表国家行使公共权力,在无人机监管方面应该发挥“总揽全局,协调各方”的作用。政府需要明确无人机管理体系的责任主体,可以设立无人机管理局或无人机监管委员会等机构,由其领导无人机的相关监管工作。此外,政府还应该建立分配相关部门的工作的协调机关,例如民航部门、安全监管和交通运输等部门,建立无人机管理工作小组,由无人机管理工作小组进

① 参见王锡柱:《灵活监管:无人机飞行监管理念及其展开》,载《中国应用法学》2019 年第 6 期。

行执法,[①]以共同维护无人机的安全管理,维护社会秩序和公共安全。

3. 完善无人机驾驶资质管理制度

由于无人机在运行时不可避免地存在风险,假使要降低飞行时的风险,无人机驾驶员需要具有操作无人机的技术,完善无人机驾驶资质管理制度是一种合理方法。

首先,明确资质分类和要求。不同类型的无人机和场景的使用,应明确适当的驾驶分类和资格要求。根据无人机的重量和飞行速度,驾驶员的资格可分为不同级别。同时,有必要确定每个级别的培训内容、技能要求、测试标准以及相应的认证机构。

其次,在对无人机驾驶员资格申请条件的要求上需要加以严格限制。这就需要行政机关予以重视,因为从性质来看,我国民用无人机驾驶员资质的申请、审批等行为属于行政许可,属于行政机关职责范围。根据《暂行条例》第16条之规定,申请人应提交"近5年内无因危害国家安全、公共安全或者侵犯公民人身权利、扰乱公共秩序的故意犯罪受到刑事处罚的记录"。国务院民航主管部门负有审查义务,加强与国家安全部门或公安部门合作,对申请人员的犯罪背景进行调查,限制其申请资格。但这还缺乏事后监督的重要环节,国务院民航主管部门还应当对无人机飞行数据进行监测,以此来考察申请者的飞行水平、安全观念与法律意识,更方便追踪驾驶者的违法与违规行为,对不合格驾驶者的资质予以撤销,这不仅是对资质申请的有效完善,更有利于最大限度维护社会公共利益。

4. 完善无人机登记制度

完善无人机登记制度是无人机监管的重要环节,需要建立相应的登记机构和完整的登记流程。登记机构可以由政府部门、行业协会或专业组织等组成,专门负责检查、管理和监督无人机的注册流程。注册平台可以通过互联网、移动应用程序等收集和管理注册信息,方便公众查询和管理。

针对前文所述的无人机生产与销售中遇到的问题,笔者认为无人机生产者需在其产品上安装实名登记与激活程序,以便有效防止"无人机黑客"出现在我们的领空内;销售者在从生产者进货时应当注意产品质量并核查是否完成登记程序,销售无人机时利用无人机的识别码以及消费者本人身份证号在无人机信息平台完成初步登记,以便执行相关审查过程。

---

① 参见刘明远:《民用无人机社会风险防控与法律监管》,载《行政管理改革》2019年第8期。

四、结语

不可否认,我国尚处于无人机侵权与监管领域的探索初期,存在诸多未进行有效探索的空白地带。我国也并未构建有效的监管体系,使得各部门之间的工作效率低下,这又消极地反作用于构建一套高效完备的监管体系。同时,鉴于无人机的应用覆盖了众多领域,并涉及众多利益相关方,只有通过各方的积极参与和合作,才能有效应对这些挑战。

因此,希望通过这篇论文,引起业内学者、政府和社会各界对无人机侵权问题的广泛关注,促进相关法律制度和监控机制的改进,为无人机产业良好发展、公民权利保障和社会稳定和谐作出突出贡献。

民航旅客信息跨境传输规则：演进、范式及镜鉴*

刘　佳　李彦宣**

民航旅客信息跨境传输规则随着国家主权理论的嬗变而演进,不同国家基于国家主权考量权重的不同对个人信息跨境传输形成了不同的规制范式。以俄罗斯为代表秉持传统国家主权理念形成了强调信息主权与国家安全、严格限制信息跨境自由传输的规制范式,以欧盟国家为代表形成了数据主权理念下有条件允许信息跨境自由传输的规制范式,以美国为代表形成了主权弱化论基础上最大限度实现信息跨境传输自由、鼓励数据自由贸易的规制范式。鉴于我国民航旅客信息跨境传输规则碎片化、民航旅客信息跨境传输安全评估标准阙如以及民航旅客信息跨境传输国际合作缺失的问题,应推动构建统一的民航旅客信息跨境传输规则体系,制定符合民航业实际的安全评价标准和豁免规则,加强国际合作,保证民航旅客合法权益,推动民用航空产业的发展。

---

* 中国民航大学研究生科研创新项目“智慧机场背景下人脸识别侵权问题及应对措施研究”(项目编号:2022YJS027);2023年中央高校基本科研业务费项目“人工智能语境下民航客票算法定价的反垄断法规制”(项目编号:3122023QD30)。

** 刘佳,法学博士,中国民航大学法学院副教授,硕士生导师,研究方向为国际航空法、网络法;李彦宣,中国民航大学法学院2021级硕士研究生,研究方向为国际航空法。

一、国家主权理论嬗变中的信息跨境传输规则演进

(一)传统主权理论:严格的限制个人信息出境

国家主权,是指一个国家独立自主处理自己内部事务,管理自己国家的"一国最高的权力"。① 传统国家主权理论坚持"主权至上",认为国家主权具有对内最高、对外独立的重要属性,包括独立权、平等权、管辖权、自卫权。根据该理论,以俄罗斯为代表的国家在个人信息跨境传输的立法价值取向中采取数据本地化政策,严格限制数据出境政策,保护国家主权。民航旅客信息量巨大,大多具有敏感性甚至部分与国家安全相关联,蕴含着极高的安全风险。② 随着各国航空公司之间的合作,旅客个人信息跨境传输更加频繁并留存境外,加大了信息泄露的风险。

(二)数据主权理论:有条件的信息跨境传输

数据主权,是指国家对其本国境内的数据及其公民的个人数据的最高管辖权和数据领域的独立自主权以及与其他国家的合作权。③ 国家社会对国家主权的普遍认可,也是数据主权的必然基础,为数据主权的实现带来了可能。从国际法的角度来看,数据主权的基础是国家主权,因此数据主权被视为国家主权的延伸,在此基础上的个人信息跨境传输规制往往体现出"长臂管辖"的态势。④ 以欧盟国家为代表,对信息跨境传输制定了较为体系化的规则,试图确立"充分性保护标准",允许有条件的信息跨境传输。

(三)国家主权弱化论:完全的信息跨境传输自由

由于传统的国家主权至上理论可能会导致"国家利己主义",不利于全球化的发展,有人提出了"主权让渡论""主权弱化论"等新概念。主权弱化论认为,随着经济全球化的深入和跨国公司的发展,将会出现"无边界世界"。主权让渡是指在全球化趋势下,基于主权的身份主权和权能主权的划分,国家主权让渡论的背后是国家主权可分的思想,即全球化时期国家主权可部分让渡。在个人信息跨境传输中主要体现为数据自由贸易,以美国为代表,主张在数据自由贸易的基础上对个人

---

① 参见周鲠生:《国际法大纲》,商务印书馆1929年版,第39页。

② 参见郭春镇、侯天赐:《个人信息跨境流动的界定困境及其判定框架》,载《中国法律评论》2022年第6期。

③ 参见惠志斌:《新安全观下中国网络信息安全战略的理论构建》,载《国际观察》2012年第2期。

④ 参见欧福永、范知智:《个人数据跨境流动规制中的"长臂管辖"及我国的对策》,载《时代法学》2023年第1期。

信息的跨境传输进行规制。① 由美国主导与推动的亚太经合组织的跨境隐私规则（CBPR）和美墨加协议（USMCA）中都体现了数据自由贸易的立场。采用企业认证机制的跨境传输途径使得加入该规则的国家之间可自由传输数据。

二、民航旅客信息跨境传输的界定及规则现状

（一）民航旅客信息跨境传输的界定

个人信息跨境流动主要是指个人信息以互联网为途径，以商业性使用为目的，在位于不同国家网络服务器之间的，或在位于不同国家信息收集者和使用者之间的储存、访问、修改和删除的过程。② 民航领域包括国内航空和国际航空，不可避免地会涉及旅客个人信息的跨境传输。③ 民航旅客个人信息，是指在民用航空运输过程中，航空公司收集的与旅客自身相关的个人信息，主要用来保障民用航空运输的正常和安全运行。为了保障民航安全而收集的与乘机人直接相关的个人信息，主要包括三个方面的内容：预报旅客资料（Advanced Passenger Information，API），旅客姓名记录信息（Passenger Name Record，PNR）、基于商业目的而为旅客定制的个性化服务信息三个方面的内容。根据国际民航组织（ICAO）的规定，主要通过计算机订座系统（Computer Reservation System，CRS）进行民用航空旅客个人信息的跨境传输，即可以向销售代理人提供航班的班期时刻、座位、票价以及定价规则等信息，包括航空承运人。电子订票、购买旅游产品和服务的电脑系统也可以通过该系统实现。根据《外国航空运输企业在中国境内指定的销售代理直接进入和使用外国计算机订座系统许可管理暂行规定》第5条的规定，外航经过中国民用航空局许可，可以委托其销售代理直接进入和使用外国计算机订座系统并使用该外航票证销售符合法律规定的国际客票。由此可以看出，民航旅客信息跨境传输主要指民航旅客个人信息基于商业性目的通过互联网在位于不同国家网络服务器之间的或在位于不同国家民航主体之间的储存、访问、修改和删除的过程。

（二）我国民航旅客信息跨境传输规则现状

完善的个人信息跨境传输规则体系是与他国建立良好互动关系、维护国家数

---

① 参见丁晓东：《数据跨境流动的法理反思与制度重构——兼评〈数据出境安全评估办法〉》，载《行政法学研究》2023年第1期。

② See Ines Willemyns, *Digital Services in International Trade Law*, Cambridge University Press, 2021, p. 86, 276. 转引自宋云博：《DEPA个人信息跨境流动的规则检视与中国法调适》，载《法律科学（西北政法大学学报）》2024年第1期。

③ 参见刘光才、靳璐：《民航旅客个人信息保护的法律规制研究》，载《北京航空航天大学学报（社会科学版）》2020年第1期。

据主权的重要前提。目前,我国民航旅客信息跨境传输相关规则散见于法律法规和相关国家标准、行业标准等规定中,具体涉及网络安全保护、数据安全保护、个人信息保护以及出境安全评估等内容(见表1)。

表1　我国民航旅客个人信息跨境传输的相关法律法规、国家标准、行业标准

类型	名称	年份	具体内容
网络安全保护	《网络安全法》	2017	确立网络空间主权原则,明确网络安全与信息化发展并重;强化关键信息基础设施保护,完善网络安全监管体制;规范网络运营者和网络产品服务提供者的义务;加强个人信息保护,完善监测预警与应急处置机制。第37条规定了个人信息出境需经过安全评估
	《关键信息基础设施安全保护条例》	2021	明确关键信息基础设施的范围和认定规则,强化运营者主体责任,规定国家网信部门统筹协调、公安部门指导监督、行业主管部门具体实施的监督管理体制,完善监测预警、应急处置等保障措施
	《网络安全审查办法》	2022	以防范网络安全风险为主,应事先审查关键信息基础设施运营者和网络平台运营者的数据处理活动的安全性
数据安全保护	《数据安全法》	2021	确立网络空间主权原则,明确网络安全与信息化发展并重;强化关键信息基础设施保护,完善网络安全监管体制;规范网络运营者和网络产品服务提供者的义务;加强个人信息保护,完善监测预警与应急处置机制
	《网络数据安全管理条例》	2024	规范网络数据处理活动,保障数据安全,促进数据合理利用,保护个人和组织权益,维护国家安全和公共利益。条例细化了个人信息保护规则,完善重要数据安全制度,优化数据跨境安全管理,明确网络平台服务提供者的义务,并健全监督管理机制
个人信息保护	《个人信息保护法》	2021	对数据处理者应遵循的各类数据跨境评估规则分别作出了具体规定,在《网络安全法》基础之上,增加了专业机构的个人信息保护认证、国家网信部门的标准合同等方式,为数据出境治理提供明确依据和法律基础

续表

类型	名称	年份	具体内容
出境安全评估	《个人信息和重要数据出境安全评估办法(征求意见稿)》	2017	规范个人信息和重要数据出境,要求网络运营者进行安全评估,重点评估数据出境的必要性、风险及接收方的安全能力
	《数据安全管理办法(征求意见稿)》	2019	规范数据全生命周期管理,要求数据处理者开展风险自评估,明确数据出境需申报安全评估的情形,保障数据依法有序流动
	《个人信息出境安全评估办法(征求意见稿)》	2019	针对网络运营者向境外提供个人信息的行为,要求签订合同并进行安全评估,重点保障个人信息主体权益,防范境外法律环境变化带来的风险
	《数据出境安全评估办法》	2022	明确数据处理者向境外提供重要数据和个人信息需进行安全评估,规定了需申报评估的具体情形、评估重点、申报流程及监督管理要求,旨在保障数据跨境安全流动
	《信息安全技术 个人信息安全规范》(GB/T 35273-2020)	2020	规定了个人信息收集、存储、使用、共享、转让、公开披露、删除等活动的原则和安全要求,旨在保护个人信息主体权益,规范个人信息控制者行为
	《数据出境安全评估申报指南(第二版)》	2024	明确数据处理者向境外提供重要数据和个人信息的申报范围、方式和流程;优化申报材料,规范数据出境风险自评估要求。相较于第一版,新增对数据出境风险自评估的具体要求,进一步细化了数据出境行为的判断标准
	《个人信息出境标准合同办法》	2023	明确通过订立标准合同的方式开展个人信息出境活动的要件;规定个人信息处理者需开展影响评估并备案;规范标准合同范本,保障个人信息跨境安全和自由流动
涉外倡议	《网络空间国际合作战略》	2017	以和平发展、合作共赢为主题,提出构建网络空间命运共同体的目标,倡导和平、安全、开放、合作的网络空间,推动国际规则制定、能力建设与网络安全合作
	向世界贸易组织(WTO)提交了关于电子商务的提案	2019	重点关注了数据流动问题,并明确坚持将安全作为个人数据流动的前提,同时也指出历史文化传统和法律体系的差异使统一的数据流动规则在短期内难以达成
	《全球数据安全倡议》	2020	各国应要求企业严格遵守所在国法律,不得要求本国企业将境外产生、获取的数据存储在境内

续表

类型	名称	年份	具体内容
国内民航运输	《公共航空运输企业航空安全保卫规则》	2018	规定了订座和离港信息的安保措施以及订座系统应当按照规定设置获取旅客身份证件信息的程序
	《中国民用航空电子客票暂行管理办法》	2008	针对不同机票交易主体,规定了相应的信息保护义务和法律责任
	《民用航空信息系统安全等级保护实施指南》	2015	对航空企业的旅客信息保护提出了细致、体系化的要求
智慧民航	《智慧民航数据治理规范框架与管理机制》	2022	提出了民航数据治理的体系框架、建设目标、实施要点、组织保障及制度建设的总体要求,旨在统一行业数据治理框架,指导各单位数据治理机制与组织制度建设
	《智慧民航数据治理规范数据　治理技术》	2023	规范了民航数据治理相关信息技术工具或功能的设计
	《智慧民航数据治理规范数据架构》	2022	从数据标准、数据模型等方面,提出数据架构建设原则与要求
	《智慧民航数据治理规范数据质量》	2022	构建了数据全生命周期的质量管控体系和评价策略
	《智慧民航数据治理规范数据安全》	2022	数据安全分级管理、数据全生命周期安全防护、数据安全组织保障等,以建立科学的数据安全分级与防护机制
	《智慧民航数据治理规范数据共享》	2023	民航数据共享机制、共享业务与技术模型,以发挥数据共享协同价值
	《智慧民航数据治理规范数据服务》	2022	行业数据服务准则、数据服务设计与运营流程、数据集服务与数据 API 服务、数据分析能力建设等

我国对个人信息跨境传输规制的关注从2010年才逐渐开始,总体的立法倾向是以“数据安全”为首要,对个人信息跨境传输进行严格的限制。① 国内已经出台了多部关于个人信息保护和出境的法律法规,民航业也有针对信息安全和个人信息跨境传输出台多部自身的行业标准。但是整体来看还是比较零散和碎片化,缺

① 参见伍艺:《欧美个人数据跨境流动规则比较研究——以数据隐私保护为视角》,西南政法大学2020年博士学位论文,第190页。

乏体系性。相关法律法规、行业标准存在着对象、范围、评估标准等方面的重叠、交叉,针对个人信息跨境传输并没有形成统一的立法体系。具体到民航领域,中国民用航空局主要在票价、信息系统正常运行和运输安全等方面出台了相关办法和规则,以此保障民航业的正常运行,但是基本没有个人信息保护与跨境传输的法律法规和制度。随着智慧民航的发展,又出台了关于"数据治理"的一系列文件,但是具体内容都比较原则性,也没有针对旅客个人信息跨境传输的系统性的规定。在国际上,个人信息跨境传输尚没有形成统一的法律规制,在国际民航运输过程中,主要以国际民航组织为依托,根据《国际民用航空公约》以及相关附件进行民航旅客个人信息跨境传输的法律规制,但是《国际民用航空公约》及其相应附件由于设立时间较早,无法合理适应当下各国国内和国际上关于个人信息跨境传输与流动的新发展,而信息跨境在民航业的发展中是不可避免的,并且国家之间的交流与合作越来越密切,国际航空运输越来越频繁,全球各国不断加强个人信息的跨境立法工作,个人信息跨境传输标准的不统一和差异巨大化都在一定程度上限制了民航业的发展。

三、我国民航旅客信息跨境传输规制存在的问题

无论是严格限制个人信息跨境传输抑或完全实现个人信息跨境自由传输,现阶段都难以实现个人信息的合理保护,甚至可能会侵犯个人权利、形成数据壁垒,不利于民航业国际航空运输的发展。综观我国对于民航旅客信息跨境传输的法律规制,仍存在传输规则碎片化、信息出境评估可行性弱、国际合作参与度低等问题。

(一)民航旅客信息跨境传输规则碎片化

在国际上,我国更多的是以倡议的方式来促进信息跨境传输。在国内,关于个人信息跨境传输的相关规则散见于法律法规和不同行业标准中,[①]在民航领域,《民用航空法》是重要单行部门法,但是有关信息跨境传输方面的规定一直处于空白状态,相关规定集中在行业标准方面,缺乏强制执行力。《个人信息保护法》出台后,主要由第40条对我国航空公司进行规制。其中,"关键信息基础设施运营者"主要是指中航信等平台运营商,"处理个人信息达到国家网信部门规定数量的个人信息处理者"是指运输旅客年总量和旅客信息处理量都达到相应数量的航空公司。因此,可以合理断定,中国民航信息集团有限公司、艾玛迪斯(Amadeus)、世博(Sabre)

① 参见姚旭:《欧盟跨境流动治理:平衡自由流动与规制保护》,上海人民出版社2019年版,第164页。

等系统集成商和各航空公司,必然受到第40条的管辖。

(二)民航旅客信息跨境传输安全评估标准阙如

我国《网络安全法》和《个人信息保护法》中规定了本地化存储与出境安全评估。但是,具体到民航旅客信息跨境传输中,缺乏明确的出境安全评估标准,因而可操作性不强,并且没有区分个人信息跨境传输的具体场景,并据此进行差异化的监管,将此作为信息跨境传输的重要途径会严重抑制国际民航运输业的发展空间。在国际航空运输中,我国航空公司会涉及将旅客个人信息跨境传输到多个国家,涉及联盟联运、代码共享、客服代理、航旅融合等多重复杂关系。如果按照现有立法将每个对应的信息出境进行评估,操作难度大,最终导致评估标准不统一或者重复评估等不利后果。

(三)民航旅客信息跨境传输有效国际合作机制缺失

我国参与的信息跨境传输国际合作以联合国框架下的多边平台为主,尊重世界各个国家的信息主权和国家主权。在民航领域,国际多边合作组织主要为国际民航组织,并根据《出境入境航空器载运人员信息预报预检实施办法》适用API机制。基于代码共享、互售等协议向承运人提供信息的情况则在中国和外国的双边民航运输协定中规定。由于我国个人信息跨境传输法律规制缺乏国际合作,以欧盟和美国为代表的发达国家和地区对我国个人信息跨境传输规制的水平仍存疑,导致我国目前在信息跨境传输中的国际交流与合作仍比较被动,国际话语权较弱。因此考察域外个人信息跨境传输法律规制模式对于完善我国相关制度具有借鉴意义。

四、民航旅客信息跨境传输规制范式的域外考察

欧美国家和地区早在20世纪70年代就已经开始对个人信息的跨境传输进行立法规制。主要存在美国支持信息自由流动和欧盟追求信息监管和自由传输持平的两种立场。由于不同的立法价值取向和信息跨境传输需求的冲突,产生了《安全港协议》与《隐私盾协议》等具有妥协性的双边协议。同时,在美国和欧盟带头下加强了个人信息跨境传输的国际合作和区域合作。但是以俄罗斯为代表的国家严格限制跨境传输。探索如何协调不同国家之间的制度矛盾对民航业的发展具有重要意义。

(一)个人信息跨境传输的不同立法模式:以欧美为例

在信息跨境问题上,欧盟主要通过《通用信息保护条例》(General Data Protection Regulation,GDPR)进行规制,建立了“充分性保护标准”,规定了大量实

现个人信息跨境传输的条件，进一步明确欧盟成员国不得转移国内个人信息给无法提供充分保护的地区和国家，这无疑也会给我国境内的航空企业在欧洲的业务开展带来冲击。而美国通过立法要求国内各个行业自觉履行信息跨境传输制度，最大限度实现信息跨境传输自由，建立行业自律的立法模式。2018 年美国通过了《澄清域外合法使用信息法》（Clarifying Lawful Overseas Use of Data Act），明确将信息主权从物理层界限扩展到技术控制界限的标准。该法案也意味着美国获取域外信息的途径是合法的，在信息跨境规制方面表现出单边主义的立场。① 但是2022 年 6 月 3 日，美国众议院和参议院发布了《数据隐私和保护法案》（American Data Privacy and Protection Act）讨论稿，提到的很多内容都与欧盟 GDPR 类似。该法案强调在顺应个人信息权利的国际发展潮流基础上，最大限度地体现信息价值。② 比如可以有选择地退出、信息最小化、忠诚义务、对特殊群体的信息进行保护等，并且企业对个人信息进行处理时必须履行忠诚义务等。

虽然美国《信息隐私与保护法案》何时能进入正式提交表决这一流程仍难有定论，但是这体现出美国已经开始尝试慢慢转为联邦层面的统一立法趋势。由此可以看出，个人信息保护在各国国内都以统一立法为重要趋势。但是在信息驱动发展的背景之下，GDPR 似乎已经不能满足个人信息保护与信息跨境自由流通的设置初衷。而我国《个人信息保护法》对于信息出境的规定与欧盟的有很多相似之处，因此有学者认为对于 GDPR 当下所遇到的困境我国也不例外。③ 民航业作为交通领域的一大巨头行业，对国家经济发展具有强大的推动作用，旅客信息跨境传输与保护更需要符合该行业特点的法律规制，因此基于个人信息保护统一立法趋势如何调整民航业信息跨境传输的合规是给未来航空公司之间带来的极大挑战。

（二）个人信息出境安全评估的法律规制：以欧盟和俄罗斯为例

1. 欧盟 GDPR：相同规则体系下的个人信息自由流动

对可传输的个人信息的出境进行保护影响的评估在欧盟 GDPR 中作为一种法定制度被确定下来，属于 GDPR 新附加给信息控制者的一项义务。与我国个人信息出境的强制性评估不同，欧盟并不要求所有个人信息的跨境传输都要经过评估，

---

① 参见何迎新：《美国长臂管辖在跨境金融监管中的运用及启示》，载《西南金融》2020 年第 6 期。

② 参见《〈美国数据隐私保护法案〉如何落地忠诚义务？》，载安全内参 2022 年 6 月 9 日，http://www.secrss.com/articles/43297。

③ 参见高富平：《GDPR 的制度缺陷及其对我国〈个人信息保护法〉实施的警示》，载《法治研究》2022 年第 3 期。

而是将跨境传输规制的重点置于对第三国保护水平的要求上。但是在属于应进行评估的情形下,评估结果的不同将影响对个人信息跨境传输的限制程度。GDPR第35条第3款明确指出必须进行出境评估的情况包括以下内容:(1)使用系统、全面和有效的用户内容;(2)大规模处理敏感信息或刑事犯罪信息;(3)使用监视手段大规模或系统性地监测可公开进入的公共区域。

除具体列举外,当出现"很可能会对自然人的权利与自由带来高风险时"也必须采取评估手段。信息主体的"权利和自由"主要涉及信息保护和隐私权,总体来看,欧盟在个人信息跨境流动规制方面的重点不是信息影响评估,而是关注个人信息出境之后作为信息接收地的第三国对个人信息的保护程度。只有第三国的保护程度符合欧盟的标准才能够将欧盟成员国的个人信息传输到第三国。此规定具体包括两个内涵,即减轻作为信息控制者与处理者的企业负担,保护成员国国内公民的个人权利。目前GDPR已经能为信息主体提供较为完善的保护,如果信息需传输到第三国,那么前提必须是第三国也能提供同等水平的信息保护。

2. 俄罗斯:信息本地存储、处理与严控出境

俄罗斯是推动个人信息必须存留在本地、严格限制信息跨境传输的典型国家,其出发点是保护国家安全和国家主权,防止再次发生"美国棱镜实践"。所采取的信息跨境规制原则与我国的信息保护取向非常类似。① 但是对全球航空企业来说,俄罗斯是一个巨大且越来越重要的市场,许多全球企业通过俄罗斯用户、客户和员工在俄罗斯建立了业务。在此基础上,许多飞经俄罗斯领空或者来往俄罗斯的国际航班也随之增多。俄罗斯市场在国际上具有非常重要的地位,由于其本地化措施的广泛性,境内颁布的相关规定都与个人信息权利保护和数字经济发展息息相关。俄罗斯在本地化措施执行过程中一直说明个人信息完全可以自由传输到境外,只要符合在俄罗斯境内存在副本的前提。并且为此设置了类似于欧盟的"白名单"和信息可跨境传输的例外情况。看似并没有严格到限制信息的跨境传输。但随着时间的推移,需要跨境传输的信息越来越多,不断加强的执法力度和效率追求导致所列例外情况更多成了一种摆设。跨国企业为了应对国内限制和顺应国际发展,不得不寻求可以在俄罗斯境内增加服务器数量的破解方案,这也严重限制企业通过使用云服务来提升效率。②

我国目前并不在欧盟和俄罗斯的"白名单"之列,但是中国设置的信息出境制

---

① 参见孙祁:《俄罗斯将推数字卢布促数字经济发展》,载《检察风云》2021年第5期。

② 参见王令栋:《中国出境数据评估法律制度完善研究——以欧盟为借鉴》,华东政法大学2022年硕士学位论文,第31页。

度与欧盟有极大的相似性,并且中国也长久以来更加注重信息和信息安全,主张信息本地化。对于航空业来说,国家安全和国家主权属性更为突出,我国在完善出境评估制度的背景下更应该注重分析欧盟出境评估制度现存问题和避免相关问题的重现。此外,在不对国家主权和安全产生影响的基础上,我国应该比较全面地考虑各个行业的信息出境评估机制。《数据出境安全评估办法》要求企业进行自我评估,美国和欧盟也都有相关要求,这显示出企业评估也将会是未来趋势。在此基础上,航空公司更应该注重旅客个人信息的收集和处理,评估跨境传输旅客个人信息的安全性和可进行跨境传输的类型,这样民航业才能更好地开展国际航空运输,充分保障旅客个人信息安全和国家安全。

(三)个人信息跨境传输法律规制的国际合作

1. 全球性合作:以 OECD 指南为例

全球性的法律规制包括联合国 1990 年发布的《关于自动资料档案中个人资料的指南》、1980 年经济合作与发展组织(OECD)通过的《关于隐私保护和个人信息跨境流动的指南》(Guidelines Governing the Protection of Privacy and Trans-border Flows of Personal Data,以下简称 OECD 指南)。OECD 指南确保了跨境场景下个人信息保护需要达到的最低限度。该指南得到多个国家的认同,并成为世界各国的跨境传输中个人信息立法和国家信息安全的基础。[①] 其中第三部分不鼓励成员国以个人信息隐私的保护为由适用本国国内法以限制个人信息自由跨境,同时也主张应避免国内法条款与该指南的规定相抵触。[②] 为了适应外部环境的变化,2013 年 OECD 指南首次进行修订,但没有新增实质性内容。该指南虽然出现时间非常早,并且不具有强制力,但作为国际上第一个关于个人信息跨境传输的准则,至今仍被视为个人信息跨境传输国际规制的重要文件。

2. 区域性合作:以《区域全面经济伙伴关系协定》为例

《区域全面经济伙伴关系协定》(RCEP)中直接与航空运输业有关的是第八章“服务贸易”,主要包括民用航空运输过程中计算机订座系统的开放。我国在国际航空运输中也明确提出支持外商投资在我国境内设立航空运输销售代理企业,增加出入境的旅客数量。RCEP 中各成员国对航空运输服务的六方面内容均列出清单。其中,开放力度最大的是新西兰和澳大利亚,对于清单中列举的六个领域全部

① 参见齐爱民:《大数据时代个人信息保护法国际比较研究》,法律出版社 2015 年版,第 211 ~ 213 页。

② 参见刘绍新:《全球化背景下的个人数据跨境流动》,载《中国金融》2019 年第 23 期。

开放①;日本开放了五方面领域,只限制了机场运营服务。中国方面的开放程度与WTO框架下的协议一致,只开放两个领域,即航空器的修理和维护服务和计算机订座系统服务。总之,在RECP框架之下加快各成员国旅客个人信息跨境传输的流动速度。

由上述分析可知,目前在世界范围内还没有统一的信息跨境传输的国际规则。但是个人信息跨境传输的合作势不可当,欧盟和美国等国家和地区很早就着手于跨境传输的国际合作,比如OECD和欧洲数据保护委员会(European Data Protection Board,EDPB)都是以美国或者欧盟带头成立的组织。而我国关于个人信息跨境传输的法律规制还不完善,因此在国际合作中基本处于被动地位。但是民航业的发展和旅客信息安全与我国国家安全息息相关,随着我国不断加入区域合作组织推动个人信息跨境流动的区域合作,民航业的信息跨境传输概率更大,给旅客个人信息保护带来了极大挑战。

五、我国民航旅客信息跨境传输规则的完善之策

我国法律制度在提供给民航业旅客信息跨境传输的保护和规制方面仍存在许多立法以及适用空白。通过对国外相关制度的考察与分析,可以从构建统一规则体系、完善出境安全评估标准及配套规则、建立有效的国际合作机制等方面完善我国的民航旅客个人信息跨境传输制度,提高民航旅客个人信息在跨境传输中的保护水平。

(一)构建统一的民航旅客信息跨境传输规则体系

我国《个人信息保护法》已经出台,但其内容更多的具有原则性,无法覆盖到社会生活和企业发展的方方面面。有学者提出了先由《个人信息保护法》进行统一调整,再根据个人信息的收集方式和所处领域,为不同种类的信息提供不同强度的保护和规制等立法完善。② 根据此种观点,中国民用航空局可以根据《个人信息保护法》规定的保护模式,在《民用航空法》中专设条文或章节,对民航领域个人信息保护问题进行具体规定。③ 虽然《民用航空法》2021年刚修正过,短期内也未有再次

① RECP第八章第2条规定:"三、本章不得适用于:……空运服务,影响以任何方式授予的业务权的措施;或影响与业务权的行使直接相关的服务的措施,但影响以下方面的措施除外:1.航空器的修理和维护服务;2.空运服务的销售和营销;3.计算机订座系统服务;4.专业航空服务;5.地面服务;6.机场运营服务……"

② 参见郭瑜:《个人数据保护法研究》,北京大学出版社2012年版,第125页。

③ 参见卢柏宜:《论民航旅客个人信息保护的困境与路径》,载《武汉交通职业学院学报》2021年第1期。

修改的规划和趋势,但是在当下个人信息保护的背景之下,为了国际航空运输业的发展,亟待民航领域及时作出反应规制和调整民航旅客个人信息的跨境传输,故可以先行增设部门规章、条例或指令等低层级规范性文件,用实践结果统计和评估此类规范性文件实际效果,再决定是否或者有选择地将其转化为法律。

(二)制定符合民航业实际的安全评估标准及豁免规则

数字化时代的发展和转变,对个人信息保护的方方面面提出了更高的要求。针对民航旅客个人信息的特殊性,应以《个人信息保护法》、《网络安全法》和《数据安全法》等法律为基础,研究制定民航领域的规章及政策,比如相关实施细则和具体的操作指南制度,以此规制旅客个人信息跨境传输,满足民航旅客个人信息跨境传输的规制要求。由于民航业对于《网络安全法》第37条所提到的信息安全评估要求还缺少具体依据,因此必须加快评估办法的制定,并且要适用于民航领域,划分旅客个人信息的种类并界定重要层级,根据此层级来确定是否需要免除评估。此外,应该建立健全民航旅客个人信息跨境传输的清单制度。①

(三)区域合作为民航旅客信息跨境传输国际性合作奠定基础

目前国际上未达成统一的个人信息跨境国际规则,更多的是国家和地区间的区域性合作,其中区域合作的基础是各个国家参与区域合作谈判。个人信息跨境传输的合作势不可当,而我国关于个人信息跨境传输的法律规制还不完善,缺乏能够专业化掌握我民航业发展特点和特殊性的专业化保护机构,因此在国际合作中基本处于被动地位。但是民航业的发展和旅客信息安全与我国国家安全息息相关,因此,在我国现有的国际交往政策背景下,从区域合作入手,强化相关国际合作,平衡国内要求和国际发展趋势,建立相应的个人信息跨境传输规制体系。比如加强同印度、俄罗斯、越南等信息资源大国的国际合作,推动国内法规制与国际法规制的有效融合与衔接,推动个人信息跨境传输规制的国际合作。

---

① 参见肖通:《数字化转型背景下民航旅客信息保护的现状与对策》,载《民航管理》2021年第6期。

无人机数据管理法律制度建构*

王锡柱**

无人机等智能产品可以将用户的应用数据自动记录并进行留存。此类信息承载着不同主体的需求。用户希望从个人信息保护的角度对数据进行保障,生产商或者产品设计者则希望借助用户使用信息来对无人机等智能产品进行优化,以更加有效地回应智能产品的应用诉求,同时还可通过处理数据进行商业化应用,获得经济利益。政府等公权力部门则要运用数据对智能产品使用状况进行监管,发挥其作为证据的功能,将其作为监控信息而留存。所以,智能产品运行数据包含了诸多相互独立的价值,这些价值又集中于无人机等智能产品本身之上。在无人机等智能产品日益普及,个人数据信息保护诉求不断提升,政府安全保障责任不断强化的时代,如何妥善处理智能产品的运行数据,协调好各方主体的诉求,平衡好各方主体的利益,推动无人机等智能产品法律制度的发展与完善,使此类智能产品数据保障框架与制度规则不断深化与完善是重要的时代议题。基于此,在智能时代,探索无人机产品用户数据的保护路径具有重大的社会价值与制度价值。将无人机作为例证,探寻其数据保护制度路径,一方面可以保障产品应用安全,另一方面则是可

---

* 国家社会科学基金青年项目“低空空域使用的公私法协同保障路径研究”(项目批准号:24CFX021)。

** 王锡柱,中国民航大学法学院副教授,硕士生导师。

以在制度化层面给智能产品的数据保护和商业化应用以及监管提供一个参照体系,为智能时代的数据正义提供一条可能的保护路径。

一、无人机产品运行数据应用场景与三重价值

无人机等智能产品是在自动化驾驶技术不断发展的背景下所形成的新的产品形态,无人机的出现实现了对于传统航空产品类型的更新迭代。在技术的推动下,无人机等智能产品的智能属性日益明显,其与传统产品类型存在诸多不同,其中产品驱动方式是极为重要的差异之一。传统产品类型多是在人这一主体的支配与控制下实现其功能,人在其中发挥重要作用,其驱动力非来自其本身。无人机等智能产品则是以算法和数据的自我驱动为产品功能实现的前提,在数据和算法的驱动模式下,无人机产品数据具有广泛的应用场景,承载着诸多价值,且随着技术的不断发展,产品数据的价值体现更加明显。

自动驾驶等智能技术的提升使得无人机这类智能产品以自我驱动为原则,产品可根据所设定的目标自主完成任务。同时,无人机作为智能化产品,可在运行中自动产生数据,还可自主收集应用数据,而无须进行额外的数据记录,而收集的数据又进一步成为无人机产品故障检测与质量提升的重要参考因素。在数字化时代,数据驱动是无人机等智能产品运行的主导性模式,在无人机产品的应用过程中,其依靠算法驱动,同时以内在数据为算法的优化提供支持,产品运行数据对于产品价值的发挥具有重大的价值。在无人机等智能产品的运行数据应用场景层面,无人机产品所产生的数据是一个客体,其被记录、留存,甚至可能被用于交换与出售,更进一步,其可能作为其他数据生成的基础。在无人机产品的数据驱动之下,此类产品的数据已经超出了数据本身的范围,其作为产品运行中的驱动力,在无人机产品监管制度体系中具有不可忽视的价值和地位。

数据驱动作为无人机等智能产品运行的主导性模式,已经成为诸多主体权利保障或者职责承担时所指向的客体与对象。数据经济逐渐体现为一种围绕数据经营和利用而展开的复杂关系。① 就无人机等智能产品的运行数据而言,此类产品数据意义超出了数据本身,成为承担诸多诉求的载体而存在。无人机产品运行数据作为载体,承担着来自三方主体的价值,成为多元主体实现自身诉求的一个立足点与关注点。无人机等智能产品运行数据虽是作为此类产品运行中自动产生与留存

---

① See Jerry Kang, *Information Privacy in Cyberspace Transactions*, Stanford Law Review, Vol. 50, p. 1193 - 1294 (1998).

的数据,并被作为产品运行痕迹而留存,但是此类智能产品的数据的应用场景和价值体现却面向三类关键主体,承载着差异化的价值和数据管理诉求。具言之,无人机这类智能产品的运行数据作为载体面向的三类主体分别为无人机产品用户、无人机产品生产制造或者运行服务企业、公权力部门。这三类主体对于无人机产品数据的诉求并不相同,但是数据却又存在于这一产品之中,成为各类主体价值诉求的依附,共同指向智能产品运行。其在各类主体之中承担着的诉求根据不同主体的情况产生了差异化的价值需求和诉求。

其一,无人机产品的最终价值在于为用户提供服务,用户是此类产品使用过程中的直接受益者,无人机产品在运行中所产生的数据是用户使用此类产品过程中所产生的数据,与用户个人行为息息相关,并且对于个人权利保障具有重要价值。无人机产品运行数据对于用户而言,是用户权利保障所指向的对象与客体,因此用户希望监管者对于产品运行数据设定相应的保障制度和规则。此类产品是在个人设定的任务中运行的,可借助产品运行数据对于个人的需求进行分析,因此产生的数据可被界定为广义上的用户隐私权益,其可作为隐私或者信息权的对象而存在。现代消费无人机是在无人机制造商开发的应用程序的帮助下运行的,其应用程序包含大量的数据,包括飞行路线(基于GPS信息)、飞行习惯(基于飞行操纵杆运动)、飞行参数(持续时间、身高、速度、距离等)以及飞行员个人数据(智能手机身份、电子邮件地址、拍摄的图像和视频等)。应用程序中的所有数据都会自动同步到制造商拥有的云数据库,因此不会有机会进行隐瞒,这些信息可能被通过多种方式使用,包括可能的滥用。① 上述类型的信息可归类为个人主体的权利指向的对象。用户可能并不希望无人机运行数据被收集与利用,在此种情形下,其存在对于数据的保护需求,这是数据的价值体现的一个方面,对此应当引起充分的注意。用户对于数据的保护需求是无人机等智能产品数据保护制度的起始原因与推动因素。

其二,无人机等智能产品是生产制造商为应对社会发展与用户需求而设计、制造的产品,意在推动产品功能实现方式的转变与功能的进一步提升,在产品功能提升层面上,对于产品运行数据的及时反馈与收集是此类产品运行性能与可靠性提升与改进的基础。因此,对无人机等智能产品生产制造企业而言,在以无人机产品为代表的智能产品时代,产品数据是智能产品持续发展的基础性需要。无人机产

---

① See Chen Siyuan, *The Regulatory Framework for Aerial Imaging by Recreational Users of Drones in Singapore*, Singapore Academy of Law Journal, Vol. 29:1, p. 152 – 153(2017).

品数据对于无人机产品设计者与生产者价值极大,此类主体需要利用数据分析自身的产品性能与产品利用效果,并及时发现产品中存在的问题,对于产品的持续提升与改进予以帮助。同时,无人机等智能产品企业还可在收集数据的基础上对智能产品的应用状况进行分析,对于用户需求进行更加深入的了解,分析产业的可能发展趋向与提升空间。更进一步,产品运行数据对于企业的市场化发展亦具有重大价值。2019 年,联合国《数字经济报告》认为数字经济的价值难以衡量,如何将数据转化为数字智能构成企业成功的关键所在。① 无人机等智能产品设计者与生产者还可以通过分析数据明确自身在产业内的地位,结合用户的现实需求和潜在需求寻找可能的竞争优势与发展路径。此类主体还可通过分析数据了解产业发展的基础,并将分析形成的数据成果予以交换或者出售,获得经济利益或者其他利益,结合整个产业层面的数据做好无人机产品的发展态势分析,寻找进一步的发展空间和路径。

其三,无人机等智能产品是以数据驱动为主,但是其更深层面上是以技术的发展为发展的动力的,技术驱动下的产品相对于传统产品的使用风险更加具有不确定性、可扩散性和难以控制性,因此数据在风险控制与分担和赔偿方面也具有重大的价值。无人机等智能产品运行数据可供对风险进行分析与管理,也可在风险发生后作为证据留存,正是在此基础上,智能产品运行数据对于公权力部门具有相应的价值,在用户面向与产业面向之外,成为数据功能的又一面向。对公权力部门而言,智能产品运行数据是制定行业发展规划与策略,应对行业发展问题,对智能产品实施监管,保障运行安全,保留证据的重要数据支撑。以无人机为例,公权力部门在以下几种情况下需要借助无人机运行数据。第一,无人机飞行中的空域利用状况,这是有关部门制定无人机运行空域规划的重要依据,了解无人机运行情况才能更为积极主动地回应发展诉求,做好空域规划的总体布局,为无人机运行提供更好的服务。第二,对无人机运行秩序进行安全保障。无人机运行数据不同步,无法实现空域资源的利用与调度,可能产生无人机相撞的风险,也可能导致其他风险,在此种状态下,需要对无人机运行数据进行监控。如果执行无人机监管的主要困难之一是搞清谁在什么地点,什么时间飞行,无人机运行数据的云数据库就成为实现这一调查目的绝对宝贵的资源。② 如果发生事故,制造商可能会授权当局查阅这

① 参见肖静华、谢康、吴瑶:《数据驱动的产品适应性创新——数字经济的创新逻辑(一)》,载《北京交通大学学报(社会科学版)》2020 年第 1 期。

② See Chen Siyuan, *The Regulatory Framework for Aerial Imaging by Recreational Users of Drones in Singapore*, Singapore Academy of Law Journal, Vol. 29:1, p. 152 - 153(2017).

些数据,并且当局可以根据问责制和公共安全的原则自动查询相关数据,拥有这样的访问权更有利于保障飞行安全。第三,对无人机的运行进行监控可实现在无人机被用于违法行为时予以阻止,并将留存数据作为证据,为保障无人机的合法合规使用提供技术上的保障。

在以无人机为代表的智能产品时代,与传统产品相比,无人机等智能产品的运行模式发生了革命性转化。以算法和数据驱动的智能产品具有众多新特点,其所产生的数据存在不同的价值面向。无人机运行数据成为多元主体利益的载体,也是多元主体利益纷争点。此类产品数据可作为用户对智能产品使用中的核心利益之一,又可作为智能产业持续发展与优化的数据参考,还可作为公权力部门实施产业规划与监管的数据依托。在智能产品管理制度的设计中,智能产品的数据管理制度关乎三者利益,应当合理安排数据管理制度,妥善处理不同主体之间的关系,减少智能产品应用过程之中的安全风险,实现制度的可操作性。

二、无人机产品运行数据制度建构的关键争议

无人机等智能产品运行数据涉及多元主体利益,多元主体共同指向此类产品数据,但是各主体的利益并非完全一致,甚至是存在巨大张力。无人机产品运行数据作为各方利益指向的统一体,各主体对此类产品运行数据的管理诉求存在巨大的张力,各主体之间虽都对无人机产品数据具有管理需求,但是重点与内容却存在诸多不同之处,如何在无人机等智能产品的数据使用过程中充分保护各主体的相关利益,同时做好多元主体之间的利益协调工作,避免利用中的冲突仍然是一个未决的课题,解决问题需要分析多元主体之间的张力与争议有何体现。

从无人机产品数据管理的现实诉求来说,此类产品利用中的管理保护制度以用户的数据保护为中心,对无人机产品用户提供充分的保障,避免其个人信息被不合理收集与不当利用。然而,这仅是一个面向,无人机等智能产品数据管理目标还具有公共面向,相关数据是实现产业发展的重要支持,生产制造商对于运行数据进行收集与处理,为产业持续发展提供基础,但是企业收集与利用数据可能会侵犯个人隐私与信息利益。另外,公权力部门可对数据进行分析,并将其作为证据,但在这一过程中可能对无人机产品用户造成侵害,损害其隐私权等权益。同时,无人机等智能产品生产者与公权力部门之间也可能存在冲突,生产者的商业专利或者商业秘密被收集,影响产业竞争的公平。因此,如何妥善处理不同数据主体的诉求,使制度能够超出不同的主体的单独诉求,在个人、企业、公权力部门之间正确划分数据界限,保障无人机产品运行数据秩序与安全是无人机等智能产品数据管理制

度的重要目标。然而,实现这一目标,必须在分析各类主体的诉求及具体争议的层面上进行展开,以明确在何种问题上存在共识,又在何种程度上存在争议。此种分析可保障在制度设计中求同存异,在妥善处理争议并推动制度的可操作性方面具有不可忽视的价值与作用,是展开下一步制度设计的前提条件和具体参照,对各方利益影响巨大,不应忽视。

首先,无人机产品用户与无人机产品生产商对智能数据管理需求存在张力。无人机产品用户的需求在于保持产品使用数据的私密性,避免自身的信息或者数据被生产者收集与利用。对于无人机运行所产生的数据而言,用户希望能够在制度上保障无人机运行的路线的隐蔽性,同时能够尊重无人机所拍摄的图像或者视频的私密性。但是在无人机运行数据应用层面,无人机产品生产商的诉求与此不同,生产设计者需要借助无人机产品产生的应用数据进行分析,需要通过收集用户的信息分析自身产品性能是否达到用户需求,自身产品的稳定性能如何,产品用户在操作中存在的数据运行差错有哪些,是否可满足用户使用的基本需求。用户对于自身数据保障的私密性需求与智能产业希望收集数据完善智能产品安全与功能的需求之间存在着张力,这种张力是公民权利保障与无人机产业发展之间形成的一种张力,在无人机产业的发展过程中属于不可回避的问题。这种状况下固然可以通过用户的自主反馈与故障报修进行收集,但是收集的信息是不完全的,与具体的产品需求存在一定的误差,因此为了更为全面地收集信息,需要对于无人机产品的应用数据进行跟踪和保持持续性,如此才能够更为便利,更为全面,更为有目的性地保持无人机各类性能的发展与完善。

其次,无人机等智能产品用户与公权力部门对于智能数据管理职责存在张力。公权力部门主要以安全为导向,避免此类产品被用于不当用途,因此其运行轨迹与使用用途应当受到极为严格的限制。由于无人机独特的技术能力,其有可能被用于收集进入其视野的大量数据,而且这常常通过极为隐蔽的方式得以实现,不会引人注目。[①] 例如,对于无人机运行轨迹数据的跟踪与收集,避免其被用于进入军事基地收集军事情报,或者通过进入禁止飞行区域绘制敏感区域的电子地图,或者禁止其用于收集他人隐私信息。但对于个人用户而言,对于用户使用数据的收集无益于通过公权力对于个人进行监管,甚至可实现对于个人的监视。在特殊情况下,一些无人机产品运行数据信息还可能被作为个人刑事责任的重要证据。国家安全

---

① See Veronika Szikora & Gabor Szilagyi, *New Dangerous Practice on the Horizon*: *Legal Aspects of Drone Usage*, Zbornik Radova, Vol. 51:2, p. 513(2017).

和公共秩序固然需要对于此类产品的信息进行相应的监管,但是在监管过程中可能严重侵犯到个人利益,给个人造成损害。因此,公权力部门承担的职责与用户使用中的信息和数据权利之间也存在巨大张力。

最后,无人机等智能产品生产商与公权力主体对于此类产品运行数据收集与使用的诉求存在张力。无人机等智能产品生产商是从产业发展的角度收集信息,对信息进行相应的使用,甚至对收集的数据进行商业化处理,同时,此类产品生产商可能希望产品运行数据的秘密性,在商业秘密层面对待运行数据。无人机产品生产者还可能基于掩饰产品缺陷的原因而不希望公权力部门了解产品运行信息。但是,政府等公权力部门作为产业发展与监管的机构,其对于数据的需求一方面需要对产业进行规划,另一方面则需要对产品进行相应的监管,保障产品的安全,在特定情形下要求生产者对无人机产品采取必要措施,甚至可依据相应的数据信息对生产设计者进行惩罚,保障产品应用过程中的安全。此种信息往往是通过相应的运行数据的收集与分析而获取的。所以,在智能产品运行数据层面上,智能产品的生产者与政府监管部门可能存在相应的张力,政府通过对数据监管可能形成对于企业的压力,而企业面临政府的压力可能存在相应的制度性障碍,使产业失去发展的大好机遇。因此,对于智能产品运行数据而言,以政府为主导的公权力部门与以企业为主导的市场之间存在相应的张力,应当从现实着手,分析化解或者缓解此种张力的合理路径与方式。

三、无人机产品应用数据管理制度的建构路径

无人机产品运行数据承载着三类主体的诉求,数据管理对于无人机产品管理制度至关重要。对于产品运行数据承载的多元主体诉求而言,各主体诉求之间存在不同之处,且更多是在争议层面展开论述,导致数据管理制度建构中无法达成目标共识。对于数据而言,如何为数据控制者配置适当的权利以客观回应现实需求并平衡各方利益,值得思量。① 在推动无人机运行数据管理制度建构过程中,可能的路径在于在兼顾以上三类主体的差异化需求的基础上,寻找可能的诉求连接点,以求同存异为方向,寻求共识,从利益竞争与关注争议转向关注合作与共赢,从制度体系中探索合理的路径实现数据保护制度的可操作性与可推行性。

无人机产品运行数据管理制度成为各方争议的聚焦点,其原因在于产品运行

① 参见杨翱宇:《数据财产权益的私法规范路径》,载《法律科学(西北政法大学学报)》2020 年第 2 期。

数据承载了不同主体的期待,而对于这一载体,不同的主体期待之间存在张力。在制度建构中,无人机等智能产品运行数据管理制度的可能的路径不会超出绝对保护与绝对自由之间的频谱。但是,频谱的两个极端都会在保障一方的利益的同时损害其他主体对于数据利益的正当诉求,更有甚者,短期看来有利于一方的制度在更长时期看来可能成为对被保护者自身有害的制度化设计,例如,对无人机产品运行数据的绝对保护将导致产品无法优化,进而使其存在的弊端无法修正,造成严重的事故。因此极端情况难以成为合适路径。从制度的建构路径来看,最重要的在于处理好各类主体之间的诉求,分析好长远利益与暂时利益,对于存在同质性的利益先行规定,对于差异化的利益选择相应的标准,确定优先保障的主体与受影响主体一方可能的救济方式,实现制度的完善与可持续发展。

无人机产品运行数据所承载的各方利益诉求的差异已经述及,但是差异化的诉求之间也可能在长期内成为共同的诉求。对于无人机这类智能产品而言,产品安全与功能是三方主体共同关注的问题,三方都对此种目标形成了同质性的关注。此种对于产品安全与功能的同质性需求可以用于指导产品数据的管理制度。在制度建构中,应将用于分析与保障产品安全和功能发挥效果的运行数据予以保存,以实现产品的持续发展,在安全方面和无人机等智能产品功能发挥方面提供持续的改进基础,保障无人机产品安全应用与功能的发挥。例如,无人机云系统可基于移动互联网为用户提供及时和准确的无人机飞行计划报备、情报、飞行数据监视和告警等服务和信息。① 因此数据信息的收集对用户并非绝对不利,而是在一定程度上存在价值。当然,在一些存在差异的制度中,可能需要对无人机等智能产品用户的隐私数据进行保障,使在安全与功能得到保障的同时不至于损害此类产品用户的基本权利与利益,保障制度的可行性。

三方主体诉求在无人机产品的安全与性能之外,可能还存在诸多差异,对于这些差异的存在,应当考虑的问题是,在发生分歧与张力时,应当朝着哪一方向进行。从现在的制度化体系来分析时,可发现的路径是根据权利的重要性确定优先保障的利益,但是在优先保障利益时,对于未得到保障的利益应当采取可能的补充措施,避免其他利益完全无法得到保障,使得各主体间的权利失去平衡。

数据并非总是单一的或者是同质的,即使是运行数据,也存在差别,而不同的数据总是具有差异化的性质,差异化的数据对于不同主体存在不同的重要性,因此

① 参见刘冠邦等:《民用无人机空中飞行监管系统建设构想》,载《指挥信息系统与技术》2018 年第3 期。

不可一概而论,在产品的类型化程度之下,应当对存在的问题进行处理,对产品运行数据进行类型化区分,对不同类型的数据设定不同的数据管理制度,建立用户敏感性数据、产业敏感性数据与公权力部门敏感性数据,对不同的数据设置不同的管理维度,结合各种数据的方式和类型设置合理的制度。

同时,在制度的设计中还应当区分监管强制性规定与自由行为的界限,分析政府与社会、市场之间的分工,并非要将所有的数据类型都置于法律的强制性规定之中,还可以采取自主性的措施进行规定,或者是相结合的规定。例如,对于产品运行中存在的事故数据,有时可不进行强制性规定,而用户可以自主决定是否允许收集,在不允许收集而发生事故造成他人损失时,则推定其负有责任,而通过运行数据证明自身的操作符合规范或可作为责任减免的事由之一。此即为通过强制性规定与自由行为之间的界限,实现管理方式的多样性与合理性制度,为制度的建设和可持续发展提供充足、合理的制度性供给。

因此,无人机产品数据管理制度中需要优先处理三方的相同诉求,将同质化需求转化为立法规定,将合作作为这一层面诉求的基本规定与走向。在同质化诉求之外,针对差异化诉求可将争议进行相应的协调,确立优先保障的权利与主体,同时对于受损害一方的利益寻找可能的补偿路径与方法,在优先保障利益的基础上不至于对其他主体造成过度限制,使其他主体的基本权利或者职能得到基本的保障与发挥。通过此种路径可实现对于智能产品运行数据保护的有效性。

存在的差异化导致智能产品运行数据保障在绝对禁止收集与完全许可利用之间自由摇摆,成为矛盾的争议所在,解决这一问题的关键在于处理好各类主体的共同利益,并在存在不同的利益诉求时选择相应的因素确定在哪些情形中哪类主体的利益或者诉求应当优先得到保证,从中选择优先权的一般设定,在立法中根据优先权的指导选定相应的制度框架和设计,明确制度设计的指导原则。在对无人机数据保障制度进行设计时,可重点选择最具价值的几个因素作为设计的参考因素,根据参考因素区分情形,制定一般的优先权制度。在参考因素中,主要可依产品数据对各方权利的影响程度,经济发展利益,安全制度来进行相应的分析,区分情形设定不同制度以对产品数据保障情形予以类型化。

四、无人机产品应用数据管理制度框架与规则

多元主体的利益诉求既存在共识又存在差异,在无人机等智能产品应用数据管理制度建构过程中,应当充分平衡好数据隐私保护与数据其他价值的发挥这一对关系,在无人机等智能产品应用数据保障制度的规则中,分类别处理无人机产品

应用数据,建构合理制度。对存在共识或者利益趋向相同的数据进行优先处理,并借助法律规则的形式对其规则进行固定。在此基础上,分析并探索处理争议较大问题的路径,实现无人机等智能产品应用数据管理制度框架与规则的合理性,使制度既能够适应现时段智能产业发展需求,又为产业未来发展保留空间。

首先,对于无人机等智能产品运行数据管理制度而言,分析的重点问题是无人机产品用户、无人机产品生产者与公权力主管部门三方之间是否存在对于数据保护或者利用的共识。对于涉及个人隐私信息的数据,应采取妥当的处理方式。其可能的路径包括以下几种:一是按照事前禁止收集的原则处理,遵从知情同意程序;二是以自动生成保存为原则;三是可以在产品的生产设计中直接将生成的数据同步到产品开发商的云数据库中,这是产品数据管理制度中应当思考的基础性问题。在制度的建构过程中,信息并非单一的整体,其种类不同,且在多数情况下具有可分性,因此可按照分类方式进行处理。具体而言,无人机产品运行数据可能关系到个人的隐私,但是也在一些情况下具有明显的外部效应,因此,绝对禁止收集运行数据似乎并不具有现实性,且无人机数据的收集往往具有重要价值。此时可以进行的相应处理是在个人信息收集阶段对智能产品运行的数据进行相应的区分,对于基于产品自身所生成的数据,可以采取的方式是进行相应的收集与自动储存,对于此类产品的运行信息,如智能产品的运行地点,运行高度,运行中存在的故障数据,可以进行自主收集。但是对于与个人敏感性关联的数据则应当严格限制,例如个人拍摄的图像或者私人信息,此类信息不仅关涉数据运行,而且密切关涉用户的个人信息,此类信息可能关系到隐私权,还可能关系到著作权,如果数据泄露损害的是用户的双重权益,使用户在人身权和财产权方面遭受双重损害,对于此类信息而言,直接将无人机产品运行的信息进行同步似乎缺乏妥当性,因此,在收集过程中应当对无人机产品的运行信息进行保障,在获得无人机产品用户的授权与同意后方可进行相应的收集,未获得不得同步此类智能产品的使用信息。同时,在一些情形下,存在绝对禁止收集的信息,此类信息表现为严格禁止外人获取。在现如今的“大数据”时代背景下,民用无人机如果被不法分子广泛用于采集个人隐私,将造成公民个人信息泄露、隐私权被侵犯等诸多问题。① 因此,与国家安全或者秘密相关的信息,抑或与个人安全紧密相关的信息,应当采取绝对禁止的模式进行保障,在源头上控制此类产品信息的收集。

---

① 参见杨丽娟、于一帆:《科技行政法视角下我国民用无人机的法律规制问题研究》,载《科技管理研究》2018 年第 17 期。

其次,在无人机等智能产品运行数据的储存方面,应当建立区别化的储存模式,对于储存的安全性进行充分的保障。这方面主要表现为用户的信息被收集后,一方面是对于数据进行匿名化处理,保障用户的隐私;另一方面则是采取必要性原则,且在收集一段时间后对数据进行消除,避免长期留存用户的数据。例如,奥巴马在2015年2月发布的白宫备忘录中强调,除非必要或者有其他法律规定,否则无人机收集的数据留存时间不得超过180天。① 在第三种路径上则是对于用户的储存的数据采取安全的保障方式,利用技术手段切断数据的可追踪性,实现数据的安全保障,以及用户对于自身信息权益的保障,推动规则的完善。

再次,在无人机产品运行数据的传输和商业化应用方面,应当遵守数据的管理规定,对产品进行相应的监管,保障产品的商业化应用过程中不会损害用户的利益。其一,应在商业化应用中促进无人机运行数据整合与利用,对无人机运行数据进行分析与处理,实现对行业发展与无人机产业需求的精准把握,为无人机产业的未来发展提供相应的数据支持。其二,无人机产品数据被整合后可以作为产业发展数据进行分析,但是在处理用户数据时必须将具体用户的个人信息进行匿名化处理,避免泄露用户数据,防止对用户造成损害。

最后,在无人机产品数据的证据效力层面上,无人机产品的证据效力主要体现在以下几个方面,一是无人机产品的运行数据可以作为产品生产者产品质量不合格的重要证据体现,这一数据应当必须留存,并保留较长时间。欧盟将相关的信息留存期限定为10年。二是证明无人机产品用户借助无人机产品侵犯国家利益、公共秩序和公民权利。中国民用航空局可充分运用移动互联网、大数据等现代信息技术,提升通用航空器地面和空中活动的监控与追踪能力,实现飞行动态实时监控。② 通过此种方式实现对于智能产品运行轨迹的追踪,分析其是否进入过相应的地点,或者其是否收集了相应的信息。因此对于自动产生的运行轨迹可以进行收集与自动保存,但是对于用户操作而收集的个人隐私信息应当进行保障,不得同步,只有在特殊情形下才可规定相应的例外,但是不得将此作为常态化的处理程序。

因此,通过针对不同的信息类型进行处理,实现多元化无人机产品运行数据主

---

① See The White House, *Presidential Memorandum: Promoting Economic Competitiveness While Safeguarding Privacy, Civil Rights, and Civil Liberties in Domestic Use of Unmanned Aircraft Systems*, https://obamawhitehouse.archives.gov/the-press-office/2015/02/15/presidential-memorandum-promoting-economic-competitiveness-while-safegua, Accessed August 20 2020.

② 参见张晨、凌帆:《民用无人机运行管理政策研究》,载《中国民航飞行学院学报》2017年第5期。

体之间诉求的协调。在产品运行数据的周期管理中,借助类别化的处理路径,使制度规则能够在保障智能产品数据的用户权益的同时又使其商业化层面发挥相应的价值,而且不至于阻碍证据收集目标,保障多元主体诉求的和谐与平衡。

五、结语

无人机属于智能航空产品范畴,其以数据驱动和支持为基本的产品运行特征。随着无人机产品应用范围的日益推广,其运行数据的重要性将日益提升,多元利益主体之间围绕智能产品运行数据展开的制度竞争将更加激烈。在此种背景下,通过合理的制度考虑设计合理的制度规范无人机产品数据的归属、收集、使用、发展成为重要的路径。在无人机产品数据管理制度设计过程中,可以通过制度化的设计将多元利益主体的同质化需求先予明确,同时通过协调的方式对各方的差异化需求进行调整,并选择关键的影响因素作为调整的依据,优先保障受影响较大的一方主体的利益,在优化制度的基础上实现对于多元主体利益的协调。当然,随着技术持续发展,无人机等智能产品的数据驱动特性将更加明显,届时,各主体的数据需求可能发生变化,数据利用形式可能更加多样,如何在技术发展的背景下将制度设计为开放的制度是需要予以考量的重要问题。

民航旅客敏感个人信息的界定*

徐　美**

一、民航旅客敏感个人信息界定的必要性

大数据、云计算技术的发展，便利了对公民个人信息的收集、处理和使用，也使个人信息保护形势越发严峻。

一般而言，公民个人信息具有以下特点。其一，个人信息内容丰富。个人信息类型广泛，包含身份、活动、评价、观点等，存在形式包括各种媒介、载体。其二，个人信息范围不断更新。随着云计算和互联网技术的迅猛发展，各种数据信息不断产生。个人信息不再局限于传统的姓名、性别、身份证号码、联系方式等可以直接或者间接识别个人身份的信息，其他诸如位置、某一行为等也不断被纳入个人信息的范围之内。其三，单个信息对信息主体的重要程度有所不同。部分个人信息被不当公开、收集、使用可能对个人造成难以挽回的损害，如健康或医疗资料信息、财务或交易信息等；而另一些个人信息被不当收集、使用的后果则相对较轻，如受教育程度、婚姻状况等。

根据不同的标准，研究者一般对个人信息进行分类探讨。依据识别信息主体的程度，个人信息被区分为直接个人信息和

---

* 中央高校人文社科一般项目“个人信息商业化利用的理论基础与路径构建研究”（项目编号：XJ2023002901）。

** 徐美，中国民航大学法学院讲师，法学博士，研究方向为合同法、个人信息保护。

间接个人信息。[1] 依据信息内容的不同，个人信息被区分为生物信息、身份识别信息等。[2] 此外，还存在其他分类方式。[3]

个人信息的以上特征，决定了个人信息不能受到法律同等程度的规范，从利于司法裁判的角度，也应区分保护：统一宽松的规制，对重要个人信息的保护力度不足，从而不利于维护信息主体的利益；统一严格的规制，对一般个人信息而言不必要，且会增加信息利用者的负担，甚至对信息主体的生活也造成困扰。

从立法角度看，基于个人信息对主体的重要性或风险性程度的不同，各国家和地区个人信息保护法律文件多采用敏感个人信息和一般个人信息的划分方式。我国学界一般认为，敏感个人信息是具有特殊风险、需要特别保护的信息。[4] 将敏感个人信息与一般个人信息进行区分，并设置不同的处理规则，根源在于敏感个人信息和一般个人信息具有的危险性不同，收集、处理、使用不当给个人带来的危害后果不同和危害程度不同，从而对危险性高的个人信息制定更严格的利用规则，预防敏感个人信息非法泄露或不当使用而给个人信息主体带来危险。在全面保护个人信息的社会趋势和法律环境下，对个人信息进行区分保护能够做到“重点突出”。

我国《个人信息保护法》也明确规定了敏感个人信息，并对其处理规则作出了更严格的规定。《个人信息保护法》通过概括敏感个人信息的性质加“列举”的方式，将敏感个人信息界定为“一旦泄露或者非法使用，容易导致自然人的人格尊严受到侵害或者人身、财产安全受到危害的个人信息，包括生物识别、宗教信仰、特定身份、医疗健康、金融账户、行踪轨迹等信息，以及不满十四周岁未成年人的个人信息”。

对民航领域而言，由于其行业监管特殊性，民航旅客个人信息保护尤为必要。民航领域收集的旅客个人信息多为敏感个人信息，这使旅客权益受到侵害的风险更高。民航旅客个人信息泄露事件层出不穷。有的旅客个人信息泄露事件导致旅

---

① 参见齐爱民：《拯救信息社会中的人格：个人信息保护法总论》，北京大学出版社2009年版，第101页。

② 郭瑜教授认为，根据个人信息的不同内容，个人信息包括“生物信息、身份识别信息、通讯方式、活动记录、自我表达、外在评价”。参见郭瑜：《个人数据保护法研究》，北京大学出版社2012年版，第125页。

③ 洪海林教授认为个人信息有“自动处理/手动处理”“普通群体/特别群体”之分。参见洪海林：《个人信息的民法保护研究》，法律出版社2010年版，第137～142页。刘德良教授认为个人信息有再现与非再现之分。参见《刘德良教授做客民商法前沿论坛，谈个人信息及法律保护》，载中国民商法律网，http://old.civillaw.com.cn/article/default.asp? id=41369。

④ 如刘德良、郭瑜、孔令杰、汪全胜等学者。

客隐私权受侵害。比如,最高人民法院发布的涉互联网典型案例——庞某鹏诉中国东方航空股份有限公司、北京趣拿信息技术有限公司隐私权纠纷案中,庞某鹏姓名、手机号、行程安排等隐私信息被泄露,起诉要求两公司承担连带责任。① 有的旅客个人信息泄露事件导致旅客财产遭受损失。比如,在"申某与上海携程商务有限公司侵权责任纠纷案"中,申某在携程购买机票后,因机票订购而产生的旅客姓名、起落时间、起落地点、航班号、航空公司信息、手机号信息被整体泄露,诈骗分子根据泄露的信息内容发送诈骗短信,引导申某进行转账等操作,最终导致申某损失10万元。②

中国民用航空局2021年发布的《智慧民航数据治理规范 数据安全》(以下简称《数据安全》),是关于民航领域数据安全的行业标准。《数据安全》将"敏感数据"界定为"泄露后可能会给国家安全、公众权益、个人隐私、企业合法权益等造成不同程度损害的数据"。《数据安全》对"敏感数据"的界定虽然有一定的启发性,但是不能直接适用于对民航旅客敏感个人信息的界定。首先,由于数据和个人信息之间存在一定区别,《数据安全》中"敏感数据"并非对旅客敏感个人信息的直接界定;其次,《数据安全》对"敏感数据"的界定主要从全局、整体出发,影响对象涵盖了国家安全、公众权益、个人隐私、企业合法权益;最后,《数据安全》中"敏感数据"安全性遭破坏后,直接涉及旅客权益的为影响其"个人隐私",区别于《个人信息保护法》中敏感个人信息遭受泄露或不当使用的危害后果——"人格尊严、人身安全、财产安全"。简言之,旅客敏感个人信息的界定和范围仍有待研究。

《个人信息保护法》界定的敏感个人信息这一概念具有宽泛性和抽象性。③ 对于特定的行业或领域而言,敏感个人信息的界定,需结合该行业或领域的特征和行业规则。在界定民航领域的敏感个人信息时,不能笼统适用《个人信息保护法》等规定,而是应当区分民航旅客个人信息的特殊性、结合民航行业特性,划定民航旅客敏感个人信息的范围。本文旨在反思民航旅客敏感个人信息的立法理念和规制环境,合理界定民航旅客敏感个人信息的范畴,以期为科学、高效地保护民航旅客个人信息提供理论支持。

---

① 参见北京市第一中级人民法院民事判决书,(2017)京01民终509号。

② 参见北京市朝阳区人民法院民事判决书,(2018)京0105民初36658号。

③ 参见陈希:《我国敏感个人信息保护规则进路探析——以〈个人信息保护法〉第28—30条为基准》,载《湖南社会科学》2023年第6期。

二、敏感个人信息概念的历史考察及比较法分析

(一)我国法律文件关于敏感个人信息的界定

2013 年实施的《信息安全技术　公共及商用服务信息系统个人信息保护指南》(以下简称 2013 年《个人信息保护指南》)第 3.7 条规定,个人敏感信息是指"一旦遭到泄露或修改,会对标识的个人信息主体造成不良影响的个人信息",该条同时规定,"各行业个人敏感信息的具体内容根据接受服务的个人信息主体意愿和各自业务特点确定。例如个人敏感信息可以包括身份证号码、手机号码、种族、政治观点、宗教信仰、基因、指纹等"。由 2013 年《个人信息保护指南》的规定可见:一方面,敏感个人信息的危害后果为泄露或修改对个人信息主体造成"不良影响",由于"不良影响"指代的内容过于笼统和含糊,敏感个人信息涵盖范围过大、指向不明确;另一方面,该指南明确,各行业可以制定具有行业特色的敏感个人信息具体内容,而且明确了各行业敏感个人信息的确定根据即"接受服务的个人信息主体意愿"和"各自业务特点"。

2018 年实施的《信息安全技术　个人信息安全规范》(以下简称 2018 年《个人信息安全规范》)也对敏感个人信息作出界定,并制定了专门的保护规范。相比 2013 年《个人信息保护指南》,2018 年《个人信息安全规范》明确了敏感个人信息的危害后果,即一旦泄露、非法提供或滥用可能"危害人身和财产安全,极易导致个人名誉、身心健康受到损害或歧视性待遇等"。2020 年实施的《信息安全技术　个人信息安全规范》(以下简称 2020 年《个人信息安全规范》)对 2018 年《个人信息安全规范》进行了修订。在对敏感个人信息的界定上,2020 年《个人信息安全规范》增加了以下规定:"个人信息控制者通过个人信息或其他信息加工处理后形成的信息,如一旦泄露、非法提供或滥用可能危害人身和财产安全,极易导致个人名誉、身心健康受到损害或歧视性待遇等的,属于个人敏感信息。"也就是说,2020 年《个人信息安全规范》在固有敏感个人信息的基础上,将经过加工处理后形成的可能导致个人名誉、身心健康受损或受歧视待遇危险的信息,也列为敏感个人信息,从而进一步扩大了敏感个人信息的范围。

作为个人信息保护领域的基本法,2021 年实施的《个人信息保护法》将不满 14 周岁未成年人信息一概列入敏感个人信息。除此之外,《个人信息保护法》在以下方面作出了修改:一是将因敏感个人信息泄露或非法使用信息主体遭受的风险后果确定为"人格尊严或者人身、财产安全"受侵害;二是对列举的敏感个人信息类型做了增删。相比 2013 年《个人信息保护指南》,《个人信息保护法》删除了身份证号

码、手机号码、政治观点等,增加了特定身份、医疗健康、金融账户、行踪轨迹等信息。

2023年发布的《信息安全技术　敏感个人信息处理安全要求(征求意见稿)》(以下简称2023年《敏感个人信息处理安全要求(征求意见稿)》)在《个人信息保护法》敏感个人信息的界定基础上,增加了"总体考虑个人信息汇聚融合后的整体属性"。换言之,"汇聚融合的个人信息遭到泄露或者非法使用容易对个人权益造成较大影响的",则个人信息整体具有敏感个人信息属性。此外,在《个人信息保护法》列举的敏感个人信息类型上,增加了"身份鉴别信息"。所谓"身份鉴别信息"是指"用于验证主体是否具有访问或使用权限的信息,例如登陆密码、支付密码、动态口令、口令保护答案等"。

我国法律文件关于敏感个人信息的界定详见表1。

表1　我国法律文件关于敏感个人信息的界定

法律文件名称	敏感个人信息的界定
2013年《个人信息保护指南》	一旦遭到泄露或修改,会对标识的个人信息主体造成不良影响的个人信息。各行业个人敏感信息的具体内容根据接受服务的个人信息主体意愿和各自业务特点确定。例如个人敏感信息可以包括身份证号码、手机号码、种族、政治观点、宗教信仰、基因、指纹等
2018年《个人信息安全规范》	一旦泄露、非法提供或滥用可能危害人身和财产安全,极易导致个人名誉、身心健康受到损害或歧视性待遇等的个人信息。 注1:个人敏感信息包括身份证件号码、个人生物识别信息、银行账号、通信记录和内容、财产信息、征信信息、行踪轨迹、住宿信息、健康生理信息、交易信息、14岁以下(含)儿童的个人信息等
2020年《个人信息安全规范》	一旦泄露、非法提供或滥用可能危害人身和财产安全,极易导致个人名誉、身心健康受到损害或歧视性待遇等的个人信息。 注1:个人敏感信息包括身份证件号码、个人生物识别信息、银行账户、通信记录和内容、财产信息、征信信息、行踪轨迹、住宿信息、健康生理信息、交易信息、14岁以下(含)儿童的个人信息等。 …… 注3:个人信息控制者通过个人信息或其他信息加工处理后形成的信息,如一旦泄露、非法提供或滥用可能危害人身和财产安全,极易导致个人名誉、身心健康受到损害或歧视性待遇等的,属于个人敏感信息
《个人信息保护法》	敏感个人信息是一旦泄露或者非法使用,容易导致自然人的人格尊严受到侵害或者人身、财产安全受到危害的个人信息,包括生物识别、宗教信仰、特定身份、医疗健康、金融账户、行踪轨迹等信息,以及不满14周岁未成年人的个人信息

续表

法律文件名称	敏感个人信息的界定
2023 年《敏感个人信息处理安全要求(征求意见稿)》	a. 个人信息处理者在进行个人信息处理前,应按照以下方法识别敏感个人信息。 b. 符合以下任一属性的,应识别为敏感个人信息:(1)个人信息遭到泄露或者非法使用,容易导致自然人的人格尊严受到侵害;示例 1:个人信息主体可能会因特定身份、犯罪记录、宗教信仰、性取向、特定疾病和健康状态等信息泄露遭到歧视性待遇。(2)个人信息遭到泄露或者非法使用,容易导致自然人的人身安全受到危害。(3)个人信息遭到泄露或者非法使用,容易导致自然人的财产安全受到危害;示例 2:泄露、非法使用金融账户信息及其相关的鉴别信息(如支付口令),可能会造成个人信息主体的财产损失。 c. 总体考虑个人信息汇聚融合后的整体属性,如汇聚融合的个人信息遭到泄露或者非法使用容易对个人权益造成较大影响的,应判断个人信息整体具有敏感个人信息属性
《数据安全》	敏感数据是指泄露后可能会给国家安全、公众权益、个人隐私、企业合法权益等造成不同程度损害的数据

纵览我国法律文件关于敏感个人信息的规定,敏感个人信息的界定具有以下特点:其一,敏感个人信息的范围受立法目的影响。2013 年《个人信息保护指南》对于保护的法益规定模糊,仅指泄露或修改后对信息主体产生“不良影响”。2018 年和 2020 年的《个人信息安全规范》明确为敏感个人信息泄露、非法提供或滥用后可能“危害人身和财产安全,极易导致个人名誉、身心健康受到损害或歧视性待遇等”。从对这一定义的解读可以看出,该规范中的敏感个人信息特别保护的理念在于保护信息主体的人身财产安全、名誉权以及反歧视的基本人权。在这一立法理念支配下,规范中的敏感个人信息内容非常多。① 2021 年实施的《个人信息保护法》和 2023 年《敏感个人信息处理安全要求(征求意见稿)》将泄露或非法使用敏感个人信息的危害后果定为“人格尊严、人身安全、财产安全”受到侵害或危害。其二,敏感个人信息的范围具有伸缩性。从我国法律文件关于敏感个人信息的界定来看,除了一些信息因为其固有内容、固有风险而当然列为敏感个人信息之外,一些一般性个人信息也具有转化成敏感个人信息的可能。比如 2020 年《个人信息安全规范》将“经过加工处理形成的”可能产生特殊风险的信息也视为敏感个人信息,

① 个人敏感信息包括但不限于个人财产、健康生理、生物识别、身份等信息。参见 2020 年《个人信息安全规范》附录 B。

2023年《敏感个人信息处理安全要求(征求意见稿)》将"聚合后可能产生特殊风险的个人信息整体"也列为敏感个人信息。

综上所述,立法目的会影响敏感个人信息的范围:立法目的宽泛,涵盖的敏感个人信息更广,立法目的限缩,则会压缩敏感个人信息的范围。就民航旅客敏感个人信息的界定而言,应着重考虑并合理限定其立法目的。而且,鉴于敏感个人信息和一般个人信息之间具有转化性,应当反思现有"定性+非穷尽列举"敏感个人信息的认定方式。

(二)敏感个人信息界定的比较法分析

自20世纪70年代起,欧洲就开始关注个人信息保护问题。1995年欧盟通过《个人数据保护指令》,该法令的立法目的为,"保护自然人的基本权利和自由,尤其是隐私权"。在此理念指导下,《个人数据保护指令》规定的特殊数据类型有"种族或民族起源、政治观点、宗教或哲学信仰和工会资格及与健康或性生活有关的数据"①。为了加强对个人数据的控制,同时将个人数据保护规则予以现代化和统一化,欧盟于2016年通过、2018年实施《通用数据保护条例》。该条例"旨在保护自然人的基本权利和自由,尤其是个人数据保护的权利"。② 随着科学技术进步、社会发展,《通用数据保护条例》在保留原特殊数据类型的基础上,增加了生物识别信息、基因信息、性生活或性取向信息等。受欧盟统一立法约束,各成员国纷纷制定类似或更严格的个人信息保护法,如1998年英国《个人资料保护法》③、2002年德国《联邦数据保护法》④等均对敏感个人信息予以规定。

与欧盟理念不同,美国认为个人数据是自由市场的一个因素,政府不应过多干预。在美国,不同行业领域针对不同类型的个人数据信息制定不同的保护法律,使不同机构受到不同法律规制。而且,美国允许当事人自由约定敏感个人信息范围。美国一般从消费者保护的视角出发,界定消费者个人信息的敏感性。比如,基于以下理由,美国各州的消费者隐私保护法一般将金融账户信息列入敏感个人信息:消费者对其金融账户信息有保密的期望,金融账户信息与可衡量的财产损失相关,对

---

① 《个人数据保护指令》第8条第1款。

② 参见高富平主编:《个人数据保护和利用国际规则:渊流与趋势》,法律出版社2016年版。

③ 敏感个人信息包括种族、政治观点、信仰、工会关系等。See The National Archives, *Data Protection Act 1998*, http://www.legislation.gov.uk/ukpga1998/29/section/1.

④ 德国《联邦数据保护法》第3条第9款规定,包括种族、民族、政治观点、宗教信仰、党派、健康或性生活。

其施加特殊保护在立法上更具有可行性。[①] 在界定方式上，2015 年 2 月，美国政府公布《消费者隐私权利法案（草案）》的讨论稿，转变消费者敏感个人信息定义方式，采用“场景理论”进行界定。这一理论认为，信息敏感性不是与生俱来的，任何信息基于具体的场景都有可能具有敏感性。[②] 具体而言，“场景理论”认为，应当根据个人信息处理行为发生的具体场景，对围绕该行为的各个元素（如行为人、信息主体的身份，处理的目的，处理的场所及影响的后果等）进行综合评价，以判断某信息处理行为的对象是否属于敏感个人信息。[③]

比较欧盟和美国的敏感个人信息认定可以发现，不同国家、地区关于敏感个人信息的范围认定受立法理念、立法目的以及社会文化背景的影响。

第一，立法理念。与欧盟不同，美国在保护信息主体的人格尊严之外，还将信息的自由流动作为重要的考量因素。美国兼顾信息保护与信息流动的立法理念有利于对个人信息实施针对性、效率性保护，同时充分考虑到不同企业合规成本，保障信息自由流通。

第二，立法目的。这主要体现在敏感个人信息立法目的除了保护个人的人格自由与人格尊严以外，是否涵盖保护个人的人身和财产安全。欧盟将保护个人数据信息提高到保护基本人权的地位，即保护个人的尊严与自由。具体到敏感个人信息上，则是基于反歧视的人权标准。在此理念指导下，欧盟敏感个人信息的界定围绕保护个人的人格尊严、人格自由等人格属性。因此，在欧盟，个人性生活或性取向等属于敏感个人信息的范围，而个人位置信息、金融账户信息等不体现人格尊严、人格自由的信息不属于敏感个人信息。与之相对，美国一些州从保护消费者的角度，将体现消费者的财产安全和隐私权的信息如金融账户信息、个人位置信息，也列入敏感个人信息的范畴。

第三，敏感个人信息的范围与一国的社会背景和文化传统具有相关性。即使是在高度统一的欧盟内部，各国家对敏感个人信息的范围认定也并非完全一致。比如奥地利、保加利亚、意大利、荷兰都包含商会身份或贸易成员身份信息，其他一些成员方中并没有包含此规定。

综上所述，就立法理念而言，偏重信息安全还是兼顾信息自由是民航旅客敏感

---

① See Paul Ohm, *Sensitive Information*, Southern California Law Review, Vol. 88:5, p. 1125 - 1196 (2015).

② See R Wong, *Data Protection Online: Alternative Approaches to Sensitive Data?*, Journal of International Commercial Law and Technology, Vol. 2:1, p. 12 (2007).

③ 参见乔榛、蔡荣：《〈民法典〉视域下的个人信息保护》，载《北方法学》2021 年第 1 期。

个人信息界定首先应当考虑的问题。就立法目的而言,比较法上敏感个人信息的立法目的不同主要在于是否涵盖保护个人的人身安全、财产安全。民航旅客敏感个人信息的界定需要考量应限于保护个人尊严、隐私权等人格利益还是也涵盖个体财产安全等利益。此外,民航旅客个人信息涉及跨境转移时应当考虑不同国家和地区关于敏感个人信息的界定。

三、民航旅客个人信息的特征及其认定理念

(一)民航旅客个人信息的特征

区别于一般公民个人信息,民航旅客的个人信息与民用航空行业特殊管理要求紧密相关,这使民航旅客个人信息具有以下特征。

第一,民航旅客个人信息多数具有敏感性。旅客在订票、乘坐飞机出行的过程中需要提供大量个人信息,这些信息多数具有敏感性。具有"敏感性"的个人信息往往牵涉到自然人的人格尊严、人格自由等基本权利和重大人身财产权益等。① 首先,订立航空旅客运输合同所必需的旅客基本信息和订座指令信息,如旅客姓名、出生日期、身份证号码、手机号码、账户信息、支付信息等,以及订单形成的航班信息所属的行踪轨迹,一般都属于敏感个人信息的范围。其次,航空公司提供服务的方式可能具有收集敏感个人信息的情况。比如在智慧民航背景下,航空公司采用人脸识别技术进行身份验证,该生物识别信息也明确属于敏感个人信息。最后,民航旅客个人信息敏感与否的可转化性。除直接具有敏感性的个人信息外,一些信息通过加工、处理、聚合可能也产生敏感性。比如一些旅客要求航空公司提供轮椅服务或者特殊餐食服务,通过这些个人信息可能分析出旅客的医疗健康和宗教信仰情况,从而被认为是敏感信息。可以说,民航领域所收集的旅客个人信息多数为敏感个人信息。

第二,民航领域对旅客个人信息保护的安全性要求高。作为公共交通运输的一部分,安全是民航的生命线。民航安全对信息安全的要求极高,民航信息安全是国家安全不可忽视的信息场域。② 从结果上来看,保护民航旅客个人信息至关重要,否则不仅会导致旅客人身、财产安全受侵害,而且会引起旅客信任危机,长远来看,也将危害民航旅客运输事业的发展。基于以下原因,保障民航领域旅客个人信息安全任重道远。其一,为了保障旅客出行安全,除了订立合同所必需的个人信息

① 参见程啸:《论个人信息处理者的告知义务》,载《上海政法学院学报(法治论丛)》2021年第5期。

② 参见肖通:《数字化转型背景下民航旅客信息保护的现状与对策》,载《民航管理》2021年第6期。

之外，出于航空安保、公共卫生等原因，旅客个人信息的收集范围不断扩大。其二，民航自身由于渠道复杂、涉及的环节和主体多等，加大了民航旅客个人信息泄露的风险。目前国内所有民航客票信息均需接入中国民航信息集团的民航旅客订座系统，从民航旅客订座系统源头到旅客，中间经历了中国民航信息集团、航空公司、第三方航空 App、机票代理商、在线订票网站等多个环节和主体，每个环节和主体都存在信息泄露的可能性。而且，由于当前国内机票代理商资质管理混乱，民航旅客订座系统的接入和使用并没有得到有效规范。

第三，民航旅客个人信息具有跨境流动性。民航旅客个人信息天然地具有跨境传输性。中国民航旅客信息跨境传输主要有两种途径：一是跨境电商模式，机票销售平台通过技术手段直接连接国外民航计算机订座系统及其他旅游产品，供中国旅客购买海外机票；二是境外计算机订座系统企业直接进入国内市场出售机票。① 个人信息保护一般涉及私权保护，但是当涉及跨境转移时则需要关注国家安全问题。② 换言之，在不涉及信息跨境转移时，仅需要考虑个人信息安全和信息自由流动，而当涉及信息跨境转移时，除以上两个考量因素外，还应当考虑国家安全问题。

第四，民航旅客个人信息具有商业价值。在民航领域收集的信息除旅客基本信息、旅客订座记录指令信息外，通常还包括延伸性的个性服务信息。延伸性的个性服务信息主要用于向旅客提供个性化服务及产品推荐，包括飞行偏好以及其他延伸服务需求。③ 这体现了个人信息的商业价值。具体而言，随着社会发展，个人信息的作用越来越突出，在精准营销、广告投放优化、企业投资分析、公共服务改善中发挥重要作用，对企业来说，拥有的数据资料越多，潜在的客户越多。从个人网上购物时自动出现的推荐商品目录到企业自主决定推销对象，都是企业通过技术人员收集、分析相关个人信息得到结论，都离不开个人信息的支持。就民航领域而言，航空公司进行营销、为旅客提供个性化服务，都离不开对旅客个人信息的收集、处理和使用。

民航旅客个人信息的以上特性，对民航领域敏感个人信息的范围界定提出了

---

① 参见刘光才、靳璐：《民航旅客个人信息保护的法律规制研究》，载《北京航空航天大学学报（社会科学版）》2020 年第 1 期。

② 参见张平：《大数据时代个人信息保护的立法选择》，载《北京大学学报（哲学社会科学版）》2017 年第 3 期。

③ 参见刘光才、靳璐：《民航旅客个人信息保护的法律规制研究》，载《北京航空航天大学学报（社会科学版）》2020 年第 1 期。

以下问题:如何结合民航特性制定适用于民航领域的敏感个人信息范围。安全要求高是民航旅客个人信息的共性,对旅客敏感个人信息的严格保护也提出了更高要求;民航个人信息跨境转移的情境下需着重考虑国家安全问题;由于民航领域收集的旅客个人信息多数具有敏感性,且民航旅客个人信息具有商业价值,需要在立法技术上合理限定敏感个人信息,以便在保护旅客个人信息的同时兼顾信息利用。

(二)民航旅客敏感个人信息界定的理念冲突与协调

除民航领域旅客个人信息具有一定特殊性之外,保护民航旅客敏感个人信息的立法理念,亦具有行业特殊性。在界定民航旅客敏感个人信息时,需要与下述价值理念相协调。①

第一,信息安全。敏感个人信息性质和范围界定的首要出发点是保障个人信息主体的信息安全。首先,越来越多的企业看到个人信息中蕴含的巨大商机,想方设法收集客户资料。企业对利润的过度追求,使个人信息被过度或非法收集现象严重。实践中,一方面,民航领域各环节、各主体存在过度收集个人信息,如让旅客留下个人信息或填写提供商品或服务的非必要信息,以便自身今后更有针对性地开展业务或扩大客户群体。另一方面,部分企业存在非事先告知、隐蔽的非法收集情况。个人信息的过度和非法收集,不仅容易导致个人隐私等人格利益被侵犯,而且会造成个人财产损失。因此,应当加大企业信息收集成本,从而制约企业不当或非法收集行为。其次,民航领域各环节、各主体存在个人信息存储的不规范。随着云计算和空间存储技术的发展,信息的交互、共享、网络存储成为常态。这些蕴含巨大价值的海量信息经常成为黑客等的攻击目标,而由于网站管理漏洞、外部约束不足等问题,个人信息泄露概率也随之增加。民航领域用户个人信息泄露事件多发,给旅客的人身、财产安全带来严重威胁。这些信息泄露事件的发生,固然与网络安全技术的限制有关,但是与网站管理者的管理漏洞也存在密切关系。而加强企业对特殊个人信息的存储规制,可以为企业安全保管个人信息增加外部动力,使企业加强自身管理,重视个人信息的存储。最后,民航领域各环节、各主体存在对个人信息的不正当利用。企业、网站私自开发、处理所收集的个人信息或者擅自提供给其他企业或个人,从而获取对价,例如一些公司之间未经授权或超出授权范围共享客户信息。更为严重的是,旅客个人信息在地下黑市被公开叫卖,并形成产业链。个人信息的不正当利用,产生骚扰电话、垃圾短信、诈

---

① 可以说,敏感个人信息范畴难以准确界定的原因之一在于敏感个人信息保护与其他权利相冲突。参见莫琳:《敏感个人信息的界定及其完善》,载《财经法学》2023年第2期。

骗短信等不良后果。

第二,国家安全。民航领域的安全至关重要。航空运输方式的特殊风险防范需求,使航空公司对旅客个人信息的收集、使用天然地包含了国家安全、社会安全等公共利益的考量。① 而在民航旅客个人信息跨境传输的过程中,应重点审核是否符合国家安全。正是出于国家安全考量,我国对敏感个人信息的跨境传输设置了较为严格的限制措施,即达到一定数量的敏感个人信息传输至境外的,必须通过国家网信部门的安全评估,体现了对境外机构从敏感个人信息中分析出与国家安全相关内容的担忧。② 这意味着跨境转移情境下的敏感个人信息界定需要以国家安全为核心,必要时参考、衡量其他国家关于敏感个人信息的界定。

第三,信息自由。信息的自由流动是信息社会的基石。没有信息自由流动作为基础,公民知情权就无法实现,社会公正透明更无法保障。同时信息技术的发展反过来能够提升和促进个人信息保护手段和工具的开发。③ 尤其是在当今互联网技术迅猛发展的背景下,信息经济价值的实现需要以信息的自由流通为基础。信息自由流动,企业才能在商业活动中通过整理、分析个人信息,获取用户的需求,从而有针对性地向个人推荐商品,降低企业的运营成本,使用户获得更个性化的服务体验。所以,有观点指出,平衡数据要素价值与个人信息安全需求是平台企业数据合规义务的理念基础,在保护敏感个人信息数据安全的同时,也不能过度限制个人信息数据的开发利用从而妨碍数据要素价值的发挥,减损个人信息的商业价值。④ 对民航旅客敏感个人信息的扩大、过于严格的保护,不利于航空公司信息的收集,长远来看,也不利于数据经济价值的发挥和数据产业的发展。因此,在界定民航旅客敏感个人信息的范围时,应当同时考虑个人信息的流动性。

第四,企业合规成本。对敏感个人信息,企业需要采取更严厉的处理规则。首先,“只有在具有特定的目的和充分的必要性,并采取严格保护措施的情形下”,个人信息处理者方可处理敏感个人信息。其次,敏感个人信息的处理者应当取得个人的单独同意,法律规定需要取得书面同意的还需取得书面同意。再次,除处理一般个人信息应当向个人信息主体告知的事项外,处理敏感个人信息的还应当向个

---

① 参见卢柏宜:《论民航旅客个人信息保护的困境与路径》,载《武汉交通职业学院学报》2021 年第 1 期。

② 参见张继红、蔡雨倩:《敏感个人信息跨境流动的国际规制》,载《广西社会科学》2023 年第 7 期。

③ 参见张新宝主编:《互联网上的侵权问题研究》,中国人民大学出版社 2003 年版,第 220 页。

④ 参见邹开亮、王馨笛:《敏感个人信息保护视阈下平台企业数据合规制度要论》,载《北京科技大学学报(社会科学版)》2024 年第 2 期。

人告知“处理敏感个人信息的必要性以及对个人权益的影响”。最后,在一定数量的民航旅客敏感个人信息跨境转移时,需要做安全评估。这些更严格的处理要求、告知要求无形中增加企业的数据合规成本。

前述不同理念相互之间存在冲突,比如信息安全与信息自由之间。民航旅客敏感个人信息的界定需要在权衡前述理念的基础上,划分不同理念的位阶,结合民航个人信息特征进行。

四、民航旅客敏感个人信息界定路径

结合敏感个人信息认定的相关考察以及民航旅客个人信息保护的特殊性,我国民航旅客敏感个人信息的界定可以从以下几个方面进行。

(一)立法理念应以信息安全为先、兼顾信息自由流动

2017年实施的最高人民法院、最高人民检察院《关于办理侵犯公民个人信息刑事案件适用法律若干问题的解释》,细化了侵害个人信息数量、类型的定罪量刑标准。敏感个人信息的入罪规定贯彻的是安全理念。① 可以看出,惩治侵犯个人信息犯罪行为,根本是为了维护个人的人身和财产安全。就民航领域而言,信息主体对个人信息安全要求高,社会对民航信息安全期待高;民航信息处理环节和主体牵涉广泛,增加了信息泄露的风险;在民航旅客个人信息内容上,账户信息、行踪轨迹等关系旅客人身安全、财产安全的信息较多。因此民航旅客敏感个人信息的界定应以信息安全理念为优先。

与此同时,具体保护个人信息时应当考虑多方面的因素,尤其是应当注重利益平衡,兼顾信息主体利益与企业的成本。基于其特殊性,法律对敏感个人信息给予更严格的保护。例如,敏感个人信息与一般信息规制的很大不同在于信息主体的“同意”方式,敏感信息的收集必须获得信息主体的单独同意。试想,如果敏感个人信息的范围过分扩大,不仅对一般信息主体的生活造成不必要的困扰,而且给企业的信息收集、利用造成过度的负担。同时,敏感个人信息范围的扩张无形中缩减了一般信息的范畴,敏感个人信息的特殊保护目的也无从实现。

---

① 原文为:“公民个人信息的类型繁多,行踪轨迹信息、通信内容、征信信息、财产信息、住宿信息、交易信息等公民个人敏感信息涉及人身安全和财产安全,被非法获取、出售或者提供后极易引发绑架、诈骗、敲诈勒索等关联犯罪,具有更大的社会危害性。因此,基于不同类型公民个人信息的重要程度,《解释》分别设置了五十条以上、五百条以上、五千条以上的入罪标准,以实现罪责刑相适应。”参见周加海、邹涛、喻海松:《〈关于办理侵犯公民个人信息刑事案件适用法律若干问题的解释〉的理解与适用》,载《人民司法(应用)》2017年第19期。

因此,所有旅客个人信息“一刀切”地进行保护是不可取的立法策略。明智的立法选择是根据不同个人信息的性质,对一些个人信息侧重保护,对另一些个人信息鼓励利用。[①] 换言之,个人信息保护法的根本目的是保护个人信息安全,但是个人信息保护同时受制于其他方面考量,其中一方面是信息流通成本。尤其是在当前大数据商业背景下,信息作为无形资产,在社会经济发展中具有不可替代的作用。因此,个人信息保护不宜阻碍信息的自由流通。

总之,民航旅客敏感个人信息的立法理念应从信息安全出发,兼顾信息自由,在保障民航旅客个人信息安全的同时,促进信息的自由流动和商业价值的实现。

(二)根据保护法益不同对旅客敏感个人信息分级分类

我国敏感个人信息的界定囊括了“人格尊严”“人身安全”“财产安全”等,范围广泛,较为笼统。与之相对,例如欧盟的敏感个人信息集中体现保护信息主体的人格尊严,美国在鼓励信息自由流动的基础上出于消费者保护的目的,界定敏感个人信息涵盖了保护消费者隐私等人格尊严、财产安全等。这导致我国敏感个人信息范围有不当扩大之嫌,以致与非敏感信息的界限模糊化,达不到重要信息特殊保护的目的。概言之,这种界定方式导致敏感个人信息和一般个人信息的区别不大,因为一般个人信息也基本体现了个人的“人格尊严”“人身安全”“财产安全”。同时,这些不同的立法目的体现了不同的法益价值位阶。

对此,可以区别对待、区别保护。我国民航领域旅客敏感个人信息的性质和界定,在从《个人信息保护法》出发的前提下,可以根据敏感个人信息体现的法益价值位阶不同,对其分级分类,对价值位阶靠前的敏感个人信息采取更严厉的保护措施。因为对旅客敏感个人信息一味制定严格的个人信息保护措施,虽然保障了民航个人信息安全,但是容易导致个人信息保护因噎废食,在加大企业收集、处理个人信息成本的同时,也将阻碍信息的自由流通。相反,对敏感个人信息的分级分类保护,在对旅客敏感个人信息予以特殊保护的同时,有利于兼顾个人信息保护与数据产业发展的平衡,通过实现两者关系的良性循环来化解个人信息保护与利用、流通之间的内在矛盾。

(三)民航旅客敏感个人信息的立法技术

首先,民航旅客敏感个人信息的具体规定方式应兼顾确定性与灵活性。比较来看,欧盟对敏感个人信息的认定采取完全列举方式,仅是随着技术的演进,范围

---

① 参见张新宝:《从隐私到个人信息:利益再衡量的理论与制度安排》,载《中国法学》2015 年第 3 期。

有所扩大。这种界定方式明确划定敏感个人信息的范围。属于这几种特殊数据类型的,受到更加严格的规范;不属于这一范围的,适用一般数据保护方式。但是,这种界定方式稍显僵硬和局限化,难以反映不同个人信息的特点。并且,随着社会发展、人类文明和科技的进步,敏感个人信息的范围和类别会扩展、延伸,不完全列举模式存在不足,无法穷尽。① 美国敏感个人信息认定采用场景理论,并允许不同行业、不同信息主体自由约定个人敏感信息范围,高度灵活。但是单个主体的信息敏感度相差甚大,不同行业的敏感信息也有很大不同,完全交由个人、行业、司法自由裁量个人敏感信息范围,相互之间容易产生抵牾。因此,就民航旅客敏感个人信息的界定而言,宜中和以上两种方式:通过定义旅客敏感个人信息的根本性质和不完全列举的方式,为旅客敏感个人信息认定提供标准;同时借助场景理论,为敏感个人信息认定留下余地,并解决敏感个人信息和一般个人信息之间的关联和转化问题,从而刚性与灵活性兼备。

其次,从立法统一性、完整性角度考虑,民航旅客敏感个人信息宜作专门规定。司法实践虽然可以为民航旅客敏感个人信息提供保护,但是更多的是一种事后救济。鉴于敏感个人信息的特殊性,事先预防机制的建立更加重要。因此,应当在立法中规定民航旅客敏感个人信息的性质和判断方式,在司法实践中根据判断标准做好个案衡量。具体来说,在我国民航业,可以由中国民用航空局牵头,具体可以由中国民用航空局发布规章、推荐标准、操作指引,通过大企业领先、鼓励中小企业加入的方式,尽可能多地扩大行业内参与主体的范围。这种折中方式,既符合总体立法、加强信息保护的目的,与国际立法潮流和趋向保持一致,又可以保障信息自由,推进个人信息利用与流通和我国信息产业的发展。

最后,鉴于民航领域个人信息多数具有敏感性,在对旅客个人信息区分保护的立法初衷下,应当对我国民航旅客敏感个人信息的立法目的和范围作限缩解释,对于非列举敏感个人信息的判断采取审慎态度。比如,日韩等将非列举的个人信息是否属于敏感个人信息的认定交给监管机构,需要政令或总统令认可,以防止对敏感个人信息的扩大化解释。②

(四)跨境转移场景民航旅客敏感个人信息的界定

如前所述,民航旅客个人信息具有跨境转移性。因此,在个人信息跨境场景下,敏感个人信息的界定应当进行特殊考量,以便在民航个人信息跨境中保障国家

---

① 参见邓灵斌:《欧盟、美国敏感个人信息保护法律规制比较研究及我国立法特色分析》,载《图书馆》2023年第3期。

② 参见张继红、蔡雨倩:《敏感个人信息跨境流动的国际规制》,载《广西社会科学》2023年第7期。

安全、个人信息主体的信息安全、信息自由流动之间的平衡。

首先,应当重点考虑国家安全。具体包括可能影响国家政权、领土主权、民族团结、社会稳定和社会秩序的信息,应作为主要考量因素。

其次,为了便于数据信息的跨境流通,我国民航旅客敏感个人信息范围认定应当考虑具有国际普适性的敏感个人信息种类。敏感个人信息的保护具有国际趋同性,以欧盟地区为代表,无论是1981年的《有关个人数据自动化处理的个人保护协定》、1995年的《个人数据保护指令》还是2018年的《通用数据保护条例》均有特殊数据类型保护规定。此外,有一些国家和地区起初没有规定敏感个人信息,但是在修订的个人信息保护法律中增加了特殊类型数据信息保护的规定。比如,我国台湾地区1995年的"电脑处理个人资料保护法"没有就个人敏感数据进行特别规定,在2012年颁布的"个人资料保护法"增加了5类敏感信息。① 2017年,新的《个人信息保护法》开始在日本全面施行,此次修订的一个亮点就是引入"需加注意的个人信息"概念。人种、信仰或相关病例等可能会对本人造成歧视或偏见的个人信息被规定为"需加注意的个人信息"。②

最后,由于文化背景的不同,我国民航旅客敏感个人信息范围应具有自己的特性。席汉(Sheehan)和霍伊(Hoy)等人的研究指出,信息的敏感度与情境有关,敏感度因人因情境有所不同。③ 因此,不同情境、不同背景下的社会公众对信息敏感度的认知是有差距的。④ 这在各国家和地区敏感个人信息范围的规定上可见一斑。例如,《美国—欧盟的隐私安全港原则》"选择权"条款⑤的规定。在其中,美国的敏感个人信息增加了美国社会重视而欧盟视为一般的贸易组织成员资格信息,并且将欧盟个人敏感信息中的工会成员资格排除在外。又如,我国《征信业管理条例》

① 包括医疗、基因、性生活、健康检查及犯罪前科信息。参见陈铭聪、廉婧禹:《台湾地区个人信息保护法制研究》,载《云南大学学报(法学版)》2014年第4期。

② 王璐瑶:《论个人信息的界定——日本〈个人信息保护法〉的经验和启示》,载《山东大学法律评论》,山东大学出版社2019年版,第226页。

③ See Sheehan K B, Hoy M G, *Dimensions of privacy concern among online consumers*, Public Policy Marketing, p. 62 – 73(2001).

④ 原文为:"在一个国家,普遍的个人识别符可能被认为是无害并且有用的,然而在另一个国家,他们可能被视为是高度敏感的,而且他们的使用是被限制的甚至严格禁止的。"参见周汉华主编:《域外个人数据保护法汇编》,法律出版社2006年版,第26页。

⑤ 个人敏感信息包括医疗与健康,人种与种族,政治观点、宗教或哲学信仰,贸易组织的成员资格,性生活有关的个人信息。参见齐爱民:《拯救信息社会中的人格:个人信息保护法总论》,北京大学出版社2009年版,第103页。

规定征信行业中的敏感信息。① 虽然仅适用于征信行业,但是可以发现人种和种族并不在敏感个人信息之列。吴标兵等人的实证研究发现,中国公众对通信、生活和人身隐私敏感度较高,对民族、宗教信仰、政治立场的敏感度不够高。② 因此,涉及信息跨境转移时,在考虑与其他国家、地区共性的同时,我国旅客敏感个人信息范围应当考虑中国社会文化背景,侧重公众关注度更高的健康、性生活、身份识别等方面。

五、结语

民航旅客个人信息保护形势迫切。与此同时,个人信息内容庞杂,性质不一。不论是从信息主体利益保护、使用者合理义务承担还是顺从国际趋势的角度来看,民航旅客个人信息应当类型化并区分敏感和一般信息予以保护。各国和地区对敏感个人信息的范围界定各不相同,比较研究发现,影响敏感个人信息范围的因素主要有立法理念、施行成本、社会背景等方面。结合民航业特性,我国民航旅客敏感个人信息的认定,宜限缩解释立法目的,对敏感个人信息分级分类;在涉及旅客个人信息跨境时,兼顾敏感个人信息范围的国际共性与我国社会文化个性;在立法技术上,采用清单列举和场景分析相结合的方式,以兼顾旅客敏感个人信息认定的灵活性和确定性。

---

① 《征信业管理条例》第14条规定:"禁止征信机构采集个人的宗教信仰、基因、指纹、血型、疾病和病史信息以及法律、行政法规规定禁止采集的其他个人信息。征信机构不得采集个人的收入、存款、有价证券、商业保险、不动产的信息和纳税数额信息。但是,征信机构明确告知信息主体提供该信息可能产生的不利后果,并取得其书面同意的除外。"

② 参见吴标兵、许和隆、张宇:《中国公众隐私敏感度实证研究》,载《南京邮电大学学报(社会科学版)》2015年第3期。

机场经营权转让的法律适用：性质厘定与规范选择

李　磊*

从国内法律体系来看，航空法属于综合性法律、行业法律，《民法典》属于基础性法律。在法律适用方面，航空法作为特别法应当优于作为一般法的《民法典》。但是，在经营权有偿转让的具体司法实践中，法院基本不适用《民用机场管理条例》第38条第1款。出现这一问题的根本原因是法律冲突规范的适用机制缺失。综观现有司法案例，法院对机场经营权的性质认识不同，会直接导致不同类型的冲突规范适用问题。解决这一问题的路径在于，厘清机场经营权有偿转让的性质，准确识别法律规范的冲突与竞合，并分别建立相应的法律适用机制。只有在法律竞合的情形之下，才能适用特别法优于一般法的基本规则。

一、机场经营权的司法裁判考察：法律适用现状分析

（一）机场经营权的纠纷类型及裁决依据

《民用机场管理条例》第38条第1款被业界称为特许经营权转让条款，其内容是机场管理机构可以对机场范围内的零售、餐饮、航空地面服务等经营性业务采取有偿转让经营权的方式进行经营。机场特许经营权转让条款的立法背景是，民航主管

* 李磊，中国民航管理干部学院讲师，法学博士。

部门为了推动机场由经营型机场向管理型机场转变,彻底解决机场、航空公司和地面服务公司之间经营范围重叠、冲突等问题,在2004年开启了特许经营试点工作,选取了首都机场、上海机场、厦门机场、深圳机场作为试点单位。

但是在民航领域如此重要的条文,在司法实践中的运用却寥寥无几。在中国裁判文书网中的高级检索"法律依据"栏以"《民用机场管理条例》第38条"作为关键词进行检索,得到的案例数量为0;以"机场特许经营权"为关键词进行全文检索,得到的裁判文书数量也是0。只有以"特许经营"作为全文检索关键词,同时限定当事人为"机场",方能得到63篇裁判文书。①

63篇裁判文书俱为民事案由,其中"合同、无因管理、不当得利纠纷"共45篇,②"知识产权纠纷与竞争纠纷"3篇,"侵权责任纠纷"10篇,另有其他类型纠纷十余篇。在"知识产权纠纷与竞争纠纷"分类栏目里,除(2018)辽01执74号文书外,其余两份文书的争议焦点却是经营转让合同的效力,③因此可以被归入"合同纠纷"案由中。此外,"侵权责任纠纷"10篇司法裁判文书对象均为"广州市睿杰名店管理有限公司、广州白云国际机场股份有限公司侵权责任纠纷",且该案件的二审判决文书已被"合同、无因管理、不当得利纠纷"案由所收录,④因此只统计1篇,其余9篇不再予以重复计算。

总体来说,机场经营权转让纠纷共有53篇裁判文书,且所有案件均为民事纠纷。值得注意的是,《民用机场管理条例》已经出台十余年,第38条也作为经营权转让的规范依据一直指导着机场的商业运营实践,而且机场经营权转让纠纷也并不鲜见,但是法院尚未援引第38条裁判过任何案件。通过分析已公布的53篇司法裁判文书,就能发现原《合同法》是机场经营转让纠纷中最常见的裁判依据。此外,法院还援引过《商业特许经营管理条例》裁判相关纠纷。⑤

---

① 在中国裁判文书网高级检索中,以"特许经营"作为全文检索的关键词,以"机场"作为当事人栏目的限定词,共可以检索到63篇裁判文书,载中国裁判文书网,https://wenshu.court.gov.cn/website/wenshu/181217BMTKHNT2W0/index.html?,最后访问时间:2021年10月2日。

② 该类案由中45件均为合同纠纷案由,没有"无因管理、不当得利纠纷"的裁判文书。

③ 这两份司法裁判文书网的案号分别为(2015)鄂黄陂横民初字第00249号、(2016)辽01民初62号。

④ 广东省广州市中级人民法院(2018)粤01民终10984号民事判决书,载中国裁判文书网,https://wenshu.court.gov.cn/website/wenshu/181107ANFZ0BXSK4/index.html? docId = a32d527915934f3d9ac3a98a00af3b37,最后访问时间:2020年11月17日。

⑤ 参见武汉机场商贸有限公司与广州市长越贸易有限公司特许经营合同纠纷案,湖北省武汉市黄陂区人民法院(2015)鄂黄陂横民初字第00249号民事判决书,载中国裁判文书网,https://wenshu.court.gov.cn/website/wenshu/181107ANFZ0BXSK4/index.html? docId = 2fcea7fa5d7746e485a50d09eaad65ac,最后访问时间:2020年11月28日。

（二）司法裁判观点与争议

经过对案例归纳分析，除了合同条款和履行纠纷，例如价款减免、迟延付款，司法裁判文书所呈现的争议问题主要包括以下内容：

第一，机场经营权转让的法律性质。在“宁波康喜乐嘉餐饮管理有限公司与云南机场集团有限责任公司纠纷案”中，双方就对特许经营合同所产生的法律关系性质产生疑问，对此法院认为协议虽名为“有偿转让经营权（特许经营）合同”，但合同内容及双方争议均涉及有形的租赁场所及设备是否符合合同约定的问题，并不涉及无形资产的许可和利用，不符合特许经营合同法律关系的实质要求，故双方之间实为房屋租赁合同关系。① 但是在另外的案件中，法院直接适用《商业特许经营管理条例》的规定，并以商业特许经营的内容来判断合同双方当事人是否尽到相应的义务，间接认可了转让特许经营合同属于商业特许经营。② 更为常见的做法是，法院在不明确合同的性质以及双方当事人的法律关系的基础上，直接认定机场经营转让合同的效力。法院通常的判决理由是，合同系双方当事人真实意思表示，不违反法律、法规的强制性规定，应为合法有效。③ 在“盐城南洋机场有限责任公司与恒基伟业公司等纠纷案”中，双方当事人约定乙方为机场拓展国内外航线布局，积极促成南方航空公司执飞机场到武汉、深圳航班，同时机场为恒基伟业公司开拓航空地面服务业务提供机会。一旦航班航线得以执行，盐城南洋机场有限责任公司就给予恒基伟业公司以盐城机场航空地面服务经营权，向其开放部分航空地面服务业务。本案涉及利益纠葛较为复杂的地面服务行业，且案例事实清晰表明机场经营权是资格准入，给予被授权方开展地面服务业务的权利。但是，法院仍旧忽视机场经营复杂的权利结构问题，依靠简单判定，就认定双方存在合同关系。④

综上所述，在所有机场经营权转让纠纷中没有争议的是，所有法院均将机场经营转让合同认定为民事合同，双方当事人成立民事合同法律关系。有争议的是，有

---

① 参见云南省高级人民法院民事判决书，(2015)云高民一终字第 239 号。

② 参见武汉机场商贸有限公司与广州市长越贸易有限公司特许经营合同纠纷案，湖北省武汉市黄陂区人民法院(2015)鄂黄陂横民初字第 00249 号民事判决书，载中国裁判文书网，https://wenshu.court.gov.cn/website/wenshu/181107ANFZ0BXSK4/index.html? docId = 2fcea7fa5d7746e485a50d09eaad65ac，最后访问时间：2020 年 12 月 2 日。

③ 参见营口机场有限公司、北京锦龙海洋装备股份有限公司广告合同纠纷案，辽宁省营口市中级人民法院(2020)辽 08 民终 1776 号民事判决书。相同案例亦可参见“首都机场公司与手播公司纠纷案”，法院认为首都机场公司与手播公司签订的《首都机场移动服务平台特许经营协议》系双方真实意思表示，不违反法律及行政法规的强制性规定，属合法有效，双方应予遵守。

④ 参见北京市第三中级人民法院民事裁定书，(2016)京 03 民终 6757 号。

些法院认为机场经营权转让合同不具备商业特许经营的特征,不属于商业特许合同,而且双方直接的收费来源或者交易对象主要是经营场所的占有、使用,因而将机场经营权转让合同定性为租赁合同。对于认可机场经营转让合同属于商业特许经营的法院来说,也会在法律适用方面保持机场经营权的特性,并没有生硬套用《商业特许经营管理条例》中的规则。

第二,机场经营权的可转让性。由于机场经营权的性质尚无定论,有观点将机场经营权建设—经营—转让(与BOT)模式下的公共基础设施的特许经营进行类比。[①] 如果以此来解释机场经营权的性质,就会面临机场经营权可否转让的问题。[②] 在"辽宁省机场管理集团有限公司广告分公司、北京高触广告传媒有限公司广告特许经营权转让合同纠纷案"中,沈阳桃仙国际机场股份有限公司与北京华众禾晨广告传媒有限公司签订《广告特许经营权转让合同》,以转让沈阳桃仙机场候机楼室内以及户外广告传媒的经营权。其间,原由沈阳桃仙国际机场股份有限公司掌握的广告经营权被辽宁机场管理集团广告分公司取得。案件发生之后,法院认可了沈阳桃仙国际机场股份有限公司与辽宁机场管理集团广告分公司之间的经营转让,允许辽宁机场管理集团广告分公司作为诉讼主体参与到案件中,还认可了他们与北京华众禾晨广告传媒有限公司、北京高触广告传媒有限公司的经营权转让合同效力。[③] 法院在判决说理部分,没有对《民用机场管理条例》第38条的内容进行说明。案涉两机场公司虽然都属于辽宁机场集团,但是从法人性质来看,沈阳桃仙国际机场股份有限公司和辽宁机场管理集团广告分公司应属两个不同民事主体。案涉两机场公司在广告经营权转让之后,所进行的广告经营权转让是否仍属《民用机场管理条例》第38条第1款规定的规范范围不无疑问。

第三,机场特许经营与商业特许经营的关系。在"武汉机场商贸有限公司与广州市长越贸易有限公司特许经营合同纠纷案"中,双方当事人的争议焦点是武汉机

① 参见吴念祖等:《机场特许经营法律制度的理论与实务——以上海机场特许经营实践为基础的研究》,载《政府法制研究》2007年第8期。

② 基础设施和公用事业的特许经营权是否可以转让,法律、法规并没有明文规定。但是地方政府往往会限制特许经营权的转让。参见《华容县城市公共交通管理所关于禁止违规转让城市公共交通经营权通告》,载华容县人民政府官网,http://www.huarong.gov.cn/33156/content_1005317.html,最后访问时间:2020年11月29日。

③ 参见辽宁省沈阳市中级人民法院(2016)辽01民初62号民事判决书,载中国裁判文书网,https://wenshu.court.gov.cn/website/wenshu/181107ANFZ0BXSK4/index.html?docId=c4d250340b334554b5604a798d815c78,最后访问时间:2020年11月28日。

场商贸有限公司在取得经营权后，未按《商业特许经营管理条例》之规定进行备案，因而武汉机场商贸有限公司是否未获得相关特许经营的授权存在疑义；而且，在武汉机场商贸有限公司与广州市长越贸易有限公司签订特许经营转让合同之后，未按商业特许经营管理的相关规定，提供相应的业务指导及培训业务，因此特许经营转让合同的效力也存疑。法院则认为，《商业特许经营管理条例》中的备案和业务培训条款不属于行政法规的禁止性规范，不会导致合同无效的法律后果；法院甚至认为，合同当事人不能以此为由主张先履行抗辩权，拒付特许经营费。本案中，法院欲弥补合同效力，主张主要违约方应当承担责任的公正理念值得认可。但是，在将机场经营转让认定为商业特许经营后，又否定当事人以《商业特许经营管理条例》中的权利条款进行先诉抗辩，在法理上似乎难以成立。[①] 本案中，法官已经认识到机场经营权的特殊性，但是未能有效区分商业特许经营权和机场经营权，也没有真正厘清机场经营权的性质。

二、法律的衔接机制不健全：法律适用障碍的原因分析

（一）规范假设存在偏差

德国学者罗尔夫·旺克将法律适用分为6个步骤，分别是明确案件问题、寻找具有相应法律后果的规范依据、加工构成要件、解释法律、将案件事实涵摄到规范要素之下以及回答案件问题。他指出在明确了案件问题之后，法律适用者会带着自己对案件问题的解读或者对案件后果的假设，形成规范假设，[②]进而根据规范假设去寻找解决案件的规范依据。如果法律适用者在解析案件问题时出现了偏差，就会带着偏差形成错误的规范假设，进而找寻错误的规范依据。

在机场经营权转让纠纷中，如果法官不深入研究机场经营权的性质，就会忽视机场经营权的特殊性，那么他所解读的机场经营权转让合同就难免出现偏差。从机场运营实践来看，机场管理机构所享有的经营权是所有合同的来源，也是判断转让和被转让方法律关系、权利义务的最终依据。但是，在当前检索到的所有案例中，法院均没有对这一重要问题进行法理分析和判定。不可否认的是，机场经营权牵涉法律众多，又有民航行业的特殊性，其性质也一直具有争议，但是一味地忽视

---

① 参见湖北省武汉市黄陂区人民法院（2015）鄂黄陂横民初字第00249号民事判决书，载中国裁判文书网，https://wenshu.court.gov.cn/website/wenshu/181107ANFZ0BXSK4/index.html? docId=2fcea7fa5d7746e485a50d09eaad65ac，最后访问时间：2020年11月28日。

② 参见［德］罗尔夫·旺克：《法律解释》（第6版），蒋毅、季红明译，北京大学出版社2020年版，第3～4、6页。

此问题,最终也会导致法官在选择裁判依据时出现偏差。

上文案例中,有些法院将机场经营权转让合同认定为租赁合同、有些则认定为商业特许经营。这些裁判文书的共性是将机场经营权转让视为合同法律关系,这项判断应属准确。这是因为机场方和被授权方签订合同所呈现的法律关系是平等民事主体之间的法律关系,且协议内容是在意思自治基础上意图实现一方取得经营性业务的经营权,另一方通过转让经营权获取收益。这些都符合《民法典》以及原《合同法》对民事法律行为、合同的定义。概言之,在机场经营权转让关系中,授权方与被授权方之间成立合同法律关系。

但是,明确案件问题,不仅需要准确定性法律关系,还需要明晰一项权利的特殊性质、特殊结构,只有充分认识到机场经营权的特殊性才能在寻找规范依据时,准确定位特殊法律规范。从这个角度来看,机场经营权的相关裁判文书虽然在个案事实基础上掌握了机场经营的部分特征,但未掌握全部的特征。在“武汉机场商贸有限公司与广州市长越贸易有限公司特许经营合同纠纷案”以及“辽宁省机场管理集团有限公司广告分公司、北京高触广告传媒有限公司广告特许经营权转让合同纠纷案”中,法院虽然查明了广告特许经营权、商贸特许经营权系省级机场集团转让给下属关联企业,但是由于不了解机场经营权的特殊规范,就忽视了《民用机场管理条例》第38条特殊规则,由此导致在审判中没有厘清省级机场集团—省级机场集团下属关联企业—经营权被授权方之间的关系。同时,在“盐城南洋机场有限责任公司与恒基伟业公司等纠纷案”中,双方通过签订《航线拓展战略合作协议》,赋予恒基伟业公司进入机场开展地面服务的特许经营权。合作协议充分表明,地面服务特许经营合同既不存在租赁法律关系中实体不动产的占有使用,也不存在商业特许经营权中商标、知识产权等无形资产的授权使用,而是商业机会赋予、门槛资格准入。这与商业特许经营、普通合同的交易标的完全不同,而法院在裁判时仍旧没有对此予以足够的重视。

通过对裁判文书的分析,可以发现法院忽视《民用机场管理条例》第38条第1款的根本原因在于,没有把握机场经营权的特殊性,进而将机场经营权转让定性为合同关系或者商业特许关系,以至于在最后裁决中以原《合同法》(《民法典》合同编)或《商业特许经营管理条例》作为案件的裁判依据,而忽视《民用机场管理条例》允许经营权转让的实践基础以及第38条第2款的特殊规范。

(二)民法与航空法的衔接机制不健全

机场经营权转让纠纷中的法律适用难题,其实反映了民法和航空法的衔接适用机制不顺畅。两法衔接不畅的最主要原因在于民法和航空法始终处于割裂状态,[①]实务界有质疑声音,认为《民用机场管理条例》第38条第1款既没有参照适用的立法语言,也没有"适用其规定"的引致适用条款,那么航空法为何要与民法衔接适用?回答这个问题,必须要回归到民法和航空法的关系上来。从法律适用角度来看,航空法是综合性法律,涉及民事法律关系、行政法律关系、刑事法律关系以及经济法律关系等诸多法律关系,与以《民法典》为代表的民法是特殊法与一般法的关系。[②] 根据一般法与特殊法的适用原则,特殊法优于一般法,即民航领域的纠纷应当首先适用以《民用航空法》《民用机场管理条例》为代表的航空法,只有在航空法没有规定时,才适用《民法典》等一般性的民法规范。在调整民航领域的民事法律关系时,特别法优于一般法的规则具有两重含义:其一,从同位阶法律来看,《民用航空法》属于特别法,《民法典》属于一般法;其二,从上下位阶的法律来看,《民用机场管理条例》中的民事规范虽然属于特别法,但是其在位阶上属于《民用航空法》和《民法典》的下位法。如果《民用机场管理条例》第38条第1款是对《民用航空法》中的概念、具体条款的解释,那么《民用机场管理条例》第38条第1款与《民法典》的关系就转化为《民用航空法》与《民法典》的关系,但是《民用航空法》并没有规定机场管理机构的私法性权利。《民用机场管理条例》第38条第1款是基于社会实践需要,为推动经营性机场向管理性机场转变而单独创设的条款,那么《民用机场管理条例》第38条第1款与《民法典》的关系就需要基于上位法与下位法的关系来进行考虑。

通过归纳机场经营权转让的法律适用问题,可以发现导致民法和航空法的衔接适用障碍的还有以下因素:(1)概念使用不准确,法律性质不明确。民航领域内对《民用机场管理条例》第38条就有不同称谓,有称机场特许经营权转让的,[③]也有称机场经营权转让的。[④] 概念不同就意味着法律适用的规范前提的不确定,将机场经营权转让类比商业特许经营或许就受到"特许经营"的影响。(2)忽视冲突规范的具体情形和特殊适用规则。法律冲突规范主要是指法律规定内容不一致的情

---

① 从法制上的发展来看,将航空法与民法割裂的观点由来已久,苏联学者就认为苏联航空法与苏联民法没多大关系,主要汲取了国际民用航空的规范,并非效法与苏联国内法,参见[苏联]M-A.塔拉索夫:《苏维埃法律的运输合同》,莫斯科1954年版,第11页。转引自刘伟民:《刘伟民航空法学文选》,法律出版社2016年版,第34页。

② 参见刘伟民:《刘伟民航空法学文选》,法律出版社2016年版,第34页。

③ 参见马洁华:《机场特许经营权辨析》,载《中国民用航空》2003年第7期;赵巍:《机场特许经营的理论与实践》,中国民航出版社2006年版,第36~37页。

④ 参见李群:《机场特许经营情形下的有偿转让经营权研究》,载《民航管理》2020年第6期。

况。无论是立法机关还是实务界对此问题研究都不够深入,既无法区分“不一致”“相抵触”等立法语言的不同,也无法区分冲突的具体情形,更遑论根据不同情形,明确不同的法律适用规则。因为,“特别法优于一般法”“上位法优于下位法”不是没有例外规则,在一般适用规则之外另立特殊规定时,立法机关、司法机关需要明确特殊规定的适用情形,并根据不同情况,明确法律适用的特殊要件,否则法律与法律之间,同部法律的内部章节之间永远无法形成有机的统一规范体系。

三、机场经营权的性质厘定:法律适用的前提确定

(一)机场特许经营权的性质争议

学术界和实务界对机场特许经营权的性质有颇多争议,有市场资源说①、土地使用权说②、政府授权说以及双重属性说③。

市场资源说的法律基础在于《民用机场管理条例》将机场定位为社会公共基础设施。此观点认为,机场作为大型公共基础设施,在为客货飞机提供起降服务、为旅客货物提供进出服务的同时,聚集了大量的人流、物流、信息流、资金流,而无论是机场的地理空间,抑或信息流、资金流和物流对商家来说都是极佳的市场资源。而机场管理机构有权利依据其投资建设运营所形成的市场资源进行有偿转让,通过特许经营方式将特定业务转移至专业公司经营。市场资源说的问题在于,市场资源本身不是法定概念,其概念和外延极其不周全,容易陷入虚无主义,难以为机场管理机构提供有效的法理支撑。而且,特定区域内因人流、物流、信息流、资金流汇集而出现交易机会,应当是任何实体空间、虚拟空间所具备的共性,非机场所独有。法律的目的就是在纷繁交易中,为交易主体提供规则,以确定资金、不动产、动产、数据等具体财产的归属。只有具体的财产、授权才能形成权利,虚无难以掌握的市场资源则难以形成法律上的权利。

土地使用权说的核心观点在于机场特许经营权的本质在于机场管理机构获得的修建机场的土地使用权,这一土地使用权是机场经济利益的来源。土地使用权说摆脱了市场资源的虚无、无法特定化的弊端,但是其仍旧没有概括到机场特许经营权的本质特征。土地使用权说首先面临的实践难题是,如何认为机场特许经营权源于土地使用权,特许经营权费用的收取则源自土地的交换价值,以及由使用权

---

① 参见赵巍:《机场特许经营的理论与实践》,中国民航出版社 2006 年版,第 36 ~ 37 页。

② 参见马洁华:《机场特许经营权辨析》,载《中国民用航空》2003 年第 7 期。

③ 参见吴念祖等:《机场特许经营法律制度的理论与实务——以上海机场特许经营实践为基础的研究》,载《政府法制研究》2007 年第 8 期。

价值所产生的使用费用,那么解释经营权转让费和不动产租赁权费之间的区别就成为难题。更为重要的是,如果将机场特许经营权认定为土地使用权,那么机场特许经营权利理所应当具备不动产物权的基本特性。可是,根据《民法典》物权法定原则以及物权变动模式,如果法律不对机场特许经营权进行规定,不对机场特许经营权的权利变动模式进行规定,那么机场特许经营权不仅很难得到法律的认可,其交易效力还会受到法律的质疑。因此,将机场特许经营权解读为土地使用权的观点既不符合法律的规定,也不符合当前交易的实践现状。

政府授权说认为,机场特许经营权只是政府特许经营在机场领域的具体适用,与 BOT 项目下的其他社会公共服务一样,政府出于提供社会公共服务,降低成本的需要,允许特定主体进入社会公益领域进行商业经营。简言之,机场特许经营权利来源于政府行政权的授予。政府授权说很好地解决了机场管理机构的权利来源问题。因为,机场作为公共基础设施,属于行政许可的范围。《行政许可法》第 12 条规定,牵涉公共利益的特殊行业的市场准入,可以通过设立行政许可的方式来赋予权利主体相应的权利。既然《民用机场管理条例》将机场定性为社会公共基础设施,那么机场建设运营必然属于直接关系公共利益的特定行业,其属于《行政许可法》第 12 条的效力射程。继而,隶属于机场运营范畴的机场特许经营权也应当属于《行政许可法》所规定的内容。机场运营主体的投资、兴建和运营等行为必然来源于国家对其的行政授权,没有行政许可机场运营主体就难以进入机场投资领域。随着民航属地化改革的深入推进,民航管理部门已经将大部分机场的管理权和所有权下放给地方政府。地方政府在管理机场时,通常是授权机场运营主体在符合政府整体规划的前提下,对机场进行投资建设,建成之后允许社会资本进入机场运营,通过机场收益分成取得投资回报。可以说,属地化改革后的机场建设经营的特殊方式为政府授权说提供了有力支撑。但是,该观点仍没有厘清机场特许经营权的权利结构,不能很好地解释后续的转让问题,也即政府授权说只能适用于机场管理机构的权利来源。而机场特许经营权转让合同中,双方当事人只享有民事权利,不享有行政法上的管理权和监督权。

(二)“双重结构”下的机场经营权

此外,还有特许经营管理权—项目特许经营权的双重属性说。机场特许经营管理权,是指政府基于社会经济发展所需的公共基础设施服务需要,通过行政权力授予机场经营公司对整个机场的经营管理权利。机场项目特许经营权是指机场经营公司可以在一定范围内和一定条件下,通过平等协商、等价有偿将其中的一些具体的项目特许经营权授予其他市场主体。机场项目特许经营权是一种具有自身特色的商事特许经营权,当事人之间是平等民事主体,法律关系也是民商法律关系,非行政管理法律关系。①

双重属性说不仅认识到机场经营权具有多层次权利结构,还认识到第一层次中所具有的国家行政授权以及第二层次中当事人是平等主体之间的民事法律关系。这些判断契合了实际。但是双重属性说仍有不足,其不足体现在两方面:(1)对第一层次特许经营内容的认识不准确。双重属性说认为第一层次的特许经营是经营、管理,但是结合特许经营的内容,参考《基础设施和公用事业特许经营管理办法》对特许经营的规范条文,国家授权形成的特许经营权应当是门槛准入,是行政授权、许可企业进入特定行业开展经营。在授权之后,组织形成特定实体,如机场集团成立,此时基于组织成立才享有经营管理权。(2)第二层次的特许经营已经褪去了"特许"的行政色彩。诚如双重属性说所言,第二层次中当事人之间的法律关系是平等主体所形成的民商法律关系,民商法律关系已经不再具备行政授权的强制性色彩。当机场管理机构取得机场特许经营权后,其可以决定采用何种方式经营国家所特许之事业。而且,《民用机场管理条例》第38条也可以视为国家对机场管理机构采取灵活经营方式,包括转让经营权进行经营的认可。也就是说,在行政许可的基础上,《民用机场管理条例》第38条再次完成了对机场管理机构的授权,允许其转让国家或者政府特许的经营权。《民用机场管理条例》第38条的再次授权既是机场集团内部不同子公司、参股公司、分公司、部门之间重新划分经营职能的基础,也是机场方向第三方专业公司转让经营权的法律基础。因为行政许可具有特定性,机场集团的子公司、参股公司与母公司是不同主体,如果没有法律授权,机场集团与子公司、参股公司之间的经营权能划分也会存在法律障碍。

基于以上内容,机场管理机构权利应当包括两重结构:

第一层级是政府通过行政许可方式赋予的特许经营。政府基于行政许可授权机场管理机构的特许经营是其权力/权利结构的根本来源。如果没有政府的行政许可,机场管理机构就不可能取得机场业务的运营资格和运营权利。当许可的范围不明确,就容易导致机场范围内业务冲突、交叉、重叠等问题。因为,政府的机场许可证实质是给非授权的机构设置了准入门槛。同时,通过物理界限,机场管理机构在机场占地范围内享有垄断专营权,其他主体很难取得机场业务经营之权利、便利。一旦进入场内,相关主体均具有主体资格时,就极易出现业务冲突、重叠等问

① 参见吴念祖等:《机场特许经营法律制度的理论与实务——以上海机场特许经营实践为基础的研究》,载《政府法制研究》2007年第8期。

题。此时,特许经营的范围就成为判定各方经营范围的关键性标准。因而,从这些角度来说,我国当前的机场立法中缺少一环,即政府对机场特许经营权的明确授权。当然,为了鼓励基地航进驻机场,与机场共同发展,政府在批复机场建设时也可以对基地航基于自身业务从事部分机场业务进行豁免。

第二层级是机场管理机构获得国家授权后,基于法人主体的成立以及对机场范围内资源的运营、处理、管理,形成了机场经营权。在行政主管部门授予行政许可之前,机场管理机构的组织实体都会率先成立。从经营权角度来说,机场作为企业法人,其经营权的规范基础可以从企业法人的一般规定中找寻。《全民所有制工业企业法》第 2 条第 2 款规定:"企业的财产属于全民所有,国家依照所有权和经营权分离的原则授予企业经营管理。企业对国家授予其经营管理的财产享有占有、使用和依法处分的权利……"此外,基于对机场资源,包括有形资产和无形资产的处分、管理,以及综合利用各种资源地开展业务经营,机场管理机构获得了民法意义上的经营权。但是,由于其来源的特殊性,机场管理机构所获得的经营权仍然具有一定的门槛性,其资格属性仍保留在经营权的权能当中,即非经允许或者授权,不得从事机场某项经营性业务。资格特性是机场经营权与租赁权、商业特许经营权等有名合同权利的最大不同,机场经营权转让的是从事某项业务的资格,而租赁权、商业特许经营权是在处分某项有形、无形的标的物。

四、机场经营权转让的规范选择:上位法优于下位法的例外适用

(一)基于性质形成规范假设

明确机场经营权转让案件中双方当事人的交易标的是机场某项业务经营权,而该项权利又属于财产权利。基于交易双方的主体地位、交易机制等,就可以明确机场经营权转让属于民事法律关系,同时符合民事法律关系中的合同交易特征,即双方当事人以意思表示为要素,希望通过意思表示一致达到设立、变更民事权利义务关系的目的。因此,在准确判定机场经营权性质的基础上,法院可以非常准确地明确案件问题,明确机场经营权转让属于特殊合同或者无名合同关系,进而形成这样的规范假设:能够解决该案的法律条文必须能够明确告诉法官,机场经营权转让合同签订后,一方当事人能否基于合同取得机场经营权。

但是,在民法和航空法衔接适用中,必须要强调规范假设的重要性,强调形成规范假设的概念、权利性质的重要性。民航作为相对封闭的行业,一直是以国际法、国际民航条约作为立法范本,与国内法的关联度不高。尤其是民事交易领域,民航立法更是直接沿用国际法的特定概念,直接参照国际通行的交易规则和交易

制度。概念与制度的差异会造就不同的思维方式,所以在具体案件中,无论是民航实务工作者,还是司法机关,都可能会基于固有思维去解读案件问题,形成完全不同的规范假设。在机场经营权转让纠纷中,明确机场经营权的法律性质就是形成准确规范假设的前提。

(二)冲突规范的选择适用

如果规范假设准确,法律适用者通常会寻找到正确的法律规范。但是,在适用具体的规范条文时,同样会遇到一系列的法律解释问题:

第一,明确具体规范的涵摄范围。涵摄主要是指将具体法条运用到实际案件当中的过程。[①] 一项条文的法律构成要件,决定了该条文的涵摄范围,决定了它能适用于的案件类型。明确一项法律条文的涵摄范围包括两个层面的内容:(1)明确构成要件。《民用机场管理条例》第38条第1款所规定的机场经营权有偿转让的构成要件包括以下要素:其一,转让的业务应当属于经营性业务;其二,转让的方式应是有偿转让;其三,双方应当签订协议;其四,协议中应当按照民用航空主管部门的相关规定,明确服务标准、收费水平、安全规范和责任等事项。基于以上构成要件,机场经营权转让与行政特许经营的最大区别在于,其对受让人无特殊要求;与商业特许经营最大区别在于,其转让标的为零售、餐饮、航空地面服务等机场范围内的经营性业务。根据机场经营权的双重结构理论,机场管理机构的特许经营资格是国家授予,非经备案取得。因此,商业特许经营规范的构成要件不能涵盖机场经营权。其他有名合同规范条文亦是如此。机场经营权有偿转让协议的性质应当是无名合同。(2)处理好原则和具体条款的关系。在具体司法实践中,法院直接认定有偿转让经营权属于租赁等有名合同,就是没有处理好原则和具体条款的关系。《民法典》合同编分则部分规定了有名合同,但是有名合同的名称固定、交易内容特定,不具备合同通则的包容性、概括性,无法有效解决机场经营权转让产生纠纷的实质性问题。由于一般原则和具体规则还牵涉到法律冲突规范的适用理论,因此下文将结合冲突规范的选择来作具体说明,此处不再赘述。

第二,法律规范的选择适用。法院直接适用一般法不外乎以下两种情况:其一,直接适用上位法优于下位法;其二,认为法律规范之间发生竞合,且竞合的规范之间法律效果相同。首先上位法优于下位法是指《民法典》在位阶上属于法律,优于作为行政法规的《民用机场管理条例》。但是,简单套用该规则,不仅会使下位法

① 参见[德]罗尔夫·旺克:《法律解释》(第6版),蒋毅、季红明译,北京大学出版社2020年版,第28页。

丧失立法权限,特定领域的法律规则失去特殊性,还会冲击现有的法律体系。从适用条件来看,上位法优于下位法需要同时具备两个要件:其一,规定的事项具有同一性,即两个法律对同一事项作出了规定。①《民用机场管理条例》第38条第1款只是对合同内容作了具体规定,没有规定合同的生效要件、责任条款等内容,因此《民用机场管理条例》只在合同内容方面与《民法典》存在不一致,在合同生效要件、责任条款等其他方面不存在抵触或者不一致的情形。其二,内容上相互抵触。在立法实践中,抵触情形是有不同程度之分的,②最为严重的程度是《立法法》第107条的规定,即下位法违反上位法规定的,需要撤销下位法。从《民用机场管理条例》第38条第1款的内容来看,其属于下位法补充上位法的规定内容,新增了经营权转让的额外条件,立法目的在于更加规范经营权转让行为,不属于根本违反上位法立法宗旨,应当归入填补性立法的范畴。在此情形下,简单地适用上位法优于下位法的规定,无疑会抹杀下位法指导实践的积极作用。由此,应当考虑"上位法优于下位法"规则例外情形。根据法律解释方法,"上位法优于下位法"规则例外情形包括两种:一是实施性规定的适用优先;③二是变通性规定的适用优先,例如民族区域自治法对法律的变通。《民用机场管理条例》第38条第1款与《民法典》的关系应当适用第一种情形,即实施性规定适用优先原则。当《民法典》与《民用机场管理条例》第38条第1款在合同内容方面存在不一致时,适用实施性规定,即《民用机场管理条例》第38条第1款,以及《民用机场管理条例》第38条第1款所引致的民用航空主管部门在明确服务标准、收费水平、安全规范和责任等方面的具体规定。

---

① 参见胡建淼:《法律规范之间抵触标准研究》,载《中国法学》2016年第3期。

② 参见孔祥俊:《法律解释与适用方法》,中国法制出版社2017年版,第516页。

③ 参见吴庚:《行政法之理论与实用》,中国人民大学出版社2005年版,第48页。

航空犯罪帮助犯的因果关系研究

张莉琼　刘倩楠*

为了更好地打击民航犯罪，在2010年制定的《制止与国际民用航空器有关的非法行为的公约》(以下简称《北京公约》)和《关于制止非法劫持航空器的公约的补充议定书》(以下简称《北京议定书》)中，将帮助行为诸如"非法和有意协助他人逃避调查、起诉或惩罚""协助以共同目的行事的团伙实施犯罪"等也认定为航空犯罪行为。由此，正确认定民航犯罪的帮助犯，做好国际公约与国内立法的衔接，是实现犯罪的精准打击，维护航空领域的安全发展，实现国家长治久安的应有之义。

然而在认定航空犯罪帮助犯的因果关系方面，仍存在一些尚未解决的问题。以2000年的"9·11"事件为例，在"9·11"事件中，劫机的实行者已经随着飞机的坠毁而殒命，组织策划此次劫机行为的恐怖主义团伙也相应获罪，面临国际的审判。然而此次劫机犯罪仍然存在一些隐蔽的帮助者，如据报道，沙特使馆一职员帮助两名劫机者，允许两名劫机者使用他的公寓，并帮助他们在洛杉矶周围旅行[①](案例一)。这种帮助行为的犯罪性该如何认定？

又如，在网络技术发展日新月异的今天，民用航空业已经深

---

* 张莉琼，中国民航大学法学院教授，法学博士，研究方向为刑法学、航空法学；刘倩楠，中国民航大学法学院硕士研究生，研究方向为刑法学、航空法学。

① 参见《FBI首次解密9·11文件，沙特使馆一职员帮助两名劫机者》，载搜狐网2021年9月14日，https://www.sohu.com/na/489843554_161795。

度依赖信息网络进行售票、值机乃至机场管理、航空器运行等活动,网络安全可谓是民航安全的基础。通过网络攻击破坏民用航空系统和机场管理系统是近年来出现的新型非法干扰行为之一。世界首例针对民用航空器运营系统的网络攻击发生在波兰。当地时间 2015 年 6 月 21 日下午,波兰航空公司的地面操作系统遭遇黑客袭击,致使系统瘫痪长达 5 小时,造成了航空秩序的混乱(案例二)。倘若网络攻击造成了严重的飞行事故,网络黑客的刑事责任毋庸置疑。那么,为其提供互联网接入、服务器托管、网络存储等专业技术支持行为的帮助者是否应当受到刑法的规制?本文欲从航空犯罪帮助犯的因果关系认定入手,探求符合航空犯罪特点的帮助犯因果关系认定路径。

一、航空犯罪帮助犯的内涵及特点

(一)航空犯罪帮助犯的内涵

航空犯罪的帮助犯是侵害航空安全法益的行为,该类犯罪具有双重性,既具有《刑法》总则规定的一般帮助犯的特征,也具有航空犯罪行为所独有的危害性特质。在探究航空犯罪帮助犯的因果关系认定路径时,首先应当明确航空犯罪帮助犯的内涵与特点。

航空犯罪的帮助犯,是为航空犯罪的实行行为提供物质或者精神助力的人。航空犯罪是指国际航空刑法公约和域外以及我国刑法所规定的,以航空器、机场或航空设施设备等航空要素为犯罪对象,危害或威胁航空安全的行为。根据国际航空刑法公约的规定及其与国内刑法的衔接要求,具体的航空犯罪类型包括劫持航空器、破坏航空设施、传送虚假民航情报、危害机场安全、利用航空器运输危险材料、将航空器作为犯罪工具以造成人员伤亡或环境破坏等犯罪行为①。在我国刑法语境中,航空犯罪的帮助犯是指以我国《刑法》总则中的帮助犯规定为基准,对《刑法》分则中所规定的危害或威胁航空安全的不法行为提供资金、犯罪工具、场所等物质帮助的行为,以及为正犯行为提供建议、强化正犯犯罪意志等的心理支持的行为。

(二)航空犯罪帮助犯的特点

航空犯罪的帮助犯具有以下特征。

1. 航空犯罪的帮助犯对法益的侵害具有间接性。按照共犯从属性说的观点,帮助犯的成立需要正犯着手实施了犯罪。帮助者对实行犯提供帮助后,若实行者

① 参见张莉琼:《航空犯罪研究》,法律出版社 2021 年版,第 2 页。

并没有去实行犯罪行为,那么帮助者行为的犯罪性就会被否定。因此,帮助行为单独而言通常不具有法益侵害性,其可罚性源于帮助行为对正犯行为的加工,并由加工后的正犯行为造成法益侵害。航空犯罪的帮助犯亦是如此,申言之,航空犯罪的帮助犯对法益的侵害是间接的,正犯行为对法益的侵害是直接的,帮助犯一般需要以正犯行为为媒介才能对航空安全造成危害或者威胁。法益侵害的间接性特征意味着在对航空犯罪的帮助犯进行刑事认定时,需要结合帮助犯所对应的正犯,即航空犯罪的实行犯的特点来综合判断。

2. 航空犯罪帮助犯的帮助手段多样且方式隐蔽。民航是一个庞大而又丰富的系统,涉及的领域十分广泛。在民航的内部,又可分为通用航空与公共航空两类,前者涵盖的领域包括航空运输、空中巡逻、应急救援、科学研究等多个方面,后者虽然仅指商业航空运输,但该类运输却是与乘客生命财产安全直接连接的领域。也正是因为航空领域所涉及的范围广泛,航空犯罪行为多样,航空犯罪的帮助犯类型及手段也更加多样。就商业航空运输而言,仅仅一个搭乘飞机的过程,就可能出现协助掩藏犯罪工具、帮助犯罪分子通过安检、帮助伪造或篡改机票等多种航空犯罪的帮助行为。且随着互联网技术的不断深入发展,对民航系统的网络攻击行为时有发生,互联网的犯罪帮助痕迹更加难以追踪,民航业所特有的国际性使得一些犯罪分子逃窜境外或者在境外实施犯罪的帮助行为,大大增加了航空犯罪帮助行为的隐蔽性以及追捕的难度。明晰航空犯罪帮助犯的因果关系判断路径,将有利于认定帮助行为的犯罪性,为航空犯罪帮助犯的处罚提供法律及事实依据。

二、航空犯罪帮助犯的因果性判断路径

有关帮助犯的处罚依据问题,理论界已经有了较为成熟的探讨,其中因果共犯论因其自身的优越性而得到了大多数学者的支持,本文拟以因果共犯论为基础,对航空犯罪帮助犯的因果关系判断路径进行探究。

关于帮助犯因果关系的判断理论有很多,颇具影响力的学说有条件说、正犯行为促进说以及正犯结果促进说等,而这些学说都存在难以克服的漏洞。相较而言,正犯行为促进说更加符合航空犯罪帮助犯的特点,同时融合危险升高理论的认定思路可以有效克服行为促进说的内在缺陷,使之更好地适用于航空犯罪帮助犯的认定。

(一)以类型化思维切入帮助犯因果关系的认定

条件说在帮助行为与正犯行为及结果之间冠以“非p则非q”的条件关系,而该理论遇到的棘手问题一是无法合理限缩帮助犯的成立范围,导致处罚范围过于广

泛,同时学者对于限定要素的不断增加也使得该学说在判断因果关系上标准逐渐模糊;二是在解决无效望风问题上难以得到妥当的结论[①]。正犯行为促进说认为,帮助犯的成立与既遂判断只需要帮助行为与正犯行为有因果关系即可,而与正犯结果的因果关系如何在所不问。[②] 该理论由于在抽象的危险中寻求帮助行为的不法依据,同时破除了“行为与结果”的逻辑框架而为一些学者所诟病[③]。此外,有学者认为正犯行为促进说将帮助犯既遂的成立节点过于提前,只要加功了正犯行为即为犯罪既遂,无法准确区分帮助犯的既遂与未遂,从而排挤了帮助犯未遂状态的存在。[④] 正犯结果促进说主张帮助犯的帮助行为必须实际上助力了正犯行为的危害结果,即要求帮助行为对正犯结果具有因果关系上的促进作用[⑤]。然而正犯结果促进说在解决帮助犯的认定问题上同样也难以做到完美无缺,例如该说过于注重对帮助行为与犯罪结果之间的因果关联,而忽视了帮助行为促进犯罪行为的法益侵害意义,尤其是难以应对帮助犯的帮助行为无法促进帮助结果的情况,在处理正犯为危险犯的问题上捉襟见肘。

综上所述,正是以上理论各有不足之处,至今学术界关于帮助犯的因果关系认定尚无一个统一、妥当的思路。尽管如此,学者仍倾向于对帮助犯的因果关系判断建立一个完备的学说,以期该学说具有处理各种帮助犯因果关系认定情形的普适性,但目前的理论聚讼现状也恰恰证明了该种思路欠妥当。在因果共犯论视域下,学者普遍承认将法益侵害视为判断帮助行为与危害行为及结果之间因果关系的关键因素。反观我国刑法体系,不同犯罪的法益侵害往往具有不同的特点,有的犯罪侵害的法益是公共安全,有的则是人身财产。保护法益的性质差异也造成了犯罪认定的差别,如行为犯与结果犯、危险犯与实害犯分别有着不同的认定路径。因此,在认定帮助犯与正犯行为或结果之间的因果关系时,也应当结合具体的正犯犯罪类型进行因果关系理论的选择。

航空犯罪为侵害公共安全类犯罪,该类犯罪危害的法益是公共安全,刑法将其设置为危险犯,具体罪名包括暴力危及飞行安全罪,破坏交通工具罪,破坏交通设施罪,编造、故意传播虚假恐怖信息罪等,从法益侵害的事实样态上来看,这些罪名

---

① 参见刘凌梅:《帮助犯研究》,武汉大学出版社 2003 年版,第 96 页。

② 参见陈家林:《外国刑法通论》,中国人民公安大学出版社 2009 年版,第 602 页。

③ 参见张伟:《试论帮助犯的因果关系》,载《海峡法学》2010 年第 2 期。

④ 参见刘仁文:《帮助犯因果关系认定的路径选择——以电信网络诈骗犯罪为切入》,载《中国政法大学学报》2023 年第 3 期。

⑤ 参见[日]平野龙一:《刑法总论Ⅱ》,有斐阁 1975 年版,第 381 页。转引自袁汉兴:《帮助犯因果关系的判断:因果性危险增加理论》,载《刑法论丛》2020 年第 4 期。

有的是具体危险犯,有的是抽象危险犯,《北京公约》和《北京议定书》中规定的以“威胁”方法实施航空犯罪,或“在航空器上运输”危险材料,或“共谋”实施的航空犯罪均为抽象危险犯,[①]因此,在认定航空犯罪帮助犯的因果关系时,要充分分析正犯的危险犯性质,以寻求最为妥当的因果关系判断路径。

(二)改良的行为促进说之选择

关于航空犯罪帮助犯的因果关系认定路径,选择行为促进说是较为恰当的,同时为了破除行为促进说的缺点,并结合航空犯罪的危险犯特性,在具体判断帮助犯的犯罪形态时,应当运用危险升高理论对其进行改良。论证理由如下。

1. 行为促进说与航空犯罪危险犯的本质特征相契合

危险犯是人类在进入风险社会,一些对法益侵害危险极高的违法行为不断涌现后,为了更好地避免重大法益受到侵害,保障公民生命财产安全,而在积极的刑事立法观指导下创设出来的一种特殊犯罪类型。申言之,危险犯设置的根本目的在于运用前置化的刑事制裁保障手段来积极主动地对抗对法益侵害产生了紧迫危险的违法行为。[②] 因此,为了适应事前预防的刑法体系,危险犯的不法本质也应该定位于危害行为本身的危险性,即只要实施了某种行为就应当受到刑法的管控,[③]而实害结果的造成与否在所不问。

航空犯罪以危险犯为主要犯罪类型,比如劫持航空器罪,我国《刑法》第121条规定本罪是指以暴力、胁迫或者其他方法劫持航空器的行为,本罪是典型的抽象危险犯,只要实施了危害行为即可认定为具有法益侵害的危险而以本罪论处。[④] 又如,暴力危及飞行安全罪,根据我国《刑法》第123条的规定,暴力危及飞行安全罪是指对飞行中的航空器上的人员使用暴力,危及飞行安全的行为,本罪的成立及既遂仅需从行为人的不法行为的危险性进行判断,无须以造成严重后果为必要。事实上,航空犯罪之所以多为危险犯,根本在于航空犯罪行为之于普通犯罪而言具有更为严重的社会危害性,所侵害的公共安全法益也更为巨大。此外,更有恐怖分子以航空设施为暴恐袭击目标或者将航空器作为实施恐怖行为的工具,[⑤]从而造成公民重大生命财产伤亡。为了更好地杜绝此类犯罪发生,刑法需要前置法益保护的

① 参见张莉琼:《侵害航空安全的危险判断研究》,载《河北法学》2020年第12期。

② 参见舒洪水:《危险犯本质辨析》,载《人民检察》2020年第5期。

③ 参见段阳伟:《危险犯的本质特征及其司法认定》,载《河南财经政法大学学报》2023年第6期。

④ 参见陈洪兵:《检视中国刑法视域下的危险犯》,载《湖南大学学报(社会科学版)》2023年第6期;张明楷:《抽象危险犯:识别、分类与判断》,载《政法论坛》2023年第1期。

⑤ 如“9·11”事件中,恐怖分子便将飞机作为实施恐怖行为的工具。

防卫线,以实现“打早打小”的效果。

因此,对于航空犯罪帮助犯的因果关系认定,采取正犯结果促进说是毫无意义的,因为航空犯罪的认定并不以危害结果的发生为要件。正犯行为促进说则适应了航空犯罪危险犯的特征,以行为的促进作为因果关系认定的侧重点可以更好地实现对犯罪的精准打击。

2. 以行为促进说认定航空犯罪帮助犯符合行为无价值二元论的立场

行为无价值二元论可以说是吸收了行为无价值与结果无价值的理论优势,并在发展过程中不断削弱道德因素和法益侵害因素而形成的。[①] 行为无价值二元论者主张,违反法律禁止性规范并进一步引起法益侵害的行为才是犯罪行为,即不仅仅关注法益侵害的结果,同时也注重评价行为自身的反价值。

在行为无价值二元论诞生之前,学界曾一度坚持的是结果无价值论,将危害结果作为认定行为不法的关键要素,认为刑法的设立要旨在于法益的保护,因此判断行为是否应当受到刑罚处罚的根本在于该行为是否最终威胁或侵害了法益。显然,结果无价值论更注重的是刑法裁判规范的机能。[②] 然而结果无价值论在具体适用过程中却陷入了难以克服的困境,尤其是结果无价值论常常将违法性判断的时间节点置于危害结果发生之后,倾向于事后判断,从而忽视了对不法行为的一般预防。

首先,不法认定过程中,仅有结果无价值是远远不够的。正如前文所述,人类进入工业社会后,大量的高危险性危害行为不断滋生,恐怖主义、极端主义势力抬头并日益猖獗,犯罪态势呈现出新的特点。受风险刑法观的影响,近年来我国刑法分则增设了许多危险犯以实现犯罪处罚的早期化,发挥刑法积极的一般预防功能。在认定这些犯罪时,犯罪后果或者情节的重要性已经减弱,行为的规范违反特性占据主要判断地位,行为无价值的作用日益凸显。

其次,在具体的司法实践过程中,仅以结果为出发点对不法行为进行判断往往难以达到罪刑相当的要求,从而容易放纵不法分子。为了杜绝此类现象发生,司法工作人员在处理案件时,不仅要对法益侵害进行考量,也要关注行为的刑事违法程度。[③] 因此,在刑法体系中坚持行为无价值二元论,将行为违法性判断的节点设定在“行为时”,并考虑事前行为与事后结果两个方面的要素,对于危害行为依其特点

---

① 参见劳东燕:《结果无价值论与行为无价值论之争的中国展开》,载《清华法学》2015 年第 3 期。

② 参见[日]前田雅英:《刑法总论讲义》(第 4 版),东京大学出版会 2006 年版,第 51 ~ 61 页。转引自周光权:《行为无价值与结果无价值的关系》,载《政治与法律》2015 年第 1 期。

③ 参见周光权:《行为无价值与结果无价值的关系》,载《政治与法律》2015 年第 1 期。

进行全方位的分析判断,在实现精准打击犯罪的同时,也充分发挥了刑法一般预防的机能。

对于航空犯罪帮助犯的因果关系认定采取正犯行为促进说就是坚持行为无价值二元论立场的典型体现,因为在该立场的指导下,行为无价值判断的优势得以显现。航空犯罪帮助行为所加工的实行行为蕴藏着巨大的法益侵害危险,实行行为本身就是刑法规范所禁止的不法侵害行为,因此将帮助犯因果关系的认定前置到帮助行为与实行行为之间的关系上能够严密刑事法网,更好地打击航空犯罪行为。若采正犯结果促进说的观点,坚持结果无价值论的立场,则在打击航空犯罪的过程中,对于正犯的认定是以行为无价值论为导向,而对正犯的帮助犯却是以结果无价值论为导向,会造成刑法体系内部的混乱。

3. 以因果性危险升高理论解决帮助犯既未遂的界分问题

在解决帮助犯犯罪形态的问题上,德国学者罗克辛(Roxin)以因果共犯论为基础提出了因果性危险升高理论,即通过分析帮助行为与正犯结果因果性关联的过程进行危险性判断。尽管该理论着重对结果犯的帮助行为进行判断,但是其在危险犯中也可同样适用,是行为促进理论与结果促进理论的综合方案。[①] 具体而言,罗克辛在分析帮助犯的犯罪形态过程中将正犯行为分成了未遂和既遂两个阶段。在判断帮助行为的不法时,第一阶段,帮助行为必须对于正犯行为的实施进行了现实性的加功。例如,A欲实施破坏航行设施行为,在准备犯罪工具时,B知情并向其提供了一包炸药。但是A在刚接触到航行设施准备掏出炸药,便被工作人员发现并进行了有效控制,尽管正犯的行为已经着手但尚未给航行设施带来具体危险,但帮助行为已经对正犯行为提供了助力,帮助犯罪名成立,属于可罚但未遂的帮助行为。在第二阶段,认定帮助犯的既遂,需要帮助行为真正地作用到了正犯的构成要件结果上。在上述案例中,B提供的炸药被A现实性地使用来破坏航行设施,并产生了对航行设施造成"发生倾覆、毁坏危险,足以危害公共安全"的状态,[②]正犯实现了犯罪的既遂,帮助者也成立犯罪既遂的帮助犯。罗克辛教授的因果性危险升高理论将帮助行为的认定具体化、阶段化,具有较强的实操性,更有利于公民法益的保护。

因果性危险升高理论在区分帮助犯犯罪形态的过程中不仅在客观不法层面给出了阶段性判断公式,同时也提出了主观方面的认定条件,实现了主客观相一致。

---

① 参见袁汉兴:《帮助犯因果关系的判断:因果性危险增加理论》,载《刑法论丛》2020年第4期。

② 参见陈兴良、周光权:《刑法学的现代展开》,中国人民大学出版社2006年版,第159页。

在主观认定上，罗克辛教授提出了帮助者与正犯"犯罪意义上的关联"的判断规则，要求帮助者必须认识到正犯的犯罪计划或者至少对正犯的犯罪计划有所预估。① 因此，相比正犯结果促进说，罗克辛的因果性危险升高理论在认定帮助犯因果关系的过程中，既克服了正犯结果促进说判断标准模糊不清、过于宽泛的弊端，同时也为正犯行为促进说在区分帮助行为未遂与既遂的问题上提供了合理的解决方案。

三、改良的行为促进说在航空犯罪帮助犯因果性认定中的运用

在运用改良的行为促进说认定航空犯罪帮助犯时，可将帮助行为的类型分为物理帮助行为与心理帮助行为，不同类别的帮助行为不仅表现形式不同，具体认定的方法也大相径庭。此外，中立帮助行为作为帮助行为的一种特殊形式，在对其进行因果关系判断时，需要结合它的特点来寻求因果性归责的路径。

(一)航空犯罪物理性帮助行为的因果关系认定

物理因果关系，是指帮助者对正犯行为进行物理上的帮助，如为航空犯罪的正犯提供犯罪工具、金钱支持等，或者帮助犯罪分子获得某种机会，如帮助劫机者通过安检等，这些有形的或无形的物理帮助行为与正犯行为之间具有促进因果关系。在运用行为促进的风险升高理论认定时，要求物理帮助行为满足以下三个条件。

首先，物理帮助行为要明显地提升了正犯行为的法益侵害可能性。因果共犯论要求将法益侵害结果作为判断帮助犯因果关系的重要基准，行为无价值二元论又要求在判断因果关系时，亦要兼顾危害行为本身的规范违反性，因此在认定物理帮助行为与正犯行为的因果关系时，要求帮助行为必须达到实质提升了正犯构成要件结果实现的盖然性程度。② 对此，需要区分两种情况，一是在帮助行为不仅没有为正犯行为提供有益的助力，反而降低了正犯行为既遂的风险的情况下，帮助犯不成立。比如劫机者 A 欲实施劫机行为，于是在自己行囊中装入了匕首，而 B 却悄悄将该匕首换成了木棒，B 的行为显然是一种降低 A 的劫机行为侵害性的行为，不能被认定为帮助犯。二是帮助行为若仅仅表现为日常生活的照顾行为，虽然一定程度上为正犯带来了便利，但这种便利对于正犯构成要件结果的实现并没有"实质性贡献"。在日本有这样一个案件，帮助者为正犯实施抢劫行为提供了帽子和口罩，而正犯在戴上了该帽子和口罩的情况下实施了犯罪并既遂。在本案件中，法院拒绝将帮助者的帮助行为认定为犯罪行为，理由是这种帮助行为虽有助力，但并没

① 参见陈兴良、周光权：《刑法学的现代展开》，中国人民大学出版社 2006 年版，第 159 页。

② 参见[日]松宫孝明：《刑法总论讲义》，钱叶六译，中国人民大学出版社 2013 年版，第 217 页。

有为正犯的犯罪行为带来实质性助益,仅仅只是降低了正犯被发现的风险。① 由此,在航空犯罪的帮助犯认定过程中,一些行为看似帮助了正犯,但本质只是日常的生活照顾行为,并没有对正犯行为既遂带来明显的助力,如提供饮食、提供休息的住房等,客观上通常不应被认定为有犯罪意义上的因果关系,否则会导致处罚范围的无限扩大。故而前文提出的案例一,在帮助者主观心态内容尚不明确的情况下,仅就为"9·11"事件恐怖劫机分子提供住宿而言,该行为客观上具有明显的日常生活照顾性质,难以被认定为应受刑法规制的帮助行为。

其次,物理帮助行为的成立不要求帮助者与正犯之间有意思联络。根据我国《刑法》第25条的规定,共同犯罪是指二人以上共同故意犯罪。那么对于帮助犯而言,所谓的"共同故意"是否要求帮助者与正犯之间有通谋?例如甲欲在飞机上实施不法侵害行为,并提前在背包里准备了危险品。在进行安检的过程中,因某种生活上的原因知情的安检员乙明明已经检测出了危险品的存在,却故意帮甲打掩护以至于甲顺利通过安检(甲对此并不知情,以为是自己隐藏危险品的技术高超才顺利登机),并成功实施了危害飞行安全的机上暴力行为。在本案中,乙的片面帮助行为是否符合《刑法》第25条的规定而被认定为帮助犯?对于是否承认片面帮助犯的问题,学术界存在不同的观点,否定说认为帮助者必须与正犯之间有相互的意思联络才能成立帮助犯,片面帮助犯中,帮助者与正犯仅仅有单方的通谋,不能认定为是帮助犯。② 肯定说则认为帮助者与正犯的单项意思联络不影响帮助犯的成立,因为片面共犯与全面共犯关于意思联络的差别仅仅在于量上,二者本质并无不同。③

在此应当被支持的是肯定说。第一,在文义解释中,根据汉语语法,"共同故意犯罪"可以解释为"共同地故意地犯罪","共同"则修饰的是"犯罪",于是法条更加强调的是"共同地犯罪"这一内涵,即"二人以上客观上共同促成犯罪行为及其结果即可成立共同犯罪"④。此时,共犯的成立侧重于行为的共同,共犯与正犯之间相互的意思联络是不被要求的。第二,片面帮助犯由于与正犯只有单向的意思联络,与全面帮助犯相比,缺少了与正犯的通谋,也一定程度上会缺失对正犯的心理鼓励加持与强化作用。从这个角度来看,片面帮助犯的主观不法意图更加独立而坚决,主观恶性也更大,更应当作为帮助犯而受到刑事处罚。因此前述案例乙因其片面帮

---

① 参见陈洪兵:《中立行为的帮助》,法律出版社2010年版,第61页。

② 参见郑泽善:《片面共犯部分否定说证成》,载《政治与法律》2013年第9期。

③ 参见陈兴良:《共同犯罪论》(第2版),中国人民大学出版社2006年版,第102页。

④ 李强:《片面共犯论肯定论的语义解释根据》,载《法律科学(西北政法大学学报)》2016年第2期。

助行为应被认定为航空犯罪的(片面)帮助犯。

最后,物理帮助行为因果关系的判断应禁止使用假定事实进行推论。为了限制物理帮助行为的入罪范围,有学者指出应当通过附加假定的事实来确定帮助行为的范围,即在航空犯罪领域,假设作为因果链一环的帮助行为不存在,然后再附加现实并未发生的事项进行因果链的补充,由此来判断原帮助行为与正犯行为之间的因果关系。① 例如,黑客甲欲入侵机场管理系统并对其进行破坏,黑客乙得知后主动向黑客甲提供了自己所分析出的机场管理系统所可能出现的漏洞,黑客甲凭借着黑客乙的帮助成功入侵并攻击了机场管理系统。经查,黑客甲与黑客乙的网络技术水平相当,即使没有黑客乙的帮助,黑客甲同样可以分析出机场管理系统的漏洞并进行网络攻击。主张附加假定事实进行因果关系判断的学者会否认黑客乙对于黑客甲的帮助因果关系,认为即使没有黑客乙的行为,黑客甲同样可以完成犯罪,黑客乙并没有提升黑客甲犯罪既遂的盖然性。这种观点显然是不正确的。

其一,该观点忽略了现实帮助行为的可罚性,转而寻求未曾发生的假设,有歪曲事实之嫌。前述案例中,黑客乙的帮助行为已经现实地助力了黑客甲的实行行为,为黑客甲的网络攻击行为提供了现实的促进作用,提升了法益侵害的风险,本质上具有可罚性。若考虑假定事实则会遗漏对黑客乙的处罚,不利于犯罪的打击。其二,附加假定事实对帮助行为的因果关系进行推论属于一种事后判断,忽略了刑法规范的行为规范性质。帮助犯对法益造成的侵害结果往往是间接的,在航空犯罪领域甚至是一种法益侵害危险的增加,因此倘若事后对其运用假设性的事实进行判断,那么几乎所有的帮助行为都是可以被正犯行为替代的。② 在这种情况下,不仅帮助犯的处罚范围被不当限缩,刑事处罚一般预防的行为规范作用也会遭到破坏。综上,在判断航空犯罪帮助犯的因果关系时,附加假定的事实加以推断的做法是不妥当的。

(二)航空犯罪心理性帮助行为的因果关系认定

心理性帮助行为,是指对正犯实施不法行为时的内心精神意志进行强化,提供助力等的行为。相对于有形的物理性帮助行为,心理性帮助行为常常表现为一种无形的、抽象的帮助。心理性的因果关系是指心理性帮助行为增强正犯实施不法行为心理意志的因果性。德国学者萨姆森认为,心理性帮助行为可分为技术性建言与意志性鼓励两种,前者又称认知性心理性帮助,是指帮助者对于正犯行为的谋

① 参见[德]克劳斯·罗克辛:《德国刑法学总论》(第2卷),王世洲译,法律出版社2013年版,第154页。

② 参见刘凌梅:《帮助犯研究》,武汉大学出版社2003年版,第100页。

划、实施与实现等进行有效的建言献策;后者是意志性心理性帮助,即对正犯的行为动机、行为决议等施加积极影响,如对其进行鼓舞。[①] 心理性帮助行为发挥着怎样的作用,以及如何对心理性因果关系进行认定,是本部分探讨的重点。

首先,应当承认心理性帮助行为具有"堵截构成要件"机能。[②] 物理性帮助行为与心理性帮助行为通常是交织在一起为正犯提供助力的,但也存在物理性帮助行为或心理性帮助行为单独持续对正犯施加影响的情况,前者如在正犯不知情的情况下为其提供作案工具,后者如帮助者仅仅使用语言鼓励而对正犯心理产生了影响。在物理性帮助不成立的条件下,有学者指出可以从心理性帮助行为入手,认定帮助者至少在精神意志上为正犯提供了积极促进的影响而应当成立心理上的帮助犯,这便是心理性帮助行为的"堵截构成要件"机能。[③] 有学者不支持心理帮助具有"堵截构成要件"机能,认为这样会使帮助行为的边界没有限制从而扩大了处罚范围。[④] 这种观点是不恰当的,从形式上看,帮助行为常常是由物理性帮助行为与心理性帮助行为有机组合而形成的统一体,在认定帮助犯时,不能只考虑物理性帮助行为而忽略心理性帮助行为的作用,否则会使得犯罪的认定走向机械化、片面化。从实质上看,航空犯罪领域中,一些心理性帮助行为对于正犯行为的实施并造成法益侵害的风险有着巨大的促进作用,如帮助暴恐劫机分子完善劫机计划、通过语言激励使意志动摇的机上暴力犯罪分子坚定犯罪的决心等,这些心理性帮助行为都会实质性地促进正犯行为的实施,进而提升航空安全法益受到侵害的危险。因此,承认心理性帮助行为的"堵截构成要件"机能可以更好地对心理性帮助行为进行规制,防止遗漏对危害航空安全犯罪行为的打击。上述学者对处罚边界无限扩大的担忧不无道理,但不能因噎废食而放弃对心理性帮助行为的惩治,可以通过明确心理性帮助行为的成立条件来解决处罚边界的问题。

其次,在认定意志性心理性因果关系时,应采取审慎的态度,明确意志性心理性帮助行为的界限。认知性心理性帮助行为的外部表征明显,在司法实践中的认定通常较为容易,遵循物理性帮助行为的判断思路即可。相比之下,须重点探讨较难认定的意志性心理帮助行为的因果性认定路径,只有具备下述条件时意志性心理性帮助行为才能被认定为具有因果关系。

---

① 转引自张伟:《帮助犯研究》,中国政法大学出版社2012年版,第84页。

② 参见张伟:《帮助犯研究》,中国政法大学出版社2012年版,第84页。

③ 参见[日]高桥则夫:《共犯体系和共犯理论》,冯军、毛乃纯译,中国人民大学出版社2010年版,第219页。

④ 参见张伟:《帮助犯研究》,中国政法大学出版社2012年版,第85页。

其一,意志性心理性帮助行为对于正犯的促进作用应当与物理性帮助行为等同。[①] 对于技术性建言型帮助行为,要求帮助者提供的意见建议真实地完善了正犯的不法行为计划等,使正犯实施实行行为更加顺利。对于意志性鼓励型帮助行为,要求帮助者明显地强化了正犯的犯罪决心、行为动机等,并且这种强化能够对犯罪的发展进程产生实质性的影响。比如为航空犯罪的实施者提供护身符行为,这种行为虽然可以一定程度给正犯主观上带来安全感,但这种心理性的贡献并不会为犯罪的实施带来客观的助益,更不会提升法益侵害的风险,因而这种心理性的帮助行为应当被认定为不能犯而否定其与正犯行为之间的因果关系。

其二,要对意志性心理帮助性行为的因果关系进行实质认定。作为一种抽象的精神影响,意志性心理性帮助行为难以像物理性帮助行为那样有明显的物质性表征,因此在对该类心理性因果关系进行判断时,不能将只要提供了心理支持的行为一律认定为具有因果关系的心理性帮助行为,要对心理性的帮助行为是否促进正犯行为进行实质判断。倘若对正犯的心理性支持在正犯行为过程中由于某种原因而发生了中断,心理性帮助行为的因果关系也应当随之中断。比如尽管帮助者事前强化了犹豫不决的恐怖分子的犯罪决心,但恐怖分子在实施破坏航行设施的犯罪行为尚未着手时,由于突发健忘症而忘记了帮助者的心理鼓励行为,即使恐怖分子最终犯罪既遂,也不能认定帮助犯的既遂。

其三,对于心理性因果关系的判断,应当结合具体情形进行具体分析。在认定心理性帮助行为时,还应当结合犯罪的时间、地点、帮助者的身份等进行综合判断,[②]如犯罪过程中旁观者呐喊助威的持续时长、实施机上暴力行为时不作为的旁观者是空警等,这些都会对实行行为人产生心理影响,因此需要结合各种因素进行全面的分析考量,最终才能确定心理性帮助行为与危害结果之间的因果性。

(三)航空犯罪中立帮助行为的因果关系认定

中立的帮助行为,是指某行为客观上为他人的犯罪行为提供了助力,但表现为日常的生活行为或者职业交易行为。中立的帮助行为比一般的帮助行为更具有特殊性,在认定中立帮助行为的犯罪性时,需要衡量行为人的法益保护与法益侵害之间的价值关系,进而对中立帮助行为是否构成犯罪进行判断。在航空犯罪领域,中立帮助行为的现象亦不鲜见,如前述案例二所述,便需要对网络攻击民航系统背后的互联网技术服务提供者的可罚性因果关系进行分析。在认定航空犯罪中立帮助

---

① 参见范佳玲:《论帮助犯的因果关系》,吉林大学2014年硕士学位论文,第38页。

② 参见侯竣译:《心理性帮助行为的可罚性限缩——基于"因果关系理论"的视角》,载《广东第二师范学院学报》2020年第4期。

行为的因果关系时,同样可以运用改良的行为促进说,即行为促进的风险升高理论进行分析。

首先,在客观不法的判断上,中立帮助行为必须至少助力到正犯行为的着手阶段。① 在航空犯罪的帮助犯中,中立帮助行为也具有普通帮助行为的性质,那么判断其与正犯行为之间是否具有可罚性的因果关系时,也应当依据该帮助行为是否实际提升了正犯法益侵害的风险来认定。除此之外,相比一般的帮助行为,中立帮助行为更具有日常生活的普遍性,而丧失了一般帮助行为之于正犯实行行为的唯一性、专门性,所以在对中立帮助行为客观的因果性进行判断时,要将对正犯行为促进的节点进一步限缩至对正犯行为的着手进行了直接的加工。比如案例二中对互联网技术服务提供者的帮助行为而言,倘若该互联网接入行为仅仅是对正犯网络系统的一次日常维修,在互联网接入行为完成后,正犯还需要进行一些其他的特殊操作才能实现犯罪行为的着手,那么该中立的帮助行为对正犯行为的促进作用微小,从而应否认其与正犯行为之间的因果性。而倘若该互联网接入行为的发生处于正犯行为着手的最后阶段,那么该中立帮助行为对正犯行为的促进便具有直接助力作用,也即实质上提升了正犯行为的法益侵害风险,此时该中立的帮助行为与正犯行为之间便具有了客观上的因果关系。

其次,在主观明知的认定上,要求帮助者对正犯的犯罪有明确的认识。这可分为两个方面,一是认识到正犯将要实施犯罪行为,二是认识到自己的帮助行为将助力于正犯的着手阶段。对于前者,有关认识的内容只需要及于认识到正犯将实施不法行为即可,至于是否要求认识到正犯实施的具体犯罪罪名在所不问。② 这是因为中立的帮助行为在认识正犯行为的不法时,常常通过听说、观察等间接的方式,所了解的正犯行为信息往往很难达到准确的程度,因此中立的帮助者仅需要具有对正犯行为进行促进的故意即为已足。对于后者,同时要求帮助者意识到自己的帮助行为对正犯的行为促进的阶段,既是出于对中立帮助行为日常生活或日常营业权利的保护,同时也与帮助行为客观可罚的因果性判断相对应,在犯罪的认定上实现主客观相一致。

四、结语

关于帮助犯的因果关系认定路径,学界提出了许多观点,一些学者支持正犯结

---

① 参见张伟:《帮助行为的不法判断与中立帮助的处罚边界》,载《东岳论丛》2023 年第 4 期。

② 参见孙鹏:《网络中立帮助行为的可罚性界定与罪名选择》,载《刑法论丛》2022 年第 3 期。

果促进说,但这种理论学说未必适用于所有的帮助犯的因果性认定。就航空犯罪的帮助犯因果关系认定而言,由于该种帮助行为具有航空犯罪对法益侵害的危险犯性质,在具体认定帮助行为与正犯行为之间的因果关系时,应当选择行为促进的危险升高说,这种学说既能针对危害严重的航空犯罪提出前置化的法益保护措施,又能真正实现罪刑相适应,推动航空犯罪治理体系的良性发展。

航空器权利的几个问题

赵华宾*

截至2023年年底，我国民航全行业运输飞机在册架数4270架。[①] 我国自行研制、具有自主知识产权的喷气式干线客机C919，于2022年9月29日获得中国民用航空局颁发的型号合格证，2022年12月9日交付首架C919飞机。[②] 无疑我国已经是一个航空大国，也将是航空器的主要生产国之一，但国内对航空器物权体系的法律研究似乎并没有跟上航空经济形势的发展，与我国民用航空器的拥有量也不匹配。[③]

本部分拟从现有研究状态出发，抛砖引玉，对航空器权利的几个问题作一梳理。

---

* 赵华宾，建信金融租赁有限公司飞机业务部副总经理。

① 参见《2023年民航行业发展统计公报》。

② 载中国商飞门户网站，http://www.comac.cc/cpyzr/c919/，最后访问时间：2023年1月31日。

③ 主要研究成果：专门以航空器权利研究冠名的主要是李大朋的《航空器物权研究》（中国政法大学出版社2020年版）；其他的则为著作中的部分章节，例如吴建端的《航空法学》中的航空器权利章节，贺富永的《航空法学——总论与体系研究》（科学出版社2013年版）；航空器产品责任研究，例如张超汉的《国际航空产品责任研究》（法律出版社2017年版）。其他的，则侧重于航空器权利登记制度，参见于丹：《中国民用航空器物权登记制度：成就、问题与完善》，载《北京理工大学学报（社会科学版）》2014年第2期；郝秀辉：《航空器权利变动公示的研究——兼论特殊动产的权利公示问题》，载《烟台大学学报（哲学社会科学版）》2007年第4期；郝秀辉、王锡柱：《航空器所有权"登记对抗效力"的辨析》，载《北京航空航天大学学报（社会科学版）》2014年第6期；等等。

一、航空器权利之客体：航空器

（一）航空器之定义

考察航空器权利体系，首要的是界定何为航空器。

何为航空器？不同法律文件的界定不相同。以下从技术与经济用途层面试以解析。

1. 技术层面

1944 年《芝加哥公约》（《国际民用航空公约》，Convention on International Civil Aviation）沿袭了 1919 年《巴黎公约》（《关于管理空中航行的公约》，Convention for the Regulation of Aerial Navigation）关于航空器的定义。① 例如，1944 年《芝加哥公约》附件 7（航空器国籍和登记标志）对航空器作了定义，“可以在大气中从空气的反作用，而不是从空气对地面的反作用获得支撑的任何机器”（Any machine that can derive support in the atmosphere from the reactions of the air other than the reactions of the air against the earth's surface）。这个定义包括轻于空气的航空器（如飞艇），也包括重于空气的航空器，但排除了气垫船。另外，该附件还界定了“飞机”（Aeroplane），即“一种动力驱动的重于空气的航空器，其飞行动力主要由在给定飞行条件下保持固定不动的翼面上的空气动力反作用获得”。②

我国《民用航空器国籍登记规定》亦采纳 1944 年《芝加哥公约》的定义，“本规定所称航空器是指任何能够凭借空气的反作用力获得在大气中的支承力并由所载人员驾驶的飞行器械，包括固定翼航空器、旋翼航空器、载人气球、飞艇以及中国民用航空总局认定的其他飞行器械”。

2. 经济用途层面

从经济用途方面看，美国《联邦法》规定（49 U. S. Code § 40102 – Definitions），“aircraft means any contrivance invented, used, or designed to navigate, or fly in, the air.” “air transportation means foreign air transportation, interstate air transportation, or the transportation of mail by aircraft.”法国《民用航空法》（Code de l'aviation civile）规定，“用

---

① 1919 年《巴黎公约》附件 A 给航空器的定义是，“航空器是大气层中靠空气反作用力做支撑的任何器械”（Any machine that can derive support in the atmosphere from the reactions of the air）。

② 需要注意，赵维田先生认为，“该公约（本文注：是指日内瓦公约）与一般航空法国际文件（例如 1944 年芝加哥公约等）不同，它不适用于非飞机的‘航空器’，如气球，滑翔机等，即使‘飞机’也限于从事国际航空运输者。因此，国际民航组织对航空器的定义，不适用于日内瓦公约”。参见赵维田：《国际航空法》，社会科学文献出版社 2000 年版，第 409 页。

于航空运输的航空器皆为本法所界定的航空器"(Sont qualifiés aéronefs pour l'application du présent code,tous les appareils capables de s'élever ou de circuler dans les airs)。

我国《民用航空法》本身未就航空器予以界定。①

因此本文采用吴建端先生对航空器的界定,即航空器是一种机器或器械;航空器的用途是空中飞行。② 但使用这个概念时,需要注意到相关的界限:(1)1944年《芝加哥公约》附件所界定的航空器排除了"从空气对地面的反作用获得支撑的任何机器";(2)根据《民用航空器权利登记条例》,进行航空器所有权登记,需要提交民用航空器国籍登记证书,这就意味着不能作国籍登记的"航空器"不是民航法所规范的航空器;③(3)不同法律文件对航空器的界定标准不同。例如《移动设备国际利益公约关于航空器设备特定问题的议定书》规定,航空器机身须可运载人员至少8人或2750公斤以上货物。

(二)航空器之国籍登记

航空器或者说作为本文考察对象的航空器的一个重要特征是其国籍登记制度。④

航空器国籍登记制度借鉴自船舶登记制度,⑤并与空域的主权制度相联系。就是说如果确认航空器的国籍,那么就存在内国航空器与外国航空器的区分,从而可以实施不同的管理对待。⑥ 1919年《巴黎公约》第6条规定,航空器在其登记时获

---

① 《民用航空法》第5条仅是沿袭1944年《芝加哥公约》明确了民用航空器与国家航空器的区别。《民用航空法》第10条仅是沿袭1948年《日内瓦公约》明确了航空器权利所及的范围,而非对航空器的定义。

② 参见吴建端:《航空法学》,中国民航出版社2005年版,第56页。

③ 另一个比较有意思的问题是何为"建造中的航空器"。《民法典》第395条规定,正在建造的航空器可以抵押。建造中的航空器显然不能取得国籍登记,即按照现行航空器权利登记规定不能作抵押权登记。虽然该规定已经失效,但其中体现的关于"建造中"的理念仍有借鉴意义。相较而言,中国海事局《船舶登记工作规程》(海船舶〔2015〕9号)第62条规定,"建造中船舶申请抵押权登记时,如为分段建造的,应该已经完成至少一个以上的船舶分段并处于建造阶段;如为整体建造的,应该已经安放龙骨并处于建造阶段"。民航主管部门可以考虑制定相应的登记规定,以实现建造中航空器的相关权利登记。

④ 从某种意义上来说,正因为该国籍登记制度,航空器才成其为"特殊动产"(movable property sui generis),进而成就其独特的物权制度。但需注意,国籍登记与权利登记并不等同。例如,英国、我国香港地区,在国籍登记中列明的所有权人(registered owner)并不一定是真正的所有权人,不作所有权登记的证明。另外重要的一点是国籍登记国对登记的航空器实施适航管理的权力。易言之,如一航空器不再适航,就丧失了航空法上的"航空器"资格,而仅是一般的物了。

⑤ 但航空器登记采用何种类型的制度设计,最初有不同的路径。一是类似机动车的登记制度,而非赋予国籍;二是采用船舶的登记制度,赋予航空器国籍。See J. P. Honig, *The Legal Status of Aircraft*, Martinus Nijhoff 1956.

⑥ See J. P. Honig, *The Legal Status of Aircraft*, Martinus Nijhoff, 1956, p. 44.

得登记国的国籍，确认了国家的空域主权，相应的，航空器的国籍制度得以确认。

沿袭 1919 年《巴黎公约》的规定，1944 年《芝加哥公约》第 17 条规定，“航空器具有其登记的国家的国籍”。第 12 条规定，“缔约各国承允采取措施以保证在其领土上空飞行或在其领土内运转的每一航空器及每一具有其国籍标志的航空器，不论在何地，应遵守当地关于航空器飞行和运转的现行规则和规章。缔约各国承允使这方面的本国规章，在最大可能范围内，与根据本公约随时制定的规章相一致。在公海上空，有效的规则应为根据本公约制定的规则。缔约各国承允对违反适用规章的一切人员起诉”。从而确保国籍登记得以落实。

按照 1944 年《芝加哥公约》的规定，不允许双重国籍登记。①

航空器国籍登记，有一定的限制条件，并非所有的航空器均可在一国进行登记。1919 年《巴黎公约》规定，只有为该国公民或企业所拥有的航空器方可在该国登记。1929 年将该项登记条件做了修改，不再将为该国公民或企业所有作为可在该国作航空器国籍登记的前提条件。②

1944 年《芝加哥公约》对此未有限制性规定，但各国法律基本设定相关的限制性条件，主要有两种登记体制，一是运营人登记制度（operator based registration），即本国公民或企业拥有或运营的飞机均可在本国登记；二是所有人登记制度（owner based registration），即本国公民或企业拥有的飞机可在本国登记。我国的航空器登记采用前者，即由中国政府、企业或公民所拥有或运营的航空器可作中国的国籍登记；③美国则采用后者。④

采用不同的登记制度，不仅是理论层面的问题，更重要的是会影响法律实务。例如以租赁贸易的方式将飞机出租给采用所有人登记制度的国家的承租人，需通过设置信托的方式将航空器的法律所有权（legal ownership）信托给该国的一个项目公司或一个信托机构，以该项目公司或信托机构名义在该国作国籍登记，以实现租赁交易。⑤

---

① 1944 年《芝加哥公约》第 18 条规定，“An aircraft cannot be validly registered in more than one State, but its registration may be changed from one State to another”。

② See J. P. Honig, *The Legal Status of Aircraft*, Martinus Nijhoff, 1956, p. 45.

③ 《民用航空器国籍登记条例》《国籍登记管理规定》等。

④ See 49 U. S. Code § 44102 – Registration requirement.

⑤ 亦可能通过出售给该承租人所在国家的一个项目公司以通过其完成承租人所在国家的航空器国籍登记，并通过附条件买卖（conditional sale）的形式购回（保证经济利益的收回）。具体的交易结构设计取决于不同承租人所在国家的法律制度，并考虑整个交易结构的经济性（如税务问题）。

(三)航空器之组成部分、从物及添附

从概念上看,航空器作为一个物,理论上其边界应该是清晰、确定的。实际上,航空器是一台非常复杂的机器,由诸多的部件组成,这就涉及物之整体与部分的关系。而且,为维持航空器的适航状态需要随时进行维护,更换部件①,进而产生新更换上的部件的添附问题。因此,从航空器的组成部分上、从动态的状态予以关注,是有必要的。

《民用航空法》第10条规定,对民用航空器的权利,包括对民用航空器构架、发动机、螺旋桨、无线电设备和其他一切为了在民用航空器上使用的,无论安装于其上或者暂时拆离的物品的权利。这个概念是自1948年《日内瓦公约》②借鉴而来。③

进一步考察,需要就以下几个问题予以说明。

1.物及其组成部分、重要组成部分

"《德国民法典》规定,一个统一物的占有不同空间的部分属于这个物的组成部分。如果法律没有其他的规定,一个物的组成部分和这整个物具有同样的命运。在出售或转让这个物的各个组成部分时,这个物的组成部分是和这个物一起被出售或转让的。""物的'重要的'组成部分,……而是就物的分割而言的,即如果一个物的组成部分和其他部分相分离就不再具有经济价值。……因此,法律规定,一个物的重要组成部分是不能再成为其他特别的权利的客体的(第93条),如果他们不是事实上已相互分离的话。这也就意味着,一个物的重要组成部分是不能属于他人所有的,它只能和整个物一起属于这个物的所有权人。"④重要组成部分是指"对物的整体性质和效能发挥决定作用的构成部分","凡不属于重要成分者,为非重要成分"。⑤

对于重要成分与非重要成分,"两者的区分实益在于:重要成分不得单独成为

---

① 有趣的是,航空器之物的状态似会产生"忒修斯之船"的问题。从法律角度来看,只要机身维持不变,即作为航空器识别标志的生产序列号(Manufacturer's Serial Number,MSN)维持不变,即可认为该物仍然维持不变。

② 即《国际承认航空器权利公约》(Convention on the International Recognition of Rights in Aircraft),中国于1999年经九届全国人大常委会十二次会议决定加入。

③ 1948年《日内瓦公约》第16条规定,"aircraft shall include the airframe, engines, propellers, radio apparatus, and all other articles intended for use in the aircraft whether installed therein or temporarily separated therefrom"。

④ 参见[德]卡尔·拉伦茨:《德国民法通论》(上册),王晓晔等译,法律出版社2013年版;[德]鲍尔/施蒂尔纳:《德国物权法》(上),张双根译,法律出版社2004年版,第24页以下。

⑤ 参见梁慧星:《民法总论》(第5版),法律出版社2017年版,第157页。

物权课题,必须与物之整体共享法律命运……非重要部分虽然通常亦与物之整体共享法律命运,但得单独构成物权客体,当事人亦可通过约定对非重要部分和物的其他部分作出不同的安排"①。

就航空器而言,机身即为其重要部分,与航空器共命运。机身出现全损(total loss),则构成航空器的全损,该航空器作为物权之客体即灭失。与发动机和其他部件可以更换不同,不存在更换机身而"延续"航空器生命之问题。就处于租赁状态的航空器而言,如若发生机身的全损,则因租赁物的灭失而致使租赁终止。

发动机为航空器之组成部分,但非重要成分。如同汽车发动机对于汽车一样,"汽车引擎对于汽车,在功能或价值上所占分量虽然不低,但引擎因不可受损且不变更性质,复不损害汽车之其他部分而加以拆卸,故仅属汽车之成分而非重要成分,准此而言,甲取用乙之引擎,装于甲之汽车,仍不生附合之问题"②。通常情况下,发动机作为航空器之组成部分,为机身之所有人所有,但亦可能为独立的物权客体,一台属他人所有的发动机并不因其被安装于机身之上而为机身所有人所有。③

进言之,就装机发动机而言,其为航空器的组成部分,但非重要部分。其法律意义是,如发生发动机的全损,通常不会导致航空器本身的全损④,相应的租赁关系亦不会因此而终止。通常的租约安排是承租人负有替换发动机的义务,租赁关系仍然持续。就作为备发的发动机而言,不因其装载而导致其附合于航空器之上,⑤导致该发动机所有权人丧失对于发动机的所有权。

荷兰的司法实践对此的态度值得我们注意。荷兰有法院判决按照原发动机的状态(被临时替换还是永久性替换)来确定是否适用"添附原则"(accession principle)。如果仅是临时性替换,那么装载于机身的替换发动机仍由其所有人所有,不会发生因"添附"而导致发动机所有人丧失所有权;如果是永久性替换,则机

① 黄泷一:《〈民法典〉第320条(从物随主物转让评注)》,载《南京大学学报(哲学·人文科学·社会科学)》2022年第6期。

② 谢在全:《民法物权论》(上册),中国政法大学出版社2011年版,第313页注17。

③ 为经营效率起见,航空公司的发动机串发安排是较为常见的情况。此种情况下,发动机所有人较为担心的情况就是其发动机所有权是否会受到影响。

④ 按照航空保险的一般安排,发动机的经济价值占所附属航空器的价值高于一定比例(如占比超过75%),则会因发动机的全损导致整个航空器的全损。

⑤ 参见黄泷一:《〈民法典〉第320条(从物随主物转让评注)》,载《南京大学学报(哲学·人文科学·社会科学)》2022年第6期。

身所有人享有替换发动机的所有权。①

2. 主物与从物

依照通说②,一物可以不是一个其他物的部分,即与其他物一起组成一个单一的物,而长期地为了一个其他物的经济目的服务,并且作为其他物经济作用的辅助工具,为从物。而该"其他物"则为主物。区分主物与从物的法律意义在于,如无特别约定,则之于主物的权利及于从物,例如出让主物的行为效力及于从物;设立于主物的抵押权及于从物。"(1)从物并不是主物的组成部分。(2)从物是为发挥主物的效用而存在的……而从物,则虽有其独立的经济利益,但却无独立的经济效用。(3)从物与主物须有一定程度的场所结合关系。(4)从物必须与主物同属于一人。……如果二物不属于一人,则从物随主物的转移而转移,否则将会损害第三人的利益。"③

如何区分从物与物之重要成分、组成成分?"重要成分与从物的界限较为清晰。凡属主物之重要成分,即可不能为从物。"易言之,航空器之机身不能为从物。

"相较于重要成分与从物之间的'楚河汉界',非重要成分与从物的界分主要仰赖于交易观念(Verkehrsanschauung)。所谓交易观念,即交易当地通行的见解(die am Orte üblichen Auffassung),应结合地方习惯、交易习惯、一般理性人的认识以及相关技术、经济因素予以确定。凡属主物之非重要成分,即不可能为从物。例如,发动机、车胎为汽车行驶所必须,应属汽车之非重要成分(拆卸成本低,拆卸后亦不发生毁损或性质变更),而随车的备用轮胎、停车警告牌、千斤顶则应属汽车之从物。安全带之有无,虽不影响汽车行驶,但对安全驾驶至关重要,依交易观念,安全带应为汽车之非重要成分,而非从物。"④"最高人民法院亦肯定此要件,并以系争

---

① See Donal Hanley, *The relationship between the Geneva and Cape Town Conventions*, Cape Town Convention Journal, Vol. 4:1, 2015. "In other words, if the removed engine was determined to be only temporarily removed, title thereto is kept by the airframe owner and title to an installed engine in temporary substitution therefor is retained by the original engine owner. If, however, the removed engine is determined to have been permanently removed, the airframe owner has no claim to it pursuant to Article XVI of the Geneva Convention but can claim title to the engine installed on the airframe in replacement therefor."

② 参见[德]卡尔·拉伦茨:《德国民法通论》(上册),王晓晔等译,法律出版社2013年版;史尚宽:《民法总论》,中国政法大学出版社2000年版;崔建远:《物权法》(第2版),中国人民大学出版社2011年版。

③ 最高人民法院民法典贯彻实施工作领导小组主编:《中华人民共和国民法典物权编理解与适用》,人民法院出版社2020年版,第576页。

④ 黄泷一:《〈民法典〉第320条(从物随主物转让评注)》,载《南京大学学报(哲学·人文科学·社会科学)》2022年第6期。

对象与主物之使用功能是否存在'必然的联系'作为区分'组成部分'与'从物'的判断标准:灯具因安装成为房屋功能的一部分,并非从物,而房屋门口的石狮与房屋的使用功能无'必然的联系',故为从物。"

因此,装机发动机①为物之非重要组成部分,非从物,其权属附属于主物即航空器本身。临时拆卸时,其权属亦不因此而受有影响②。作为备发的发动机,与装机发动机不同,为从物。

需要注意的是,在发动机发生全损时,被替换上的发动机的法律地位与装机发动机相同,为所属航空器的非重要组成部分。

另外,按照通说,只有主物、从物同属一人时区分主物与从物方有意义。因此将他人之发动机转载到航空器上时,不发生从物随主物权属转移而转移的法律效果。实务中须注意识别装载到航空器上的发动机是否为他人发动机。

3. 添附

"添附者,为附合、混合及加工三者在学术上之总称。""所有人各异之动产,互相结合,非毁损不能分离或分离需费过巨,而发生动产所有权变动之法律事实,此即为……动产附合。""混合者,指所有人各异之动产,互相混合后,不能识别或识别需费过巨,而生所有权变动之法律事实","加工者,就他人之动产,施以工作之法律事实"。三者能引致所有权的变动。③

就此问题,本文认为主要适用于发动机之外的航空器部件更换。正如前文提到的,为维持航空器的持续适航状态,部件更换频繁,特别是所谓的时寿件(Life Limited Part,LLP)。依据添附法律规则,更换到航空器上的部件附合到航空器上,成为航空器的组成部分,即丧失其独立的物权客体地位。④ 在飞机租赁合同中亦通常就此约定,该等替换的部件的所有权归属航空器所有人所有。

---

① "装机发动机"是指自飞机生产厂商出厂交付飞机时即转载在飞机之上的发动机;"备发发动机"是指装机发动机之外为保障飞机运营而准备的发动机。

② if the removed engine was determined to be only temporarily removed, title thereto is kept by the airframe owner and title to an installed engine in temporary substitution therefor is retained by the original engine owner. See Donal Hanley *The relationship between the Geneva and Cape Town Conventions*, Cape Town Convention Journal, Vol. 4:1, 2015. 1948 年《日内瓦公约》第 16 条或《民用航空法》第 10 条为法律规范层面的依据。

③ 参见谢在全:《民法物权论》(上册),中国政法大学出版社 2011 年版,第 303 页以下。

④ 特别说明,该等部件的更换也会区分是临时更换(temporary replacement)还是永久性更换(permanent replacement)。就前者而言,不会发生添附的法律效果,部件之物权不会转移。此处所说构成添附,主要是针对永久性更换来说的。

二、航空器权利体系

(一)权利体系

1.权利体系

1948年《日内瓦公约》以及我国《民用航空法》规定了如下航空器权利①:

(1)民用航空器所有权;

(2)通过购买行为取得并占有民用航空器的权利;

(3)根据租赁期限为6个月以上的租赁合同占有民用航空器的权利;

(4)民用航空器抵押权。

第1项,"航空器所有权",理论上和实践中没有什么争议,毋庸赘言。但需要注意,1948年《日内瓦公约》的用词是rights of property in aircraft,其含义较之所有权(ownership right)要宽泛一些。

第2项,"通过购买行为取得并占有民用航空器的权利",并非传统意义上的大陆法系的物权。"这是美国法的概念范畴,主要指用合同约定的定期购买权,分期付款权以及有条件的销售合同权等,均属不动产担保形式之列。"②此项权利与《开普敦公约》或《航空器议定书》③规定的销售权益(sale right)的登记有异曲同工之妙,权益方均为买方。但就有条件的销售(conditional sale)或保留所有权的买卖而言,《开普敦公约》所规定的权利方是卖方。

第3项,"根据租赁期限为6个月以上的租赁合同占有民用航空器的权利"。赵维田老师的解释是,"这也是美国法的概念范畴,主要指出租人用从第三方借钱买的飞机,租给承租人,承租人以偿付飞机价格的方式获得所有权。这些均属设备信托的范畴"④。但从条文措辞来看,并不能得出该种类型的权利为租售权益(hire-purchase right),而仅是承租人依据租赁关系而获得的一种占有权益(lease-hold right)。当然,从英美法角度来看,英美法都将租赁法律关系安排在财产法中⑤,而

---

① 限于篇幅,本文不具体论述《开普敦公约》所创设的"国际利益"(international interest)。

② 赵维田:《国际航空法》,社会科学文献出版社2000年版,第410页。

③ 《开普敦公约》,即《移动设备国际利益公约》(Convention on International Interests in Mobile Equipment)。《航空器议定书》,即《移动设备国际利益公约关于航空器设备特定问题的议定书》(Protocol to the Convention on International Interests in Mobile Equipment on Matters Specific to Aircraft Equipment)。中国于2008年批准加入。

④ 赵维田:《国际航空法》,社会科学文献出版社2000年版,第410页。

⑤ See Bruce J. W., Ely J. W. & Bostick C. D., Cases and Materials on Modern Property Law.

在我国法下,则受"买卖不破租赁"法律规则的保护①。这里的权利方是承租人,与《开普敦公约》规定的出租人为利益方不同。

第4项,"抵押权"。按照1948年《日内瓦公约》的文字,该项权益含义显然要宽泛得多,即为担保债务之偿付而设立在航空器上的抵押以及类似的权利。②

另外,需注意到1948年《日内瓦公约》的其他相关规定。该公约第1条第1款规定,"该等权利应依据设立时航空器国籍登记国的法律设立",也就是说,公约自身不创设航空器权利,而是依据各国法律创设,这与《开普敦公约》创设"国际利益"这一新权利(sui generis right)不同。该公约第1条第1款还要求相关航空器权利应登记于航空器国籍登记国的公共登记记录(public record)中,但不是强制要求必须设置这样的登记记录。③ 该公约第1条第2款规定,不禁止按照缔约国法律而设立于航空器之上的其他权利,但缔约国不得承认优先于该公约第1条第1段所提及权利的其他权利。另外,该公约第2条规定航空器权利应登记于同一记录中,并且缔约国可禁止不为该国法律所有效设立的权利的登记。

1948年《日内瓦公约》第10条将相关权利扩及于备件(spare parts),权利及于备件的条件是:(1)储存于特定地方;(2)权利作登记;(3)对相关方作适当的通知(due notification)。

2. 航空器质权

航空法未有相关规定,本文原则上认为存在设立航空器质权的空间。虽然如此,本文仍旧提醒注意1948年《日内瓦公约》第1条第2款的规定,该公约不禁止承认其他依据缔约国法律所产生的航空器权利,但是缔约国不得接受或承认优先于第1条第1款所列权利的其他权利。质权虽然可能归属于该公约第1条第1款第4项的"类似权利"(similar rights),但从目前检索到的文件来看,是不明确的。从条文的措辞来看,在我国法语境下,质权确实属于与mortgages,hypotheques相似的为担保债务支付所创设的物权。但是,按照1948年《日内瓦公约》第1条规定,(如果设置公共记录的话)相应的权利应当记录在公共记录中。而质权以转移占有

---

① 参见黄凤龙:《"买卖不破租赁"与承租人保护:以对〈合同法〉第229条的理解为中心》,载《中外法学》2013年第3期。

② 本文不同意将1948年《日内瓦公约》中的"hypotheques"翻译为"质权",其实质为抵押权。"HYPOTHEQUE, French law. Properly, the right acquired by the creditor over the immovable property which has been assigned to him by his debtor, as security for his debt, although he be not placed in possession of it." https://legal-dictionary.thefreedictionary.com/Hypotheque。

③ See Donal Hanley, *The relationship between the Geneva and Cape Town Conventions*, Cape Town Convention Journal, Vol. 4:1, 2015.

(就动产而言)来创设、表征权利,而非登记。那么,未经登记的航空器之质权,岂非不能满足1948年《日内瓦公约》规定的条件,从而不能予以创设?

再者,赵维田先生提及,“有人曾提出设立留置权的建议,但未被采纳”①。这说明公约的起草者并无意扩展公约所规范的航空器权利范围。因此,从1948年《日内瓦公约》的角度来看,航空器质权是否可以设立是存疑的。从实务角度来看,未尝见到以转移占有来创设航空器质权的实例。从经济角度来看,以丧失占有、使用航空器为代价设立质权,亦不存在经济合理性。

3. 航空器优先权

《民用航空法》第19条规定,“下列各项债权具有民用航空器优先权:(一)援救该民用航空器的报酬;(二)保管维护该民用航空器的必需费用。前款规定的各项债权,后发生的先受偿”。第1项与《海商法》的规定类同(见《海商法》第22条第1款第4项),没有更多争议。第2项中的保管维护该民用航空器的必需费用,易产生歧义。实践中,歧义之处主要在于该项优先权是否包括因维修工作而产生的留置权(mechanics lien)。本文认为,因为维修工作而产生的留置权不属于优先权。其一,按照1948年《日内瓦公约》的用语,“extraordinary expenses indispensable for the preservation of the aircraft give rise, under the law of the Contracting State where the operations of salvage or preservation were terminated, to a right conferring a charge against the aircraft”(根据援救或保管航空器的活动终止地的缔约国的法律,由于保存飞机所必需的额外费用,产生一项针对飞机的担保权利),并无“维修”之意。其二,根据学者的解读,“‘保存该飞机必用特别费用’指,使该飞机保持在发现它时的状况,其保存费一般有:将飞机运至安全地点的花费,守卫飞机以防损坏的费用以及特殊情况下修理费等,但不包括将该飞机修理到比事故前状况更佳的费用”②。

“从根本上说,优先权是法律根据立法政策,为维护社会公平和社会秩序而赋予特种债权的债权人的权利,其作用是对个别的特殊种类的债权加以特别的保护。”“优先权是指特定债权人基于法律的直接规定而享有的就债务人的总财产或特定动产及动产的价值优先受偿的权利。”③也就是说,航空器优先权是就特定的债权(救助费用与保管费用④)基于特定的立法政策而就航空器所产生的特定权益,

---

① 赵维田:《国际航空法》,社会科学文献出版社2000年版,第412页。

② 赵维田:《国际航空法》,社会科学文献出版社2000年版,第414页。

③ 赵晓钧:《优先权基本问题研究》,载《北方论丛》2007年第1期。

④ 与海上优先权相比较,范围较窄。

与留置权不同。因维修,即承揽[①]而产生的留置权,其背后理据在于"民法设有留置权制度乃基于公平之原则。因债权人既占有债务人之物,对债务人之债权与该物又有牵连关系之存在,则于债权未受偿前,若须先返还占有物,则将使债权难于甚至无从获偿,殊非公平之道"[②]。

航空器优先权,应当向民用航空主管部门登记,并有期限的限制。

4. 航空器留置权

航空器留置权(lien)性质上属于针对航空器本身而产生或设置的权利负担(in rem),而非对人权,因此本文予以简要介绍。lien,按照《元照英美法词典》的解释,是指留置权、优先权,债权人在债务人特定财产上设定的一种担保权益,一般至债务清偿时止,债务人如逾期未清偿,债权人可通过变卖留置物等法定程序优先受偿。在英美法下,其范围远比我国法下的留置权的范围要广[③],主要有维修留置、税收留置[④]、排放留置权(emission lien),欧洲空中航行安全组织(Eurocontrol[⑤])留置和其他机场费用留置[⑥]等。

在实务中,该等留置权对出租人的权益影响较大,会影响到出租人的飞机取回。出租人一般会在租约中要求承租人(航空公司)作出不得设置或导致此类留置权的产生的承诺,并要求承租人出具授权书允许出租人查询承租人的欠费情况(如

---

① 具体来说,即承揽合同中的修理。"修理合同,是指承揽人按照定作人的要求,将定作人损坏或者发生故障的物品,以自己的技能、设备、劳力等,予以修复并归还给定作人,定作人接受该工作成果并支付报酬的合同。"最高人民法院民法典贯彻实施工作领导小组主编:《中华人民共和国民法典合同编理解与适用》,人民法院出版社 2020 年版,第 1796 ~ 1797 页。

② 谢在全:《民法物权论》(下册),中国政法大学出版社 2011 年版,第 1058 页。

③ 参见 Donal Patrick Hanley, *Aircraft Operating Lease: A Legal and Practical Analysis in the Context of Public and Private International Law*, 2012 Klumer Law International BV, the Netherlands, 第 3.10 章。

④ 按照我国《税收征收管理法》(2015 年修正)第 45 条的规定,"纳税人欠缴的税款发生在纳税人以其财产设定抵押、质押或者纳税人的财产被留置之前的,税收应当先于抵押权、质权、留置权执行"。一般称为税收优先权。

⑤ Eurocontrol means the European Organisation for Safety of Air Navigation established by the International Convention relating to co-operation for the safety of air navigation concluded at Brussels on 13th December 1960.

⑥ 但需要注意的是,基于不同国家的法律不同,相关的机场费用欠缴未必会产生对物(针对飞机本身)的留置权。例如,"广州白云国际机场股份有限公司诉通用电气商业航空服务有限公司一案"[(2009)穗中法民四初字第 27 号],本文认为,按照中国法律规定,留置权的构成要件之一是债权人已合法占有债务人的动产,而航空器处于机场范围内并不构成机场当局对航空器法律意义上的占有。对动产的占有需要对该动产实现控制与支配,而航空器处于机场时,机场当局仅对航空器的运行实施指挥的权力,并未实现对航空器的物权意义上的实际控制与支配。在英国法下,留置权是基于明确的立法规定,即 1982 年英国《民用航空法》(UK Civil Aviation Act 1982)第 88 条的规定:在欠缴机场费用时,机场当局可以扣押飞机,甚至是运营人的整个机队(fleet lien),在一定期限内运营人未能纠正该等欠费违约的,可变卖飞机。

Eurocontrol Letter,即承租人出具的允许出租人查询承租人欠费情况的授权书)。

5. 租赁占有权益

本文认为,租赁占有权益本身并非一项对物权,但基于"买卖不破租赁"的法律规则①,租赁权益有准物权的性质②。黄风龙认为,"本文主张'买卖不破租赁'规则亦适用于动产,是指有权占有维持模式亦适用于动产"③。

租赁权益有准物权的性质,在英美法系都将租赁法律关系安排在财产法中,④而非像我国将其纳入合同关系;在大陆法系,"有德国学者认为,承租人受到保护不是基于租赁合同本身,而是基于承租人对租赁物的有权占有"⑤。究其背后原因,是因为"大陆法系严格的物债二分体系和公示方法二分体系,使租赁法律关系只能削足适履地被安排在债法中,其物权属性被忽略,出租人移转租赁物的占有使用收益给承租人的行为和承租人占有不动产租赁物的事实皆得不到适宜的法律评价,进而出现了违背私人自治的现象"。"由于是立法本身陷承租人于他治的不利地位,立法进行矫正合乎情理。'买卖不破租赁'规则因此并不包括倾向保护承租人的政策性立法色彩,而仅仅是立法者针对二分立法体例产生的消极体系后果而采取的补救性措施,是立法者为治愈其将租赁法律关系简单认定为债权关系而产生的'伤痕'(违背私人自治的结果)自我开具的一剂药方。""最高人民法院主编的释义书在解释该条文时认为,'占有也可以强化本权','租赁权因占有而强化,具有对抗第三人(买受人)的效力'。"⑥

在实务中,附带租约的航空器资产交易会涉及租赁权益的处理问题。首先,交易中的卖方、买方需保证承租人之于所涉航空器的租赁权益不受影响;其次,卖方

---

① 《民法典》第725条。

② 但要注意,在英美法下,租赁占有权益主要适用于不动产。"If the thing in question is land, the interest created is a lease, and if it is a chattel the interest created is a bailment." "However, although bailments of such goods are often called leases, they remain in law bailments, and it is very doubtful whether even the most careful drafting can give a bailee of goods the same rights and protections as lessee of land." 在不动产例如土地,产生的权益是租赁权;而在动产,则是寄售权益(bailment),参见 Alison Clarke & Paul Khler, *Property Law: Commentary and Materials*, Cambridge University Press, 2005, p. 609。

③ 黄风龙:《"买卖不破租赁"与承租人保护:以对〈合同法〉第229条的理解为中心》,载《中外法学》2013年第3期。

④ 参见黄风龙:《"买卖不破租赁"与承租人保护:以对〈合同法〉第229条的理解为中心》,载《中外法学》2013年第3期。

⑤ 黄风龙:《"买卖不破租赁"与承租人保护:以对〈合同法〉第229条的理解为中心》,载《中外法学》2013年第3期。

⑥ 黄风龙:《"买卖不破租赁"与承租人保护:以对〈合同法〉第229条的理解为中心》,载《中外法学》2013年第3期。

转让给买方的航空器所有权负有租赁权益的负担。

(二)航空器权利变动

1. 适用法律

根据《民用航空法》第185、186条的规定,民用航空器所有权的取得、转让和消灭、抵押权等适用民用航空器国籍登记国法律。一方面,在动产中飞机是价值昂贵一类,其价值比许多不动产还要大;另一方面,飞机的流动性大。正是适应这个特点,所有与飞机财产权有关的争执与诉讼,单一地或一般地均适用飞机登记国法是恰当的。①

但是,在国际贸易中被普遍采用的英国法对此的观点与我国不同。按照英国法,并非采用航空器国籍登记国法,而是按照动产所在地法(lex situs)。② 因此,在航空器交易实践中,如果选择英国法为适用法律,需要额外进行航空器所在地的法律检索,以确保相应的航空器权利有效设立。

另外,还需要注意的是,一般国家将飞机视为动产或者是特殊动产,但有些国家并非如此。例如,俄罗斯法将作了国籍登记的航空器视为不动产,适用不动产的法律规则。③ 在俄罗斯为目的地国的航空器租赁业务中,一般避免将航空器在俄罗斯作国籍登记。

2. 航空器物权变动模式

物权变动模式,有债权意思主义、债权形式主义和物权形式主义等。④ 我国通说认为动产物权变动采用债权形式主义,⑤即"债权合意 + 交付"。在物权变动上,虽然航空器属于特殊动产,但仍属于动产,适用同样的物权变动模式/规则。⑥ 崔建远教授曾就同样作为特殊动产的机动车物权的变动作过详细的分析。⑦ 他认为,

---

① 参见赵维田:《国际航空法》,社会科学文献出版社2000年版,第408页。

② See Blue Sky One Ltd & ors v. Mahan Air and anor – [2009] EWHC 3314 (Comm) and [2010] EWHC 631 (Comm); Air Foyle Ltd. & Anor. V. Center Capital Ltd. England and Wales High Court (Commercial).

③ See Ravi Nath & Berand Crans, *Aircraft Repossession and Enforcement: Practical Aspects*, Wolters Kluwer, 2009, p. 762. "Russian law recognizes aircraft as immovable property if they are subject to 'state registration'."

④ 参见崔建远:《物权法》(第2版),中国人民大学出版社2011年版;王利明:《物权法研究》,中国人民大学出版社2016年版。

⑤ 参见崔建远:《机动车物权的变动辨析》,载《环球法律评论》2014年第2期。

⑥ 有人持不同的看法,参见王利明:《特殊动产物权变动的公示方法》,载《法学研究》2013年第4期;叶金强:《登记物与非登记物之区分的法律意义》,载《现代法学》2010年第4期;等等。

⑦ 参见崔建远:《机动车物权的变动辨析》,载《环球法律评论》2014年第2期。另可参见汪志刚先生的分析,汪志刚:《准不动产物权变动与对抗》,载《中外法学》2011年第5期。

"体系解释和目的解释:该条处于《物权法》(已失效)第二章'物权的设立、变更、转让和消灭'的第二节'动产交付'之下。该章共有三节,……第二节'动产交付',贯彻基于法律行为而发生的动产物权变动以交付为生效要件的原则(《物权法》第23条正文,第212条),同样只承认法律另有规定不以交付为生效要件的例外(《物权法》第23条但书);第三节'其他规定',贯彻非基于法律行为而发生的物权变动不以公示为生效要件的理念,只有遗赠导致的物权变动属于基于法律行为而发生的物权变动,也不要求公示作为物权变动的生效要件(《物权法》第28~30条)。现在的问题是,法律对机动车的物权变动是否例外地规定了不以交付为生效要件。《机动车登记规定》也没有正面规定机动车物权变动的生效要件。既然法律对于机动车的物权变动未作另外规定,那么,就应当按照动产物权变动的原则(《物权法》第23条)解释《物权法》第24条的规定,只有在设立抵押权时例外。""至于机动车的物权变动则未见有明确的条文采取债权意思主义。就此而言,也应当认为《物权法》对机动车的物权变动采取了以交付为生效要件的模式,只有在设立抵押权时例外。""假如将登记作为机动车物权变动的生效要件,则会产生负面的结果。"①

崔建远教授的分析同样适用于作为特殊动产的航空器。航空器的物权变动仍采债权形式主义,即"债权意思主义+交付",以交付作为外在的公示方式。

另外,最高人民法院《关于审理买卖合同纠纷案件适用法律问题的解释》进一步确认了这个规则。其第7条第4项规定,"出卖人将标的物交付给买受人之一,又为其他买受人办理所有权转移登记,已受领交付的买受人请求将标的物所有权登记在自己名下的,人民法院应予支持"。《关于适用〈中华人民共和国民法典〉物权编的解释(一)》第6条规定,"转让人转移船舶、航空器和机动车等所有权,受让人已经支付合理价款并取得占有,虽未经登记,但转让人的债权人主张其为民法典第二百二十五条所称的'善意第三人'的,不予支持,法律另有规定的除外"。可见在司法实务中亦明确确认上述物权变动模式。

由于航空器作为全球流通的资产,作为国际贸易较为普遍的法律选择的英国法下"物权变动模式"值得简要解释。按照英国1979年《货物买卖法》(Sale of Goods Act 1979),货物所有权(property in the goods)按照如下规则执行。②

规则1:如果是一份涉及特定货物销售的没有附加条件的合同(unconditional

---

① 因为《民法典》沿袭了《物权法》(已失效)的相关规定,因此崔建远教授的解读同样适用于《民法典》时代的机动车物权变动。

② 参见Atiyah and Adam's Sale of Goods (Fourteenth Edition), Pearson Education Limited 2021,第十章(The Transfer of Property),亦参见杨良宜:《国际货物买卖》,中国政法大学出版社1999年版,第5章。

contract),货物处于可交付状态(in a deliverable state),那么货物所有权在合同缔结时转移给买方,而付款时间和交付时间有所延迟对此并无实质影响(where there is an unconditional contract for the sale of specific goods, in a deliverable state, the property in the goods passes to the buyer when the contract is made, and it is immaterial whether the time of payment or the time of delivery, or both, be postponed)。

规则2:如果是一份涉及特定货物销售的合同,且卖方需做特定的事情以使货物处于可交付状态,则货物所有权自该等特定事情完成且买方被通知时转移(where there is a contract for the sale of specific goods and the seller is bound to do something to the goods, for the purpose of putting them into a deliverable state, the property does not pass until the thing is done, and the buyer has notice that it has been done)。

规则3:如果是一份涉及处于交付状态的特定货物销售的合同,卖方需进行称重、计量、测试或其他工作以确定价格,则货物所有权自该等工作完成且通知买方时转移(where there is a contract for the sale of specific goods in a deliverable sate, but the seller is bound to weigh, measure, test, or do some other act or thing with reference to the goods for the purpose of ascertaining the price, the property does not pass until the act or thing is done, and the buyer has notice that it has been done)。

如果是尚未确定的(unascertained)货物,则需划归至特定的合同方特定化,并实现所有权的转移。①

由此可见,如果不考虑更细节的问题,英国法下货物(动产)的所有权转移更像法国法下的动产物权变动模式,即债权意思主义,在实践中应予以注意。

(三)航空器权利登记对抗效力

上文已提到航空器的物权变动模式为"债权意思主义+交付"的模式,不受《民法典》第225条规定的影响。

为何《民法典》第225条会设立特殊动产的登记制度?"在任何国家,登记对抗制度都是为了弥补意思主义物权变动模式对交易安全带来的隐患。就其目的而言,一是对意思自治的尊重(法国的立法目的);二是照顾不动产登记不健全之事实,实现交易便捷化,有限保护交易安全(日本的立法初衷)。总起来看就是尊重意思自治,实现对交易安全的有限保护。实现这一目的的办法就是物权变动不以登记为要件(尊重意思自治),赋予第三人否定未登记之物权变动的权利,激励当事人

① 参见杨良宜:《国际货物买卖》,中国政法大学出版社1999年版,第272~278页。

在物权变动中予以登记,从而将观念中的物权变动表彰于外,以便为外界所认识,以此奠定维护交易安全的基础(对交易安全的有限保护)。"[①]

何为《民法典》第225条中"善意第三人"?"所谓善意第三人,就是指不知道也不应当知道物权发生了变动的物权关系相对人。主要包括以取得所有权为目的的相对人、抵押权人、质权人和留置权人。"[②]善意第三人不包括一般债权人、不法侵害或占有交易标的物的人、无效的登记名义人、基于无效行为受让物权的人;不应包括债务人。[③]

另需注意的是,《民用航空法》第14条第1款规定,"未经登记的,不得对抗第三人"。[④] 而非《民法典》规定的对抗"善意第三人"。有学者建议,"在中国《民用航空法》的修改中,'第三人'的主观状态应当限定为善意,同时应对'第三人'附加更谨慎的注意义务"[⑤]。本文认为,就特殊动产而言,采"对抗第三人"的制度更为妥当。就航空器、船舶而言,以"商主体"拥有者居多,课于商主体以更高的登记义务似更为妥当,亦能以此促进登记制度的有效实施。至于日本《民法典》规定的"第三人"范围,日本判例对其进行了限缩,[⑥]这是由于日本民法采用债权意思主义的物权变动模式,以适合司法实践的需要。而我国与其立法不同,无此限缩的必要。

另外,《开普敦公约》设立的登记优先原则,也表明不区分第三人善意与否亦是妥当的。《开普敦公约》第29条第2款规定,"前款最先提及的利益的优先权在下列情况下亦得适用:(a)即使最先提及的利益是在实际知道存在其他利益的情况下取得或登记的;和(b)即使是涉及最先提及利益的知情持有人所给付的价金的"。这是为了避免以下事实争议:登记债权人是否知悉在先债权人的未登记的权益的存在。[⑦]

因此,本文的意见是应维持民航法以及海商法的"对抗第三人"的规定。与《民法典》的适用冲突时,应依据特别法优于一般法的规则优先适用民航法或海商法。

---

① 郭志京:《也论中国物权法上的登记对抗主义》,载《比较法研究》2014年第3期。

② 最高人民法院民法典贯彻实施工作领导小组主编:《中华人民共和国民法典物权编理解与适用》,人民法院出版社2020年版,第137页。

③ 最高人民法院民法典贯彻实施工作领导小组主编:《中华人民共和国民法典物权编理解与适用》,人民法院出版社2020年版,第138~140页。

④ 《海商法》第9条,同样规定的是"不得对抗第三人"。

⑤ 郝秀辉、王锡柱:《航空器所有权"登记对抗效力"的辨析》,载《北京航空航天大学学报(社会科学版)》2014年第6期。

⑥ 参见郝秀辉、王锡柱:《航空器所有权"登记对抗效力"的辨析》,载《北京航空航天大学学报(社会科学版)》2014年第6期。

⑦ See AWG Practitioners' Guide to the Cape Town Convention (2015), p. 28.

[涉外航空法律问题研究]

《芝加哥公约》中仲裁条款的强制性问题研究*

濮云涛**

近年来,国际社会越发关注国际民航组织争端解决机制的运行问题。在国际民航组织第38届法律委员会会议上,各国讨论了关于国际民航组织理事会是否为司法机关的问题。目前,国际民航组织理事会正在处理澳大利亚、荷兰与俄罗斯就2014年马航MH17被击落的争议。有必要进一步研究国际民航组织争端解决机制,为将来可能发生的争端做好准备。

《芝加哥公约》第18章规定了公约解释和适用的争端解决机制。如果当事国无法通过谈判解决争议,国际民航组织理事会根据当事国的申请对争议进行裁决;如果当事国对理事会裁决不服,可向仲裁庭上诉。该仲裁条款没有明确规定仲裁程序是否需要当事国一致同意方可启动,即仲裁程序是否具有强制性。仲裁裁决具有终局性,对当事国影响较大,亟须探讨《芝加哥公约》中仲裁条款的强制性问题。

一、对《芝加哥公约》中仲裁条款的解释

《芝加哥公约》第84条规定:任何缔约国可以按照第85条,

---

* 中国民用航空局民航安全能力建设项目“国际民航组织争端解决机制研究”(项目编号:2020/279号)。

** 濮云涛,中国民用航空局国际合作服务中心助理研究员,法学博士,研究方向为国际航空法。

对理事会的裁决向争端他方同意的特设仲裁庭或向常设国际法院上诉。第85条第1款规定:对理事会的裁决上诉时,如争端任何一方的缔约国,未接受《常设国际法院规约》,而争端各方的缔约国又不能在仲裁法庭的选择方面达成协议,争端各方缔约国应各指定一仲裁员,再由仲裁员指定一仲裁长。探讨《芝加哥公约》中仲裁条款的强制性问题,核心是对《芝加哥公约》中的仲裁条款进行解释。国际条约的解释历来是条约争议的重点问题。由于历史和现实的因素,条约的具体规则可能会产生不同的解读,条约的解释方法包括文义解释、系统解释、历史解释、目的解释、惯例解释等。以上解释方式的核心,在于秉持善意原则,不能歪曲条约所表达的意思,合理合法地对条约作出解释。本文以条约善意解释原则为依托,从不同的解释角度对《芝加哥公约》中的仲裁条款进行分析,明确仲裁条款在法理上是否具有强制性。

(一)文义解释角度

根据《维也纳条约法公约》第31条之规定,条约的解释首先要"依其用语",即采用文义解释方法。《芝加哥公约》第85条在规定仲裁庭的组庭方式时使用了"each of a contracting parties shall name a single arbitrator..."的表述,其中"shall"有"命令"之义。这仅表明仲裁庭的组成方式必须按照特定的规则进行,而且根据《布莱克法律词典》提供的定义,"shall"的含义也包括"将要",[①]并不意味着当事方有将争议提交仲裁的法定义务。国际航空领域的其他公约也有类似表述。例如,1971年《蒙特利尔公约》第14条规定:"如缔约国之间对本公约的解释或适用发生争端而不能以谈判解决时,应其中一方的要求,应交付仲裁……当事人对仲裁的组成不能达成协议的,任何一方都须按照国际法院的规约提交申请……"该条款也采用了类似表述方式,而后又提供了当事方不能就仲裁庭达成一致的诉讼选项,表明"shall"的含义并非当事人必须将争议解决提交仲裁。如果该条款使用了"the parties must proceed to arbitration procedure"或类似用语,则表明该条款具有强制性。只有在公约条款明确规定仲裁具有强制性的情况下,才能认定仲裁的启动具有强制性。

相比之下,《联合国海洋法公约》规定了强制仲裁程序,当事人无法通过协商、调解而达成一致意见时,任何一方申请仲裁,仲裁即可启动。[②] 这是因为在条约文

① See Bryan Garner et al. (eds.), *Black's Law's Dictionary* (9*th ed.*), Thomson Reuters, 2009, p.1499.

② See Houston Putnam Lowry, *Recent Developments in the International Law of the Sea*, Public International Law, p.789(2001).

本上,《联合国海洋法公约》就明示了仲裁程序的强制性。《联合国海洋法公约》第十五部分第二节的标题即为"导致有约束力裁判的强制程序"(Compulsory Procedures Entailing Binding Decisions)。"强制性"、"约束力"以及二者之间的因果关系,突出体现了当事人无法通过第十五部分第二节的方式解决争端,就必须接受强制性争端解决程序(包括仲裁),以获得具有法律约束力的裁判结果。在具体的规则中,《联合国海洋法公约》更加体现了规则的明确指向性。该公约第288条规定:第287条所指的法院或法庭,对于按照本部分向其提出的有关本公约的解释或适用的任何争端,应具有管辖权。[①] 该条款明确赋予了仲裁法庭的管辖权,只要符合《联合国海洋法公约》第287条的规定,仲裁庭对争议就应当具有管辖权。如果一项公约没有规定当事国有提交强制仲裁的义务,那么应当视为当事国不具有该义务,而不是作相反推定。在"南海仲裁案"中,虽然我国是《和平解决国际争端公约》的缔约国和常设仲裁法院的创始国,但是《和平解决国际争端公约》没有明确规定缔约国有义务接受仲裁庭对领土争端的管辖权,因而我国不接受仲裁庭的管辖权。

(二)目的解释角度

从仲裁制度的目的角度出发,联合国国际法委员会认为,国际仲裁是指基于法律作出有约束力的裁决以解决国家间争端的程序,且当事方自愿接受该裁决。[②] 仲裁庭的管辖权由当事方约定。在国际仲裁中,首先要信任当事人所选择的仲裁员;仲裁员也要受当事人所约定的仲裁范围的限制。如果仲裁不是在双方合意之下启动的,就不符合意思自治原则。既然仲裁是在自愿的基础上进行的,那么当事国就没有承担接受"强制仲裁"的义务。[③] 如果仲裁失去了基于意思自治的根基,裁决难以获得当事国的认可和执行。

在国际争端解决领域,国家主权平等原则作为国际法的基本准则,在指引规则解释方面具有统领性地位。国家主权平等原则要求,任何一项具有强制性的国家间争端解决机制得以运行的前提,在于获得当事国明确同意。以国际法院为例,国际法院在巴基斯坦诉印度"1999年8月10日空难事件案"中指出,国家在任何情况下都有权限制国际法院的强制管辖权;司法解决国际争端只是当事方可以选择的

---

① 参见《联合国海洋法公约》,载联合国官网,https://www.un.org/zh/documents/treaty/files/UNCLOS-1982.shtml#17。

② See *Yearbook of International Law Commission II*, United Nations Publication, 1953, p. 202.

③ 参见曾令良主编:《国际法》(第3版),武汉大学出版社2011年版,第400页。

一种方式,当事方还可以选择其他方式和平解决国际争端。[①] 从强制性角度出发,司法途径比仲裁途径具有更为明显的强制性;在国际法院充分尊重各国主权平等的情况下,仲裁机构更应秉持意思自治的基本准则,不应当强制当事国接受管辖权。

从国际民航组织争端解决机制的性质出发,《芝加哥公约》设立国际民航组织理事会和仲裁程序的目的,在于为公约的解释和公约的履行提供较为权威的方案。《芝加哥公约》的仲裁制度和世界贸易组织的争端解决机制、国际法院的司法制度有较大差异,在强制性方面亦有所不同。国际法院由精通国际法的专家组成;当事国同意体现了国家主权原则和平等原则的价值要求,在国际法的发展中发挥了重要作用。[②] 国际民航组织理事会的36名成员为外交官,代表本国利益。只有当事双方明确请求理事会对公约进行解释,理事会的裁决对当事方才具有约束力,[③]仲裁制度亦是如此。

仲裁制度不能违反国际法的一般原则——尊重国家主权平等原则,没有凌驾于国家主权之上的所谓最高裁判机构;如果仲裁机构背离争端一方国家的意愿,实际上是仅考虑了一方诉求而忽视了另一方的权益,违反了国家主权平等原则,也不符合仲裁制度设立的初衷。

(三)权威解释角度

对于一项国际条约,缔约方均可对该条约作出解释;然而,原则上只有全体当事国都同意的解释才是权威解释。[④] 这是因为不同国家从自身利益出发,对同一公约可能作出不同的解释,因而多边公约通常会明确规定解释公约的机构,以提升公约解释的权威性。国际民航组织理事会对公约解释和适用相关争议的裁决权为《芝加哥公约》所规定,被全体当事国所接受;理事会的组成、选举和表决均在《芝加哥公约》的第九章中有详细的规定。相比之下,仲裁庭为临时组建,仲裁庭的组成具有随机性,不能被认为是全体当事国都接受的权威解释机构;《芝加哥公约》也没有像《联合国海洋法公约》在附件中规定仲裁的具体程序,因而仲裁程序只是当事国可以选择的争端解决程序,仲裁庭并非《芝加哥公约》所规定的权威解释机构。

---

① 参见邵沙平主编:《国际法院新近案例研究(1990—2003)》,商务印书馆2006年版,第414页。

② 参见何志鹏、鲍墨尔根:《主权与职权之争——国际法院咨询管辖权与当事国同意原则关系的争议与解决》,载《北方法学》2018年第6期。

③ See Ruwantissa Abeyratne, *Convention on International Civil Aviation—A Commentary*, Springer, 2013, p. 663.

④ 参见朱文奇、李强:《国际条约法》,中国人民大学出版社2008年版,第235页。

解释机构的权威性源于其地位的明确性。如果一方当事国不同意将争议提交仲裁，则仲裁庭对《芝加哥公约》的解释就缺乏权威性。权威性的解释机构必须通过国际条约明确规定。《芝加哥公约》没有明确规定仲裁机构属于权威性的解释机构，那么就应当推定其不是权威解释机构，各国没有一致同意仲裁机构对公约享有高于理事会的解释权。否则，就难以体现各当事国对该问题达成的共识。

（四）历史解释角度

《维也纳条约法公约》第31条规定，应与上下文一并考虑的条约解释因素包括当事国嗣后所订关于条约之解释或其规定之适用之任何协定，因而需要从历史发展实践的角度分析仲裁条款的强制性问题。

国际民航合作实践表明《芝加哥公约》中的仲裁条款不具有强制性。尽管目前《芝加哥公约》中的仲裁制度未被启用，但国际民航组织曾经为国际民航争端当事方选任仲裁员。[①] 在不少双边航空运输协定中，当事方已经放弃使用《芝加哥公约》项下的仲裁制度解决争端，而保留了委托国际民航组织理事会任命仲裁员的权利。例如，美国和加拿大于1995年缔结的双边航空运输协定规定，如果任何一方无法选定仲裁员，则任何一方有权请求国际民航组织理事会主席选定必要的仲裁员。[②] 这进一步体现了仲裁制度必须基于当事方意思自治，才能发挥应有的作用。《芝加哥公约》中的仲裁条款不具有强制性，不会减损《芝加哥公约》仲裁制度的作用。

一些国家在双边航空运输协定中约定采用仲裁方式解决争议也表明，《芝加哥公约》规定的仲裁制度对当事国而言不具有强制性，因为如果《芝加哥公约》规定的仲裁制度具有强制性，《芝加哥公约》的当事国之间就没有必要再在后续的双边航空运输协定中约定仲裁条款。

综上所述，无论是从文义解释的角度出发，还是从目的解释、权威解释、历史解释等角度出发，《芝加哥公约》中的仲裁条款不具有强制性。只有在当事各方均同意的情况下，仲裁机构或仲裁庭才对相关争议享有管辖权。

二、仲裁条款强制性问题下的争端解决理念博弈

《芝加哥公约》中仲裁条款的强制性争议的产生，不仅在于公约条款表述的分歧，而且源于争端解决理念的差异。在拟定《芝加哥公约》的过程中，美国等国曾主

---

① See Dennis Foerster, *Caged Birds in Open Skies: Comments on the Emergence of a Dominant Carrier*, Asper Review of International Business and Trade Law, p. 171 (2001).

② See E. g. Air Transport Agreement between the United States of American and Canada, Art. 16.7.

张国际民航争端当事方应当接受强制性争端解决程序,但由于一些国家持反对态度,《芝加哥公约》最终采用了相对模糊的表述方式。整体而言,在争端解决领域,西方国家倾向于采用仲裁、诉讼等法律方式解决争端,而我国等发展中国家倾向于采用协商、调解等政治方式解决争端。

(一)争端解决理念冲突的表现形式

西方国家崇尚以法律方式解决争端的最主要的原因在于西方国家主导了绝大多数国际争端解决机制。以国际法院为例,法院组成多数为西方国家的人选,特别是在国际法院成立初期,国际法院作出的裁决难以平等保护西方国家和亚非国家的利益。就国际仲裁而言,国际知名仲裁机构的总部大多设立在发达国家,如伦敦国际仲裁院、国际商会仲裁院、美国仲裁协会、新加坡国际仲裁中心等。西方国家对国际争端解决机制的主导,不仅体现在裁判人员的背景上,而且体现在争端解决制度理念方面。英美法系和传统大陆法系的法律原则精神和诉讼程序理念,体现在西方国家主导的国际争端解决机制中。相较于亚非拉发展中国家,西方国家作为国际争端的当事方,更易于在具体案件中获得国际争端解决机构的支持。

对于发展中国家而言,其国内法治体系不如发达国家健全,争端解决机制的影响力也较为有限。在国际争端解决领域,发展中国家更加倾向于采用"一事一议"的方式,通过谈判协商解决纠纷。如果采用诉讼或仲裁的方式解决纠纷,其过程和结果往往对发展中国家不利;而法院判决和仲裁裁决具有确定性和终局性的特征,也会使发展中国家在国际舆论上陷入被动。除此之外,一些东亚国家具有"厌恶诉讼"的法律文化,诉讼或仲裁可能对当事国之间的双边关系产生较大不利影响。

在国际民航组织领域,发展中国家和发达国家在争端解决方面的主要分歧表现在国际民航组织理事会地位上。关于国际民航组织理事会在争议解决机制中的地位早有争论。在1944年国际民航组织会议上,法国、加拿大、印度等国认为理事会是具有准司法性的机构,而古巴等国认为理事会只能是政治性组织。① 国际法院在2020年"巴林、埃及、沙特、阿联酋诉卡塔尔案"中认为,国际民航组织理事会并非司法机构,因为理事会由各国代表组成,而非由以个人能力独立行使职权的司法人员组成。② 有学者指出,国际争端解决机构应当满足以下条件:由国际法律文书

① See Document 420, Proceedings of the International Civil Aviation Conference, Vol. Ⅰ, Chicago, The Department of State, 1 November – 7 December 1944, 478, at 481.

② See Appeal Relating to the Jurisdiction of the ICAO Council under Article 84 of the Convention on International Civil Aviation (Bahrain, Egypt, Saudi Arabia And United Arab Emirates V. Qatar), ICJ, Judgement of 14 July 2020.

确立;依赖国际法作为适用法律;根据预先确定的规则裁判案件;由独立的成员组成;只审理至少一方为国家或国际组织的案件;作出具有法律约束力的判决;具有永久性。①

从国际法院的判决和司法机构的性质出发,国际民航组织理事会不具有国际司法机构的特征。尽管《芝加哥公约》存在"对理事会的裁决上诉"的表述,《芝加哥公约》中的仲裁制度也并非通常意义上司法机构裁决的上诉审程序。因此,《芝加哥公约》中的仲裁制度是一项具有相对独立性的争议解决制度,当事方不能仅仅因为不服国际民航组织理事会的裁决就当然启动仲裁程序。西方国家主张国际民航组织理事会属于准司法机构,目的在于将国际民航组织争端解决机制司法化,以满足自身对争端解决机制的需求。

(二)争端解决理念的融合

尽管各国在国际民航争端解决的理念方面存在分歧,但是在国际争端解决机制的发展中,法律解决方法和政治解决方法存在融合的趋势。

法律解决方法包括诉讼和仲裁。与平等民事主体之间的私人纠纷不同,法律解决方法存在局限性。② 法律手段的有限性源于国际争端的复杂性和长期性。③ 一些国际法学者曾主张扩大国际法院的权限,维护国际法律体系的有效性。然而,国际社会对建立具有强制性管辖权的国际法院的态度是悲观的。④ 国际法院的判决没有能够最终实现定分止争的目的,原因在于当事方难以将一个复杂的问题提交司法解决,且判决缺少令人信服的理由。在公法领域,法律因素难以与政治因素完全分割。

法律解决方法的效率也不如预期。在《芝加哥公约》项下的争端解决机制中,大多数案例仅在国际民航组织理事会阶段就要耗费较长时间。例如,在2016年巴西诉美国案中,在第216、217、218届理事会上,该问题一直处于讨论阶段,理事会尚未作出最终裁决。法律解决方法的效率低下,源于其对程序的高要求,而在严格的程序要求背景下,诉讼或仲裁的效果均不尽如人意;将法律解决方法作为强制性国

---

① See Romano et al., *Mapping International Adjudicative Bodies, the Issues, and Players*, in Cesare P. R. Romano, Karen J. Alter, and Yuval Shany eds., The Oxford Handbook of International Adjudication, 2014, p. 3 – 26.

② 参见叶兴平:《国际争端解决方法的历史演进》,载《武汉大学学报(社会科学版)》1993年第5期。

③ 参见杨洋:《论国际法院对隆端寺案的判决》,载《宁夏大学学报(人文社会科学版)》2013年第3期。

④ 参见江国青、杨慧芳:《联合国改革背景下国际法院的管辖权问题》,载《外交评论(外交学院学报)》2012年第2期。

际航空争端解决机制,缺乏合理性和必要性。

政治解决方法包含直接谈判、调解、斡旋、调查等方法。其中,直接谈判是最基本的政治解决方法,但是由于当事方的立场存在差异,直接谈判的效率往往较为低下,因而需要第三方对纠纷解决给予适当的协助。除直接谈判外,政治解决方法的本质是第三方介入和当事方意思自治之间的平衡。它既尊重当事方意思自治,又提供主导争端解决的中立主体,同时运用一些策略和技巧,使当事方在维护合作关系的基础上解决国际争端。在第三方介入的政治解决方法中,最具有代表性的是调解。调解作为"东方经验",在我国国内司法和仲裁案件中得到了充分运用。随着"一带一路"国际商事调解中心的建立,我国更加注重发挥自身优势,在国际商事调解中提升自身话语权。虽然专业化的国家间调解仍然为发达国家所主导,但是不同类型的调解具有相通性。我国作为一个航空大国,可以汲取国内外调解经验,将其运用到关于国家间调解的实践中去。

三、结论与建议

通过运用文义解释、目的解释、权威解释和历史解释等条约解释方法,已经能够论证《芝加哥公约》中的仲裁条款不具有强制性。出现这一争议的本质原因在于发展中国家和西方国家关于国际争端解决的博弈。建议民航行政主管机关和国务院有关部门采取必要措施,妥善应对《芝加哥公约》仲裁条款强制性等有关问题。

(一)强调《芝加哥公约》仲裁条款不具有强制性

在未来,如果美国等西方国家在国际民航组织会议等场合提出《芝加哥公约》仲裁条款强制性问题,建议明确回应仲裁条款不具有强制性并阐明理由。无论是从实然角度出发(条约的解释),还是从应然角度出发(法律解决方法的局限性),《芝加哥公约》中的仲裁条款都不具有且不应当有强制性。在解释仲裁条款不具有强制性的原因时,可综合运用多种条约解释方法进行论证。

坚持《芝加哥公约》仲裁条款不具有强制性,是正当且合理的,有利于维护当事方的意思自治,不仅符合我国利益,而且符合发展中国家乃至绝大多数国家的利益。在我国与外国缔结的双边航空运输协定中,只有少数双边协定纳入了仲裁条款,且没有任何一项双边协定规定缔约方有强制提交仲裁的义务。这充分表明了我国不支持国家间的强制性争端解决机制,也获得了与我国缔结双边航空运输协定的国家的认同。在多边公约的解释上,也需要坚持我国这一立场,维护我国国家主权,反对所谓"强制仲裁"。

(二)以和平解决国际争端为导向推行"中国方案"

各国对于仲裁条款强制性问题争议的深层因素,在于争端解决理念的博弈。

无论是法律解决方式还是政治解决方式,都属于和平解决争端的方式。和平解决国际争端是20世纪以来各国人民的共同需要,能够减少霸权主义和强权政治,符合全人类的共同利益,有利于建立和发展人类命运共同体。以和平解决国际争端的理念为导向,能够引起绝大多数国家的共鸣,团结更多国家,提升我国在国际争端解决领域的话语权。在解释仲裁条款不具有强制力的问题上,以和平解决国际争端为指引,能够争取更多国家的支持,推动国家间仲裁的规范化运行。

政治解决方式具有多样性和灵活性,有利于维护双方之间的合作关系;法律解决方式能够提供具有终局性的裁决。事实上,法律方法和政治方法是相互贯通的。调解、斡旋的过程中需要明确当事方在国际法上的义务;仲裁、诉讼的过程中也伴随着调解,可能出现和解、撤诉。关键在于如何将法律方法和政治方法的优势结合起来,发挥各自的优势,在维护国家主权的同时,有效解决争端。在"一带一路"建设的背景下,我国可以积极建立"一带一路"争端解决中心,注重发挥调解的作用。不仅可以调解平等民商事主体之间的争端,而且我国可以在国家间争端的调解中发挥重要作用。以"共商、共建、共享、共赢"为指导思想,在调解实践中提升我国在国际争端解决中的影响力。

(三)探索完善《芝加哥公约》中的仲裁制度

各国对《芝加哥公约》中仲裁条款强制性问题存在争议的又一原因,在于该公约的仲裁条款在仲裁的启动、仲裁程序、仲裁裁决的效力等方面规定过于笼统。《芝加哥公约》规定的仲裁发挥着上诉程序的作用,过于简单的仲裁规则不利于当事方建立对《芝加哥公约》中仲裁制度的信任。在必要的情况下,可以向国际民航组织理事会提交关于《芝加哥公约》中仲裁程序的改革的建议,包括仲裁规则的建议文本,通过完善《芝加哥公约》附件的方式,推动国际民航组织争端解决机制的改革。

在争端解决程序的启动方面,国际法院有"延迟同意管辖权",这种非正式、灵活的同意方式仍然建立在国家同意的基础之上,更加有利于维护国家主权,有利于拓展法院的诉讼管辖权,提升其受案率和裁判效率。可以建议国际民航组织理事会在解释《芝加哥公约》的仲裁条款时,借鉴国际法院在实践中采用的"延迟同意管辖权",即通过协商、调解的方式,促使双方达成将争议提交仲裁的一致意见。这种处理方式实际上是将法律解决方法和政治解决方法相结合,取长补短,发挥各自的制度优势。

论欧盟对外航空运输协定中劳工条款的可执行性

师钰然*

在欧盟已缔结的航空运输协定中,《欧盟—卡塔尔航空运输协定》(2021 年)、《欧盟—乌克兰航空运输协定》(2021 年)和《欧盟—东盟航空运输协定》(2022 年)都规定有劳工条款,为缔约国设置了与劳动标准相关的有约束力的义务。一方面,此类劳工条款符合《国际民用航空公约》(通称《芝加哥公约》)的规定,拥有国际法上的依据;另一方面,此类劳工条款设定的义务可分为与现有国内法相关的义务和基于"核心劳工公约"的义务两大类。在未来执行劳工条款时,如何监督核心劳工公约的实施不构成不正当竞争手段、缔约国是否受到未批准核心劳工公约的约束以及如何监督缔约国国内法的立法水平,是可能发生分歧的法律争议。中国应提前对劳工条款的国际法基础和法律争议进行研究,以在未来与他国的航权谈判和航空运输协定缔结中获得主动地位。

一、问题的提出

(一)航空劳动问题

广义上的民航业由航空公司、机场、空中交通管理服务提供商和飞机及其零部件制造商组成,涵盖了飞机运营,以及为运营

* 师钰然,武汉大学(法学院,国际法研究所)"弘毅"博士后研究人员。

提供技术支持和基础设施的各项活动。民航业的繁荣推动了全球经济的发展,使现代化和国际化的生活成为可能。同时,由于行业本身的涵盖面广,相关联的产业繁多,其成为一个重要的就业领域。一方面,民航业本身提供了几类核心的就业机会,通过航空公司、飞机制造商、空中交通管理服务提供商和机场等产业;另一方面,国际民用航空的扩张促进了旅游、餐饮和服装等相关行业的发展,间接贡献了可观的就业机会。

在新冠疫情暴发之前,民航业在全球范围内为大约 8770 万人提供了就业机会。这其中,有 1130 万人从事的工作直接与民航运输相关,包括 65.8 万人在机场运营、规划和机修方面的岗位工作;550 万人在机场相关的服务行业工作,涉及零售、汽车租赁、海关和移民等政府机构、货运代理以及机场餐饮服务;航空公司雇用了超过 360 万的工作人员,包含飞行机组成员和乘务员、地勤服务人员、飞机维护人员、公司业务人员等;航空器制造商提供了 130 万个工作岗位,其中包括了飞机整机、发动机和零部件的工程师和设计师;同时,在空中交通管理服务领域,也有 23.7 万个工作岗位在活跃。①

本文所讨论的民航业劳动保护,具体涉及从业人员的劳动或劳务关系,以及工作标准这两方面。随着国际航空运输自由化进程的发展,尤其是欧洲市场的自由化和美国市场的放松管制,全球航空市场语境下航空公司间的竞争日益加剧。同时,伴随着国际民航业的发展和扩张,劳动保护的法律规制也变得愈加复杂和困难。航空公司 A 可以通过航空公司 B 的名义销售机票,从公司 C 租用飞机和机组人员,然后通过国家 D 途经国家 F 飞往国家 E。在这个行业背景下,一个全球规模的航空公司可以在不同国家设立运营基地,并派驻自己的机组和地勤人员。这样的运营安排会给劳动和社会保障立法的适用带来不确定性。

为了保障航空运行的安全性,航空公司需要飞行员和其他机组成员拥有丰富的飞行知识、专业技能和充分的飞行能力。但在实践中,机组成员往往需要承担长时间的飞行任务、不规律的睡眠和工作模式、困难的夜间工作安排,以及在各种飞行环境下执飞的要求。这些情况都可能导致不合理的飞行员疲劳,危及飞行安全。

另外,一些欧美航空公司开始采用固定期限合同、兼职合同、劳务合同等形式来处理与飞行员等机组成员的关系,以降低劳动成本和提高劳动政策的灵活度。一些欧洲航空公司还采用了“付费飞行”和“零底薪”的合同形式雇用年轻飞行员。其中,“付费飞行”指的是,飞行员需要支付给航空公司费用来获得飞行机会并积累

① See Air Transport Action Group, Aviation: Benefits Beyond Borders, p. 4(2020).

飞行时长,以获得航线飞行和特定飞机机型所需的飞行员执照,航空公司不支付任何工资。而在"零底薪"合同关系中,飞行员的薪资待遇将完全依照其飞行时长所决定,合同本身不承诺基本的工资或福利待遇。与无固定期限劳动关系不同,在这些非典型劳动关系中,航空公司成员缺乏职业和工作的安全感。根据欧盟关于航空劳动状况的研究,一些飞行员受制于非典型劳动合同,可能在疲惫或病患的情况下继续工作,而不是申请病假和行程调整,对飞行安全带来了极大的隐患。[①]

在民航劳动市场中,航空公司拥有比劳动者更强的议价能力,这在很大程度上导致了他们之间权利义务的不对等。具体而言,民航业的劳动和就业呈现出以下几个特征,给劳动权利的保护带来极大挑战:(1)民航产业的发展具有极强的全球化特征;(2)航空运输服务具有极强的可替代性;(3)航空运输服务的需求随着经济形势的变动而波动;(4)劳动成本是航空公司可以直接控制的成本选项。

具体而言,首先民航业是一个全球联通的产业。国际航线贡献了很大一部分的乘客和货运量。即便是国内航线,民航运输也可能会涉及跨境的劳务派遣。在欧盟成员国间,"欧盟单一航空市场"的建立也使任意欧盟航空公司可以在其他成员国内执飞国内航班。这些跨境因素导致劳动和社会保障法律法规的适用上可能存在争议。

其次,航空运输服务具有极强的可替代性,其本身也不可能拥有库存以抵御航班需求缩减多带来的消极影响。特别是在新冠疫情等全球性事件的影响下,国际和国内航班遭受大面积的取消,航空公司也无法储存或弥补已经损失的民用航空的运输量。在民航业务下滑的背景下,航空公司往往会缩减自己的机组规模,并裁减员工规模。在新冠疫情期间,全球民航业损失了约4600万个工作岗位,占新冠疫情前所雇用劳动者人数的52%。[②] 考虑到很多航空公司工作成员虽然未被解雇,但大大缩减了工作时间或被迫接受停薪休假,这些全球性事件对民航业劳动和就业状况的影响会更为广泛严重。

再次,航空运输的需求与全球经济的整体状况密切相关。当经济下行时,公众对于出行的需求会随之下降,给民航业的劳动标准和就业状况带来负面影响。而当经济恢复时,航空公司的管理层和劳动群体对于未来的市场预期往往不同。

在民航经济下滑期间,航空公司会采用各项成本控制措施,其中会包含工资削减、员工停薪休假或者解雇。而当民航经济状况开始回升时,航空公司往往持有谨

① See Yves Jorens et al., *Atypical Forms of Employment in the Aviation Sector*, European Social Dialogue, 2015, p. 85.

② See Air Transport Action Group, COVID - 19 Impact on Aviation (2021).

慎的市场预期,保留自己的成本控制政策,并不会立即恢复员工的工资待遇;而航空公司员工则希望公司能补偿自己在经济萎靡期间所损失的收入和福利待遇。[①]对工资待遇的不同预期可能会导致劳资关系在经济恢复期间进一步恶化,这一问题在2008年经济危机期间尤为严重。[②] 在实践中,不同航空公司具体采用的成本控制措施相异,对劳动标准和就业状况的影响也并非完全相同。但可以肯定的是,当航空公司减少运营的航班数量以应对民航市场整体所遭受的冲击时,其所涉劳动者会处于被动地位。劳工组织或者工会往往需要在公司破产或者让步工资待遇这两者之间作出选择,而毫无疑问后者将会成为劳动者群体倾向的路径。而紧缩的民航体量会进一步冲击全球经济的发展,让民航业市场和全球经济市场陷入一个恶性循环的过程,不断影响劳动和就业环境。

最后,劳动成本是航空公司可以直接控制的占比最大的运营成本。通常,航空公司需要承担包括飞机燃油费、机场使用费、飞机购置费和保险费用等在内的各项成本。在所有这些项目中,劳动成本占据了相当大的比例。根据国际民航运输协会(IATA)2019年的数据,劳动成本平均占全球航空公司整体运营成本的10.9%,仅次于占比17.9%的飞机燃油费和占比13.1%的飞机分期付款和折旧费用。[③] 鉴于航空公司无法直接影响燃油或者飞机及零部件的价格,劳动成本成为航空公司管理层重点关注的成本控制选项。

所有这些因素,加之自动驾驶系统等新技术的出现对人员需求带来的挑战,使得民航市场内的劳动标准和就业状况面临日益严重的威胁。2022年3月15日,国际民用航空组织(ICAO,以下简称国际民航组织)和国际劳工组织(ILO)达成合作协议,旨在加强两组织对民航劳动保护问题的关注。[④] 协议第2条着重强调了几类劳动议题,包括性别平等;体面和可持续工作;数据收集与保护。在国际法层面上,对民航劳动问题的政策讨论日益丰富,虽然尚未有以条约为基础的强制性义务出现,但一些国家和区域组织已经在探索通过航空运输协定形式规制劳动标准的可

---

① See Peter Turnbull, Paul Blyton & Geraint Harvey, *Cleared for Take-off? Management-Labour Partnership in the European Civil Aviation Industry*, European Journal of Industrial Relations, Vol. 10:3, p. 287 (2004).

② See The ILO, Civil Aviation and Its Changing World of Work (2013).

③ See IATA, Shares of Major Cost Components in Total Costs, Difference between 2020 and 2019 (Industry Average), https://www.iata.org/en/iata-repository/publications/economic-reports/shares-of-key-cost-items-changed-during-the-crisis_/, accessed 1 June 2023.

④ See Agreement between the International Labour Organization and the International Civil Aviation Organization, signed on 15 March 2022.

能性。

(二)航空运输协定中劳工条款的提出

2021年10月,欧盟与卡塔尔签署了《欧盟—卡塔尔航空运输协定》(2021年)(以下简称《欧盟—卡塔尔协定》)。① 协定文本在市场开放承诺、公平竞争和可持续发展等方面已凸显全面性和先进性的特点。② 该协定的产生经过了漫长和复杂的谈判,是欧盟迄今为止所缔结的最为全面系统的航空运输协定。③《欧盟—卡塔尔协定》第20条明确提及劳动和工作条件,要求缔约方尊重民航业劳动者之相关权利。④ 该条属于航空运输协定的劳工条款(labour matters clause),即缔约国之间基于领空开放和航权交换而约定的关于民航业劳动标准保障、提升和完善的国际法义务。

同一时期欧盟缔结的《欧盟—乌克兰航空运输协定》(2021年)(以下简称《欧盟—乌克兰协定》)和《欧盟—东盟航空运输协定》(2022年)(以下简称《欧盟—东盟协定》)也都包含劳工条款。⑤ 例如,《欧盟—乌克兰协定》第14条规定,乌克兰应采取必要措施以完善与社会保护相关的立法。同时,欧盟和乌克兰两方应加强劳工问题上的沟通与合作,以保证乌克兰相关立法之实施。这三项航空运输协定中的劳工条款受到学界广泛关注。缔约方将劳动保护和社会保障纳入协定,一部分出自保护人权的国际倡导,鼓励国际劳工组织成员国对其所加入劳工公约的遵守。但更重要的原因是,不同地区的民航劳动成本存在巨大差距,引发了欧盟及其成员国对于所属航空公司在全球民航市场下竞争力的担忧。⑥

基于欧盟在缔结航空运输协定时纳入劳工条款的做法,以及全球范围内对民航劳动保护的关注,中国在未来民航运输和航权交换过程中,需提前对劳工条款可

---

① See Agreement on Air Transport Between the European Union its Member States, of the One Part, and the State of Qatar, of the Other Part.

② See Magdalena Kućko, *The EU-Qatar Air Transport Agreement: Bound to Succeed?*, Air & Space Law, Vol. 45:3, p. 233(2020).

③ See Andrea Trimarchi, *International Aviation Labour Law*, Routledge, 2022, p. 52.

④ See Agreement on Air Transport Between the European Union its Member States, of the One Part, and the State of Qatar, of the Other Part.

⑤ See Common Aviation Area Agreement between the European Union and its Member States, of the One Part, and Ukraine, of the Other Part; See also Comprehensive Air Transport Agreement between the Member States of the Association of Southeast Asian Nations, and the European Union and its Member States.(东盟国家包括文莱、柬埔寨、印度尼西亚、老挝、马来西亚、菲律宾、新加坡、泰国、缅甸、越南。——引者注)

⑥ See European Commission, The EU'S External Aviation Policy—Addressing Future Challenge, COM (2012) 556 final (2012).

能出现之法律争议作出研究。争议可能涉及两方面：一是劳工条款是否与《芝加哥公约》相冲突——包括《芝加哥公约》第1条和第6条关于领空主权和航权交换的规定，以及序言规定的“国际航空运输业务得建立在机会均等的基础上”的原则；[①]二是劳工条款是否具有在国际法下执行(enforcement)的正当性和可能性，以及劳工条款的义务内容是否拥有统一清晰的解释。

二、《芝加哥公约》为制定劳工条款提供国际法依据

(一)《芝加哥公约》第1条与第6条：航空运输协定的国际法基础

现今国际民航业的兴起和扩张在很大程度上归功于《芝加哥公约》奠定的全面法律框架，从国际法层面确立了国家领空主权和跨国航班运输之一般规则。[②] 正是在《芝加哥公约》奠基的国际航空法律框架下，各国开展广泛的国际合作。其中，《芝加哥公约》第1条明确国家主权作为国际航空立法与规制的出发点。依据此条，各缔约国的领空在法律上(de jure)是对外关闭的。但该条款并非限制国际航空运输或强调封闭国家领空，而旨在提供国家通过缔约航空运输协定以交换航权的规范基础。对它的全面理解需结合《芝加哥公约》第5条和第6条之内容。其中，第5条规定了非定期航班有权飞入或飞经其他缔约国之领空而不降落，或仅作非商业性降落，而不需飞经国的事先获准。第5条作为国际公约条款，规定了缔约国间非定期航班的国际飞行过境权，对领空主权作出有约束力的限制。

《芝加哥公约》第6条进一步确立了商业航空运输的国际法基础：非经一缔约国特准或其他许可并遵照此项特准或许可的条件，任何定期国际航班不得在该国领土上空飞行或者进入该国领土。这一规定肯定了《芝加哥公约》第1条所规定的国家对领空拥有完整且排他主权，同时允许国际航班在获得他国特许或其他形式授权的前提下，进入该国领空运营定期国际航班。据此，《芝加哥公约》第6条与第1条一起共同构成了缔约国为运营定期国际航班而开放其领空的国际法依据和基础。需要指出的是，公约第6条并未规定和限制提供特许的法律框架，因此基于多边、区域和双边而给予他国的特许均属公约允许的方式。[③] 尽管如此，关于航权交

---

① See Convention on International Civil Aviation (Chicago Convention), signed 7 December 1944, entered into force 4 April 1947.

② 参见郑派：《〈芝加哥公约〉与防空识别区的国际法依据》，载《北京理工大学学报(社会科学版)》2016年第3期；《芝加哥公约》序言。

③ 参见郑派：《论领空主权原则与航空运输协定——纪念1944年〈芝加哥公约〉诞辰75周年》，载朱子勤主编：《国际法主题研究：航空与空间法前沿问题探索》，清华大学出版社2021年版，第11页。

换和领空开放的国家实践表明,特许最为常见的方式是双边航空运输协定。航空运输协定在商业航空运输扩张中发挥了重要作用,全球已有超过5000项协定沟通着不同国家和地区的航空市场。[①]

"欧盟单一航空市场"[②]和"欧洲共同航空区"(European Common Aviation Area)[③]的建立和美国引导下"天空开放"(open skies agreements)[④]之新时期航空运输协定模式的兴起,引起各国监管机构和航空业对全球航空市场一体化和自由化的广泛讨论,但《芝加哥公约》第6条所确立的特准或许可制度仍是跨境航班运输的出发点。

各国广泛采用航空运输协定的一个重要原因在于这种法律形式的灵活性和适应性,缔约双方可根据市场状况和航运需求自由安排条约内容。同时,尽管国际航空组织各成员国在2003年第五次世界范围航空会议上公布并讨论了《航空运输协定范本》(ICAO Template Air Services Agreements),该范本仅发挥指引性作用以推进各国在航权交换谈判中用语和规范内容的统一性,不具有国际法上的强制性。[⑤]实践中,各国仍以航空运输协定的形式授予他国许可,并自由约定国际法义务。协定义务包括有航空安全、公平竞争和环境保护等内容,而劳工条款即这一背景下缔约国间设定的与劳动保护相关的义务。[⑥]

(二)《芝加哥公约》第11条:国内航空立法和实施的非歧视性原则

《芝加哥公约》对航空运输协定之缔结、履行和违约执行有规范和限制作用。

---

① See Benjamyn I. Scott & Andrea Trimarchi, *Fundamentals of International Aviation Law and Policy*, Routledge, 2022, p. 7.

② 欧盟单一航空市场的建立,最早可追溯到1986年颁布的《欧洲单一法案》(Single European Act),该法案确立了建立欧盟内部市场的目标。在1992年,随着欧盟2407/92/EEC指令、2408/92/EEC指令和2409/92/EEC指令的颁布(三项指令后被1008/2008/EC规定取代),欧盟取消了欧盟航空公司在欧盟境内运行的所有商业限制,正式建立起欧盟单一航空市场。

③ Multilateral Agreement between the European Community and its Member States, the Republic of Albania, Bosnia and Herzegovina, the Republic of Bulgaria, the Republic of Croatia, the former Yugoslav Republic of Macedonia, the Republic of Iceland, the Republic of Montenegro, the Kingdom of Norway, Romania, the Republic of Serbia and the United Nations Interim Administration Mission in Kosovo on the establishment of a European Common Aviation Area.

④ U. S. Department of State, Current Model Open Skies Agreement Text, https://2009 - 2017. state. gov/documents/organization/114970. pdf, accessed 25 August 2023.

⑤ See ICAO Secretariat, Template Air Services Agreements for Bilateral, Regional or Plurilateral Liberalization, ATConf/5 - WP/17 (2003).

⑥ See Juan Carlos Salazar & Peter van Fenema, *International Air Transport Agreements*, in Paul S. Dempsey & Ram S. Jakhu eds., Routledge Handbook on Public Aviation Law, Routledge, 2017, p. 269.

缔约国间对航空运输的安排不应违背其国际法义务,仅在公约制度框架内享有对协定内容的自由裁量。① 根据《芝加哥公约》第 11 条,在遵守公约其他条款的前提下,一缔约国关于从事国际空中航行的航空器进入或离开其领土或关于此种航空器在其领土内操作和航行的法律和规章,应不分国籍地适用于所有缔约国的航空器。该条建立了国际航班运输语境下的非歧视性原则。考虑到非标准劳动关系和飞行员疲劳对航行安全带来的威胁,将劳动保护规范解释为"(航空器)操作和航行的法律和规章"并放在航空法下解释和执行,并非一个突破后者立法精神的不合理解释。

具体而言,《芝加哥公约》虽然没有明确提及劳动标准或雇佣关系,但在第 37 条中对航空从业人员执照作出了规定。同时,伴随对航空业可持续发展的关注,一些学者提出在"标准和建议措施"(SARPs)中增加关于劳工、环境和公平竞争等事项的条款。② 根据《芝加哥公约》第六章的规定,尤其是其中第 37 条和第 38 条关于实施标准和建议措施的内容,航空器运营的所有方面和空中飞行的必要支持系统都要适用国际统一的规则或标准。国际民航组织负责制定和修改标准和建议措施,其中"标准"(standards)是国际航空安全和有序运行的必要条件,对于《芝加哥公约》缔约国有强制性的约束力。缔约国若不能在一切方面遵守,则必须向国际民航组织理事会递交背离通知。而"建议措施"(recommended practice)在缔约国间的统一实施对于国际航空的安全、有序和高效运行有益,缔约国承诺努力遵守和实施。

结合《芝加哥公约》第 12 条对此类标准和建议措施法律效力之肯定,如果劳动标准将来纳入国际标准和建议措施之中,尤其是涉及会影响航空安全和有序运行的劳动条件,这部分劳动标准可视为《芝加哥公约》第 11 条语境下的航空法律规定。缔约国应当将这些劳动标准不分国籍地适用于所有缔约国的航空器,无论国家间是否约定有劳工条款。但考虑现如今航空市场开放和航权交换仍是主权国家谈判的重要筹码,以及国家之间劳动立法和实施水平存在差异的现实,很难期待所有缔约国都有意愿同意将相关劳工条款内容视为标准和建议措施,尤其是涉及经济和社会治理的劳动标准和雇佣关系。基于此,《芝加哥公约》第 11 条尚不会对劳

① See Peter Haanappel, *Aerial Soeverignty: From Paris 1919, Through Chicago 1944, to Today*, in Pablo Mendes de Leon & Niall Buissing eds., Behind and Beyond the Chicago Convention: The Evolution of Aerial Sovereignty, Kluwer Law International BV, 2019, p. 25.

② See Andrea Trimarchi, *Airline Non-Commercial Advantages and Fair Competition*, in Jan Walulik ed., Harmonising Regulatory and Antitrust Regimes for International Air Transport, Routledge, 2019, p. 151.

工条款的解释和实施产生实质性影响。①

(三)《芝加哥公约》序言:公约框架下规范劳工标准的可能性

《芝加哥公约》序言强调,国际航空运输应建立在机会平等和经济合理的基础上。虽然序言本身不具有国际法上的强制性效力,但根据 1969 年《维也纳条约法公约》第 31 条,条约序言也需要纳入条约解释的范围,因而对正文的解释不应与序言用语相冲突。就航空运输协定而言,后者并不局限于对航空安全等技术层面进行约定,而开始对航空运输所涉及的经济和商业内容进行规制。以《欧盟—美国航空运输协定》(2008 年)为代表的天空开放协定已经形成涉及航权交换和相关运营特许权的全面法律框架。② 航空运输协定也逐步关注公平竞争和机会平等原则,逐渐移除对航班数量、出入境机场和第五航权等事项的限制。③ 同时,缔约国开始承诺从国内法层面加强行业规制,增加与航空公司国籍限制相关的主要经营地约定,并愈加关注劳工权益和可持续发展的保障。④ 基于此,航空运输协定中规范劳工问题,为平衡劳动成本和保证公平竞争提供了可能性,这也是欧盟及其成员国推动劳工条款制定和实施的主要原因。

但从国际民航市场的公平竞争和经济可持续发展的目标出发,发展中国家的低廉劳动成本是否或在何种程度上构成不正当竞争的条件,并不应当单纯依赖于欧盟国家的劳动标准来进行解释。不同国家对于劳动标准和公平竞争关系理解的分歧,尤其是发达国家和发展中国家本身劳动立法水平的差异,会成为影响劳工条款协商和实施的阻碍。在此意义上,国际民航组织和国际劳工组织推动各国间达成对民航劳动成本的一致理解,将对航空运输协定中劳工条款的执行,以及协调民航劳动保护和行业可持续发展的关系都至关重要。

三、劳工条款的可执行性:条款解读与法理依据

(一)基于国际劳工公约的义务

航空运输协定的主要宗旨和目标是调整缔约双方的航空运输权利,不应该也不适宜取代专门处理劳工议题的多边条约。因此,《欧盟—卡塔尔协定》和《欧盟—

① 参见李西霞:《欧盟自由贸易协定中的劳工标准及其启示》,载《法学》2017 年第 1 期。

② See Air Transport Agreement signed between the European Community and the United States.

③ 第五航权指的是,在一个境外国运送乘客或货物到另一个境外国。参见张望平:《"一带一路"中的第五航权法律制度》,载《人民法治》2019 年第 8 期。

④ See Steven Truxal, *Competition and Regulation in the Airline Industry: Puppets in Chaos*, Routledge, 2012, p. 87.

东盟协定》侧重于督促缔约方实施国际劳工公约，规定了三类义务：一是有效实施缔约方已批准的国际劳工公约；二是尽最大努力批准核心劳工公约；三是尊重、促进和实现劳工保护目标。

1. 有效实施国际劳工公约的义务

为保护劳工权利，各国在国际劳工组织框架下达成的多边条约甚多。其中，核心劳工公约是国际劳工组织理事会（ILO Governing Body）所认定的涉及劳动关系中基本原理和权利的国际条约。目前共有 11 项核心劳工公约，其内容涉及结社自由原则、劳资谈判的确认权原则、消除一切形式强制或强迫劳动原则、切实消除童工现象原则、消除就业和职业歧视原则以及健康和安全的工作环境原则。① 这些原则亦涵盖于国际劳工组织《关于工作中基本原则和权利宣言》（Declaration on Fundamental Principles and Rights at Work）之中。核心劳工公约与其他国际劳工公约（conventions）一样，由缔约方签署并批准后，产生法律约束力。② 相对的，建议书（recommendations）是一种不具有法律约束力的指导性文件。公约和建议书一起构成了“国际劳工标准”（international labour standards），由国际劳工组织代表大会起草并通过，涵盖了劳动关系各个方面的原则和权利。核心劳工公约作为最基本的法律文件，其签署和实施受到国际劳工组织的极大重视，一定程度上成为各个国家劳动保护水平的标志。③

基于有效实施国际劳工公约的义务，《欧盟—卡塔尔协定》第 20 条第 3 款规定，缔约方应保持国内法律政策与国际义务的协调，努力在民用航空领域实现高水平的劳动保护。④ 航空公司通过侵犯劳动者权利所获得的竞争优势不具有合法性，且缔约方不能以市场保护为目的设定其劳动标准。在劳动保护和社会保障语境下，已签订的国际劳工公约是缔约方国际义务的重要来源。在航空运输协定中纳

① 11 项核心劳工公约分别是：1930 年第 29 号《强迫劳动公约》、1948 年第 87 号《结社自由和保护组织权利公约》、1949 年第 98 号《组织和集体谈判权利公约》、1951 年第 100 号《同酬公约》、1957 年第 105 号《废除强迫劳动公约》、1958 年第 111 号《就业和职业歧视公约》、1973 年第 138 号《准予就业最低年龄公约》、1981 年第 155 号《职业安全与卫生公约》、1999 年第 182 号《禁止和立即行动消除最恶劣形式的童工劳动公约》、2006 年第 187 号《促进职业安全与卫生框架公约》和 2014 年《〈1930 年强迫劳动公约〉的 2014 年协定书》。其中，我国已批准第 29 号、第 100 号、第 105 号、第 111 号、第 138 号、第 155 号和第 182 号公约。

② See Jean-Michel Servais, *International Labour Law*, Wolter Kluwer, p. 87(2022).

③ See Arturo Bronstein, *International and Comparative Labour Law: Current Challenges*, International Labour Organization, p. 127(2009).

④ 因为《欧盟—卡塔尔协定》和《欧盟—东盟协定》的劳工条款采用了一致的表述，除非必要，为行文方便以下仅就《欧盟—卡塔尔协定》第 20 条劳工条款中的内容进行分析。

入有效实施国际劳工公约的义务,有助于劳工公约所含义务的履行,并减少国家间劳动保护水平的差距。航空运输协定将其适用延及国际劳工公约是缔约国航权交换实践的一个突破。在未来履行过程中,可能发生的争议在于对"通过违反劳动保护规范来获得不正当竞争优势"和"以劳动标准的立法和实施作为市场保护的手段"之解释上。在"获得"和"手段"两种关联性的要求下,争端双方的举证难度将会成为该条款履行的阻碍。另外,分歧也将会围绕事实认定展开。

2. 批准核心劳工公约的义务

《欧盟—卡塔尔协定》第20条第6款规定,各缔约方应作出最大努力,主动寻求批准核心劳工公约,同时各方应当考虑其他国际劳工公约的签订和履行可能对民航业劳动保护和社会保障产生的影响。《欧盟—东盟协定》第22条第6款作出了同样的规定。值得注意的是,虽然所有欧盟成员国均批准了原先的8项核心劳工公约,但是2022年6月召开的第110届国际劳工大会通过了将有关安全健康工作环境的条约纳入核心劳工公约的决议,新增了《〈1930年强迫劳动公约〉的2014年协定书》、第155号和第187号公约作为核心劳工公约。欧盟国家需要推进对这3项公约的批准和实施。相比而言,卡塔尔仅批准了5项核心劳工公约,东盟国家间对核心劳工公约的批准表现也不一致,文莱签订的核心劳工公约最少,仅在2011年和2008年分别批准了第138号和第105号公约,而印度尼西亚仅剩《〈1930年强迫劳动公约〉的2014年协定书》和第155号核心劳工公约未批准。

实践中尚未有关于航空运输协定劳工条款解释和实施的争议,但其他产业双边或多边协定的应用对劳工条款可能引发分歧的法律问题解决具有借鉴意义。欧盟和韩国曾就其贸易协定之劳工条款产生争议并诉诸专家组,专家组于2021年年初公布报告。① 报告本身不具有法律约束力,但考虑了双方的法律主张,适用《维也纳条约法公约》中解释条约的习惯国际法规则,论证了有关条款的解释和适用,能帮助理解航空运输协定中劳工条款的解释和应用。② 报告认为,"作出最大努力"批准核心劳工公约为一般性表述,并未规定努力的特定形式或内容,而是赋予缔约双方选择努力方式的裁量余地。就《欧盟—卡塔尔协定》第20条第6款而言,该条款未规定具体时限或批准进度表,至于具体何种努力更符合该项义务的要求将视个案情形而定,存在引发争议的可能。

---

① See Panel of Experts Proceeding Constituted Under Article 13.15 of the EU-Korea Free Trade Agreement, Report of the Panel of Experts, https://trade.ec.europa.eu/doclib/docs/2021/january/tradoc_159358.pdf, last visit on 8 Feb. 2022(hereafter Report of the Panel of Experts, accessed 25 August 2023.

② 参见肖军:《论〈中欧全面投资协定〉劳工条款的可执行性》,载《法学》2022年第9期。

该条后半部分规定，缔约方亦将考虑其他国际劳工公约的签订和履行可能对民航业劳动保护产生的影响。该句使用了“将会考虑”（will also consider）的表述，与前半部分核心劳工公约签订义务相关的“承诺”（undertakes）形成了鲜明对比。一旦发生争议，条约用语对缔约方义务的确定具有解释作用。[①] 这种区别对待说明，对于其他国际劳工公约的签订是一种软义务，可能的结果是缔约方仅维持现状也没有问题，未来不会就此产生争议。

3. 尊重基本原则和促进实现劳工保护目标的义务

《欧盟—卡塔尔协定》第20条第3款和第4款规定，缔约方应恪守作为国际劳工组织成员国所承担的义务，以及其在《关于工作中基本原则和权利宣言》下所作的承诺。[②] 第20条第5款规定，缔约方应当推进国际劳工组织实施的《体面劳动议程》[③]和2008年的国际劳工大会上通过的国际劳工组织《关于促进社会正义、实现公平全球化宣言》[④]中目标的实现。基于此，缔约方在履行第20条第6款项下批准核心劳工公约义务之前，仍有尊重基本原则和促进劳工保护目标实现的义务。前后两项协议约定是并行的独立义务，即使缔约一方尚未依据劳工条款之规定批准某项核心劳工公约，因为该项公约所含原则包含在《关于工作中基本原则和权利宣言》等文件中，缔约方仍然要尊重和保障相关劳动保护原则。易言之，缔约方可能要承担一项与未批准公约相关的国际法义务。因为该义务源于航空运输协定劳工条款的规定，宣言等文件本身不具有法律约束力并不会影响义务的约束力。

（二）与国内法相关的义务

《欧盟—乌克兰协定》第14条规定了与国内法相关的义务，而没有涉及国际劳工公约，呈现出与其他两个航空运输协定所不同的针对劳工议题的国际实践。具体而言，第14条包含了三项义务：一是双方遵守和执行国内现行劳动法律；二是乌克兰一方完善国内立法，与航空运输协定附件一所含欧盟相关规范保持一致；三是双方合作保证乌克兰国内法律的实施。

《欧盟—乌克兰协定》第14条中三项基于乌克兰国内立法的义务具有明确的逻辑关系：其一，该条所含义务都以遵守航空运输协定附件三所设定的过渡机制为

---

① 参见刘笋：《论国际投资仲裁中的先例援引及缔约国的干预和引导》，载《法学评论》2021年第3期。

② See ILO Declaration on Fundamental Principles and Rights at Work, adopted in 1988 and amended in 2022.

③ See The ILO's Decent Work Agenda, https://www.ilo.org/global/topics/decent-work/lang--en/index.htm, accessed 25 August 2023.

④ ILO Declaration on Social Justice for a Fair Globalization, adopted in 2008 and amended in 2022.

前提。依据该过渡机制,经欧洲委员会和欧洲航空安全局(EASA)评估和检查,并由缔约双方成立的联合委员会作出最终决定,乌克兰一方将逐步完善航空立法和市场规范,以最终实现航空运输协定之完全效力。其二,航空运输协定附件一列举了三部欧盟规范,包括与劳动者安全和健康相关的欧盟89/391/EEC指令,①与工作时间相关的欧盟2003/88/EC指令,②以及与流动劳动者工作时间相关的欧盟2000/79/EC指令;③根据《欧盟—乌克兰协定》第14条第1款的规定,欧盟应当严格执行航空运输协定附件一所列之立法,而乌克兰应保证其现有国内法中与上述事项有关之规定在民航运输领域的实施。其三,《欧盟—乌克兰协定》第14条第2款进一步规定,乌克兰应当将附件一所列欧盟立法纳入其国内的规范体系中,保证法律的实施和效力发挥。结合附件三的内容,乌克兰一方需要以此完善国内劳动立法以实现航空运输协定之完全效力。当乌克兰建立和修改国内立法后,应依据第1款约定保证相关规范在实施中的效力。其四,《欧盟—乌克兰协定》第14条第3款规定了双方应合作以保证乌克兰国内立法的效力。应当注意的是,该条针对的是乌克兰为吸收相关欧盟法规而"构建"的新规范,而非协议签订前既存的乌克兰国内立法。

《欧盟—乌克兰协定》第14条的表述本身不存在歧义,实践中可能发生的争议主要在事实认定和对欧盟相关立法的解释上。同时,由于附件三并未限制过渡阶段的长度,乌克兰一方将对完善国内立法作出何种努力仍有不确定性。《欧盟—卡塔尔协定》和《欧盟—东盟协定》劳工条款也包含了针对国内法的义务,约定缔约双方应当依据其国际法下的义务完善和提升国内劳动立法。可见,国内劳动和社会保障法律规范仍然是民航业劳工保护的一个重要途径。

四、结语

欧盟与乌克兰、卡塔尔和东盟间分别签订的航空运输协定中都规定有劳工条

① Directive 2007/30/EC of the European Parliament and of the Council of 20 June 2007 amending Council Directive 89/391/EEC, its individual Directives and Council Directives 83/477/EEC, 91/383/EEC, 92/29/EEC and 94/33/EC with a view to simplifying and rationalising the reports on practical implementation.

② Directive 2003/88/EC of the European Parliament and of the Council of 4 November 2003 concerning certain aspects of the organisation of working time.

③ Council Directive 2000/79/EC of 27 November 2000 concerning the European Agreement on the Organisation of Working Time of Mobile Workers in Civil Aviation concluded by the Association of European Airlines (AEA), the European Transport Workers' Federation (ETF), the European Cockpit Association (ECA), the European Regions Airline Association (ERA) and the International Air Carrier Association (IACA).

款,此类条款代表了目前航空运输协定劳工条款制定的最新发展,并契合欧盟国家提升劳动保护水平和禁止以不合理低价劳动成本作为竞争优势的考量。航空运输协定中纳入劳工条款符合《芝加哥公约》第 1 条、第 6 条和第 11 条的规定,具有国际法上的依据。就具体内容而言,劳工条款设定了与“核心劳工公约”和国内法相关的两类义务。由于劳工条款的文本本身并未全面规定执行和解释原则,在实践中可能就缔约国的义务和事实审查发生争议。具体而言,与国际劳工公约相关,有效实施国际劳工公约的举证将会成为缔约国间争议的主要源头。而根据尊重基本原则和促进实现劳工保护目标的要求,即使缔约方没有批准包含有基本原则和劳动权利的核心劳工公约,该国仍然要保障相关标准的实施和目标的实现,意味着缔约国可能要承担一项未批准核心劳工公约下的义务。与国内法相关,依据劳工条款应当如何以及在何种程度上完善国内立法,需依据劳工条款的用语而定,其履行也存在监督执行难的问题。对于中国未来缔结航空运输协定而言,应当提前对劳工条款可能带来的国际法义务作出研究,学界应当尤其关注劳工条款对公平竞争的积极或消极影响,避免让中国承担不合理的国际法义务,并借此进一步加强对劳工权利保护的理论研究和实践探索,提升民航业航空法和劳动法的保护水平,以促进可持续飞行安全和公平竞争之实现。

国际航空运输中的起诉期限制度

武　勇　王紫微　陈　妍*

自20世纪初《华沙公约》建立起诉期限制度以来，该制度已经成为国际航空运输领域中一个重要的法律问题。《华沙公约》和后续的《蒙特利尔公约》均规定了对航空承运人提起诉讼的两年期限，但在各国司法实践中，上述期限的性质在全球范围内引起了广泛讨论，主要形成了诉讼时效、除斥期间或先决条件三种司法观点。各国司法实践对该问题的理解和适用存在显著差异，并不符合各国制定公约之时统一国际航空运输规则的初衷。本文主要通过比较分析法国、美国和英国的司法实践，探讨中国在此领域的法律规定与司法实践，并指出将起诉期限视为诉讼时效并允许中断或中止的可能性，这种做法有助于保护消费者权益并促进多元化纠纷解决机制的发展。

一、航空运输中的起诉期限制度

（一）《华沙公约》

在国际航空运输刚刚起步的20世纪初，由于并无统一的国际航空运输规则及承运人责任承担的法律规定，各国在处理相关损害赔偿纠纷时所依据的法律多为国内法，导致世界范围内，国际航空运输案件中法律适用混乱，承运人应承担何等赔偿责

---

* 武勇，国浩律师（北京）事务所律师，法律硕士，研究方向为航空法；王紫微，国浩律师（北京）事务所律师助理；陈妍，中国政法大学硕士研究生。

任存在极大的不确定性。即便对于相似的案件,航空运输企业也可能由于在不同国家法院审理或适用不同国家的法律而面临截然不同的赔偿责任。为减小国际航空运输企业面临赔偿风险的不确定性,稳定和发展国际航空运输行业,创立一个统一的国际航空运输规则并由加入的成员国承诺遵守和适用,解决当时国际航空运输案件中混乱的法律适用迫在眉睫。在此背景下,多国代表于 1929 年在华沙签订《统一国际航空运输某些规则的公约》,即《华沙公约》。《华沙公约》于 1929 年 10 月 12 日签订,1933 年 2 月 13 日生效,已经成为国际航空私法中最重要的多边条约。其最重要的作用是确定了承运人责任,其中第 29 条“诉权行使限制”(limitation of actions)条款与“责任限额”和“归责原则”等条款共同确立了航空运输企业承担赔偿责任的基本原则。《华沙公约》第 29 条规定:“(1)诉讼应该在航空器到达目的地之日起,或应该到达之日起,或从运输停止之日起两年内提出,否则就丧失追诉权。(2)诉讼期限的计算方法根据受理法院的法律决定。”这一限制权利人向航空承运人提出索赔的期限条款,与任何其他规定期限的制度共同为《华沙公约》的适用以及相关索赔或被索赔提供了确定性,即在《华沙公约》第 29 条规定的期限届满后,航空承运人将不再面临索赔。《华沙公约》要求权利人在两年期限内对事故的经济后果进行充分评估,并提出对航空承运人的索赔要求。这一期限的设置也是考虑到,自造成损害的事件发生之后,证据的情况会随着时间的推移而恶化,获取证据的难度也将随之增大。《华沙公约》条文规定的两年起诉期限在司法实践中产生了大量争议,主要围绕两年期限的定性是诉讼时效、除斥期间还是先决条件。当被认定为诉讼时效时,这两年期限是可变期间;当被认定为除斥期间或先决条件时,则是不变期间。

(二)《蒙特利尔公约》

《华沙公约》签订后经历过数次修改。随着历史的发展,《华沙公约》已经变得略显陈旧,且修订文件数量众多,条文繁杂,由其建立起的华沙体系①亦无法满足现代航空产业发展的要求。为了促使《华沙公约》及其相关文件的现代化和统一化,经过各缔约国多年的协商和相互妥协,1999 年,《蒙特利尔公约》应运而生,正如其前身《华沙公约》一样,是统一规制国际航空运输中损害赔偿的规则。虽然《蒙特利尔公约》新增了许多创新性的制度,但其第 35 条完全沿用了《华沙公约》第 29 条的

① 华沙体系是指 1929 年《华沙公约》以及后续修改《华沙公约》并且附属于《华沙公约》名下的一系列议定书的通称,包括:1955 年的《海牙议定书》,1971 年的《危地马拉城议定书》,1975 年的蒙特利尔四个议定书等;一般认为还应包括:1961 年的《瓜达拉哈拉公约》,1966 年的《蒙特利尔公约》。参见吴建端:《航空法学》,中国民航出版社 2005 年版,第 33 页。

措辞,并没有解决这一条文产生的争议。

《蒙特利尔公约》仍然沿袭了《华沙公约》两年的起诉期限规定,但是两年的起诉期限是很短的,对于运输法的其他领域来说也是如此。较短的期限会带来一些不便,例如,对飞机事故的调查时间通常比较长,为避免时效届满,受害者必须在飞机事故调查尚未完成的情况下启动诉讼程序。虽然对事故的调查旨在揭示事故的原因,而不是用于确定法律责任,①但关于飞机事故的调查报告可以阐明有关人员的行为,并作为民事索赔和刑事诉讼的重要依据。即便如此,两年期限也仅仅要求权利人在两年内提起诉讼,如果法院认为确需事故调查结论才可以作出判决,则依然有权依照《蒙特利尔公约》第33条第4款规定,根据所适用的程序法中止/暂停审理,以等待事故调查报告的结论。

值得一提的是,正如《蒙特利尔公约》第33条第1款和第2款所明示,第35条规定的期限适用的前提是案件属于基于《蒙特利尔公约》提出的损害赔偿诉讼。对于并非基于《蒙特利尔公约》提出的损害赔偿诉讼,例如基于欧盟第261/2004号条例有关拒绝登机、航班取消或旅客滞留规定而产生的损害赔偿诉讼,第35条的期限规定则不适用。例如,在一起适用欧盟第261/2004号条例的因航班取消而导致的损害赔偿案件中,②被告KLM提出了《华沙公约》第29条以及《蒙特利尔公约》第35条的时效抗辩,但法院认为本案属于欧盟第261/2004号条例中第5条和第7条所规定的损害赔偿案件,而非适用《华沙公约》或《蒙特利尔公约》的案件。

而对于《蒙特利尔公约》第35条所规定的两年起诉期限,如果该期限被认定为除斥期间,则不可能中断或中止,除斥期间届满权利消灭的结果是自动发生的,因期限届满而受有利益之人无法抛弃该利益。③ 而在被认定为诉讼时效的情况下,即使在时效届满之后,索赔仍然存在。当事人可以提出诉讼时效抗辩以主张时效保护,但如果当事人未提出时效抗辩,则根据《民法典》第193条以及最高人民法院《关于审理民事案件适用诉讼时效制度若干问题的规定》(2020年修正)第2条的规定,人民法院不得主动适用诉讼时效的规定,甚至在当事人未提出诉讼时效抗辩的情况下,人民法院不应对诉讼时效问题进行释明。此外,当事人可以放弃基于时

① See Organization, International Civil Aviation . Aircraft accident and incident investigation : annex 13 to the convention on International Civil Aviation. International Civil Aviation Organization, 2001.

② See Joan Cuadrench Moré v. Koninklijke Luchtvaart Maatschappij NV, (22 November 2012), https://curia. europa. eu/juris/document/document. jsf? text = &docid = 130243&pageIndex = 0&doclang = EN.

③ 参见陈甦主编:《民法总则评注》(下册),法律出版社2017年版,第1444页。

效享有的抗辩(但不能预先放弃),并可以延长诉讼时效。在特殊事件发生或特殊情况下,时效可以被中止、中断。

二、国外司法实践对起诉期限的认定

对于两年期间是不变期间还是可变期间,《蒙特利尔公约》第35条中有两个地方可能引起争议。一是第1款对未在限期内提起诉讼的后果的表述,不同语言的译本的含义不尽相同;二是第2款"依照案件受理法院的法律确定"是否意味着可以适用国内法对诉讼时效的中止、中断及延长的规定。

《蒙特利尔公约》第35条的英文措辞非常明确地指出两年是实体权利消灭时效(the right to damages shall be extinguished)。法语文本(sous paine de déchéance)和德语文本(ausschlussfrist)也没有歧义地表达了与英文文本相同的含义。从中文版本的《蒙特利尔公约》第35条第1款的措辞表述来看,"两年期间内未提起诉讼的,丧失对损害赔偿的权利"似乎指的是实体权利的丧失,与《民法典》第152条第2款除斥期间的"当事人自民事法律行为发生之日起五年内没有行使撤销权的,撤销权消灭"的表述基本一致。但是,第35条标题的用词却是"诉讼时效",且第2款又进一步规定"期间的计算方法,依照案件受理法院的法律确定",使存在将该条解释为诉讼时效的空间,尽管第35条与《民法典》第192条①诉讼时效的规定在文字表述和法律后果上均截然不同。

然而,即使是在法国、美国等条约文本没有歧义的国家,也存在对两年期间是否可以延长、中止(可变期间还是不可变期间)的大量争议。

(一)法国

尽管法语文本的条文措辞很明确,但法国关于两年期间是否可以根据时效(délai de prescription)规定延长一直存在争议。在法国民法体系中,时效广泛存在于债权制度,它是一个实体法的概念,不具有程序法性质。时效可暂停或中断。因法定原因而中断时,中断前的时间不计入时效,中断结束后重新开始计算时效。同时,法国也存在一种名为"预定期限"的规则,具备实体法性质。这些规则明确了在各类诉讼中,当事人必须在规定的期限内提出诉讼,否则诉讼即告终止。一般而

① 《民法典》第192条规定:"诉讼时效期间届满的,义务人可以提出不履行义务的抗辩。诉讼时效期间届满后,义务人同意履行的,不得以诉讼时效期间届满为由抗辩;义务人已经自愿履行的,不得请求返还。"

言,该期限是自损害发生之日起30年内,①而在特殊情况下则会更短,②比如,当时《法国民法典》第340之四条关于非婚生父子的诉权"应在出生后两年内行使,否则丧失"③。由于《华沙公约》第29条所使用的表述"丧失"一词与上述关于预定期限规定中的措辞完全一致,因此,法国各地法院(包括上诉法院和初审法院)认为公约规定的两年期间是权利的"先决条件",并且不得以任何方式中止或中断,即不可变的期间。此外,法国上诉法院还提出了以下主要依据:其一,若将第29条理解为可依据国内法中止、中断的诉讼时效,而各国诉讼时效制度区别很大无法统一,这违背了公约的立法目的。其二,根据法国法律体系,国际航空条约的效力高于国内法,法院不得适用国内法以改变公约的本意。其三,因当事人难以收集足够的证据,故延长"两年期间"意义甚微。④ 由此,《华沙公约》第29条被法国各地法院认定为不可变期间,尤其是在20世纪60年代以前,这一认定几乎不存在争议。

然而,1968年法国最高法院却作出了两份不同的判决。在"卡尔玛诉法国航空案"(Kamara c. Air France)⑤中,最高法院提出,根据《法国民法典》第2246条规定,有关时限因被传唤到无管辖权的法院出庭而中断。同理,在"波斯波诉法国航空案"(Spiers c. Air France)⑥中,最高法院亦作出了类似判决。1973年,在"里沃尔诉法国航空案"(Rieère c. Air France)⑦中,法国最高法院认为事故发生时,原告尚未成年,因而适用《法国民法典》第2252条关于时效暂停的规定。很显然,上述案例均将《华沙公约》第29条定性为时效问题,适用《法国民法典》中时效中断或暂停的规定,两年期间得以"延长"。这一做法自然也引起了不少争议,然而法国最高法院一再强调,该公约本身并未明确规定不得中断或暂停,第29条规定与法国国内法的规定并不相悖,由此按照其第2款规定,有关时效的中断或暂停应交由法国法决定。尽管最高法院采取了这种观点,但很多上诉法院以及部分下级法院仍然在判决中坚持除非另有阐明,两年期间是不可中止或中断的。它是法

---

① 《法国民法典》第2246条(原文):"Toutes les actions, tant reelles que personnelles, sont prescrites par" trente ans, sans que celui qui allègue cette prescription soit obligé d'en rapporter un titre, ou qu'on puisse lui opposer l'exception déduite de sa mauvaise foi."

② 在《法国民法典》、《法国商法》及《法国民航法》中可以找到相关规定。

③ 《法国民法典》第340之四条(原文):"L'action doit, à peine de déchéance, être exercée dans les deux années qui suivent la naissance."

④ 参见沈志韬:《国际航空货物运输承运人责任制度研究》,华东政法大学2011年博士学位论文,第153页。

⑤ See Kamara c. Air France, D. 1968. J. 745 (Cass. civ. Ière 24 Jul. 1968).

⑥ See Spiers c. Air France, JCP 1969. 11. 15814bis (Cass. civ. Ière 4 November 1968).

⑦ See Rieère c. Air France (1973) 27R. F. D. A419 (Cass. civ. Ière 15 May 1973).

国法下的预定期限,该期间不得被中断或中止(un délai préfixe,qui n'est susceptible ni d'interruption ni de suspension)。[①] 同时,自20世纪80年代以来,部分法国下级法院也逐渐将两年期间解释为可变的诉讼时效。[②]

可见,法国对《华沙公约》第29条规定的期间属于可变期间还是不可变期间并无统一的认识,但各级法院出于对受害人的保护,将第29条日趋解释为可变的诉讼时效,两年期间可以根据时效规定而延长,从而可以更好地平衡双方的利益。

(二)美国

在美国,与时效有关的规则散见于各种法规中,并未形成一个独立、连贯的法律体系。这些规则也不易定性,因为一些是实体性的,而另一些则是程序性的。由于缺乏统一的识别标准,美国法院对于《华沙公约》第29条的定性也出现了两种不同的实践。

整体而言,美国法院将第29条解释为"权利时效或先决条件"的观点占主导地位,即公约规定的两年期间是绝对的,若原告在此期间不行使索赔权利则该权利丧失。在1969年的"飞虎航空诉美国案"(The Flying Tiger line,Inc v. the United States)[③]中,美国法院将第29条规定视为了权利时效,认为"第二十九条的措辞是清晰的,两年内不起诉则索赔权归于丧失"。此外,该两年期间也不得被延长。其中,1996年的费什曼案[④]是被引用的最多的判例。在该案中,原告系一名婴儿旅客,在乘坐国际航班时由于气压变化产生耳朵疼痛。为减轻其疼痛,空乘人员为原告提供热毛巾热敷,但由于热毛巾过烫使原告耳朵烫伤。原告在航班日期之后的两年零三个月向美国纽约南区地区法院提起诉讼,主张根据纽约法律,《华沙公约》第29条规定的时效应在儿童未成年期间停止计算,但法官最终未予采信,以原告起诉超过时效(plaintiff's suit was untimely)为由批准了被告达美航空公司的驳回动议。1996年审理该案的地区法院认为,本案中母亲和孩子的索赔均属于《华沙公约》调整的范围,得出《华沙公约》第29条规定的两年期限不能因婴儿年龄问题而停止计算的结论,进而以索赔是在两年期限届满后才提出的而予以驳回。此外,法

---

① See Georgette Miller,Protection of victims in the exercise of actions against air carriers(August 1971),https://dam-oclc.bac-lac.gc.ca/download? is_thesis = 1&oclc_number = 895262569&id = ae1c0873 - 3319 - 43fe - 81ad - 3aee2093a3b9&fileName = 3b591979r.pdf,p. 87 - 88.

② See Regula Dettling-Ott,Article 35 - Limitation of Actions,Montreal Convention,2014,p. Article 35 - 11.

③ See The Flying Tiger line,Inc v. the United States,170 F. Supp. 422. 6 Avi. 17,291 (U. S. Ct. Claims 1959).

④ See Fishman v. Delta Air Lines,Inc,938 F. Supp. 228,231 (S. D. N. Y. 1996).

院还从以下两个角度对《华沙公约》第29条规定的期限为不可变期限予以论述:其一,《华沙公约》创造了诉因,只有创设诉因的法律才能将时限规定为权利存在的条件,故有关的期间限制应被视为起诉的先决条件,且通常不能中止。其二,通过研究《华沙公约》的起草历史,也可得知起草者们本拟将其设计为可依国内法中止、中断的诉讼时效条款,但收到反对意见后最终未采纳该表述。因此应将该期间视为不可变的期间,从而减少公约索赔在各地法律下的不确定性。在此后的一系列案件中,费什曼案成为美国相关问题中主要的判例,且亦适用于《蒙特利尔公约》案件,①因为《华沙公约》第29条是《蒙特利尔公约》第35条的前身。

然而,自20世纪60年代以来,美国部分法院开始转向将《华沙公约》第29条定性为诉讼时效,并适用法院地法中有关诉讼时效中断或暂停的规定,借此延长两年期间。在1980年"约瑟夫诉叙利亚航空案"(Joseph v. Syrian Arab Airlines)②中,法院将第29条规定视为普通法中的程序时效问题,因为第2款明确了适用法院地的程序规则,也即程序问题适用法院地法。在该案中,法院首先肯定了《华沙公约》作为国际条约优先于法院地法适用的原则,并进一步认为根据第29条第2款,如果任何州法律规定了诉讼时效停止计算时(类似于我国诉讼时效中断),《华沙公约》规定的两年诉讼期间也应停止计算。具体到第29条第2款,由于可能出现非因原告过错而延迟诉讼的情况,并且这种情况下被告仍然得到了对其索赔的充分通知,法院必须灵活处理以确保实现诉讼期限的真实目的,因此依据《华沙公约》第29条第2款引用法院地法来确定诉讼期限的方法与诉讼时效的目的是一致的。

此外,根据美国法院的实践,还主要通过两种方式主张诉讼时效:第一种,否定《华沙公约》创造了诉因。公约本身没有创立诉因,因此其规定的两年期间自然不是权利存在条件,也即非先决条件。其中,1976年的"列文诉牙买加航空案"(Lewin v. Air Jamaica)是一个典型案例。③ 第二种,援引1966年里西案的"充分通知"规则从而排斥第29条的适用。美国部分法院将《华沙公约》第29条规定视同承运人"免除或限制责任"的条款,要求承运人作出"充分通知",否则承运人无权

① 例如,2014年艾尔兰案(Ireland v. AMR Corp)。

② See Joseph v. Syrian Arab Airlines 15 AVi. 18,394 (S. D. N. Y. 1980), https://casetext-com.translate.goog/case/attaya-h-joseph-et-al-plaintiffs-v-syrian-arab-airlines-and-egypt-air-lines-defendants?_x_tr_sl=en&_x_tr_tl=zh-CN&_x_tr_hl=zh-CN&_x_tr_pto=sc.

③ 参见赵维田:《国际航空法》,社会科学文献出版社2000年版,第370页。

引用免除或限制其责任的相关条款,由此第 29 条也被排除适用。① 因此,时限自然适用法院地法律。在美国实践中,虽有上述法院主张诉讼时效,认为可以延长,但这大部分是低级别法院的判决,显得很孤立,在美国没有影响力,也无先例效果。

(三)英国

英国法院一般认为《华沙公约》规定的两年期限是绝对的,并非可变期间。在 1996 年 Abnett、Sidhu 等上诉人与英国航空的上诉案件中②,上诉人(原告)起诉请求对他们乘坐的英国航空公司航班在 1990 年伊拉克入侵科威特 1 小时后降落在科威特时遭受的伤害提出索赔。原告首先向布伦特福德郡法院提起诉讼,在诉状中声称他们遭受的损失和损害是由被告的疏忽造成的。该诉讼于 1993 年 7 月 30 日提出,在《华沙公约》第 29 条允许的两年期限之外,但在其他适用法律的三年期限之内。原告没有根据《华沙公约》的任何条款提出诉讼。由于《华沙公约》第 29 条规定的时限已过,被告申请法院下令驳回他们的诉讼。在马库斯 · 爱德华兹(Marcus Edwards)法官审理他们的申请时,被告还提出,《华沙公约》为国际航空人员和行李有偿运输引起的损害索赔提供了唯一的补救办法。1994 年 2 月 28 日,法官参考了此前马诺克勋爵(Lord Marnoch)对原告案件的裁决,基于相同的理由,裁定原告除《华沙公约》规定的权利以外没有其他权利。他还认为,根据《华沙公约》第 29 条规定,原告要求赔偿损失的权利已于 1990 年 8 月 2 日起的两年后丧失,并驳回了原告的诉讼请求。尽管上诉法院并未对《华沙公约》第 29 条规定的期间属于可变期间还是不变期间进行更为详细的论述,但上诉法院认为《华沙公约》并没有承认国际航空旅客运输中可能会出现一些不受这些规则约束的损害赔偿诉讼,例如,旅客不能在依据《华沙公约》就人身损害提出索赔的同时,在《华沙公约》规定的条件和限制之外就非人身损害提出索赔,因为这是破坏《华沙公约》旨在建立的制度。同时,上诉法院认为《华沙公约》第 29 条限制了必须提出损害赔偿诉讼的地点,并规定了如果在两年内未提起诉讼,损害赔偿权即告终止,由此最终驳回了原告的诉讼。

可见,英国法院在上述案件中并未借由《华沙公约》第 29 条第 2 款规定,适用法院地法对时效的不同规定来审理,由此可知英国法院倾向将两年期间理解为固定、不可变的期间。

---

① 参见王瀚:《国际航空运输责任法研究》,法律出版社 2012 年版,第 499 页。

② See Judgments-Abnett v. British Airways Plc. (Scotland) Sidhu v. British Airways Plc., 12 December 1996, https://publications.parliament.uk/pa/ld199697/ldjudgmt/jd961214/abnett01.htm.

三、我国司法实践对起诉期限的认定

(一)法律规定

《民用航空法》第135条规定:“航空运输的诉讼时效期间为二年,自民用航空器到达目的地点、应当到达目的地点或者运输终止之日起计算。”就法律适用问题,《民用航空法》规定国际航空条约具有优先适用的效力。《民用航空法》第184条规定:“中华人民共和国缔结或者参加的国际条约同本法有不同规定的,适用国际条约的规定;但是,中华人民共和国声明保留的条款除外。中华人民共和国法律和中华人民共和国缔结或者参加的国际条约没有规定的,可以适用国际惯例。”根据上述规定,如一航空活动受国际航空条约调整,应当优先适用国际航空条约处理相关纠纷;如一航空活动不受国际航空条约调整,或者虽受国际航空条约调整,但条约就某一问题未作规定时,应当根据法律冲突规范识别准据法并予以适用。

有学者认为,关于索赔权利消灭的期间应适用《蒙特利尔公约》,不能适用《民用航空法》;而关于诉讼时效(胜诉权消灭时效),可以认定《蒙特利尔公约》并未规定,而适用《民用航空法》。[①] 根据《民用航空法》的媒介条款(第184条),《蒙特利尔公约》的适用条件是在其与国内法规定不同时方具有优先适用效力。此处的“不同规定”是就同一事项比较《民用航空法》与《蒙特利尔公约》的规定是否一致。就本文讨论的问题而言,尽管《蒙特利尔公约》的中文文本与《民用航空法》均使用了“诉讼时效”一词,时效的期间均为两年,期间的起始时间点也相同。但是,《蒙特利尔公约》规定的是索赔权利的消灭时效,对应我国法律中的除斥期间;在《民用航空法》的语境下,诉讼时效的含义应与《民法典》的理解相一致,即诉讼时效是当事人“向人民法院请求保护民事权利的”[②]程序性权利(胜诉权)的消灭时效,不是索赔的实体权消灭时效,适用《民事诉讼法》有关诉讼时效中止、中断等相关规定。因此,《民用航空法》规定的诉讼时效与《蒙特利尔公约》规定的“诉讼时效”虽中文表述相同,但并不是同一个概念,存在本质差异,实质上各自规范的问题也不同。因此,尽管大多数情况下仅适用《蒙特利尔公约》规定的“诉讼时效”(除斥期间)就足以定分止争,但这并不意味着《民用航空法》无用武之地,在涉及诉讼时效(胜诉权消灭时效)的问题上,仍然需要依据《民用航空法》相关规定进行判定。在国内运输中,不存在航空运输索赔除斥期间的规定,仅适用《民用航空法》中诉讼时效的

---

① 参见王立志:《〈蒙特利尔公约〉的国内化适用:问题与出路》,载《武大国际法评论》2023年第2期。

② 参见《民法典》第188条。

规定。

（二）司法实践

自我国加入《蒙特利尔公约》以来，我国法院适用公约处理国际航空运输纠纷已有较为统一的案例，其中涉及第35条关于两年期间如何定性的案例中，中国法院倾向于将其理解为诉讼时效，进而适用国内法关于时效中止、中断的规定。在“泛亚班拿国际运输代理（中国）有限公司与俄罗斯空桥货运航空公司航空货物运输合同纠纷案”①中，法院认为，根据《蒙特利尔公约》第35条第2款之规定，“上述期间的计算方法，依照案件受理法院的法律确定”，故本案关于期间的计算方法，应适用中国相关法律法规。而中国国内法对航空运输合同没有与除斥期间相关的规定，故该两年期间不应认定为固定的除斥期间。

在2021年“北京康捷空国际货运代理有限公司与三星财产保险（中国）有限公司天津分公司、大韩航空公司代位求偿权纠纷案”②中，法院认为，《蒙特利尔公约》第35条规定的两年期间虽未具体规定中断、中止等情形，但规定了该期间的计算方法适用法院地法，因此中国国内法关于诉讼时效中断的规定应同样适用于该公约规定的两年诉讼时限。

在另一案号为（2021）粤03民终30373号的代位求偿纠纷案中，法院综合考虑了《蒙特利尔公约》的立法目的及历史后，依旧作出了相似的判决，法院认为“制定者将诉讼时效作为应由法院地法确定的程序问题，适用法院地法有关诉讼时效中止、中断的规定，并不违背该条款制定的意图”。值得注意的是，该判决提到了解释《蒙特利尔公约》应当遵循《维也纳条约法公约》，依其用语按上下文并参照条约目的及宗旨所具有的通常意义，作出善意解释。故而适用法院地法有关诉讼时效中止、中断的规则，有利于保护国际航空消费者利益的立约目的。

以上三个案例中，中国法院与法国最高法院的判决逻辑基本一致，认为《蒙特利尔公约》第35条第2款允许适用法院地法，从而根据国内法将诉讼时限定性为诉讼时效。

四、我国适用条文的可行性及意义

（一）两年期间的解释

《蒙特利尔公约》第35条是一个非常重要的权利条款，也涉及承运人是否承担

① 参见上海市浦东新区人民法院民事判决书，（2019）沪0115民初81742号。

② 参见天津市第三中级人民法院民事判决书，（2021）津03民终1419号。

责任,因此对该条款"两年期间"的理解,应完整贯彻《维也纳条约法公约》确立的解释规则,准确探寻其本意。这其中要注意收集整理《蒙特利尔公约》制订过程中不同版本的对比、特定条款的研究资料、会议讨论资料、不同语言文本的对比,以及与《蒙特利尔公约》有历史渊源的《华沙公约》在长期适用中的各国案例、惯例资料,形成系统的国际条约规则资料库。根据《维也纳条约法公约》的解释规定,解释方法适用的一般逻辑次序是"通常意义解释—上下文解释—目的或宗旨解释"。

首先,解释《蒙特利尔公约》第35条的通常意义。该条文的标题写作"诉讼时效"(limitations of actions)一词。从直译角度来看,诉讼时效限制的作用对象是诉讼行为,限制的效果依逻辑可推理为不得再诉讼,或者即使提起诉讼也无法胜诉。根据《民法典》第192条的规定,诉讼时效届满,义务人可以提出不履行义务的抗辩,但如果义务人表示同意履行的,则不得以诉讼时效期间届满为由抗辩。但是,《蒙特利尔公约》第35条第1款却表述为,两年内不诉讼则权利人丧失对损害赔偿的权利,而非义务人获得不履行义务的诉讼抗辩。这与《民法典》第199条关于除斥期间的规定相对应,即法定期间届满则权利消灭。因此,仅凭通常意义解释,无法得出两年期间系诉讼时效的结论。

其次,从上下文解释的角度来看,权利的消灭可理解为胜诉权的消灭,使标题与条文具体内容相承,不再产生歧义。既然中文作准文本以"诉讼时效"为标题,就不应以条文具体内容来终局性地否定条文可能一开始想表达的意思。一方面,除斥期间和诉讼时效皆以权利人不行使权利为要件,权利丧失为结局。二者区别在于除斥期间届满导致实体权利的直接丧失,而诉讼时效则以诉讼程序的胜诉权丧失为结果,前者更易直接阻碍权利人通过司法途径以寻求权利的实现,故从司法救济对权利实现的重要性而言,将"损害赔偿权利的丧失"理解为"程序胜诉权的丧失"并无不妥。另一方面,除斥期间并未规定权利人不行使权利的形式,一般仅以时间届满作为产生法律结果的条件,但是诉讼时效主要依靠诉讼程序的有效运行,权利人如不诉讼的,或者诉讼前不主张权利的,将导致权利人享有的程序救济权利丧失。从行为—法律结果逻辑来看,《蒙特利尔公约》第35条规定,不提起诉讼导致损害赔偿请求权丧失,有作诉讼时效解释之可能。

最后,依照目的或宗旨解释方法,《蒙特利尔公约》序言将保护国际航空消费者的利益作为立约的重要目的,而将其第35条作诉讼时效解释更有利于该立法目的或宗旨的实现。事实上,《蒙特利尔公约》第35条不论解释为何种性质的期间,都是不利于国际航空消费者利益的,因为二者都旨在对权利加以限制。然而,除斥期间和诉讼时效对于权利限制的强度是不同的,除斥期间是权利消灭型的限制,权利消灭的后果是确定的，但诉讼时效并非如此，诉讼时效有中断等延长期间的可能性。[①] 从削弱消极影响的角度来看，作诉讼时效的理解更有利于保护国际航空消费者的利益，这符合《蒙特利尔公约》的立法宗旨或目的。

在前文提及的（2021）粤 03 民终 30373 号案中，深圳市中级人民法院认为，适用法院地法有关诉讼时效中止、中断的规则，更有利于《蒙特利尔公约》保护国际航空消费者利益的立约目的，且不违背《蒙特利尔公约》第 35 条的制定意图。法院的裁判说理实则潜在地认同了本文前述说理的内容，即将特定期间认定为诉讼时效，并且可援引延长期间的规则，是符合《蒙特利尔公约》的目的或宗旨的。正因如此，最高人民法院也提到，此案体现出我国法院恪守条约义务，致力于实现公约目的及宗旨的司法立场，对于类案处理具有重要的指导意义。

（二）两年期间解释为诉讼时效在我国的实践意义

尽管《华沙公约》和《蒙特利尔公约》所规定的两年期间通常被解释为先决条件，但自 20 世纪 60 年代起，以法国和美国为代表的部分法院开始主张其属于诉讼时效，适用国内法突破了两年期限，以期保护受害人的权益。关于该两年期间的解释虽尚有争议，但综合考虑我国国情，我国法院将其解释为诉讼时效这一立场完全符合我国实践所需，对于保护消费者权益和多元化解决纠纷都意义非凡，也顺应了我国当前航空运输事业发展的趋势。

1. 消费者权益及弱者权益的保护

从华沙体系到《蒙特利尔公约》，不难看出《蒙特利尔公约》的规制方法改变了《华沙公约》主要有利于航空公司的倾向，开始更多关注旅客和托运人的权利，同时仍兼顾公平，保护航空公司免受畸高的责任。《蒙特利尔公约》首创性地将双梯度责任、先行付款、限额复审和第五管辖权等制度纳入规定，可以看出明显的保护旅客的倾向。此外，其序言也强调了“确保国际航空运输消费者的利益的重要性，以及在恢复性赔偿原则的基础上提供公平赔偿的必要性”。

再看国内，近年来民航的各项规定在面对消费者对民航安全和服务的要求中不断完善。自 2016 年起，交通运输部和中国民用航空局陆续发布了《航班正常管理规定》、《民用航空安全检查规则》、《公共航空运输服务消费者投诉管理办法》（已失效）、《航班延误取消原因确认工作程序》等规定。自 2021 年 9 月起施行的《公共航空运输旅客服务管理规定》也将重点放在消费者权益保护上。相比以前的《中国民用航空旅客、行李国内运输规则》和《中国民用航空旅客、行李国际运输规

---

① 参见耿林：《论除斥期间》，载《中外法学》2016 年第 3 期。

则》,《公共航空运输旅客服务管理规定》扩大了适用主体的范围,在原基础上增加了机场管理机构、航空销售网络平台经营者、航空信息企业,明确了其义务和责任,还将外国航空承运人、港澳台地区航空承运人在我国内地(大陆)的经营行为也纳入规制范畴,填补了立法上的空白。在规范重点上,《公共航空运输旅客服务管理规定》聚焦旅客权益保护,对客票销售、退改、行李运输等易于产生纠纷的关键环节提出了明确要求,对网络销售客票、电子登机凭证、联程航班、超售等民航新业务形式进行了规范。另外,保护"弱当事人"的原则在《涉外民事关系法律适用法》中已经得到了明文落实,其中第25条明文规定,父母子女人身、财产关系,适用共同经常居所地法律;没有共同经常居所地的,适用一方当事人经常居所地法律或者国籍国法律中有利于保护弱者权益的法律。虽然这些法规都没有提及两年起诉期限的定性问题,但顺应我国法律包括民航法规趋于加强消费者权益保护以及对弱者保护的这一价值取向对《蒙特利尔公约》第35条进行理解适用,将有助于平衡背景强大的承运人与相对弱势的旅客和托运人一方的利益,保证后者能在特殊情况下(发生诉讼时效中止、中断事由)有足够的时间提起诉讼、维护权益。

2. 多元化纠纷解决途径

除保护航空运输消费者的权益外,将《蒙特利尔公约》第35条理解为诉讼时效并适用中断的规定也有助于我国多元化纠纷解决机制的发展。随着国家出台《关于完善矛盾纠纷多元化解机制的意见》,最高人民法院亦于2016年出台《关于人民法院进一步深化多元化纠纷解决机制改革的意见》,从司法领域确认了多元化纠纷解决的制度,包括特邀调解、法院专职调解员、律师调解等,并要求加强调解与仲裁、公证、工会、妇联、共青团、法学会等机构的对接。自此,诉讼并非唯一且优先的争议解决方式。

根据《民法典》第195条的规定,诉讼时效中断事由有四类:(1)权利人向义务人提出履行请求;(2)义务人同意履行义务;(3)权利人提起诉讼或者申请仲裁;(4)与提起诉讼或者申请仲裁具有同等效力的其他情形。可见除诉讼外,非讼手段也是证明权利人积极行使权利的方法。结合《消费者权益保护法》与上述《公共航空运输旅客服务管理规定》,因公共运输旅客服务发生争议的,旅客可以与经营者协商和解,请求调解,向承运人、机场管理机构、航空销售代理人、航空销售网络平台经营者投诉,也可以向民航行政机关投诉。当这些非诉讼纠纷解决途径均无果时,再将诉讼作为兜底的救济手段。如果第35条规定的两年期间是不可变期间,不能被中断,旅客考虑到协商、投诉解决周期较长,可能会倾向于直接提起诉讼以避免丧失索赔的实体权利。而当两年期间被视为诉讼时效可以被中断时,旅客因没有提起诉讼而导致丧失权利的担心会极大减少，从而可以放心采取各种非讼手段进行索赔。如此一来，可以减少因旅客数量增加伴随着的潜在诉讼案件数量，有利于我国司法资源的合理分配。

总之，就理论层面而言，结合意义解释、上下文解释及目的或宗旨解释这三种方法，我国法院将两年期间解释为诉讼时效符合法律条文的解释规则，具备可行性。就实践层面而言，法国、美国等国外法院近年来也纷纷从先决条件转向诉讼时效，突破了两年期间的限制，更有利于事故受害人的保护。我国法院倾向于认定为诉讼时效，这不仅有利于保护较为弱势一方（旅客）的权益，确保其有充足时间通过司法途径实现救济，也有助于我国发展多元化纠纷的解决机制，实现我国司法资源的合理分配。因此，我国将两年期间认定为可中止、中断的诉讼时效，具有重要的现实意义，有利于我国航空运输事业的发展。

国际航空临时仲裁制度研究及中国因应*

刘易琨　黄　全**

仲裁是国际通行的纠纷解决方式，是我国多元解决争议化解纠纷的重要制度之一。航空仲裁是一国航空软实力的象征，因其灵活性、非公开、成本较低等特性与航空诉讼相比具有独立且独特的法律价值。从国际航空仲裁来看，航空仲裁机制在国际航空争议解决与仲裁实践创新领域发展迅速，航空仲裁在相当程度上已成为化解航空争议的重要法律选项。2021 年 7 月，司法部组织起草的《仲裁法(修订)(征求意见稿)》面向社会发布，修改内容涉及多个方面，在仲裁理念、仲裁规则、仲裁制度等方面与国际仲裁制度接轨。该征求意见稿第 91 ~ 93 条专门规定了临时仲裁制度，是完善涉外仲裁规定的一大亮点，引起了对于我国是否引入以及如何引入临时仲裁制度这一问题的探讨。《仲裁法(修订)(征求意见稿)》明确临时仲裁制度仅适用于涉外商事仲裁领域，即在国内只实行机构仲裁，涉外仲裁可以选择临时仲裁的"双轨制"适用模式。然而，在国际航空仲裁领域，航空运输业的迅速性、国际性等自有特征使得航空临时仲裁早

* 本文获北京市航空法学研究会 2024 年年会暨第八届航空法治论坛论文三等奖，并受邀做年会主旨演讲参与交流。本文在撰写过程中获得杨万柳博士、孙莉博士的指导与点拨，在年会时获得与会嘉宾聂颖、刘胜军等老师的指导与建议，在此一并感谢。

** 刘易琨，中国民航大学法学院硕士研究生；黄全，中国民航大学法学院副教授，法学博士，研究方向为航空法、行政法。

已落地,与机构仲裁一起成为航空仲裁的两大模式,并经过实践的适用与检验在航空仲裁机制中占据重要地位。近年来,随着中国航空运输业和航空产业的蓬勃发展,与航空领域相关的法律争议也随之出现,并呈现出多样化、专业化和复杂化的特点。在此背景下,面对航空临时仲裁在国际上的全面推行和发展趋势,本文意在从理论维度和实践维度对国际航空临时仲裁制度进行梳理和探究,审视航空仲裁机制在中国的发展现状,探讨分析中国面对航空临时仲裁的国际发展现状之因应。

一、国际航空临时仲裁理论基础

(一)调整关系的可仲裁性

可仲裁性是构建航空仲裁机制的充分性条件。法律关系的可仲裁性指可通过仲裁解决的争议范围,是仲裁机制解决纠纷的前提。在法理层面,只有法律认可的仲裁事项才能提交仲裁解决,否则会被排除在仲裁适用范围外。可仲裁性也是航空争议提交仲裁的基本准则,决定了航空仲裁机制在可仲裁性领域的适用限度。《蒙特利尔公约》在第 34 条中规定:“一、在符合本条规定的条件下,货物运输合同的当事人可以约定,有关本公约中的承运人责任所发生的任何争议应当通过仲裁解决。此协议应当以书面形式订立。”可以看出,公约明确界定了航空仲裁的适用范围,仅限于涉及货物运输项下承运人责任的相关争议,具体涵盖承运人对于货物毁灭、遗失、损坏或延误等情形所应承担责任的争议。与旅客伤亡,行李毁灭、遗失、损坏或延误等相关的争议,则不在本公约所规定的仲裁范围之内。可仲裁性标准在仲裁法上意义重大,与仲裁的实体性和程序性问题紧密相关,有助于界定当事人权利和后续仲裁程序的展开。随着社会经济发展,对可仲裁性的认识在变化,航空争议法律关系的可仲裁性构成学理和现实基础。

(二)调整内容的意思自治

仲裁制度是当事人意思自治的产物,非国家强制约束力衍生途径。意思自治贯穿仲裁各环节,如选择仲裁方式、确定仲裁机构、指定仲裁员、适用和选择仲裁程序等,均可通过仲裁协议约定,并受国家司法权保障。从仲裁程序启动到裁决执行,仲裁均体现自治性特征。仲裁自治性决定其权力来源,与航空争议个性化解决需求契合。国际航空临时仲裁的理论基础深深植根于当事人意思自治的原则。这一原则被视为仲裁的灵魂,因为它体现了当事人在争议解决方式上的自主选择,即当事人可以通过协议选择仲裁作为解决争议的方式,而非传统的司法诉讼途径。在国际航空领域,临时仲裁允许当事人在不受固定仲裁机构规则约束的情况下,自由选择仲裁员、仲裁地点和程序,这进一步强化了意思自治的概念。

(三)临时仲裁的适用要件

临时仲裁作为一种灵活、高效的争议解决方式,在国际航空争议解决过程中得到了广泛应用。为确保航空临时仲裁的顺利进行,需要满足一系列适用要件。

第一,当事人之间必须存在书面形式①的仲裁协议。这一要件是临时仲裁得以启动的基础。仲裁协议应以书面形式明确表达双方将争议提交仲裁解决的意愿。书面形式的仲裁协议不仅有助于明确双方的权利和义务,还能为仲裁程序的进行提供有力保障。在实际操作中,仲裁协议可以通过合同中的仲裁条款、单独的仲裁协议书等形式体现。

第二,虽然临时仲裁允许当事人自由选择仲裁规则,但通常需选定一套规则来指导仲裁程序。这些规则可以是国际公认的仲裁规则,如《国际航空运输协会仲裁规则》《联合国国际贸易法委员会仲裁规则》等。选定合适的仲裁规则有助于确保仲裁程序的公正、透明和高效,同时也能为当事人提供更多的选择和灵活性。

第三,当事人还需选择仲裁地。仲裁地的选择对于仲裁程序的法律适用和裁决的执行具有重要影响。不同国家和地区的法律制度、仲裁法律和实践可能存在差异,因此选择合适的仲裁地对于保障当事人的权益至关重要。在实际操作中,当事人可以根据争议的性质、涉及的领域以及双方的需求等因素,综合考虑选择合适的仲裁地。

第四,在仲裁员的指定方面,当事人需协商指定仲裁员。仲裁员是仲裁程序中的关键角色,他们的专业背景、经验和公正性对于仲裁结果的公正性和准确性具有重要影响。因此,在选择仲裁员时,当事人应充分考虑其专业能力、声誉和独立性等因素。如果当事人无法就仲裁员的指定达成一致,可能需要第三方机构或人士(如国际航空运输协会总干事)来协助指定。

第五,当事人协商确定裁决的准据法。准据法是仲裁庭在裁决争议时应适用的法律。当事人可以选择适用某个国家或地区的法律,也可以选择适用国际公约或国际惯例等。如果当事人未能就准据法达成一致,仲裁庭将根据案件的具体情况确定适用的法律。在确定准据法时,仲裁庭通常会考虑争议的性质、双方当事人的意愿以及可适用的法律等因素。

综上所述,临时仲裁的适用要件包括书面仲裁协议、选择特定仲裁规则、仲裁地的选择以及仲裁员的指定等。这些要件共同构成了临时仲裁的基石,为仲

① 随着时代发展与科技进步,现"书面"有扩大解释,电报、电传等可视为书面形式,扩充了书面形式的范围。

裁程序的顺利进行提供了有力保障。在实际操作中,当事人应充分了解这些要件的要求,并根据具体情况进行合理安排和协商,以确保临时仲裁能够发挥最大的作用。

二、国际航空临时仲裁实践发展

(一)国际航空临时仲裁的立法

国际上对临时仲裁的认可和立法主要体现在以下几个方面:

1. 国际公约等的相关规定

多个国际公约与示范法,如《联合国国际贸易法委员会仲裁规则》、《联合国国际贸易法委员会国际商事仲裁示范法》、《承认及执行外国仲裁裁决公约》(通称《纽约公约》)、《欧洲国际商事仲裁公约》等,都承认了临时仲裁的有效性和合法性。《联合国国际贸易法委员会国际商事仲裁示范法》明确承认仲裁可以采取机构管理仲裁和临时仲裁的形式。①《纽约公约》第 1 条规定:"仲裁裁决"一词不仅指专案选派之仲裁员所作裁决,亦指当事人提请仲裁之常设仲裁机构所作裁决。《芝加哥公约》第 85 条进一步规定了仲裁程序受理对理事会裁决上诉的相关机制,上述程序可以在联合国国际法院进行,也可以在临时仲裁庭进行。

国际航空运输协会(IATA)于 1974 年制定并颁布了《国际航空运输协会仲裁规则》,主要适用于国际航空运输协会成员间纠纷。1984 年,该规则适用范围扩大至国际航空运输协会成员与其他方之间纠纷。目前适用的是 1999 年《国际航空运输协会仲裁规则》,其明确了适用范围,规定了仲裁庭组成、仲裁员选任、程序及费用等内容,并附仲裁协议样本。国际航空运输协会成员包括各国航空公司,顺应临时仲裁趋势,《国际航空运输协会仲裁规则》第 20 条提出了"临时仲裁",即争议双方选择适用规则时,一方可申请临时仲裁。② 在国际民用航空争议解决方面,临时仲裁制度经历了较长时间的发展。它得到了航空公司、机场公司等航空业参与者的广泛认可。临时仲裁机制便捷高效,程序简便,期限由当事人决定,推进基于双方合意,要求更高信任。该规则不排除机构仲裁,双轨制仲裁为当事人提供更多选择空间。

---

① UNCITRAL Model Law on International Commercial Arbitration Article 2 : Definitions and rules of interpretation (a) "arbitration" means any arbitration whether or not administered by a permanent arbitral institution.

② IATA Arbitration Rules Article 20 : Interim awards The tribunal may make interim, interlocutory, or partial awards.

2. 主要国家的立法规定

许多国家的国内法也承认并支持临时仲裁。例如,瑞典、美国、英国等国家的仲裁法或相关法规中都包含对临时仲裁的明确规定,允许当事人通过临时仲裁方式解决争议。瑞典是较早建立临时仲裁制度的国家之一,其临时仲裁制度随时代发展和实践进步不断完善。瑞典制定了多个仲裁法令和条例,以适应国际商事仲裁的变化并巩固其地位。1999年颁布的《瑞典仲裁法》强调当事人在临时仲裁中的高度意思自治,并赋予当事人在多个方面的自主决定权。瑞典仲裁当局建议,如当事人采用临时仲裁解决争议,应在仲裁条款中明确载明在瑞典进行。美国的临时仲裁制度设计中,程序管理任务由仲裁庭、当事人承担,必要时可邀请法院介入,使仲裁程序保持高效与灵活性。当事人、仲裁庭可适用临时仲裁规则或约定程序,无须遵循正式规则,也可通过法院补救执行问题。在美国,仲裁员的指定由当事人及其代理人决定,无须仲裁机构介入。当事人与仲裁员共同规划和开展仲裁程序,美国仲裁协会为临时仲裁提供行政支持。英国仲裁法和相关规则中,临时仲裁制度占据重要地位,且适用广泛。英国的仲裁法严格限制法院干预仲裁的权力,最大程度保障仲裁自由独立,允许在特定条件下请求法院介入。法院干预仲裁需认真考量,平衡当事人自治和程序正当。当仲裁当事人故意拖延或意见不统一导致仲裁庭组成困难时,当事人可请求法院介入,以促进仲裁庭快速组成,保障临时仲裁便捷高效。

(二)国际航空临时仲裁的实践

国际航空临时仲裁在实践层面主要体现在以下几个机构中:

1. 国际民用航空组织

国际民用航空组织(以下简称国际民航组织)是联合国系统中的一个专门机构,自1947年成立以来,一直在为全球民用航空事业发挥着举足轻重的作用。根据《芝加哥公约》的规定,国际民航组织为各缔约方在民航领域的合作提供平台,共同推动国际航空事业的健康发展。国际民航组织的主要工作涵盖了多个方面,其中包括致力于解决成员国之间的争端。为了维护国际航空秩序和推动全球航空市场的繁荣发展,国际民航组织为各国提供了一个解决争端的机制。根据公约的规定,国际民航组织理事会作为争端解决机构,负责处理成员国之间的航空争端。

针对不同类型的纠纷,国际民航组织采用了多种解决方式。例如,对于双边航空协议中的商事纠纷,国际民航组织通常会采取临时仲裁的方式进行解决。通过临时仲裁程序,双方可以在公正、公平的基础上达成妥协,从而避免纠纷的进一步升级。此外,公约还建立了一套完善的国际航空商事争议解决机制。当成员国之间的纠纷无法通过协商或仲裁解决时，可以提交至国际民航组织理事会进行裁决。如果理事会无法作出令双方满意的裁决，当事人还可以上诉至特设法庭，以寻求更为公正、合理的解决方案。对于不遵守仲裁裁决或理事会裁决的缔约国，国际民航组织会采取相应的处罚措施。这些措施包括但不限于对空运企业的禁飞处罚等。国际民航组织通过制定航空安全标准和规则、解决成员国之间的争端以及采取严厉的处罚措施等手段，为全球航空市场的繁荣发展提供了有力的保障。在未来，随着全球航空市场的不断扩大和技术的不断进步，国际民航组织将继续发挥其重要作用，为全球航空事业的健康发展贡献力量。

2. 国际航空运输协会

国际航空运输协会是国际航空领域的重要组织，在国际航空临时仲裁实践方面举足轻重。国际航空运输协会成立于 1945 年，是非政府、非营利性的行业协会。国际航空运输协会拥有 240 家航空公司会员，这些会员遍及全球 126 个国家，代表全球航空运输领域 84% 的运输总量。其宗旨包括为航空运输企业提供合作途径，提高航空运输安全性、正常性和经济性，推进航空活动及规则制定。法律委员会是其常设委员会之一，负责制定相关文件、提供法律咨询和在国际航空立法中表达观点。

国际航空运输协会制定并颁布的《国际航空运输协会仲裁规则》是解决航空运输纠纷的国际通用仲裁规则，该规则不仅规定了临时仲裁，还详细规定了仲裁的范围、程序、费用等内容，同时其合同范本在实践中广泛运用。国际航空运输协会的实践显示，大量与航空业有关的合同都包含适用《国际航空运输协会仲裁规则》的条款。

总之，国际航空临时仲裁在立法和实践层面得到了广泛的承认和发展，它为国际航空领域的争议解决提供了灵活、高效和专业的途径。通过国际公约、国家立法以及国际组织和行业协会的实践，临时仲裁已经成为解决国际航空纠纷的重要工具。然而，各国在临时仲裁的承认与执行方面仍存在差异，这也对临时仲裁在全球范围内的应用构成了挑战。

三、国际航空临时仲裁制度发展之中国因应

（一）中国航空仲裁发展现状下国际航空临时仲裁制度对我国的启示

中国航空仲裁的发展始于 2014 年上海国际航空仲裁院的成立，该机构的设立填补了中国航空仲裁领域的空白，标志着航空仲裁在中国正式确立。上海国际经济贸易仲裁委员会（上海国际仲裁中心）发布了《航空仲裁规则》，主要内容包括总

则、仲裁程序、先行调解程序和附则等，这是全球首部适用于机构仲裁的航空仲裁规则。

中国的航空仲裁与其他领域仲裁一样，承认并实行机构仲裁模式，但由于没有关于临时仲裁的生效立法，现阶段中国对于非涉外的国内仲裁制度方面实际上是在拒绝临时仲裁。《纽约公约》第1条定义了“仲裁裁决”包括专案选派的仲裁员和常设仲裁机关所作裁决，中国作为成员国认可临时仲裁裁决。中国作为《蒙特利尔公约》缔约国，未对公约第34条规定的仲裁条款提出保留，承认航空仲裁制度，承担条约义务。航空仲裁是选择性争议解决机制，通过当事人自愿约定实现。仲裁范围限于货物运输合同争议，责任范围限于承运人责任。航空仲裁协议需书面形式，索赔人需选择特定管辖区。中国承认机构仲裁合法性，否认临时仲裁，但承认和执行《纽约公约》成员国常设仲裁机构和临时仲裁庭的仲裁裁决。根据中国现行生效《仲裁法》的规定，仲裁协议需包含三个方面的内容才被认定是有效的：仲裁意思表示、仲裁事项、选定的仲裁委员会。如果当事人没有约定仲裁委员会或约定不明确，当事人可以补充协议；如果当事人无法达成补充协议，则仲裁协议无效。由此可见，如果当事人选择在我国进行仲裁，就必须选定仲裁委员会，而根据我国关于仲裁委员会的条文，外国仲裁机构被排除在外，这也否定了当事人将争议提交一名或多名仲裁员进行临时仲裁的做法。

通过对各国国际航空临时仲裁立法与实践的研究，我们可以从中汲取宝贵的经验，为我国的国际航空临时仲裁制度的探索与建立提供启示：首先，我国应承认并鼓励临时仲裁作为解决国际航空纠纷的主要方式。越来越多的国家和地区已经认识到临时仲裁在解决国际航空纠纷中的独特优势，纷纷将其纳入法律体系，我国也应顺应世界潮流。其次，我国在引入临时仲裁时，需发挥机构仲裁作用，通过引导国内仲裁机构积极参与临时仲裁的推广和实践，我们可以借鉴其成熟的仲裁规则和仲裁员队伍，为临时仲裁在国内的顺利实施提供有力保障，促进完善仲裁规则纳入临时仲裁。最后，我国可借鉴其他国家和地区的立法经验，对仲裁协议和仲裁员资质作出宽松规定，为临时仲裁创造良好发展环境。

(二)中国在航空临时仲裁方面现存的问题

航空临时仲裁制度在全球范围内一直备受关注，我国也因遇而应，不断努力完善自己的航空临时仲裁制度。然而，相较于其他国家，我国的航空临时仲裁制度仍然处于起步阶段，在实践中，存在一些问题与挑战。

1. 临时仲裁承认与执行不对等

根据中国现行有效《仲裁法》的相关规定，仲裁协议中必须明确约定仲裁委员会,即中国承认机构仲裁,否认在我国境内作出的临时仲裁。尽管中国作为《纽约公约》的成员国,并未对临时仲裁提出保留,这表明我国愿意全面承担条约所规定的各项义务,承认和执行《纽约公约》缔约国常设仲裁庭和临时仲裁庭作出的仲裁裁决。这种制度上的空白,无疑导致了我国在执行外国仲裁裁决方面的权利与义务之间存在明显的不对等现象。在实际操作中,当中国民用航空公司与外国民用航空公司发生航空纠纷时,在中国临时仲裁庭作出的民用航空商事仲裁裁决将无法得到本国的承认与执行,而在其他缔约方临时仲裁庭作出的仲裁裁决却可以得到中国的承认与执行,这造成了承认与执行不对等的问题。其他成员国在其境内所作出的临时仲裁裁决,一旦涉及我国,便要求我国法院依法予以接受,并依据《纽约公约》的相关规定,履行执行裁决内容的义务。然而,由于我国现行法律体系中缺乏对临时仲裁的明确规定,这一制度在我国难以得到有效实施。即便在《纽约公约》以及我国与一些国家缔结的双边司法协助协议中,所指的仲裁裁决已经涵盖了临时仲裁庭作出的裁决,外国法院也会以我国法律不承认临时仲裁为由,对我国的此类仲裁裁决不予承认和执行。① 这一问题的存在,使仲裁过程变得复杂且充满不确定性,不仅影响了我国在国际商事仲裁领域的声誉和地位,也对我国企业的国际经济合作带来了潜在的风险和障碍。

2. 程序与规则制定不完善

程序与规则制定不完善一直是临时仲裁领域面临的重要问题。仲裁规则,作为仲裁机构、仲裁员、仲裁当事人及其他参与者在仲裁活动中的主要引导和行为规范,其明确性和完善性直接关系到仲裁活动的公正性、效率性和权威性。然而,当前在现有临时仲裁规则的制定和执行过程中,仍存在诸多不明确的地方,这在一定程度上影响了临时仲裁的公信力和社会认可度。

一方面,现有临时仲裁规则的内容往往是笼统或模糊的,尤其是航空领域的临时仲裁规则制定尚处于起步阶段。尽管临时仲裁规则通常包括仲裁程序、仲裁庭的组成、证据的提交和审查等方面的内容,但在具体细节和操作规程上往往缺乏明确的规定。这使仲裁员在处理具体案件时往往需要根据自己的理解和经验进行判断和裁决,增加了裁决的主观性和不确定性。另一方面,我国仲裁员选任程序制度尚未达到完善水准,也是导致临时仲裁规则不明确的一个重要原因。临时仲裁员责任制度、回避制度等仲裁员职业制度尚不完善。这些制度的缺失或不完善,使仲裁员在履行职责时缺乏必要的监督和制约,容易出现滥用职权、徇私舞弊等问题。

① 参见李晓珊:《海南自由贸易港临时仲裁制度的建设研究》,载《河北法学》2022 年第 1 期。

这不仅损害了仲裁的公正性和权威性,也严重损害了当事人的合法权益。

3. 第三方支持和监督限度不明确

按照《仲裁法(修订)(征求意见稿)》第93条,临时仲裁裁决经仲裁员签名生效,需提交仲裁地中级人民法院备案。但此效力不含执行力。根据《仲裁法(修订)(征求意见稿)》第82条的规定,当事人应履行裁决,不履行方可申请有管辖权的中级人民法院执行。法院审查后确认执行,必须不违背公共利益;否则,不予确认。这表示临时仲裁裁决需经法院审查确认后方能执行。临时仲裁没有专门的机构和人员管理,也使因当事人约定内容存在瑕疵而导致程序中断、陷入僵局的可能性大大提高。[①] 这种情况下,临时仲裁的灵活性、自治性优点反而成为其顺利进行的风险因素。为了确保临时仲裁的有效运行,中立第三方的作用显得尤为重要。

从我国现状来看,法院等第三方对国际航空临时仲裁的支持和监督力度仍然不甚明确。这一现象的出现,很大程度上是由于我国在国际航空临时仲裁方面的政策体系尚处于起步与初始阶段,导致临时仲裁裁决在执行过程中缺乏充分的法律支撑。在国际航空纠纷中,临时仲裁裁决需要经过法院审查确认方能执行。这一规定在很大程度上保障了当事人的合法权益,避免了裁决的随意性和不确定性。然而,在我国现行法律体系下,对于临时仲裁裁决的执行,实际操作中却面临法律支撑不足的问题。在我国的政策适用与实践中,临时仲裁基本还只是一个概念意义上的产物,距离实际应用和推广还有一定距离。这不仅影响了临时仲裁裁决的执行效率,也可能对当事人的权益造成一定程度的影响。

(三)引入临时仲裁的必要性

1. 尊重当事人意思自治

立足于临时仲裁的意思自治性,贯穿仲裁的产生、发展与现阶段的仲裁制度。仲裁的弹性源于充分尊重当事人的意思自治,这是仲裁的核心要义和最大特色,在临时仲裁中体现最为全面和彻底。立法应探究当事人意思自治与临时仲裁制度的关系本质。当事人意思自治是民商法的基本原则,发展自私法自治原则,允许当事人在契约中自由选择处理争议的法律。临时仲裁中,当事人自愿提交纠纷给第三人裁判,裁判规则、权力分配等均为定制,结果双方接受。立法应尊重和保护当事人意思自治,表现为选任仲裁员,选择规则、语言、仲裁地等自决权利。这体现仲裁庭权力来自当事人让渡,利于发挥仲裁灵活性和自愿性。

---

① 参见陈磊:《临时仲裁程序僵局及其机构介入》,载《新疆大学学报(哲学·人文社会科学版)》2020年第4期。

在保障意思自治性时,需考虑国际商事仲裁中的限制,参考国际通行做法,平衡保障和约束。当事人意思自治不能完全决定国际仲裁方向,受仲裁机构、司法机关管理监督,以及可仲裁性、公共政策等法律限制。立法需考虑限制必要性,并借鉴国际社会对仲裁中意思自治的态度变化。我国仲裁立法需转变态度,建设仲裁友好型司法环境,适应现实环境对法律变革的需求。《仲裁法》应平衡保障和限制当事人意思自治。首先放宽限制,突出保障意思自治,尊重当事人合意和协议。其次兼顾限制,规定扩展范围和缓冲空间,[①]协调仲裁机构管理权、司法机构监督权冲突,必要时妥协平衡。

2. 平衡公平与效率

公平和效率是争端解决途径中永恒的价值追求,两者之间的平衡对于仲裁改革至关重要。然而,在当前的实践中,我国在临时仲裁裁决的承认与执行方面存在权利义务的不平等,这可能导致我国当事人在航空仲裁过程中受到不公平的待遇。同时,现有的仲裁程序往往烦琐且耗时,这在一定程度上影响了仲裁的效率。追求航空临时仲裁的公平与效率,既是当事人的基本需求,也是仲裁制度自身发展的要求。当事人选择临时仲裁,往往看重其快捷性,同时也期望仲裁过程能够公正无私。当事人不必在争议发生之前或之后起草详细的规则,而是可以很容易地将这套全面和精心准备的规则纳入其仲裁协议中,通过这样做,当事人可以获得临时仲裁的好处,同时避免因起草不当或未能预见可能的陷阱而造成的风险。[②] 因此,在立法过程中,应充分尊重临时仲裁的自愿性和灵活性,允许当事人根据个案需要选择更为简便的仲裁程序,以提高效率。同时,我们也应看到,临时仲裁在追求效率的同时,并未忽视公平。相反,由于临时仲裁更加注重当事人之间的意思自治和合意,因此其裁决结果往往更能体现当事人的真实意愿和利益。

维护仲裁的公平主要体现在平等和中立,提高效率的关键是坚持一裁终局,在保障当事人意思自治的前提下完善相应的配套机制。[③] 在平衡临时仲裁制度的公平与效率时,我们既要简化仲裁程序、减少不必要的环节以提高效率,又要加强对仲裁过程的监督和管理以保障公平。总之,引入和发展航空临时仲裁制度是我国

---

① 参见李贤森:《国际商事仲裁意思自治的保障与限制问题——兼评〈仲裁法〉的修改》,载《法学》2022 年第 4 期。

② See Tietie Zhang, *Enforceability of Ad Hoc Arbitration Agreements in China: China's Incomplete Ad Hoc Arbitration System*, Cornell International Law Journal, 2013, p. 364.

③ 参见刘晓红、冯硕:《对〈仲裁法〉修订的"三点"思考——以〈仲裁法(修订)(征求意见稿)〉为参照》,载《社会科学文摘》2021 年第 11 期。

仲裁改革的重要方向之一。通过不断完善相关法律法规和制度设计,我们可以更好地平衡临时仲裁的公平与效率,为我国公民提供更加公正、高效的争端解决途径。

3. 接轨国际仲裁制度

承认和发展临时仲裁制度是我国仲裁制度与国际接轨的关键举措。"一带一路"倡议和进一步的开放政策意味着中国临时仲裁制度的建立和完善变得极为迫切和必要。目前,国际上对机构仲裁与临时仲裁的界限模糊,引入临时仲裁,不仅可参照国际公约完善我国仲裁体系,还能参与国际法学界的理论探讨,为仲裁制度发展提供理论指导。

《仲裁法(修订)(征求意见稿)》构建了临时仲裁的基本框架,承认了其效力,使我国更全面地参与国际仲裁。实行临时仲裁和机构仲裁的"双轨制"可提升我国仲裁机构的公信力,两种仲裁制度相互补充,吸收国际先进经验可促进机构仲裁制度的完善,为当事人提供更便捷的体验。此外,该意见稿还引入了仲裁地概念,允许外国仲裁机构在我国设立业务机构等,赋予仲裁庭更全面的临时措施决定权。这些规则的引入和完善为"双轨制"提供了保障,有利于我国吸收国际法治精华促进国内法治发展。

(四)中国建立国际航空临时仲裁机制的的建议

1. 实行航空机构仲裁和临时仲裁并行"双轨制"

临时仲裁的承认与执行问题,是当前我国航空仲裁领域亟待解决的重要课题。针对这一问题,应以开放、包容的姿态,积极认可国内航空临时仲裁的合法性,并实行航空机构仲裁和临时仲裁并行的"双轨制"。在我国,由于仲裁制度起步较晚,航空仲裁体系尚不完善,使临时仲裁在实践中存在诸多困难。为此,应采取分阶段、有重点和有秩序地推进中国航空仲裁制度的改革与发展。

在初期阶段,可以通过一般性仲裁机构来解决航空领域中的争议。这些机构通常具备较为完善的仲裁规则和程序,能够确保仲裁的公正性和效率性。同时,通过这一阶段的实践,可以积累宝贵的经验,为后续推进航空仲裁制度的改革奠定坚实基础。进入中期阶段后,可逐步倾向于采用航空临时仲裁方式解决争议。在这一阶段,可以借鉴国际航空仲裁的先进经验,结合我国实际情况,制定适合我国航空领域的临时仲裁规则。到后期阶段,可以考虑将争议提交给专业的航空临时仲裁庭。这些临时仲裁庭通常具备丰富的实践经验和专业的仲裁团队,能够更好地处理复杂的航空争议。通过这一阶段的实践,可以进一步完善航空仲裁体系,提升我国航空仲裁的国际影响力。

2. 完善仲裁员选任等程序规则

完善国际航空临时仲裁的相关程序与规则，应进一步明确仲裁规则的内容，特别是在具体细节和操作规程上应更加明晰和具体。建议针对该制度单独立法，全面修改《仲裁法》周期长、操作复杂，且不同经济领域对临时仲裁需求各异。单独立法更具针对性，涉及面窄，可操作性强。同时，应规定国际航空临时仲裁的基本原则，继承《仲裁法》中的原则，并注重效率和临时仲裁在国际航空领域的特点和优势。在单独立法的过程中，应充分考虑国际航空临时仲裁的特殊性。国际航空领域涉及跨境运输、多国法律适用等复杂因素，因此，在制定相关条例时，需要明确仲裁地的选择、仲裁协议的有效性、仲裁裁决的承认与执行等关键问题。同时，还应考虑到国际航空临时仲裁的灵活性，允许当事人在一定范围内自主选择仲裁程序、仲裁员等，以更好地满足其实际需求。除单独立法外，我们还应加强与国际航空临时仲裁相关的培训和宣传工作。通过举办培训班、研讨会等形式，提高相关人员的专业素养和业务能力，使其能够更好地理解和应用国际航空临时仲裁制度。

在临时仲裁制度中，尊重当事人意思自治至关重要，同时法律的支持和规范亦不可或缺。关于仲裁员选任，我国现行仲裁员名册制度存在强制性和简单化问题，这限制了当事人的自由选择。因此，建立国际航空临时仲裁制度时，可尝试突破名册限制，采取推荐名册制度，使仲裁员的选任完全由当事人决定。这一变革将敞开大门，为新兴人才提供机会，同时激发仲裁员间的市场竞争，推动他们不断提升自身素质和专业水平，进而提升整个行业的健康发展。在仲裁员的任命方式上，应以尊重当事人意愿为主，辅以补充性方式。这主要是因为临时仲裁制度可能存在一方当事人不合作或拒绝承认仲裁庭权威的情况，从而影响纠纷的解决。因此，设立补充性仲裁员任命方式，如由法院、常设仲裁机构或其他机构辅助任命，以确保临时仲裁程序的顺利进行。然而，我们还应注意到，放宽仲裁员资格条件和改革选任方式并非无原则地放任，而是建立在充分尊重当事人意思自治和保障仲裁公正性的基础上。通过这一系列的改革措施，我们可以更好地发挥临时仲裁制度的优势，提高纠纷解决的效率和质量，为国际航空领域的发展提供有力的法治保障。

3. 加强国内法院对国际航空临时仲裁的支持和监督力度

临时仲裁制度的核心在于当事人意思自治，在临时仲裁过程中，法院的过度干预通常是不必要的，因为这会削弱当事人自主解决纠纷的能力。然而，这并不意味着法院在临时仲裁中完全无所作为。在支持和监督临时仲裁的过程中，法院扮演着至关重要的角色。首先，法院需要适时介入临时仲裁，以确保仲裁过程的公正和公平。通过国家司法权的行使，法院能够对仲裁过程进行有效监督，防止出现滥用职权、偏袒一方等情况。这对于维护当事人的合法权益,确保临时仲裁结果的公正性具有重要意义。其次,法院还需协助解决临时仲裁中当事人可能面临的“三不管”困境。在某些情况下,当事人可能会因为仲裁协议的约束力问题而陷入无法可依的境地。此时,应当允许当事人在特定情形下向法院提起诉讼,排除临时仲裁协议的约束力。这有助于保障当事人的合法权益,避免临时仲裁陷入僵局。在临时仲裁制度中,法院的支持与监督是必要的,但需控制在适度范围内。通过法院的适时介入和监督,我们可以确保临时仲裁制度的公正、公平和高效运行,同时保障当事人的合法权益。在制定相关法律法规时,应当充分考虑这一原则,实现当事人意思自治与法院监督的有机结合,为我国临时仲裁制度的发展提供有力支持。

面对国际航空纠纷的日益增多,国际航空临时仲裁因其灵活、高效、便捷的特点,在解决国际航空争端中将变得愈加重要。中国作为航空运输大国,临时仲裁制度在我国发展可期。中国可逐步探索引入临时仲裁,并建立相应的国际航空临时仲裁制度。力求完善我国仲裁制度,为中国航空业的稳健发展提供制度保障,促进航空争议解决机制的“多元化”发展。

[域外航空立法经验梳理]

国际航空碳排放法制体系构建对中国的启示
——以欧盟和 CORSIA 为例

任文菈*

航空业碳减排机制已成为应对气候变化全球治理体系中的重要构成,但中国尚未建立完善的对应的法制体系。欧盟开拓性建立了第一个区域性航空碳排放交易体系,国际民航组织(ICAO)拓展性建立了全球性的“国际航空业碳抵销与削减机制”(CORSIA)。这两个机制的建立和实施,对于发展起步中的中国航空碳排放法律体系具有重要启示意义。以欧盟机制为鉴,中国应加强航空碳排放立法和框架性政策引导,将“双碳”目标贯穿始终,加快发展与完善涵盖民航业的全国碳交易市场,探索建立“碳交易 + 碳税的协同”模式。以 CORSIA 为鉴,中国在国际上应当坚持“共同但有区别的责任”原则,积极参与全球航空碳排放机制的构建,促进与国际、区域间航空碳减排机制的衔接与合作,打造标杆绿色航企。

一、问题的提出

保护生态环境、应对气候变化,是全体人类社会面临的共同挑战。作为目前人类经济活动中速度最快、通达和时效性最强的运输方式,航空运输业对国内以及国际经济发展都有着不可

* 任文菈,北京航空航天大学法学院博士研究生。

替代的赋能作用。[①] 航空业的降碳难度非常高,是名副其实的"困难户",必须重点关注。民航业碳排放量在2019年已占全球交通运输行业碳排放总量的10%。到2050年可能会上升到全球交通业碳排放量的22%。[②] 此外,航空碳排放直接在对流层上部和平流层,更易对气候变化产生全球性广泛影响。

航空碳减排在全球掀起轩然大波始于2008年欧盟颁布2008/101/EU指令,该指令提出2012年起将所有入境欧盟区域的国际航班的碳排放都纳入欧盟的碳排放交易体系,并对超过排放配额而不购买配额的企业进行罚款、禁飞等处罚。虽然该指令因国际社会强烈反对而终止实施,但欧盟关注国际航空碳减排法律控制的动议和制度设计,仍然有其开拓意义,并产生了实质的国际法制影响,即客观上促进了国际民航组织对国际航空碳排放国际规则的构建。2016年国际民航组织第39届大会正式通过了CORSIA,提出相比2005年全球航空业2050年前实现减碳50%的目标和行动计划。CORSIA是第一个全球性的行业减排市场机制,被视为建立国际统一碳市场的先期实验。

在CORSIA出台后,事实上,欧盟航空碳排放机制与国际民航组织的治理机制形成了并存关系,而不是取舍关系,二者的适用边界目前并不明晰。这种复杂情况意味着,中国深度参与国际航空碳排放治理体系,需要建立在对这二者都有深入了解的基础之上。单一维度的航空碳排放法制机制的研究不利于展现国际航空碳排放法制体系的全貌,无法为中国提供契合的可借鉴路径。

继《巴黎协定》之后,中国在国际上履行国家自主贡献承诺与在国内实现"双碳目标"具有统一性。随着我国民航运输规模还将持续扩大,航空煤油消费产生的碳排放也将不断攀升,[③]航空业减排将成为我国碳减排法律体系构建的重要领域。航空业在国内面临"双碳"目标的压力,在国际上面临欧盟单边机制重启的威胁和如何参与CORSIA的难题。因此,我国参与国际航空碳排放体系、构建国内碳排放制度已经成为航空业高质量发展的紧迫任务。

本书以全球影响范围最广泛的欧盟航空碳减排机制和国际民航组织的CORSIA为切入点,聚焦现有基于市场措施的国际航空碳减排机制的最新发展情况及功能分析,深入剖析这两种机制的优缺点,提出两种机制对中国参与国际航空减排体系建设和进行国内碳排放法律体系建设的启示意义。

---

① 参见王轶辰:《啃下民航碳排放"硬骨头"》,载《经济日报》2022年5月26日,第6版。

② See Dolšak N. & Prakash A., *Different Approaches to Reducing Aviation Emissions: Reviewing the Structure-Agency Debate in Climate Policy*, Clim Action 1,2 (2022).

③ 参见王轶辰:《啃下民航碳排放"硬骨头"》,载《经济日报》2022年5月26日,第6版。

二、国际航空碳排放欧盟治理机制的进展及评析

(一)欧盟航空碳排放治理的缘起

欧盟将航空碳排放纳入碳排放交易体系,有其客观基础和法制根源。客观基础主要体现在气候变化的事实和欧洲脆弱的生态环境,法制根源则体现在内部和国际的法律体系影响。

气候变暖不可逆转的事实以及欧洲脆弱的生态环境是欧盟发展航空碳排放治理的客观基础。气候变化的事实不容忽视。2022 年 2 月,政府间气候变化专门委员会(IPCC)在第六次评估报告(AR6)第二工作组报告《气候变化 2022:影响、适应和脆弱性》中指出,气候变化正给自然界造成危险而广泛的损害,并影响着全球数十亿人的生活。更频繁的热浪、干旱和洪水已经超出一些动植物的承受极限,给人类社会造成水资源危机、粮食危机、海平面上升等气候灾难。欧盟的地理位置和气候特征,使其更容易受到气候变化的影响。2022 年 7 月以来,包括英国、法国、意大利、西班牙、葡萄牙、德国在内的欧洲多国已经遭遇罕见高温天气,局部地区最高气温达 45 摄氏度,刷新有气象记录以来 6 月同期纪录。极端高温天气已对欧盟的生态系统、公众健康、交通运输等多方面造成严重影响。欧洲大陆正面临异常严重的干旱、缺水,作为气候变化带来的苦果,已经危及欧洲的农业、旅游业和生物多样性,对粮食、能源和工业生产造成负面影响。

欧盟发展航空碳排放治理的法制根源则源于欧盟法律政策体系对可持续发展目标的贯彻和国际社会中航空碳排放规制的缺失。欧盟一直是可持续发展目标的倡议者和实施者,一直以全球气候变化治理的领导者自勉。早在 1970 年欧共体时期“环境无国界”的理念已被明确提出。1987 年 7 月生效的《单一欧洲法令》对欧共体环境政策具有重大影响,它强调“环境要求应成为共同体其他政策的基础”,首次以条约的形式确立了欧共体环境保护的政策和法律地位。① 1992 年的《马斯特里赫特条约》第 3 条规定,欧盟有权根据自己的价值观和利益处理区域性或世界性环境问题,并正式提出了欧盟“可持续发展”的目标,在欧盟法律体系中建立了可持续发展概念。而 1997 年《阿姆斯特丹条约》正式将可持续发展作为欧盟的优先目标,进一步确立了可持续发展原则的法律地位。②

积极参与乃至引领全球气候变化治理是欧盟外交的一贯战略。面对航空碳排

① 参见何志鹏:《国际法治论》,北京大学出版社 2016 年版,第 516 页。

② 参见万融:《欧盟的环境政策及其局限性分析》,载《山西财经大学学报》2003 年第 2 期。

放国际法规则缺失,欧盟展示了气候变化治理的担当和作为。在气候变化治理的国际性条约中,尚未形成具有强制力的航空碳排放的法律规则,航空碳排放的问题被长期忽视。《气候变化国际公约》《京都议定书》《巴黎协定》均没有提到国际航空碳排放的治理问题,仅有《京都议定书》提出将航空碳排放交由国际民航组织解决。在《巴黎协定》签署的前几天,文本中还提及国际航空碳排放,但最终删除该内容。① 而国际民航组织主要依靠缔约国大会的决议、建议等软法来引导航空碳排放的治理,缺乏正式的国际公约规则和有约束力的惩罚机制和保障机制进行治理。1947年生效的《芝加哥公约》被视为国际民用航空基本法,但在该公约的96个条款中,并没有规定航空碳排放问题。1971年国际民航组织通过了《芝加哥公约附件16:环境保护》,也只制定了航空器噪声和发动机排放的环保标准。

(二)欧盟航空碳排放治理的法制发展

现有文献对于欧盟航空碳排放治理的研究,主要集中在2008/101/EC指令上。事实上,在该指令之后,欧盟的相关法律体系仍在发展中,并且立法层级在不断提升,②从各类指令发展到最新的条例。根据欧盟航空碳排放机制的适用范围及与国际机制衔接的程度,欧盟航空碳排放治理的法制发展大致分为三个阶段。

第一阶段(2003~2008年):欧盟建立碳排放交易体系,并逐步扩大范围将国际航空业纳入。2003年,为履行《京都议定书》的减排承诺,欧盟理事会通过了2003/87/EC号指令,决定于2005年1月1日启动欧盟碳排放交易体系,主要涉及一般工业领域。2008年,欧盟理事会通过了2008/101/EC指令,首次将国际民用航空减排纳入碳排放交易体系。③ 为了落实2008/101/EC指令,欧盟在2009年8月提出将全球2000多家航空公司纳入碳排放交易体系的计划,随后引起了国际社会强烈反对,导致计划无法推行。

欧盟2008/101/EC指令的主要内容是配额分配、收益适用范围和处罚措施。(1)配额分配分三步走,对初始配额、拍卖配额和配额补贴予以规定,分阶段提升拍卖配额,并逐渐减少免费配额。初始配额分配基准为祖父原则,根据历史排放份额

① See Francesco Gaspari, *Aviation and Environmental Protection after the 2015 Paris Agreement: From Regulatory Unilateralism toward International Cooperation*, Issues in Aviation Law and Policy, Vol. 15:2, p. 347 - 376(2016).

② 欧盟法律的两个主要渊源是基本法和派生法。基本法由制定欧盟法律框架的条约构成,发挥着犹如国内法中宪法的作用。派生法是指根据基础条约所赋予的权限,由欧盟的主要机构制定的各种规范性法律文件,主要包括条例(regulation)、指令(directive)、决定(decision)等。

③ See European Commission, Document 32008L0101, https://eur-lex.europa.eu/legal-content/EN/TXT/? uri=CELEX:32008L0101, visited on 1 May 2023.

决定今后的排放配额。这意味着发达国家将整体上比发展中国家获得更多的初始免费配额。根据该指令,配额分配的第一步为 2012 年,将配额总量(2004 ~ 2006 年欧盟境内国际航空排放量均值)的 97% 分配给航空器运营人,该年度配额中的 15% 应当用于拍卖。第二步为 2013 ~ 2020 年,分配给航空运营人的配额总量减少为历史排放的 95%,年度配额中仍有 15% 作为拍卖配额,但这一比例将会逐渐提高。第三步为 2021 ~ 2030 年,欧盟委员会提议自 2021 年起补贴总额将于每年以 2.2% 的速度下降。(2)收益适用范围由欧盟成员国决定。虽然碳排放交易体系的资金宗旨为应对欧盟和第三国的气候变化,然而 2008/101/EC 指令规定,由成员国决定配额竞价拍卖所得收益的使用方式,[①]据此相关收益将直接归由成员国,并无法监管成员国是否将这些收益用来支付履行不能的罚款。这些收益对于欧盟成员国的各项发展无疑将起到推动作用,但对于全球的航空碳排放到底能起到什么作用,缺乏足够的说理。再加上 2008 年国际金融危机和之后的欧债危机背景,更增添了国际社会对欧盟碳排放收益正当性的怀疑。(3)处罚措施主要是设置黑名单和罚款。根据该指令第 16 条,如果没有及时提交经核证的排放报告,航空器运营人的注册表账户将被冻结,成员国主管当局可对航空器运营人采取强制措施。对于在每年 4 月 30 日之前未上交足够配额的航空器运营人,成员国将建立"黑名单",并要求该航空器运营人支付每吨二氧化碳当量 100 欧元的超额排放罚款,且下一年仍需缴纳上一年没有完成的配额量。

第二阶段(2008 ~ 2014 年):欧盟内部继续,外部停摆。此阶段的法律依据主要为欧盟第 377/2013 号决议(Decision No. 377/2013),欧盟第 421/2014 号条例(Regulation 421/2014)。

由于各国强烈的反对和抵制,欧盟颁布第 377/2013 号决议(Decision No. 377/2013),决定 2012 年暂停对欧盟外部航空公司适用碳排放交易体系;欧盟在该文件中提出认识到航空业具有很强的国际性,因此"解决国际航空排放快速增长问题的全球方法将是首选和最有效的方法"。然后颁布第 421/2014 号条例(Regulation 421/2014),决定 2013 ~ 2016 年缩小航空碳排放交易的适用范围,即只适用于欧盟内部。

第三阶段(2014 年至今):与国际衔接。此阶段的法律政策基础主要为第 2017/2392 号条例(Regulation 2017/2392)和《欧洲绿色协议》(Green Deal)。

在第 2017/2392 号条例中,主要内容为修订欧盟 2003/87/EC 号指令,继续对

---

① See Aviation Directive, art. 3(d)4.

航空活动范围进行限制,并准备从2021年开始实施基于全球航空碳市场的措施,即CORSIA。欧盟在此阶段的发展服务于两个目的,即履行《巴黎协定》和支持国际民航组织的减排措施。为实现《巴黎协定》将全球升温控制在2摄氏度的目标,欧盟要求所有部门都需作出努力,增加国家自主贡献,为此自2013年1月1日起,将拍卖15%的航空配额。为促进实施国际民航组织的减排计划,欧盟规定对往返第三国航班减免欧盟排放交易体系义务的执行将从2023年延长至2027年。① 这同时意味着,欧盟航空碳排放交易的适用范围有可能在2027年再次恢复到全球航空公司,欧盟并未彻底放弃之前饱受诟病的航空碳排放交易的单边主义。

欧盟委员会于2019年12月通过了《欧洲绿色协议》,该协议被称作欧洲绿色新政,核心目标是欧盟应该在2050年在全球率先实现"碳中和"。② 从国际法层面来看,该协议旨在进一步加强欧盟在《巴黎协定》下的气候承诺。国家自主贡献承诺要求国家制定本国温室气体量化减排目标,并向国际社会作出自我声明,之后承诺便具有了国际公信力和国际法约束力。③ 作为《欧洲绿色协议》的组成部分,《欧盟气候法》将2050年实现碳中和已经作为法定目标。④ 欧盟力图通过《欧洲绿色协议》增加其在整个经济体系范围内的脱碳承诺,与1990年的水平相比,到2030年从至少40%提高到至少55%。为了实现增强的气候目标,包括航空业在内的所有部门都必须贡献实际减排量。⑤

为推动《欧洲绿色协议》的实施,欧盟同时出台"Fit for 55"一揽子计划,主要内容为目标到2030年将欧盟温室气体排放量较1990年降低55%。在该计划中,欧盟委员会提议修订欧盟碳排放交易体系关于航空二氧化碳排放的规定:(1)通过修订排放配额分配、逐年大幅增加拍卖份额的方式,确保该部门为欧盟的气候目标作出贡献。到2024年,拍卖免费分配的配额数量的25%。到2025年,免费分配的配额数量的50%将被拍卖。到2026年,免费分配的配额数量的75%将被拍卖。自2027年1月1日起,所有在该年度将进行免费分配的配额数量都将被拍卖。(2)欧

① See European Commission, https://eur-lex. europa. eu/legal-content/EN/TXT/PDF/? uri = CELEX: 32017R2392&rid = 20.

② 参见庄贵阳、朱仙丽:《〈欧洲绿色协议〉:内涵、影响与借鉴意义》,载《国际经济评论》2021年第1期。

③ 参见杜群:《〈巴黎协定〉对气候变化诉讼发展的实证意义》,载《政治与法律》2022年第7期。

④ 参见兰莹、秦天宝:《〈欧洲气候法〉:以"气候中和"引领全球行动》,载《环境保护》2020年第9期。

⑤ See European Union, Document 52021PC0552, https://eur-lex. europa. eu/legal-content/EN/TXT/? uri = CELEX:52021PC0552#footnote2, visited on 1 May 2023.

盟参加 2021 ~ 2023 年的 CORSIA,在修订后的碳排放交易体系中纳入国际民航组织商定的基于市场的 CORSIA,并将其应用于经过或抵达欧洲经济区内机场的国际航班。对于成员国的国内航班或欧洲经济区内的航班,碳排放交易体系将继续适用。

《欧洲绿色协议》中还提到建立欧盟"碳边境调节机制"(Carbon Border Adjustment Mechanism,CBAM),该机制已于 2023 年 5 月 17 日在欧洲议会通过。该机制表面上是欧盟为了应对气候变化而采取的一种措施,本质是一种碳关税①,根本目的是确保进口产品与本国同类产品承担相同的碳成本②,维护进口商品和国内商品的公平竞争,防止碳泄漏。虽然该机制目前主要涉及铝、水泥、钢铁、电力、氢和化肥六个高碳行业,但作为欧盟碳排放交易体系的配套政策,其适用范围拓展到航空业只是时间问题。③ 从发展趋势来看,欧盟的航空碳排放治理机制也即将进入"碳交易 + 碳税"的协同治理模式。

(三)欧盟航空碳排放治理的客观功能分析

从欧盟内部体系审视其航空碳排放法制体系,已经具备必要的客观基础和法律基础。纵观欧盟的航空碳排放法治体系的发展,有以下三个特点。其一,立法基础都是遵循明确的气候变化国际公约。第一阶段和第二阶段是为了履行《京都议定书》,第三阶段是为了履行《巴黎协定》。其二,立法模式的单边倾向始终存在。欧盟持续输出欧盟法律标准。从单边走向与国际衔接,并呈现再次走向单边的趋势,即 2027 年可能恢复到原定适用范围,对非欧盟国家生效。其三,都通过基于市场的措施治理航空碳排放。无论是欧盟碳排放交易体系还是欧盟碳边境调节机制,都是通过市场措施来进行治理,欧盟已经进入到了"碳交易 + 碳税"的协同碳治理时代。

但是站在全球甚或他国的外部视角审视,欧盟航空碳排放交易机制的本质是一种单边机制,只体现了欧盟自己的利益诉求。针对 2008/101/EC 指令,世界各国通过诉讼、外交抗议、联合发表宣言等方式展开了对欧盟航空碳排放方案的反击之路。美国、中国、印度以及其他多个国家均通过各种方式对欧盟的航空减排机制进

① 参见田静、史学瀛:《碳边境调节机制:欧盟应对气候变化的新选择与中国因应》,载《中国环境管理》2023 年第 1 期。

② 参见刘勇:《气候治理与贸易规制的冲突和协调——由碳边境调节机制引发的思考》,载《法商研究》2023 年第 2 期。

③ 参见牛宇锋:《"双碳"战略目标下我国民航业发展路径探析》,载《民航管理》2023 年第 4 期。

行了反对。[①] 从欧盟外部视角来看,即国际社会看来,对欧盟的批判声音则是不绝于耳。批判主要围绕在其立法管辖权的不合理,违反了《气候变化框架公约》和《京都议定书》中的共同但有区别的责任,违反了《芝加哥公约》中的领空自由权等方面展开。这方面之前的文献中已经有较多论述,本文就不重点探讨了。

然而,从长远来看,欧盟碳排放交易体系为国际社会正视航空碳排放问题设置了法制航标,也促进了航空碳排国际法的发展。[②] 在欧盟的单边激进制度的推动下,国际民航组织主导下的 CORSIA 被极大地激发制定并顺利出台。[③] 虽然欧盟有重启单边航空碳排放机制的可能性,但在目前阶段,依据欧盟的相关法律,欧盟依然积极与国际民航组织制定的 CORSIA 进行了对接,再次回到了多边机制。从法治的角度看,欧盟政策加速了国际航空运输业碳减排法律框架的出台,促进航空碳排放国际法规则缺漏的填补。[④]

三、CORSIA 的进展及评析

2016 年各国在纽约签署的《巴黎协定》为 2020 年后全球应对气候变化行动作出了安排,长期目标是将全球平均气温较前工业化时期上升的幅度控制在 2 摄氏度以内,并努力限制在 1.5 摄氏度以内。在应对气候变化的全球大背景下,也在欧盟国际航空碳排放单边激进政策的刺激下,国际社会加速构建联合国体系内的航空碳排放治理机制。

(一)CORSIA 的发展

根据 1947 年的《芝加哥公约》,国际民航组织作为联合国的一个专门机构成立,负责制定国际民航领域技术标准和政策,促进国际民用航空安全和有序发展。根据其官方网站信息,环境保护已经成为国际民航组织的五大战略目标之一。国际民航组织于 1983 年成立航空环境保护委员会,该委员会协助理事会制定与航空

---

① 美国航空运输协会及其 3 家航空公司成员于 2009 年向英国高等法院提起诉讼,反对英国将大多数美国航空公司纳入欧盟碳排放交易体系。之后,美国出台了禁止欧盟碳排放交易法令(the EU ETS Prohibition Act),规定美国航空公司加入欧盟碳排放交易体系为违法行为。2011 年中国、印度等 21 个国家也提出强烈的反对意见。2012 年 2 月,32 个国际民航组织非欧盟成员国在莫斯科起草并通过了《莫斯科宣言》,一致反对欧盟单方面将国际航空纳入欧盟的碳排放交易体系,要求欧盟停止单边行动,回到多边框架下解决。

② 参见高志宏:《国际航空碳排放体系构建的中国应对》,载《中国政法大学学报》2022 年第 2 期。

③ 2012 年 3 月,国际民航组织市场积极专门工作小组提交了 4 种基于市场措施的航空业减排方案,综合了碳排放交易机制、碳抵消机制和碳排放收费机制。

④ 参见高志宏:《欧盟航空碳排放交易指令的法理评析与中国应对研究》,载《南京航空航天大学学报(社会科学版)》2022 年第 2 期。

器噪声和排放以及更广泛的航空环境影响相关的新政策并采用新标准和建议措施(SARP)。

2016 年 10 月,国际民航组织第 39 届大会通过了具有历史意义的 CORSIA,形成了第一个全球性行业减排市场机制,航空业也由此成为世界上首个通过各国政府协商一致采取碳中和措施的行业。① 国际民航组织就航空碳排放所构建的法律框架因其反映了联合国及其成员国的集体意志而得到普遍支持。这种普遍支持决定了国际民航组织对航空碳排放进行法律规制本质上是一种多边模式。②

CORSIA 旨在推动航空公司采用合格排放单元(Eligible Emission Unit)抵消 2020 年后的国际航班碳排放增量。在 CORSIA 下,全球航空业需要在 2050 年逐步达到以下目标:(1)2035 年的二氧化碳排放量不超过 2020 年的排放水平,即碳达峰;(2)2050 年的二氧化碳排放量应达到 2005 年排放水平的 50% 及以下,最终实现碳中和增长,将全球航空碳净排放量稳定在 2019 年的水平(5.8 亿吨碳)。

考虑到各国航空业的发展情况不同,国际民航组织对 CORSIA 采取了分阶段实施。2021 年到 2023 年为试运行阶段,2024 年到 2026 年为正式运行的第一阶段,在这两个阶段,各个国家自愿决定是否参与 CORSIA;2027 年至 2035 年为强制执行阶段,所有成员国将按照 2018 年每吨公里收入(RTKs)的份额来承担 CORSIA 碳排放责任,③最不发达国家,部分岛国和内陆欠发达地区可自愿参与的除外。

CORSIA 的分阶段实行,给予不同国家较多的自主权和准备时间,各国可以根据自身情况选择合适的时机加入。而设置 2027 年强制性的执行阶段,给各国规定了一个重要的时间节点,确保所有成员国普遍遵守。虽然这种模式与《巴黎协定》的“自下而上”模式不同,甚至该机制有些方面可能超出了国际民航组织的权力范围,但该机制也是为了支持《巴黎协定》的温控目标而作出的一种行业努力,这种留有一定参与选择权的“自上而下”模式符合了国际航空排放全球性的特征。

2022 年 10 月 7 日,国际民航组织在第 41 届大会上审议通过“国际航空长期全球理想目标”(LTAG),再次重申了国际航空业 2050 年实现净零排放的目标。④ 本

---

① 参见刘勇、朱瑜:《气候变化全球治理的新发展——国际航空业碳抵消与削减机制》,载《北京理工大学学报(社会科学版)》2019 年第 3 期。

② 参见贺银花:《国际法视野下航空碳排放交易制度研究》,法律出版社 2019 年版,第 55 页。

③ See ICAO Environmental Report, 2019, Chapter 6, p. 208, https://www.icao.int/environmental-protection/Documents/ICAO-ENV-Report2019 - F1 - WEB%20(1).pdf, visted on 15 April 2023.

④ See *States adopt net-zero 2050 global aspirational goal for international flight operations*, https://www.icao.int/Newsroom/Pages/ZH/States-adopts-netzero - 2050 - aspirational-goal-for-international-flight-operations.aspx, visited on 9 October 2022.

次大会完成了CORSIA的第一次定期审查,各国商定自2024年起实施新的CORSIA基线,即2019年二氧化碳排放量的85%。

(二)CORSIA的功能突破

相比于欧盟的单边模式做法,CORSIA实现了一定的法制功能突破。综合而言,主要体现在以下三点。

1.突破了区域性协议,契合国际航空排放的全球性特征

由于国际航空排放的全球性,某一区域间的立法对此难以进行有效且正当的管理。

根据政府间气候变化专门委员会《国家温室气体清单指南》(2006年)中的定义,起飞地与降落地不在同一国的航空器所排放的温室气体,即为国际航空碳排放,包括了起飞和降落阶段的排放。[①] 从该定义可知,与国内航空排放只涉及一国的排放不同,国际航空排放会随着国际航线和气流运动产生全球性的气候影响,面临在不同国家领土和公海上空排放的问题。

相较于仅在欧盟内部得到认可的欧盟机制,CORSIA是突破了区域性的协议,在全球范围内吸引了众多国家的自愿参与,顾及了全球不同国家的情况,对发达国家和发展中国家情况进行了一定的区分,较好地实现了全球普遍共识基础上的统一。[②] 截至2023年3月,已经有119个国家自愿加入,[③]通过国际航空运输协会(IATA)的估算,通过CORSIA进行航空碳减排,可以将国际航空的二氧化碳净排放量稳定在6亿吨左右。[④]

2.采用柔性的市场实施机制,有利于国际社会的普遍参与

当前国际社会普遍认为,通过市场机制来进行碳减排是一种有效的手段。欧盟机制与CORSIA都是通过基于市场措施的方法来治理航空碳排放,但在具体的措施方面二者有很大的差异。欧盟方案是一种基于总量控制的碳排放交易机制,撇去对非欧盟航空经营者的管束,它也是一个区域法,具有强制性。而CORSIA是一种基于合格排放单位的碳抵消机制,是一种柔性机制。

CORSIA的实施方式更加灵活且易推广。欧盟对于航空经营者设定了年度的

---

① 参见史玉:《国际航空碳排放全球共同治理机制构建》,载《国际论坛》2012年第3期。

② 参见刘萍:《单边抑或多边:航空排放法律规制路径分析》,载《暨南学报(哲学社会科学版)》2012年第3期。

③ See *CORSIA News*, https://www.icao.int/environmental-protection/CORSIA/Pages/CORSIA-News.aspx, visted on 29 April 2023. 毛里求斯为第119个自愿参与2023年计划的国家。

④ See IATA, *Offsetting CO_2 Emissions with CORSIA*, https://www.iata.org/en/programs/environment/corsia/, visted on 29 April 2023.

总量控制目标,是一种刚性的管理。而 CORSIA 并没有绝对的减排目标,只是要求经营者用合格的排放单位来抵消其产生的碳排放,对于各国减少航空碳排放的实质压力大大降低,提升了国际社会的参与度。欧盟方案是基于其 2005 年就建立的碳排放交易体系,是在限制航空温室气体排放的总量基础上进行航空碳排放配额交易的一种治理方式。CORSIA 是一种强制碳抵消方案。航空经营者需要提供合格排放单位来抵消其碳排放,常见的减排项目有风电、水电、垃圾焚烧发电、沼气回收、林业碳汇等。[①] 相较而言,国际民航组织选择制定 CORSIA,是基于其实施成本低、无须评估配额的总量及价格、无须建立碳交易市场所需要的交易系统与碳排放监测核算—报告—核查(MRV)体系等因素的考虑。

3. 多层次有序推进,从国际组织—国家—企业三个层次推动航空碳减排

CORSIA 是国际社会削减温室气体行动的一次新尝试和新突破,因为它是在国际民航组织的带领下,构建的全球范围内首个以企业为最终主体的多边减排机制,也是全球首个行业减排机制。此举突破了《气候变化框架公约》《京都议定书》《巴黎协定》以国家为边界的规制困境。[②] CORSIA 同时又适当考虑了航空经营者所在国的身份,把一部分航空排放量小的国家排除在调整范围之外,因此,这一新突破受到了以国际航空运输协会(IATA)为代表的全球航空企业的普遍认可,从而为国际航空运输的温室气体减排行动奠定了重要的基础。CORSIA 中,实现了国际组织—国家—企业的三个层次推动,也将对其他行业减排产生极大的示范作用。

即使该机制目前尚没有覆盖全球所有的航空公司,但作为一个仍处于发展中的减排机制,未来该机制在抵消该行业对全球变暖的影响方面将发挥出越来越重要的作用。

(三)CORSIA 的有限性

在国际民航组织的带领下形成的 CORSIA 多边模式,也具有一些有限性。

1. 法律效力有限,缺乏强制性争端解决机制

"软法"是国际环境保护领域中一个十分引人瞩目的现象,它是指在严格意义上不具有法律拘束力、但又有一定法律效果的国际文件。[③] 国际社会不存在一个超越国家主权的强权机构,因此国际法的效力并不能靠国家机构进行强制实施,而是

---

① 参见高志宏:《欧盟航空碳排放交易指令的法理评析与中国应对研究》,载《南京航空航天大学学报(社会科学版)》2022 年第 2 期。

② 参见高志宏:《欧盟航空碳排放交易指令的法理评析与中国应对研究》,载《南京航空航天大学学报(社会科学版)》2022 年第 2 期。

③ 参见王铁崖主编:《国际法》,法律出版社 2018 年版,第 332 页。

通过国家的认可。航空碳排放方面的唯一硬法为《芝加哥公约》,对缔约方有较强的约束力,除此之外,主要是国际民航组织历次大会通过的决议、指导原则、政策建议,以及各类宣言,这些均属于"软法"。

而CORSIA的实施,也主要通过国际民航组织的大会决议等"软法"开展,强制约束力有限。缔约国如果不履行该机制,并不会受到处罚。在该机制之下,也不存在强制性的争端解决机制,目前主要靠各国的政治意愿来解决争端。

2.碳排放治理的责任分担机制依然存在冲突

当前国际碳治理的公平性仍存在很多争议,这些争议体现在历史排放与代际公平、人均排放与代内公平、减排能力与收入差距、碳排放转移与责任认定、气候谈判的程序公平性五个层面。[①] 在航空碳减排领域亦存在这些争议,CORSIA并未对发达国家和发展中国家的航空业发展阶段、经济能力、技术实力等差异进行充分的考量。

在CORSIA下,发达国家和发展中国家的利益分歧并未得到有效化解,主要体现在共同但有区别的责任原则在具体实施上的分歧难以避免。而这一方面是由于该原则的内涵具有模糊性,发达国家倾向于将这种区别责任作为伦理或道德的责任;[②]另一方面则是因为"共同而区别"责任原则是否成为对国际社会有普遍约束力的习惯法目前尚未产生定论。[③]

在发展中国家看来,发达国家在工业化时期排放的温室气体导致了今天的气候变化,挤压了发展中国家当今的排放空间,理应承担起应对气候变化的主要责任。[④] 在发达国家看来,发展中国家是当今的碳排放大户,航空排放水平很快就会与发达国家持平,因此发展中国家也应该承担同样的减排责任。[⑤] 发达国家的国际航空业发展较为成熟,未来的碳排放增量较少;而发展中国家的民航业仍处于快速发展的阶段,重点着眼于航空业的发展机会,二者之间的矛盾在CORSIA的分阶段实施下得到了暂时的搁置,而并没有得到妥善的解决。

---

① 参见彭水军、张文城:《国际碳减排合作公平性问题研究》,载《厦门大学学报(哲学社会科学版)》2012年第1期。

② 参见邵莉莉:《碳中和背景下国际碳排放治理的"共同责任"构建——共同但有区别责任的困境及消解》,载《政治与法律》2022年第2期。

③ 参见李伟芳:《航空业纳入欧盟碳排放交易体系之合法性分析》,载《政治与法律》2012年第10期。

④ 参见吴卫星:《从哥本哈根会议透视全球气候变化法律规制中的几个问题》,载《南京大学学报(哲学·人文科学·社会科学版)》2010年第5期。

⑤ 参见杨绪彪、朱丽萍:《碳中和增长目标下解决航空碳排放的路径选择》,载《经济问题探索》2015年第7期。

3. 法律实施效率较低

国际民航组织在国际航空碳减排领域内努力数十年,但直到 2016 年才形成一个全球性的航空碳减排机制,并且还是在欧盟单边模式的威胁与推动之下才达成。该情况可能由以下两方面原因造成。其一,由于国际航空碳减排机制涉及多个国家主体之间的利益协调与衡量,在国际范围内达成一个多方认可并愿意加入的条约并非易事。其二,有学者认为国际民航组织在航空碳减排方面并未发挥领导作用。① 航空业使用可持续燃料和氢能因成本高而不现实,从实际来看减少航班似乎是最有效的减排方案。因此,气候制度的碳中和目标与国际民航组织"安全有序增长"的目标②之间存在明显紧张关系,甚至可能是矛盾。

根据 CORSIA,2027 年才开始实施强制性的机制,要求所有会员国参与航空碳减排,因此遭到了不少批评意见。③ 尤其是俄罗斯、巴西和印度等国明确表示至少在 2027 年他们不会参与 CORSIA,这必然使该机制的实际减排效果大打折扣。④ 也有观点认为碳抵消的方案雄心不足,⑤因为该机制并未覆盖非二氧化碳的排放管控,并且只着眼于抵消已排放的二氧化碳而并非削减未来的二氧化碳的排放。还有批评者反对行业碳减排机制,担心此机制会取代全面性的气候变化公约,因为各国将外交资源花费在只能部分解决问题的协议上。⑥

四、国际航空碳排放法律体系构建的中国启示

中国作为世界上民航业快速发展的国家,在航空碳排放方面相关的法律法规则较为滞后。2018 年发布的《关于深入推进民航绿色发展的实施意见》中才提出

---

① See Mayer B. & Ding Z., *Climate Change Mitigation in the Aviation Sector: A Critical Overview of National and International Initiatives*, Transnational Environmental Law, p. 14 – 41 (2023).

② See Convention on International Civil Aviation, Chicago, IL (US), 7 Dec. 1944, in force 4 Apr. 1947 asamended, Art. 44, https://www.icao.int/publications/Documents/7300_9ed.pdf (ChicagoConvention).

③ See Reals, Kerry, *Can ICAO Convince The World To Regulate Aviation Emissions?*, https://runwaygirlnetwork.com/2016/09/can-icao-convince-the-world-to-regulate-aviation-emissions/, visited on 29 April 2023.

④ See *Why India Is Holding Out From A Landmark Aviation Climate Deal*, https://fortune.com/2016/09/27/india-climate-deal/; Karp & Aaron, *Four Thoughts On The ICAO Emissions Deal*, Atwonline.com (2016), visited on 29 April 2023.

⑤ 有批评者认为更为雄心勃勃的手段包括征收航空燃油税和机票税。See Jörgen Larsson, Anna et al., *International and National Climate Policies for Aviation: A Review*, Climate Policy, Vol. 19: 6, p. 795 (2019).

⑥ See Brian F. Havenl & Gabriel S. Sanchez, *Toward an International Aviation Emissions Agreement*, Harvard Environmental Law Review, Vol. 2, p. 351 – 386 (2012).

绿色民航政策标准体系。2022年1月,由中国民用航空局、国家发展改革委员会、交通运输部联合印发《“十四五”民用航空发展规划》,其中航空减排的相关内容仅为原则性规定,不涉及阶段规划和具体目标任务。

在航空业减排已成为全球碳治理重点和热点的大背景下,可供中国观望的时间并不多,越早加强航空碳减排治理的深度,越早在国际社会获得更多主动权。欧盟的航空碳排放机制,为全球首个经济体的具有规模性的成熟减排机制,而CORSIA作为全球第一个航空业碳减排机制,从航空减排的历史发展作用来看,二者对构建中国航空碳减排法制体系均具有重要意义。

(一)欧盟机制对中国的启示

欧盟机制在国际社会遭受了强烈的反对,目前处于与国际社会接轨的初期阶段,但不能否认其对国际航空碳减排的积极意义。在构建我国未来航空碳减排政策和法律中,以下方面可以借鉴欧盟经验。

1. 以实现“双碳”目标为指引,加强航空碳排放框架性政策和立法引导

欧盟自20世纪80年代起至今始终强调将环境保护和可持续性融入所有政策的制定与执行当中,并且特别重视通过立法和各类框架性政策确保其贯彻。根据《欧盟气候法》2050年实现碳中和已经成为法定目标。我国在《2030年前碳达峰行动方案》中提出,“将碳达峰贯穿于经济社会发展全过程和各方面”,但目前,中国民用航空局并未明确我国民航业如何实现“双碳”目标,还没有制定清晰的顶层路径。今后为促进航空业贯彻“双碳”目标,可考虑政策先行,逐步立法,培育全行业乃至全社会的的绿色民航理念。

从政策方面来看,中国民用航空局目前相关的政策为《关于深入推进民航绿色发展的实施意见》(2018年)和《“十四五”民航绿色发展专项规划》(2021年),专项规划中提出了2035年运输航空实现碳中性增长。未来在政策方面还应当制定航空业实现“双碳”目标的分阶段具体实施路径。

从立法来看,针对航空碳减排的法律体系处于起步阶段。2021年4月修正的《民用航空法》是中国航空领域的基本法,目前仅有第67条和第149条涉及环境保护,[①]对于航空碳减排的责任主体、承担责任的方式、航空碳排放交易的义务与责任等内容尚未涉及。其他相关联的法律包括《环境保护法》《大气污染防治法》《节约能源法》等,都未直接涉及航空碳排放的具体规定。中国未来可能制定统一

① 《民用航空法》第67条规定:民用机场管理机构应当依照环境保护法律、行政法规的规定,做好机场环境保护工作。第149条规定:组织实施作业飞行时,应当采取有效措施,保证飞行安全,保护环境和生态平衡,防止对环境、居民、作物或者牲畜等造成损害。

的“气候变化法”,则应将航空业作为重点行业进行规制,进一步完善航空碳排放的法制基础。此外,对于欧盟在航空领域立法的域外适用,中国国内法律也应考虑制定适当的阻断机制,争取更多的主动权。①

2. 加快发展与完善全国碳交易市场,尽快将民航业纳入其中

2021 年 7 月中国全国碳交易市场刚刚起步,虽然交易规模仅次于欧盟,但成交量和交易额都远低于欧盟市场,市场并不活跃。目前仅涵盖电力行业,未来应尽早推动航空业纳入其中。国内碳排放权交易规则的完善能够助推国际碳排放权交易机制的发展。② 此后,不仅可以通过多边机制调节与欧盟航空碳排放治理体系的对接,还可以通过中欧双边协议等方式推动我国航空碳市场与欧盟航空碳市场兼容对接,减少我国航空器经欧盟航线的不确定性。

欧盟航空碳排放机制在合法性和管辖权方面备受诟病,但中国仍然可以借鉴其在欧盟内部实施的一些细则。中国的航空碳排放交易体系也应根据实际情况分阶段推进,建立符合国情和行业发展阶段的航空碳减排市场机制,中国民用航空局与各大航空公司尽最大努力实现航空业发展和环境保护的平衡点。中国的航空碳排放交易在试点过程中,上海和广东已经将航空业纳入交易市场,可以借鉴地方在试点过程中的有益经验,为建设全国性的航空碳排放交易机制打基础。目前全国碳市场存在缺乏国家层面统一规则、免费配额过度发放、违法成本低等问题。③ 在国际航空减排的实践中,存在排放量的核算与上报权责不明确等问题。当前排放量主要由各个省份主管部门核算,对于国际航空排放的数据核算该如何安排,尚没有答案。因此,在法律实施层面可以借鉴欧盟的航空配额分配和价格调控机制,碳排放监测、审查、核算,信息披露要求和处罚机制等,加快中国国际航空减排的步伐。

3 探索建立“碳交易 + 碳税”的协同模式,完善碳定价机制

欧盟实施了“碳边境调节机制”,根据其发展趋势,航空业极有可能进入“碳排放交易 + 碳税”协同的模式,中国对此不得不未雨绸缪。提前布局,掌握更多主动权,避免陷入被动局面。

针对欧盟单边的航空碳排放交易机制,中国和其他国家一起采取各种措施强

---

① 参见韩永红、李明:《欧盟碳排放交易立法的域外适用及中国应对》,载《武大国际法评论》2021 年第 6 期。

② 参见赵骏、孟令浩:《我国碳排放权交易规则体系的构建与完善——基于国际法治与国内法治互动的视野》,载《湖北大学学报(哲学社会科学版)》2021 年第 5 期。

③ 参见曹明德:《中国碳排放交易面临的法律问题和立法建议》,载《法商研究》2021 年第 5 期。

烈反对,最终使该机制进入了外部停摆阶段。未来,如果欧盟再次重启单边机制,中国还可以考虑在世界贸易组织机制下通过世界贸易组织争端解决机制解决该问题①,或者通过外交途径与欧盟开展新一轮的双边、多边谈判来使欧盟改变该机制的不当之处。②

针对欧盟的碳边境调节机制,中国也宜再次考虑碳税的征收方案。中国征收碳税的路径目前存在争议:税种设置是采取独立税还是融入税、碳税定位上属于一般税还是特定目的税。③ 航空碳税作为碳税的一个重要领域,仍需要参考我国整体的碳税路径选择。从国内来看,在全国碳交易市场运行的同时征收碳税,更有利于实现“双碳”目标。④ 为应对欧盟的航空碳排放机制,中国应尽早搭建“碳交易+碳税”的协同模式框架,并构建反制欧盟限制国际贸易的防范碳泄漏涉外气候法制⑤,维护中国的航空业健康发展。

(二)CORSIA对中国的启示

在当前的复杂的国际形势下,各国应始终遵守国际法的基本原则,坚持多边主义,维护以联合国为核心的国际法体系,保障国际航空领域的可持续发展。针对目前的国际航空碳排放治理趋势,市场机制是大势所趋。当CORSIA进入2027年的强制实施阶段,中国航空业将面临直接而紧迫的国际减排义务。为了确保我国航空业的可持续发展,在全球航空碳减排协议谈判中,我国应坚持在国际民航组织的主导下制定规则⑥,倡导多边主义,积极参与全球航空碳排放机制的构建,打造标杆绿色航企,将航空业全球减排的经验推广到其他行业,从容应对国内与国际压力。

1. 坚持“共同但有区别的责任”原则,积极参与建设全球航空碳排放机制

在第41届国际民航组织大会中,中国再次连任国际民航组织一类理事国,表明了中国在世界民航中的重要地位和作用。中国作为负责任的大国、最大的发展中国家,应广泛联合众多发展中国家,在“南南合作”框架下,努力在航空减排领域贯彻“共同但有区别的责任”的原则。发达国家应当承担航空排放历史责任、发展

---

① 参见高志宏:《“双碳”目标下航空碳排放国际规则的中国因应》,载《政法论丛》2023年第4期。

② 参见张华:《论“欧盟航空减排指令”的域外管辖问题及中国的对策》,载《国际论坛》2012年第5期。

③ 参见张宝:《“双碳”目标下开征碳税需要处理的三大关系》,载《税务研究》2023年第1期。

④ 参见贾晓薇、王志强:《以开征碳税为契机构建我国碳减排复合机制》,载《税务研究》2021年第8期。

⑤ 参见胡晓红:《“双碳目标”实现的国内法治与国际法治协调路径研究——以碳排放交易机制为视角》,载《政法论丛》2023年第4期。

⑥ 参见张泽平:《航空碳排放及其交易的国际法规制——从“欧盟航空碳排放案”说起》,载《环球法律评论》2013年第1期。

中国家应当维护其航空业的发展权。根据《京都议定书》《巴黎协定》等气候变化公约，发达国家应当在减排行动力度上作出表率，并带头兑现气候资金出资承诺，为发展中国家应对气候变化提供充足的技术、能力建设等方面支持。

2020 年，在中国的努力之下，经国际民航组织的专家小组评估，中国的国家核证自愿减排量（CCER）被认定为合格减排项目。这被认为是中国 CCER 国际化战略的基石。① 这对于中国的航空业更是意义深远，意味着在 CORSIA 下，中国的合格排放单位范围扩大，为航空业的发展提供了一定的缓冲。此外，对于 2027 年 CORSIA 即将强制实施的计划，中国民用航空局及七个地方管理局需要进一步提出细化的行业政策，研究院所及技术研发部门需合作研究减排技术及能力建设的应对方案。

根据《"十四五"民用航空发展规划》，中国要深入参与国际民航组织航空减排政策和技术标准制定，建设性参与国际航空碳减排谈判与磋商，增强航空减排国际合作议程设计能力，推动建立全球航空碳排放治理体系。

2. 促进与国际、区域间航空碳减排机制的衔接与合作

正是由于航空业所具有的全球性特征，故仅通过单个国家的力量不可能实现航空产业的减排工作，也不可能不受到其他国家减排规则的影响。例如，根据 CORSIA 的要求，我国国际航班所产生的二氧化碳排放数据也将被提交至国际民航组织并受到 CORSIA 的监管，所以我国在构建航空碳交易市场的过程中要积极考虑与 CORSIA 未来的衔接问题。当前关于 CORSIA 的执行方案中尚无与各国国内航空减排机制衔接的具体规定，中国可以在国际谈判中贡献自己的方案。

除了多边机制，中国依然要重视与美国、欧盟等发达国家和地区的碳交易的双边合作机会，以及为广大的发展中国家提供力所能及的各类帮助和支持。

3. 打造标杆绿色航企，大力推动航空公司走绿色低碳发展之路

在 CORSIA 中，航空公司是航空碳排放治理中的重要一环。中国可以先从国有大型航空公司开始试点，推动整个航空业的绿色发展。除了市场机制减排的措施，航空业普遍认为可持续航空燃料对实现该行业"碳中和"意义重大。然而，在成本高、推广难的当下，航空公司一方面应当积极提交各类排放数据，为将来参加 CORSIA 做准备；另一方面，可以考虑通过使用国家自愿核证减排量抵消航油消耗所产生的二氧化碳，从而实现航班"碳中和"。2021 年，中国东方航空公司通过购

① See Qianqian Wei & Sirui Xiao, *Assessing Barriers to the Internationalization of China's Certified Emission Reductions (CCERs): A Delphi Survey*, Climate policy, Vol. 22:7, p. 906 – 917 (2022).

买林业碳汇、可再生能源等具有社会贡献力的碳抵消产品,抵消航空煤油燃烧的碳排放,实现航班运行阶段的碳中和,获得中国首份碳中和证书。① 这些实践对于将来中国航空公司参与CORSIA的航空碳抵消机制都提供了宝贵经验。

五、结论

中国的航空业将在2050年实现全方位的航空强国战略目标,意味着航空业将必然从粗放式发展向高质量发展转型,走可持续发展道路。这既是国内绿色民航发展的现实需要,也是国际社会的大势所趋。欧盟作为航空碳排放治理的先驱,是航空碳排放法制体系的开拓者。CORSIA作为联合国体系内由国际民航组织主导的航空碳抵消全球机制,将使中国直接面临2027年必须强制参与的现实压力。中国作为民航碳排放治理的后起之秀,应从目前影响较大的这两个机制体系中获取有益经验,推动中国的航空碳排放法律制度的构建,并同时为世界航空业的碳减排贡献中国力量。

① 参见《中国首张碳中和石油认证书亮相上海》,载中国新闻网2021年9月22日,https://baijiahao.baidu.com/s?id=1711604473159865688&wfr=spider&for=pc。

德国某些航空旅客运输合同纠纷的调解制度对我国相关制度建设的启示

张 宏*

随着航空运输的快速发展,乘坐飞机已成为更多旅客青睐的出行方式。航空旅客运输的常态化一方面带来促进经济发展与方便旅客出行的优势,另一方面也使航空承运人与旅客之间的纠纷日益增多。常见的纠纷主要源于航班延误、取消、降舱、拒载及其他引起人身财产损失的问题。由于该类纠纷具有案件量大、事实相对简单、争议的标的额较小等特点,如果将此类纠纷全部诉诸人民法院解决,一定程度上会造成司法资源浪费的后果。本文通过研究德国对某些航空旅客运输合同纠纷的调解制度,提出我国在探索类似纠纷的解决方式时,应当坚持独立性和案件分类处理的原则,借鉴德国相关调解制度的经验,逐步建立和完善我国某些航空运输合同纠纷的调解制度,促进我国多元化纠纷解决机制的发展。

一、德国《航空法》简介

航空法是随着航空业发展而产生的部门法律,德国于1910年前后出现一系列关于航空的成文法规则,1922年8月1日颁布了专门的《航空法》(Luftverkehrsgesetz, LuftVG),《航空法》后历经多次补充修订,内容不断完善,涉及噪声防控、保险合同、

* 张宏,北京和德宇航技术有限公司法务经理。

运输条款、赔偿责任限额等。现行《航空法》分为五章共73条。因其条款之下的项、目比较多,篇幅较长,本文按章节简要概括如下:

第一章,空中交通(Luftverkehr)。规定了航空器和航空人员、机场、航空承运人和航空活动、空中交通规则、机场协调、空中交通管制和航空气象服务、机场建设土地征收和征用等内容。

第二章,航空器的责任及调解(Haftpflicht und Schlichtung)。关于航空器责任,区分"未经过航空器运输"和"经过航空器运输"的人员和财产损失的赔偿责任,还区分民用航空器和军用航空器;对因航空旅客运输合同产生的某些纠纷,规定了非官方组织调解、官方调解、赔偿责任制度以及与其他社会抚养法规、消费者争议解决法规的关系等内容。

第三章,刑事责任与罚款(Straf-und Bußgeldvorschriften)。依据该法调整的航空主体,在未履行该法规定的义务时,应当承担该法规定的刑事责任及其他处罚。例如依据§59的规定,飞行员或其他对航空安全负责的任何人,违反该法§29规定的监视命令,危及他人生命财产时,处以最高5年的监禁或罚款,对于过失造成的损害,处以最高2年的监禁或罚款等。

第四章,航空档案(Luftfahrtdateien)。规定联邦航空局及受其委托的主体必须对航空器、飞行员和空乘等航空人员的信息登记造册,并建立航空医疗数据库。

第五章,过渡性安排(Übergangsregelungen)。主要考虑法条修改期间该法的适用问题。

《航空法》作为调整航空活动的重要的、综合性的法律,也是某些航空旅客运输合同纠纷调解制度产生和发展的上位法依据。本文通过研究《航空法》第二章§57、§57a、§57b、§57c、§57d规定的调解制度,揭开德国某些航空旅客运输合同纠纷调解制度的神秘面纱。

二、德国某些航空旅客运输合同纠纷的调解制度

(一)立法依据

如前所述,德国某些航空旅客运输合同纠纷的调解制度主要规定在《航空法》第二章第五节,包括§57非官方组织调解、§57a官方调解、§57b一般规定(Gemeinsame Vorschriften)、§57c授权规定(Verordnungsermächtigungen)、§57d与《消费者争议解决法》的关系(Verhältnis zum Verbraucherstreitbeilegungsgesetz)共5条。

联邦司法部、联邦消费者保护部与联邦运输和数字基础设施部以及联邦经济

事务和能源部达成协议，认可非官方调解组织，调解组织的运行程序应当符合《航空法》、2016年2月19日颁布的《消费者争议解决法》及根据这些法律制定的相关法规的要求。依据《航空法》§57b Abs.1规定的受案范围，由非官方调解组织解决旅客对航空承运人索赔的某些纠纷。当出现属于受案范围的纠纷时，旅客可以通过查询调解组织公布的航空承运人会员名单确定航空承运人是否为调解组织的会员。如果航空承运人已加入调解组织，旅客可以依据调解组织制定的相关程序提出调解申请。调解组织有权依法要求航空承运人支付调解程序的费用，若旅客申请不实，则旅客应当承担最高不超过30欧元的费用。若调解组织在开始调解前认为在近两年内的大多数类似案例都没有索赔成功，可以要求旅客先行支付调解费用。

官方调解是旅客不选择非官方组织调解或被申请的航空承运人不是非官方调解组织的会员时，向联邦司法部设立的航空运输调解组织申请调解。官方调解的受案范围、程序等同样应当符合前述《航空法》、《消费者争议解决法》及相关法规的规定。如果旅客滥用调解程序申请索赔，联邦司法部有权依据《司法费用法》(Gesetz über Kosten in Angelegenheiten der Justizverwaltung)附件中1224号的规定，处以30欧元的罚款。[①] 对于可能无效的索赔，联邦司法部和消费者保护部可以与联邦运输和数字基础设施部、联邦经济事务和能源部达成协议，在启动调解程序前，向旅客收取不超过20欧元的费用。无论是非官方组织调解还是官方调解，如果调解组织认为旅客的索赔合理，作出调解建议，航空承运人应当承担赔偿责任。

实践中，常见的航空旅客运输合同纠纷主要涉及航空运行中发生的航班取消、延误、降舱、拒载以及其他引起人身财产损失的事由。基于兼顾维护旅客重大合法权益、避免司法资源浪费及提高纠纷解决效率等原则的考量，《航空法》并未将因航空旅客运输合同产生的纠纷全部授权调解组织解决。依据《航空法》§57b的相关规定，航空旅客运输合同纠纷需要满足两个条件[②]，一是属于法定的受案范围，包括：(1)航班延误、取消、降舱、拒载；(2)行李损坏、丢失或延误；(3)随身携带物品的损坏或丢失；(4)违反对于残疾或行动不便旅客的运输义务。二是索赔最高金额不超过5000欧元，但依据§57c的规定，该金额可以突破。另外，对于下列情形，不

① Gesetz über Kosten in Angelegenheiten der Justizverwaltung (Justizverwaltungskostengesetz-JVKostG) Anlage (zu § 4 Absatz 1) Kostenverzeichnis, 1224 Auferlegung einer Gebühr nach § 57a Absatz 3 LuftVG... 30,00 €.

② § 57b Abs. 1 LuftVG.

适用调解制度[①]:(1)德国法院没有管辖权的;(2)相关诉讼已在法院审理并待判决的;(3)旅客已经提出调解但重复申请的;(4)明显滥用调解请求权的;(5)旅客向航空承运人提出索赔请求后的2个月内航空承运人既未承认也未拒绝赔偿的;(6)索赔金额不超过10欧元的。另外,对于《航空法》没有规定的内容,调解组织可适用《消费者争议解决法》§42 Abs. 1及其他相关规定。

(二)非官方调解组织与官方调解组织的概述

根据相关法律规定并结合行业实践的发展,由德国相关政府部门认可的非官方调解组织为旅游与交通调解组织(Schlichtungsstelle Reise & Verkehr e. V.),由联邦司法部成立的官方调解组织是航空运输调解组织,二者共同对依法属于调解组织受案范围的某些航空旅客运输合同纠纷进行处理。需要注意的是,无论是非官方组织调解还是官方调解,旅客在提出申请前,应当已经依法向被申请的航空承运人提出过索赔,但被申请的航空承运人在2个月内未回应或不同意旅客的诉求,才可以申请调解,该条件是申请调解的前置程序,否则调解组织有权拒绝受理。在二者的关系上,非官方组织调解与官方调解并非对立关系,对于加入非官方调解组织的单位,旅客可以择一提出申请;对于未加入非官方调解组织的单位,旅客只能向航空运输调解组织申请调解。在处理结果上,两种方式的调解建议不具有法律约束力,无法申请强制执行,由旅客与被申请的航空承运人按照自愿原则履行。因此德国的调解制度并未剥夺申请调解旅客的诉讼权利,只是为旅客提供一种便捷、高效、免费且独立于诉讼和仲裁的纠纷解决方式。在调解失败后,旅客仍然可以依据民事诉讼相关制度向法院提起诉讼。

1. 非官方调解组织

非官方组织调解的主体旅游与交通调解组织是德国联邦司法部和消费者保护部等部门依据《消费者争议解决法》规定的相关要求在审查旅游与交通调解组织的财务及法律独立性后,依据《消费者事务替代性争议解决法》(Gesetz über die alternative Streitbeilegung in Verbrauchersachen)§24认可(Anerkennung)、《航空运输调解条例》(Luftverkehrsschlichtungsverordnung, LuftSchlichtV)的相关规定,承认旅游与交通调解组织作为处理公共交通运输服务纠纷的独立的调解组织,包括航空、铁路、公交及长途汽车运输服务,并在联邦司法部官网的消费者调解组织名单(Liste der Verbraucher-schlichtungsstellen)中予以公布。因此,旅游与交通调解组织的案件受理范围并不局限于因航空旅客运输合同产生的某些纠纷,该受案范围的

① §57b Abs. 2 LuftVG.

实践也符合《航空法》§57b Abs. 1 的规定,即允许设立跨交通运输工具的调解组织。

旅游与交通调解组织最早于2009年7月15日由七家铁路公司及铁路协会赞助成立,当时将管理工作委托给布伦瑞克(Braunschweig)高等法院的前院长埃德加–伊瑟曼(Edgar Isermann)先生。同年12月1日旅游与交通调解组织正式启动,随后德国联邦司法部将调解制度的相关标准程序通知欧盟委员会,旨在加强与欧盟成员国在解决运输合同纠纷中的合作。2013年3月20日,第一家航空承运人成为旅游与交通调解组织的会员,联邦相关政府部门认可其作为航空运输领域的调解组织。2016年7月20日,旅游与交通调解组织的调解能力得到英国民航局的认可,旅游与交通调解组织可以为涉及英国旅客的航空运输合同纠纷进行调解。瑞安航空(Ryanair)是第一家普遍承认旅游与交通调解组织调解建议的航空承运人,意味着其对旅游与交通调解组织的调解建议无须进一步内部审查即认可。除了公共运输行业的成员外,旅游与交通调解组织对旅游产业链的单位及协会开放,相关单位可以成为其会员。

旅游与交通调解组织的主要任务是通过独立的调解方式解决公共运输领域相关单位与旅客之间的某些合同纠纷,由经验丰富的执业律师组成调解员团队,因此申请调解的旅客无须另行委托律师,同时吸收有运输行业背景的管理人员及其他专家学者共同支持调解组织的运行。在组织机构设置上,旅游与交通调解组织的主要机构包括董事会、会员大会和咨询委员会。其中,董事会由三到七名成员组成,负责日常管理与决策。会员大会是旅游与交通调解组织的最高决策机构,负责选举董事会成员、审议年度报告、通过年度预算等,每年举行一次常规会员大会,特定情形下也可以召开特别会员大会,除更改章程或程序需要3/4会员通过外,其他决定以简单多数的投票方式作出,成员有义务遵守会员大会的决定。咨询委员会由会员单位、消费者组织、学术界及政府代表组成,负责支持调解组织的运营,相关领导应当具备法律职业资格并在交通运输领域具有丰富经验,在决策时必须保持独立,不应当接受外界的指导或影响。旅游与交通调解组织运行的全部费用由会员承担,目前有400多家企业加入旅游与交通调解组织,其中涉及航空运输的德国境内外知名航空公司有43家,包括加拿大航空、法国航空、国泰航空及中华航空等。

根据旅游与交通调解组织的议事规则,受理需满足属于公共运输领域相关纠纷的受案范围的必要条件,由旅客或其委托的代表提出申请且被申请的单位是旅游与交通调解组织的会员。申请人可以通过在线方式提出调解申请,应当明确调解诉求并提交与事实相关的必要文件。被申请的单位应当在规定或约定的期限内提交意见。旅游与交通调解组织的调解员应当依据法律规定及相关事实在申请人提交必要文件后的90天内作出调解建议。对于严重影响调解组织运行或属于《消费者事务替代性争议解决法》§14拒绝理由(Ablehnungsgründe)规定的情形,旅游与交通调解组织有权拒绝调解。申请人通过旅游与交通调解组织提出的调解是免费的,相关程序费用由被申请的单位按照旅游与交通调解组织的会员费用规则承担。

在旅游与交通调解组织公布的2023年的年度报告中①,2023年接收的案件量为39,806起,较2022年增长了31%,涉及航空旅客运输合同纠纷的案件量为33,550起,约占案件总数的84.3%。申请理由中,涉及航班取消的案件占41%,延误案件占28%,行李损坏/丢失/延误的案件占11%,拒载的比重为7%等,其中80%的案件通过调解解决。被拒绝调解的案件占3%,主要是旅客在提出调解申请前未向航空承运人主张赔偿,或未超过航空承运人作出回应的法定期限,或案件不属于《航空法》§57b规定的调解组织的受案范围。

旅游与交通调解组织自成立以来,在德国和欧盟与运输有关的法律框架内,不断探索解决旅客与公共交通运输领域相关单位的纠纷的调解制度。其因具有独立性、免费、专业性、高效、缓解司法资源的压力、不丧失起诉权利及公正等优势,逐渐得到旅客和公共运输领域相关单位的认可。② 但根据旅游与交通调解组织的公开调查,旅游与交通调解组织还存在知名度不足、参与的航空承运人不多等困境。为了提高其在欧盟的影响力,旅游与交通调解组织已积极参加欧盟于2017年发起的替代性争议解决组织旅行网(TRAVEL_NET),与来自19个欧盟成员国的28个旅游和公共交通领域的组织开展合作,共同致力于通过调解这种替代性纠纷解决方式处理因公共交通运输及旅游引发的某些纠纷。

2. 官方调解组织

官方调解的主体是由联邦司法部设立的航空运输调解组织,该组织于2013年11月1日在德国成立并于2016年正式成为官方调解组织,2018年10月加入欧盟的旅行网(TRAVEL_NET)后,成为欧盟认可的调解组织,至2024年已经成立11年,因日益增长的知名度和调解申请数量的增加,其重要性日益增强。依据航空运

---

① See Jahresbericht 2023, https://soep-online.de/wp-content/uploads/2024/03/soep_Jahresbericht-2023.pdf.

② See Christof Berlin, Schlichtung im Luftverkehr als Alternative Streitbeilegung, Schlichtung im luftverkehr 2014.

输调解组织公布的2023年的年度工作报告，其在2023年共收到5024起案件，主要包括：2629起因航班延误引发，占52%；1489起因航班取消引发，占30%；318起因行李丢失/损坏/延迟交付引发，占6%。相关调解申请针对130家航空公司提出，包括欧盟以外的69家航空承运人。航空运输调解组织共完成了4465起案件，提出2118份调解建议。这些数据显示了调解组织在解决旅客和航空承运人的纠纷方面的效率和一定的影响力。在调解员构成上，与非官方调解组织一致，参与官方调解的调解员均为执业律师，保障了调解的独立性和专业性。官方调解对旅客也是免费的，每项调解向航空承运人收取330欧元的费用，如果航空承运人承认旅客的诉求，可以减少相关程序费用。航空运输调解组织一般会在调解程序结束后向航空承运人发送缴费通知书，无论是否调解成功，航空承运人都应当缴纳330欧元的程序费用。①

3. 调解组织认定某些航空旅客运输合同纠纷赔偿的法律依据

依据《航空法》§ 57b Abs. 1规定的调解组织的受案范围，因航班延误、取消、拒载、降舱，行李延误、损坏、丢失及违反对残疾或行动不便旅客的运输义务引起的纠纷，主要赔偿依据是《关于航班拒载、取消或长时间延误时为旅客提供赔偿和帮助的条例》[Common rules on compensation and assistance to passengers in the event of denied boarding and of cancellation or long delay of flights, Regulation (EC) No. 261/2004]及1999年《统一国际航空运输某些规则的公约》(以下称《蒙特利尔公约》)。Regulation (EC) No. 261/2004适用于航班在欧盟成员国起飞，或者航班在欧盟境外，但航空承运人位于欧盟境内且航班目的地位于欧盟成员国的情形，索赔原因主要是航班延误、取消、拒载等。

涉及航班延误超过5个小时的情形，航空承运人除应当提供支持服务外(餐饮，两次免费电话、传真或电子邮件，必要时提供酒店住宿，包括接送服务)，还应当支付赔偿金。具体标准为，在欧盟境内起飞和降落的航班，航程不足1500公里的赔偿250欧元，超过1500公里的赔偿400欧元。若起飞地或目的地有一处不在欧盟境内，航程不足1500公里的赔偿250欧元，1500公里至3500公里的赔偿400欧元，超过3500公里的赔偿600欧元。② 对于航班取消③或拒载④的情形，除提供前述

① Vgl. Tätigkeitsbericht 2023 Schlichtungsstelle Luftverkehr, https://www.bundesjustizamt.de/SharedDocs/Downloads/DE/Luftverkehr/Taetigkeitsbericht_2023.pdf?__blob=publicationFile&v=2.

② Regulation (EC) No. 261/2004 Article 6.

③ Regulation (EC) No. 261/2004 Article 7.

④ Regulation (EC) No. 261/2004 Article 4.

支持服务和赔偿金外,航空承运人应当为旅客提供第一个返程航班的客票。

涉及降舱的情形,依据 Regulation (EC) No. 261/2004 的规定[①],根据航程距离长短,旅客有权提出按比例退费的要求,航程不足1500公里退还票价的30%,1500公里至3500公里之间退还票价的50%,涉及欧盟境外的航程超过3500公里的退还票价的75%。

涉及行李损失的情形,依据《蒙特利尔公约》第17条的规定,除托运行李损失是行李的固有缺陷、质量或者瑕疵造成的,承运人不承担责任外,无论承运人是否有过错,在航空器上或者在托运行李处于承运人掌管之下的任何期间内发生的损失,承运人应当承担赔偿责任。关于非托运行李,包括个人物件,因承运人过错或者其受雇人或者代理人的过错造成的损失,承运人才承担责任。

涉及残疾或行动不便旅客的情形,依据《关于残疾飞行旅客和行动不便飞行旅客的权利》[Concerning the rights of disabled persons and persons with reduced mobility when travelling by air, Regulation (EC) No. 1107/2006]的相关规定,航空承运人或其代理人、旅行社不得歧视残疾或行动不便旅客,例如拒绝他们旅行或者收取更高费用。如果及时(至少在出发前48小时)向航空承运人或代理人、旅行社登记[②],残疾或行动不便旅客将获得其他服务,包括协助预订、机场免费协助、机上免费协助、残疾辅助设备丢失或损坏的赔偿等[③],对于违反相关义务的航空承运人或其代理人、旅行社,欧盟成员国有权制定相应的处罚规则[④]。

另外,申请调解的时效适用诉讼时效的规定,因拒载、航班取消或延误依据 Regulation (EC) No. 261/2004 的相关规定提出的索赔,受德国《民法典》(Bürgerliches Gesetzbuch) § 195 规定的3年标准诉讼时效的约束。依据《蒙特利尔公约》提出行李延误、损坏或丢失的索赔,适用《蒙特利尔公约》第35条规定的2年诉讼时效。

三、我国现行的航空纠纷调解制度

(一)现状

我国的民事调解制度在传统文化中具有丰厚的民族文化底蕴,是和合文化的

① Regulation (EC) No. 261/2004 Article 10.

② Regulation (EC) No. 1107/2006 Article 6 Transmission of information.

③ Regulation (EC) No. 1107/2006 Article 7 Right to assistance at airports, Article 8 Responsibility for assistance at airports, Article 10 Assistance by air carriers, Article 12 Compensation for lost or damaged wheelchairs, other mobility equipment and assistive devices.

④ Regulation (EC) No. 1107/2006 Article 16 Penalties.

产物，作为一种解决纠纷的方式，表达了对社会秩序的安排，被西方学者誉为“东方经验”。[①] 司法实践中，常见的纠纷解决方式是诉讼和仲裁，调解行为始终贯穿解决纠纷的全过程。特别是近年来，当事人将民事纠纷提交人民法院后，法院一般先行调解，无法调解时予以正式立案。因此，调解是纠纷解决的重要手段，但在很多领域尚未成为独立的纠纷解决方式。

为了促进我国纠纷解决机制的多元化发展，最高人民法院于2016年6月28日发布了《关于人民法院进一步深化多元化纠纷解决机制改革的意见》(法发〔2016〕14号)，指出加强平台建设。加强与商事调解组织、行业调解组织的对接。积极推动具备条件的商会、行业协会、调解协会、民办非企业单位、商事仲裁机构等设立商事调解组织、行业调解组织，完善调解规则和对接程序，发挥商事调解组织、行业调解组织专业化、职业化优势。推动律师调解制度建设，充分发挥律师专业化、职业化优势。探索多元化纠纷解决机制的程序，逐步完善相关程序安排。

在探索航空纠纷多元化解决机制的背景下，2014年全球首个国际航空仲裁院在上海成立，该仲裁院多年来积累了丰富的经验，在2023年12月出台全球首部适用于机构仲裁的航空仲裁规则，促进了航空仲裁专业化的发展，也是促进航空领域多元化纠纷解决机制建立的一个重要里程碑。

涉航空纠纷其实是一个范畴很广的概念，相比而言，航空旅客运输合同纠纷是其中并不复杂的一部分。因航空运输的常态化，一些常见争议事由是航班延误、取消、拒载、降舱，行李延误、损坏、丢失等，这类纠纷的主要特点是数量多、事实相对简单、标的额不大、适用法律比较明确。在立法支持与行业发展现状的背景下，航空承运人、运输协会、高校学者及行业律师也在积极研究解决之道。

2020年10月，全国首个“航空争议调解中心”在中国航空运输协会、上海市长宁区人民法院的推动下在上海成立，致力于以调解方式解决民用航空活动产生的纠纷。在航空争议调解中心首批受理的6起案件中，主要包括涉外网络服务、航空旅客运输等合同纠纷类型，涉及境内外航空承运人、网络销售代理商、网络服务平台、消费者等多方诉讼主体，争议焦点多涉及疫情背景下航空旅客运输政策、退票政策等方面。中国航空运输协会积极与上海长宁区人民法院对接诉调方案，航空争议调解中心在收到法院委派案件后，第一时间指派有丰富经验的特邀调解员开展调解工作，针对案件当事人主体涉外因素、异地办公等实际情况，灵活运用电话、

① 参见高文盛：《我国传统民事调解制度的文化底蕴及其改造》，载《中南大学学报(社会科学版)》2007年第6期。

网络等多种方式,促成当事人达成调解意愿。① 在逐步积累经验的基础上,2023年5月,上海长宁区人民法院的"航空案件审判站"正式成立并入驻虹桥临空经济园,与航空争议调解中心、上海国际航空仲裁院,共同构建国内首个航空争议解决平台。②

(二)比较航空争议调解中心与德国航空调解制度

与德国的航空调解制度相比,从性质上讲,我国目前的航空争议调解中心在人民法院的主持下开展工作,实质上是一种专业化的诉前调解制度,尚未形成独立于现行诉讼和仲裁方式的调解组织。这与两国的法律制度有重大关系,德国的航空调解制度是在吸收其民事调解制度中的调解手段优先、调解程序前置的特点后③,结合航空旅客运输合同纠纷的实践发展而设立。

因性质差异,两国的航空调解制度不能完全对比,但从内容上看,德国的航空调解制度在平衡公民个人利益、司法资源的利用以及案件数量、复杂程度等因素后,在《航空法》§57b Abs. 1 中明确规定调解组织可以受理的几类航空旅客运输合同纠纷,因此并非所有的航空纠纷都可以由独立的调解组织受理。我国目前的航空争议调解中心不是独立的调解组织,在处理案件中受限于人民法院的受案范围,并没有按照一定标准区分调解事项的范围。

另外,在调解员的构成上,我国航空争议调解中心的调解员有航空单位人员、律师及高校学者等,而德国的非官方组织调解与官方调解的调解员均为执业律师,来自航空业的专家作为咨询委员会成员就专业性问题作出分析和解释,并不直接参与调解工作。因此,就独立性和公正性而言,德国的调解员安排方式更容易使公众对调解结果产生信赖。

四、启示

通过研究德国某些航空旅客运输合同纠纷的调解制度,未来我国在继续完善航空纠纷的调解制度中,应当在建立原则及制度安排上重点把握,既要保证调解制度的公信力,也要制定合理的组织结构、调解程序,突出调解制度相比诉讼和仲裁方式解决相关纠纷的优势,才能使调解制度具有生命力。

---

① 《中国首个航空争议调解中心成功调解多起涉航空争议纠纷案》,载中国航空网,http://www.aero.cn/2021/0720/117262.html。

② 《"航空案件审判站"成立 打造首个航空争议诉仲调一站式解决平台》,载中国民用航空网,http://www.caacnews.com.cn/1/202305/t20230521_1367510.html。

③ 参见章武生、张大海:《论德国的起诉前强制调解制度》,载《法商研究》2004年第6期。

关于航空纠纷调解制度建设的重要原则,第一,保证独立性,调解制度的建立目的是使事实简单而争议不大、法律适用明确、案件量较大的纠纷在相关利益主体诉诸司法途径前得到良好的解决,案结事了。因此,为了提高调解制度的公信力和结果的可接受程度,至少参与实际调解活动的调解员应当是中立的第三方,确保参与的调解员与争议双方没有利益关系①,同时具备良好的法律素养。如果调解员无法保持中立,调解组织的公信力可能会被大众质疑,导致调解组织形同虚设,不能达到调解组织设立的初衷。在航空运输迅速发展的背景下,越来越多的律师加入航空领域,参与纠纷的处理过程,其中不乏专注于航空纠纷解决的、来自专业航空院校的学者和学子等人才,这类律师兼具航空专业背景、经验丰富及法律知识扎实的优势,是未来航空纠纷调解员的重要力量。第二,科学划分案件类别,纠纷解决方式的采取应当兼顾个人利益、司法资源的利用以及案件数量、复杂程度等因素,并非所有的航空纠纷都适合通过调解组织解决,也并非所有航空旅客运输合同纠纷都适用调解组织解决。从航空旅客运输合同的数量、法院受理案件的多少、事实难易程度、标的额等因素考量,其中涉及的航班取消、延误、拒载,行李相关纠纷,事实比较简单、标的额不大,采用调解组织解决的方式并不会损害公民的重大利益。参考德国经验,受案范围也仅仅包括拒绝登机、延误、降舱和取消航班;行李损坏、丢失或延误;随身携带物品的损坏或丢失;违反对残疾或行动不便旅客的运输义务。因此,在未来的航空调解制度建设中,无论是航空旅客运输合同纠纷还是其他涉航空纠纷,应当根据类案的特点,制定科学的案件分类标准,将案件分类处理,更能发挥调解组织的作用。

合理的制度安排是调解制度发挥作用的重要保障,在对常见纠纷进行科学分类的基础上,将适合采取调解方式解决的纠纷分离出来,纳入调解组织的受案范围。当旅客就该类纠纷提出调解申请时,由被申请的航空承运人根据会员规则作出回应,纠纷处理过程产生的费用由被申请的航空承运人承担。在调解组织建设上,也可以参考德国经验,采取会员制,由中国航空运输协会及行业内知名航空单位共同建立针对某些航空旅客运输合同常见纠纷解决的独立组织,由相关航空单位作为会员单位承担调解程序中产生的费用,会员单位可以成立咨询委员会,提供部分专业问题的咨询服务,但不得直接参与调解工作,而是聘请专业的航空律师作为调解员。

① 参见李浩:《调解的比较优势与法院调解制度的改革》,载《南京师大学报(社会科学版)》2002 年第 4 期。

在调解程序上,采用方便旅客申请调解的原则,电子化处理,避免线下调解带来的不便。同时可以制定调解期限,在规定期限内未达成和解或明显不能达成和解的,调解组织作出调解失败的决定。另外,人民法院在受理该类案件后,作出的判决结果也对调解制度的运行有重大影响。为了保障调解组织的运行,要求人民法院在审理相关案件时,在事实认定和法律适用中避免出现重大分歧。德国的调解制度可以有效运作一个重要的原因是适用法律统一,类似案件旅客无论采取调解组织调解还是诉讼方式解决,在结果上不出现重大差异。若调解组织的调解建议与法院可能作出的判决在法律适用方面出现同案不同判的情况时,调解制度很难发挥应有的作用,因为对旅客而言,结果公正往往更重要。

任何制度的建设之初,必然面临组织和运行程序不完善、受众范围有限、被公众质疑等困境。因此,借鉴行业优秀经验并结合本土情况不失为制度建设的一种重要发展方式。在不断完善相关调解制度过程中,坚持独立性和专业性,使公众认识到调解制度的优势,增强公众对调解制度的信赖,总结经验并上升到立法层面,进一步完善我国的多元化纠纷解决机制。

《航空法评论》(第13辑)征稿启事

《航空法评论》是天津市人文社科重点研究基地——中国民航大学航空法律与政策研究中心、法学院联合主办的系列出版丛书,自2011年出版以来,获广大读者好评。《航空法评论》(第13辑)拟在航空法基础理论、民航政策、民航法治文化、航空法判例、国内外航空立法、航空法论坛综述等设置研究专题,欢迎投稿。

一、来稿规范

鉴于学术研究规范化的要求以及编辑工作的需要,来稿须符合以下要求:

1. 中英文标题名称:宋体4号字,居中。

2. 作者名称:楷体5号字,居中,上标星号(*)作为介绍作者注释的标志,注中注明作者姓名、性别、工作单位、联系方式、学位、职称及研究方向。

3. 目次:文中1~3级标题要加黑。

4. 注释:正文注释一律采用脚注,每页重新编号,并采用①②③等形式。注释包括引用性注释和解释性注释,文末不列参考文献。

注释体例:参照《法学引注手册》体例,例如:

著作类:

(1)刘俊海:《股份有限公司股东权的保护》,法律出版社2004年版,第101页。

(2)李双元、徐国建主编:《国际民商新秩序的理论建构:国际私法的重新定位与功能转换》,武汉大学出版社1998年版,第75页。

(3)[德]卡尔·拉伦茨:《德国民法通论》(下册),邵建东等译,法律出版社2003年版,第1页。

论文类:

(1)苏号朋、蒋笃恒、张民安:《论信用权》,载《法律科学(西北政法学院学报)》1995年第2期。

(2)尹田:《论动产善意取得的理论基础及相关问题》,载梁慧星主编:《民商法论丛》第29卷,法律出版社2004年版。

(3)李明:《通俗文化的深层理解》,载《环报》1997年4月2日,第3版。

(4)罗祥泉:《产品责任若干问题》,载 http://www. tz-lawyer. com/article/a24. htm。

外文脚注:格式同上,著作类的书名用斜体;论文类的期刊名用正体,论文名用斜体。

(1)Steven L. Emanuel, *Torts*, CITIC Publishing House, 2003, p. 149.

(2)Henry Hansmann, *Erinier Kraakman, the Numerus Clauses Problem and Divisibility of Rights*, Journal of Legal Studies, p. 45 – 46(2002).

5. 基金项目:本刊欢迎各类基金项目研究成果,获得基金项目资助的论文应对基金名称、项目名称、项目编号等作出明确标识。

6. 文本格式:来稿请用电子稿格式,A4版面,Word格式。

7. 来稿篇幅:来稿一般不少于8000字,不超过20,000字。

二、来稿须知

1. 来稿请务必注明作者的联系方式(电话、电子邮箱)和具体通信地址。

2. 欢迎来稿为专投。

3. 来稿引用的数据、材料请务必核实,文责自负。由于一稿多投及抄袭剽窃所产生的有关法律责任由作者承担,与本刊无关。

4. 本刊在收到稿件后1个月内决定是否采用,届时未收到通知者即可他投。来稿一律不退,请自留底稿。

三、投稿方式

电子投稿邮箱:hkfpl2020@126. com

编辑部联系人:王锡柱、陈文涛、张崇胜

《航空法评论》编辑部

2024年7月17日